Rudolf Westphal

# Die Musik des griechischen Altertums

Rudolf Westphal

**Die Musik des griechischen Altertums**

ISBN/EAN: 9783742855312

Hergestellt in Europa, USA, Kanada, Australien, Japan

Cover: Foto ©Thomas Meinert / pixelio.de

Manufactured and distributed by brebook publishing software
(www.brebook.com)

Rudolf Westphal

# Die Musik des griechischen Altertums

# DIE MUSIK

## DES

## GRIECHISCHEN ALTERTHUMES.

NACH DEN ALTEN QUELLEN NEU BEARBEITET

VON

## RUDOLF WESTPHAL.

LEIPZIG,

VERLAG VON VEIT & COMP.

1883.

## II. DER RHYTHMUS DER GRIECHISCHEN MUSIK.

## ANHANG.

# Einleitung.[1]

## Bearbeitung der griechischen Musik bei den Alten und Neueren.

Ihrer Tonkunst haben die Griechen nicht minder wie ihrer Dichtkunst eine äußerst umsichtige und scharfsinnige theoretische Behandlung zu Theil werden lassen. Der Theoretiker der Poesie ist der große Denker Aristoteles, der Schöpfer der Poetik; Aristoxenus von Tarent, der Schüler des großen Meisters, ein nicht minder scharfer Denker wie der Meister selber, ist der umsichtige, in seiner Darstellung für alle folgenden Zeiten unübertroffene Begründer der Musik-Wissenschaft. Von seinen zahlreichen musiktheoretischen Schriften ist nur ein geringer Theil auf uns gekommen. Zwar war in ihnen eine jede Seite der Musik behandelt (etwa mit Ausnahme der musikalischen Akustik), aber zwei Seiten sind es, denen Aristoxenus seine Hauptaufmerksamkeit schenkt. Er unterscheidet nämlich das musikalische Melos, welches nach ihm die durch Höhe und Tiefe bestimmte Qualität der Töne betrifft, — und den musikalischen Rhythmus, d. i. die Töne nach ihrer quantitativen, durch die verschiedene Zeitdauer bedingten Beschaffenheit. Die Wissenschaft vom Melos hat Aristoxenus in drei verschiedenen Werken, der ersten, der zweiten und dritten Harmonik, als den Ergebnissen verschiedener nach einander über diese Disciplin gehaltener Vorlesungen dargestellt, alle drei im wesentlichen Inhalte mit einander übereinstimmend, aber ein jedes der drei Werke nur fragmentarisch erhalten, so daß das eine dem anderen zur Ergänzung dienen muß. Ein Werk des Aristoxenus über den Rhythmus ist wo möglich noch fragmentarischer auf uns gekommen. Und doch wissen wir von der Rhythmik des Aristoxenus mehr, als von seiner Darstellung des Melos. Denn für die Rhythmik

[1] Gleichzeitig als Vorwort.

der Griechen steht uns als Parallele die Rhythmik unserer modernen Componisten zur Seite, welche im Ganzen denselben Gesetzen des rhythmischen Gefühles wie den von Aristoxenus auf Grund der alten griechischen Meister dargelegten Gesetzen gefolgt sind, während die Eigenartigkeit des griechischen Melos von der modernen Musik vielfach aufs weiteste abliegt.

Die alten griechischen Schriftsteller, voran der große Plato — und noch früher die griechischen Dichter — reden von ihrer Musik als der ersten und höchsten ihrer Künste. So konnte es nicht ausbleiben, daß in der Renaissance des classischen Alterthumes bei den christlich-modernen Völkern die Musik der Griechen schon früh ein Lieblingsgegenstand wissenschaftlicher Forschungen wurde. Die oben angedeutete Eigenartigkeit der griechischen Musik im Verhältniß zur christlich-modernen und die hierdurch sich ergebende Schwierigkeit in der Bewältigung des Gegenstandes war ein Grund mehr, die Forscher zu um so größerer, immer von neuem wiederholter Arbeit zu reizen.

In die Zeit, welcher die griechischen Musikautoren noch nicht anders als aus den alten Handschriften zugänglich waren, gehört der Schweizer Heinrich Loriti, nach seinem Heimathscanton Glarus unter dem Namen Glareanus bekannt, der unter der Regierung Kaiser Maximilian's als einer der namhaften Humanisten zu Cöln, Basel, Pavia lebte und 1563 zu Basel starb. Ein Kenner zugleich der alten Sprachen, der Mathematik und Musik, versuchte er die christlichen Kirchentöne auf die Tonarten der Griechen zurückzuführen. Sein „Dodecachordon", in welchem er diese seine Ansicht niederlegte, stand seiner Zeit in hohem Ansehen und wird von solchen, denen die späteren Arbeiten über die Musik der Alten nicht sonderlich bekannt sind, auch heute wohl noch als Autorität angeführt.

Den Anfang, die alten Musikschriftsteller durch den Druck zu veröffentlichen, machte der gelehrte Niederländer Antonius Gogavinus Graviensis, der eine von ihm gemachte lateinische Uebersetzung der drei harmonischen Bücher des Aristoxenus und des Claudius Ptolemäus herausgab (Venedig 1562) und dessen Landsmann Johannes Meursius, der das griechische Original beider Werke zusammen mit den Schriften des Alypius und Nikomachus veröffentlichte (Leyden 1616).

Darauf veranstaltete der Schleswiger Marcus Meibom (in Tönningen geboren) zu Amsterdam seine berühmte Ausgabe der Musikschriftsteller „Antiquae musicae autores septem. Graece et latine. Marcus Meibomius restituit ac notis explicavit. 2 vol. in-4°. Amstelodami 1652." Meibom lebte dann am Hofe der Königin Christine zu Stockholm und später wiederum zu Amsterdam als Professor der schönen Wissenschaften, wo er 1711 starb. Seine Sammlung der alten Musikautoren enthält folgende Werke:

1. Die Harmonik des Aristoxenus, des ältesten und wichtigsten griechischen Musikschriftstellers aus der Zeit Alexander des Großen. In den drei Büchern seiner Harmonik, welche Meibom noch als ein einheitliches, freilich am Ende verstümmeltes Werk ansäh, liegen Bruchstücke von drei verschiedenen Werken des Aristoxenus vor.

2. Euklides, Einleitung in die Harmonik. Der Verfasser ist nicht der alte Mathematiker Euklides, sondern ein viel späterer Schriftsteller aus der Zeit des römischen Kaiserthumes, welchen wir am passendsten mit dem Namen Pseudo-Euklides bezeichnen.

3. Euklides, Theilung des Kanons, eine akustische Arbeit, vermuthlich von dem berühmten Geometer aus der früheren Zeit der Ptolemäer.

4. Nicomachus aus Gerasa, Handbuch der Harmonik. Nicomachus, der eine Einleitung in die Arithmetik geschrieben, gilt der römischen Kaiserzeit als bedeutender Mathematiker. Sein Handbuch der Harmonik beschäftigt sich hauptsächlich mit Akustik.

5. Alypius, Einleitung in die Musik, enthält fast nur die griechischen Notentabellen.

6. Gaudentius, Einleitung in die Harmonik, aus der späteren Zeit des römischen Kaiserthums.

7. Bacchius, der Alte, Einleitung in die musikalische Wissenschaft, ein kurzer Katechismus der griechischen Harmonik.

8. Aristides Quintilianus, drei Bücher über die Musik, eine Art von musikalischer Encyklopädie, welche nach dem späteren Herausgeber Julius Cäsar (1862) in das dritte christliche Jahrhundert gehört, von dem neuesten Herausgeber Albert Jahn (1882) in das erste Jahrhundert der römischen Kaiserzeit gesetzt wird, denn der Musikschriftsteller Aristides ist nach Jahn's Ansicht ein Freigelassener des berühmten Rhetors Fabius Quintilianus.

9. Marcianus Capella, ein römischer Schriftsteller des fünften Jahrhunderts, Verfasser eines Werkes „Ueber die Vermählung der Philologie mit dem Mercur". Das neunte Buch desselben ist der Hauptsache nach eine lateinische Uebersetzung aus dem ersten Buche des Aristides.

Meibom's Musikausgabe mit ihren werthvollen sachlichen Erläuterungen muß als der erste wirkliche Anfang der modernen Wissenschaft der griechischen Musik angesehen werden.

Ein Zeitgenosse Meibom's ist der Engländer John Wallis, geboren 1616, Theologe und Mathematiker von Fach, Kaplan des Königs

Karl II., gestorben 1703 zu Oxford, wo er die Professur der Mathematik bekleidete. Der dritte Band seiner gesammelten mathematischen Schriften, Oxford 1699, enthält eine Ausgabe des griechischen Textes (mit lateinischer Uebersetzung und werthvoller Erläuterung) von folgenden Musikschriftstellern:

1. Claudius Ptolemäus, Harmonik in drei Büchern, hauptsächlich vom Standpunkte der Akustik aus. Ptolemäus ist . der berühmte Astronom aus Alexandrien, welcher in der Zeit des Kaisers Marc Aurel das im griechischen Texte nicht mehr. erhaltene, unter dem Namen Almagest ins Arabische übersetzte große astronomische Werk geschrieben hat, welches bis auf Copernicus für die christliche Welt in dieser Wissenschaft die einzige Autorität war.

2. Porphyrius, Erklärungen zu der Harmonik des Ptolemäus. aus dem dritten christlichen Jahrhundert, ein fleißiges Sammelwerk aus früheren Musikschriftstellern.

3. Manuel Bryennius, Harmonik in drei Büchern, aus Byzantinischer Zeit (14. Jahrhundert): darin einige werthvolle Excerpte aus dem Alterthume.

In ein erneutes Stadium traten die Forschungen über die Musik der Griechen durch die Arbeiten des berühmten Philologen und Alterthumsforschers AUGUST BÖCKH, der alle Kreise des antiken Lebens und Denkens in den Bereich des philologischen Studiums hineinzog. vorab die musischen Künste der Griechen. Die Pindar-Ausgabe des unsterblichen Meisters der Alterthumswissenschaft ist das monumentale Werk deutschen Fleißes und Scharfsinnes, in welchem August Böckh alle auf den musikalischen Vortrag der Pindarischen Gedichte unmittelbar oder mittelbar bezüglichen Thatsachen der griechischen Musik zur Sprache brachte. Wenige Decennien vorher waren die bis dahin verschollenen Arbeiten des Aristoxenus über Rhythmik wieder aufgefunden und veröffentlicht, die jetzt durch Böckh zu einem bleibenden Momente der philologischen Forschung werden sollten. Soviel auch heute von den Resultaten jener in Böckh's Pindar niedergelegten Forschungen veraltet sein mag: für alle folgenden Zeiten, so lange man sich mit der Wissenschaft griechischer Musik beschäftigen wird, wird August Böckh als eigentlicher Begründer derselben anzusehen sein.

Die Forschungen des Meisters Böckh über griechische Musik wurden in demselben Geiste und mit derselben Genauigkeit und Gewissenhaftigkeit zuerst fortgeführt von Friedrich Bellermann, Director am grauen Kloster zu Berlin. Drei seiner Werke sind für die Wissenschaft der griechischen Musik wahrhaft Epoche machend: 1. Die

Hymnen des Dionysius und Mesomedes, Text und Melodien nach den Handschriften und den alten Ausgaben bearbeitet. Berl. 1840; — 2. Anonymi scriptio de musica. Berol. 1841; — 3. Die Tonleitern und Musiknoten der Griechen. Berl. 1847. In dem ersten dieser Werke gab Bellermann zum ersten Male eine authentische Ausgabe der Monumente griechischer Vocalmusik aus der Zeit des römischen Kaisers Hadrian; — in dem zweiten unternahm er in den Erläuterungen zu dem von ihm zum ersten Male edirten Texte des griechischen Musikers eine nahezu vollständige Zusammenstellung dessen, was uns von den übrigen Schriftstellern der Griechen an stofflichem Materiale überkommen ist, mit höchst geistvollen, ungemein beachtenswerthen Erklärungsversuchen; — in dem dritten jener Werke erläutert Bellermann die griechischen Musiknoten mit solcher Fülle von Scharfsinn, daß das Geheimniß der griechischen Notirung der Grundlage nach, soviel auch noch im Einzelnen zu modificiren sein wird, endgültig festgestellt ist.

Nicht zum geringsten Theile war es auch bei mir die ungemein große Schwierigkeit des Gegenstandes, welche seit dem Jahre 1852, wo ich zuerst das Studium der griechischen Musiker begann, mich dieser Arbeit mit Unverdrossenheit und Zähigkeit treu bleiben ließ. Zuerst hatte ich damals zusammen mit August Roßbach denjenigen Theil der griechischen Musikliteratur, welcher die Rhythmik betrifft, in Angriff genommen. Was hierüber in den verschiedenen Auflagen unserer griechischen Metrik oder von mir allein bis zum Jahre 1872 veröffentlicht wurde, mochte wohl der früheren Auffassung griechischer Rhythmik gegenüber, wie es den Mitforschern erschien, ein nicht unbedeutender Fortschritt sein. Aber wie schon vorher gesagt, die Rhythmik der antiken Musik ist so wesentlich Eins mit der Rhythmik der modernen Componisten, daß ohne die genaue Kenntniß der von diesen angewandten rhythmischen Formen, namentlich ohne die genauere Einsicht in die Rhythmen des großen Joh. Seb. Bach, die nothwendigen Parallelen fehlten, an deren Hand allein sich das von den griechischen Rhythmikern überlieferte Material richtig verstehen ließ. Unsere damalige Kenntniß der christlich-modernen Rhythmik war für Aristoxenus nicht ausreichend genug. So wird dasjenige, was die Rhythmik des Aristoxenus einen 12-zeitigen oder 9-zeitigen Takt mit drei verschiedenen (schweren oder leichten) Takttheilen nennt, nach seiner wahren musikalischen Bedeutung schwerlich anderswoher, als aus Bach zu erkennen sein, nicht aus Mozart, nicht aus Beethoven. Auf der Zusammensetzung des Taktes aus zwei oder drei oder vier Takttheilen verschiedenen Gewichtes (schweren und leichten Takttheilen) beruht aber schließlich die gesammte Taktlehre des Aristoxenus. Dies sind die „Hauptbewegungen" in der Praxis des griechischen Taktirens, denen sich für jede Taktart verschiedene „Nebenbewegungen" unterordnen. Dergleichen höchst wichtige Thatsachen der griechischen Rhythmik, durch welche diese nicht bloß theoretisch, sondern auch praktisch der modernen Rhythmik so.außerordentlich nahe tritt, waren uns früher gänzlich verborgen geblieben.

Zu einem eingehenden Studium der griechischen Melik kam ich erst am Ende der fünfziger Jahre. Friedrich Bellermann's mustergültige Forschungen mußten zunächst mein Führer sein. Ueber sie hinauszugehen, dazu veranlaßte mich zuerst die Musikschrift des berühmten Mathematikers und Astronomen Claudius Ptolemäus, welche der verehrte Forscher Bellermann wohl kaum im Zusammenhange gelesen haben dürfte. Denn sonst wäre ihm bei seinem ungemeinen Scharfsinne schwerlich entgangen, was Ptolemäus unter der bei ihm so genannten thetischen Nomenclatur der Tonscalen versteht, zumal der erste Herausgeber der Ptolemäischen Harmonik, der englische Mathematiker Johannes Wallis, bereits vor 200 Jahren eine Deutung gegeben hatte, gegen die von keiner Seite her eine Einwendung gemacht werden kann und auch von Bellermann nicht gemacht ist, der seinerseits, trotz der sonst von ihm bewiesenen großen Gewissenhaftigkeit, an dieser Stelle den Commentar des englischen Herausgebers durchaus unbenutzt gelassen hat. Die thetische Scalen-Nomenclatur des Ptolemäus, die sich übrigens bis auf Aristoxenus und Aristoteles zurückführen läßt, führt im Zusammenhange mit gelegentlichen Mittheilungen des Plato, Aristoteles und anderer altgriechischer Schriftsteller, — Mittheilungen, die zum Theil früher noch nicht für die griechische Musik herbeigezogen und noch nicht verwerthet waren —, zu ganz anderen Anschauungen über das Wesen der alten griechischen Tonarten, als denen der früheren Forscher, auch Böckh's und Bellermann's. Meine griechische Harmonik vom Jahre 1863, welche diese aus Ptolemäus wieder hervorgeholten Auffassungen der griechischen Tonarten in den Vordergrund stellte, wurde deshalb von den Mitforschern mit Mißtrauen aufgenommen. „Wenn die in diesem Buche gegebene Auffassung der Ptolemäischen Stellen allgemeine Annahme zu finden geeignet wäre, dann müsse sie alle Ergebnisse früherer Forschungen in Frage stellen." Einige falsche Consequenzen, die ich in der ersten Auflage meiner griechischen Harmonik bezüglich der griechischen Tonarten auf Grund der Stellen des Ptolemäus gezogen hatte, sind bereits in der zweiten Auflage vom Jahre 1867 thatsächlich zurückgenommen, eine vollständige Rechtfertigung meiner auf die Quellen gestützten Theorie der griechischen Tonarten mußte ich für meine Gesammtausgabe des Aristoxenus vorbehalten, welche erst jetzt hat erscheinen können.

Denn auch Aristoxenus, die wichtigste Autorität der griechischen Musiktheorie, war zwar von Marcus Meibom in der Mitte des 17. Jahrhunderts, 1652 (ich rede hier bloß von den Schriften über das Melos), herausgegeben, übersetzt und erklärt und ist dann wiederum gegen die Mitte dieses Jahrhunderts auf Grund italienischer Handschriften von Paul Marquard unter Beihülfe von Wilhelm Studemund herausgegeben, übersetzt und kritisch und exegetisch commentirt 1869. Aber nachweislich ist die Harmonik des Aristoxenus im Zusammenhange weder von Bellermann, noch auch von dem Herausgeber Marquard gelesen, so verwunderlich dies auch namentlich bezüglich des letzteren erscheinen mag. Zur Entschuldigung des um die Wortkritik des Aristoxenus-Textes so sehr verdienten Marquard mag dienen, daß dasjenige, was uns in den Handschriften als die drei Bücher der Aristoxenischen Harmonik überkommen ist, von Marquard nicht für ein genuines Werk des Aristoxenus, sondern für eine zum Theil zufällig entstandene Excerpten-Sammlung aus Byzantinischer Zeit angesehen wird. Aus diesem Grunde ist Marquard im Voraus gegen den von ihm mit so großer Gewissenhaftigkeit aus den Handschriften herausgegebenen Text eingenommen und widmet der vermeintlichen Excerptensammlung nicht die gewissenhafte sachliche Beachtung, welche den Werken des Aristoxenus unzweifelhaft gebührt. Bezüglich der von mir in meiner griechischen Harmonik dem Aristoxenus-Texte gewidmeten Arbeit sagt er gelegentlich der Aristoxenischen Darstellung der Transpositionsscalen: „Die Resultate, welche Westphal gewinnt, sind in diesem Falle, wie noch in anderen, von sehr bestechender Art, allein um so nachdrücklicher muß darauf hingewiesen werden, daß die Unterlagen, auf denen sie mit außerordentlichem Scharfsinn und umfassender Gelehrsamkeit ausgeführt sind, nicht sicher sind." Meine Gesammtausgabe des Aristoxenus, welche ich nunmehr gerade dreißig Jahre nach dem Beginne meiner Aristoxenus-Studien und nach unverdrossener Mühe steten Umarbeitens und Berichtigens der Oeffentlichkeit vorgelegt habe, wird hoffentlich den Mitforschern die Ueberzeugung geben, daß meine Arbeit auf sicheren Unterlagen basirt ist.

Während die Forscher Deutschlands die durch meine Arbeit über das griechische Melos gewonnenen Ergebnisse mit Mißbehagen, Mißtrauen oder offenbarer Feindseligkeit aufnahmen, hatte man darüber bei unseren westlichen Nachbarn ein anderes Urtheil gewonnen. Ich hatte bereits Deutschland verlassen, als das umfangreiche Werk „Histoire et Théorie de la Musique de l'Antiquité par Fr. Aug. Gevaert. Gand 1875. 1881", erschien, in welchem der gelehrte Musikforscher und Director des Brüsseler Musik-Conservatoriums, früher musikalischer Leiter der großen Oper zu Paris, auch denjenigen Punkten meiner griechischen Harmonik die vollste Anerkennung zollte, welche sich auf die thetische Onomasie des Ptolemäus und den damit in Zusammenhang stehenden Nachweis der nicht unisonen Begleitung der griechischen Melodien bezog. Ferdinand Hiller's „Musikalisches und Persönliches" sagt von Gevaert's Buche: „Es zu loben muß ich denen überlassen, die dazu berechtigt sind. Aber meiner Freude, daß es entstanden, darf ich Worte verleihen, und meinem Danke für so viel Belehrendes, Anregendes, Ideenerweiterndes, was uns darin geboten wird. Und auch das darf ich aussprechen, daß es unserer ganzen, durch die gebildete und ungebildete Welt zerstreuten Tonkünstler-Gilde zum Stolz und zum Ruhm gereicht, den Verfasser eines solchen Buches einen der Unseren nennen zu dürfen. Gevaert, einst gekrönter Zögling der belgischen Akademie, jetzt Nachfolger von Fétis als Direktor des königlichen Conservatoriums in Brüssel, ist ein Mann von einer Vielseitigkeit der Bildung und einer Höhe der Anschauung, wie sie, nicht allein unter Künstlern, zu den seltenen Erscheinungen gehört. Alte und neue Sprachen und Literaturen sind ihm gleich geläufig, und in was Allem wäre er nicht zu Hause! Dabei giebt es vielleicht keinen zweiten Musiker, der die Entwickelung seiner Kunst aus ihren Monumenten so gründlich studirt hätte wie er. Er weiß gleichmäßig Bescheid in den Gesängen der römischen Liturgie und in denen der Oper seit ihrem Ursprung, und seine Sammlung „Les trésors de l'Italie" ist ein wahrer Schatz von Edelsteinen aus den italienischen dramatischen Componisten der beiden letzten Jahrhunderte. An der Opéra comique in Paris hat er mit seinen Opern „Quentin Durvard" und „Le Capitaine Henriot" große Erfolge gefeiert und durch mehrere Jahre war ihm die musikalische Leitung der großen Oper anvertraut. Der griechischen Musik gegenüber hatte er sich jedoch, wie er uns in seiner Vorrede mittheilt, so gleichgültig verhalten, wie es die meisten Musiker schon gegen das sind, was hinter Sebastian Bach liegt. Alle sind wir ja mehr oder weniger in der Ansicht aufgewachsen, daß wir von der antiken Tonkunst nicht viel wissen können, und das, was zu erfahren ist, nicht der Mühe werth sei, gewußt zu werden. Wir freuten uns ohne Eifersucht, daß die griechischen Musiker schon so hoher Ehren theilhaftig geworden, daß später sogar Kaiser Nero es für das Schönste hielt, sich als

Sänger applaudiren zu lassen; — einem Orpheus gegenüber mußten wir freilich unsere ungeheure Inferiorität eingestehen, da er es dahin gebracht, durch sein Talent ganze Städte aufzubauen, während es heutigen Tages die Glücklichsten doch höchstens bis zu einem Landhause bringen. Inwiefern Gevaert gerade diese Ansichten theilte, weiß ich nicht, das aber sagt er uns, daß es das berühmte Werk Westphal's (l'admirable ouvrage de Westphal) über die griechische Metrik war, welches einen so vollständigen Umschwung bei ihm veranlaßte, daß er sich nun, mit der ganzen Kraft seines Wissens und Wollens, dem Studium der Musik der Alten hingab. Und wie groß die Kraft, davon legt der vorliegende Band ein imponirendes Zeugniß ab. . . . In dankbarer Bewunderung bespricht er die Arbeiten Westphal's, denen zu folgen, — die, so weit sie die Musik betreffen, wiederzugeben, ihm vor Allem am Herzen lag. Indem er auseinandersetzt, von welcher Wichtigkeit, — trotz der Unvollständigkeit der Quellen, trotz dem Mangel an antiken Tonwerken, — es für uns ist, den Zusammenhang der antiken Tonkunst mit der unseren so weit kennen zu lernen, als es vorläufig möglich, nimmt er für seine Thätigkeit das Gelingen der Aufgabe in Anspruch, die Gesetze der griechischen Musik als Musiker für Musiker entwickelt und die Analogien, welche diese mit der unseren bietet, klarer hervorgehoben zu haben, als dies dem eigentlichen, vorzugsweise für Philologen schreibenden Philologen möglich gewesen sei.“

So Ferdinand Hiller über Gevaert's Geschichte und Theorie der antiken Musik. Gevaert's Beifall kann mich vollständig entschädigen gegenüber dem Unwillen, welchen meine Auffassung des griechischen Melos bei Philologen und Musikern Deutschlands — Gymnasialdirector Ziegler in Polnisch-Lissa und Heinrich Bellermann, Musik-Professor an der Universität Berlin — auf sich geladen hat.[1]

Wenn von der hier vorliegenden „Musik des griechischen Alterthums“ auf dem Titel angegeben ist, sie sei „neu nach den alten Quellen dargestellt“, so ist dies im Gegensatze zu meinen früheren Darstellungen desselben Gegenstandes gesagt. Die Form der Darstellung ist durchweg den früheren gegenüber eine neue und von der früheren in Anordnung und Ausführung durchaus verschiedene. Nicht die griechische Metrik ist ihr Zweck, nicht die Fachphilologen sind

---

[1] Sicherlich ist Gevaert unter allen Operncomponisten und Conservatoriumsdirectoren der Welt der einzige, welcher mit kritisch-philologischem Geschick den handschriftlichen Text eines griechischen Musikschriftstellers zu emendiren versteht, was dem Gymnasialdirector in Polnisch-Lissa Angesichts seiner Ptolemäus-Conjecturen Niemand wird nachrühmen können.

der Leserkreis, an den ich bei meinem Buche zunächst gedacht habe.
Es verfolgt ein allgemein historisches Interesse auf kunstgeschicht-
lichem Gebiete. Natürlich habe ich zunächst an Musiker, seien es
Fachmusiker, seien es Dilettanten, dann aber auch an die für Musik
sich interessirenden Philologen gedacht, aus deren Kreise ja überhaupt
die ganze bisherige Forschung über die Musik der Griechen hervorgegangen ist. Denn nur selten hat sich ein philologisch gebildeter
Fachmusiker, wie Oscar Paul, zugleich Professor an der Universität
und dem Musikconservatorium Leipzigs, und Gevaert, der Vorsteher
des Brüsseler Musikconservatoriums, an jenen Forschungen betheiligen
können. Fühlt aber ein deutscher Musiker das Verlangen, sich auf
dem immerhin wichtigen und auch für die moderne Musik resultat-
reichen Gebiete der alten griechischen Musik zu orientiren, so dürfte
diesem wohl zu gönnen sein, daß er auch ein deutsches Buch findet,
welches ihm nicht die längst veralteten Geschichten aus Forkel's
Darstellung von neuem wieder mundgerecht zu machen sucht, sondern
ihm eine wirkliche griechische Musik vorführt. Weil ich weiß, daß
die Fachmusiker eine gewisse Aversion vor classischer Philologie
haben, wie dies ihr mühseliges, für andere Studien keine Zeit und
Muße erübrigendes Fachstudium durchaus natürlich erscheinen läßt,
so habe ich mich in dieser neuen Darstellung der griechischen Musik
der griechischen Typen ganz und gar enthalten. Die philologischen
Leser werden daran keinerlei Anstoß nehmen können. Es soll dies
Verfahren ja auch nur dazu dienen, daß auch denen, welchen das
Griechische fremd ist, das so wünschenswerthe Studium der griechischen
Musik ermöglicht werde.

Was den sachlichen Inhalt dieser meiner neuen Darstellung der
griechischen Musik betrifft, so habe ich mich für die Theorie des
Melos von meiner früheren Darstellung nicht allzuweit entfernen
können, weil ich seit der ersten Veröffentlichung der von mir
aus sorgfältigem Quellenstudium gewonnenen Ansichten über diesen
Gegenstand hinlängliche Zeit zu wiederholten Prüfungen und Wieder-
erwägungen gehabt habe, die schließlich immer zu der Ueberzeugung
führten, daß die Einwände und Angriffe meiner Gegner bezüglich des
Ptolemäus und des Aristoxenus nicht sorgsam genug bedacht waren.
Wenn mir von einem der Gegner vorgeworfen ist, meine Auffassung
bringe eine gänzliche Umwälzung in das System der griechischen
Musik hinein, so werde ich mir dies ebensogut als Lob interpretiren
dürfen, wenn es auch mein Gegner als Tadel auszusprechen vermeinte.

Für die Theorie des Rhythmus dagegen ist in dieser neuen
Darstellung der griechischen Musik auch der sachliche Inhalt ein in

wichtigen Punkten wesentlich anderer, als in den früheren Darstellungen vor dem Jahre 1880 geworden. Der Musiker wird aus der gegenwärtigen Darstellung erkennen, daß die altgriechische Theorie des Rhythmus für ein eingehendes Studium der modernen Rhythmik unerläßlich ist, daß hier die Griechen (d. i. Aristoxenus) den Theoretikern von heute gar weit voraus sind, und daß der moderne Fachmusiker in diesem Punkte manches von dem, was er von modernen Theoretikern über Rhythmik gelernt hat, nach der Theorie des Aristoxenus geradezu umlernen muß.

Die Reconstruction der griechischen Musik aus den trümmerhaften, zum Theil weit auseinander liegenden Quellen war eine der letzten, freilich auch der allerinteressantesten Arbeiten, welche von den großen Philologen aus der Blüthezeit der Philologie uns Epigonen zur Erledigung übrig gelassen war. Freilich war das nicht eine bloß durch die Akribie des Sammelns und durch kritische Methode auszuführende Mosaikarbeit. Es bedurfte auch der Phantasie des kritischen Sammlers, jener divinatorischen Phantasie des Künstlers, welcher schon ehe er sein Werk im Einzelnen vollständig ausgearbeitet hat, diese Einzelheiten gewissermaßen vorher fühlt. Wer nicht die Wichtigkeit des Ptolemäus und seiner Scalen-Onomasie für die harmonische Beschaffenheit der griechischen Tonarten vorausfühlt, der wird das anstrengende Studium der Ptolemaeischen Harmonik nicht in der Weise für nothwendig halten, daß er über demselben nicht ermüdet. So ist es Friedrich Bellermann ergangen. Oder er wird dasselbe wie Ziegler erleiden, der in der Besorgniß, daß sich durch Ptolemäus der gegenwärtige Stand der griechischen Musikwissenschaft vollständig umgestalte, lieber eine kritiklose Umgestaltung des Ptolemäischen Textes versuchte, als daß er seinerseits (wie sich das von einem die griechische Musikwissenschaft wirklich im Herzen tragenden Forscher nicht anders hätte erwarten lassen) freundlich und ohne Mißmuth daran mitzuarbeiten den Muth gefunden, das scheinbar ungünstige Ergebniß der thetischen Onomasie für die Mixolydische und Hypolydische Tonart durch eine andere Auffassung der betreffenden Quellennachrichten in ein ebenso günstiges Resultat wie für die Dorische, Phrygische, Lydische Tonart umzuändern. Gevaert hat nicht geschwankt, auf dem einmal als richtig erkannten Wege, welchen Ptolemäus und Aristoteles augenscheinlich erschlossen hatten, auch für die Mixolydische und Hypolydische Tonart das richtige Ergebniß festzuhalten. Auch dem Aristoxenus-Herausgeber Marquard scheint jene für die Reconstruction der griechischen Musikwissenschaft unerläßliche divinatorische Phantasie gefehlt zu haben, sonst hätte er nicht verkennen können, daß die Angaben des Aristoxenus über die Pentachorde von 2, 3 und 4 verschiedenen Intervallgrößen nothwendig zu der Theorie der gemischten Scalen führen, statt in jenen Angaben einen Widerspruch gegen die sonstige Aristoxenische Theorie zu finden und dem genuinen Werke des Aristoxenus abzusprechen. Ohne jenen Sinn divinatorischer Phantasie wäre Marquard auch nicht so erbittert gegen meine Vergleichung der Aristoxenischen Lehre mit der des Ptolemäus, die doch zu dem Einzigen führt, was wir Modernen über das Wesen der antiken Chroai zu ermitteln im Stande sind. Marquard geht soweit, wirklichen neuen Ergebnissen über den Stand der griechischen Musik ein für alle Mal zu entsagen, daß er mir den Vorwurf macht, ich sei zu sehr bemüht, aus Aristoxenus thatsächliche Ergebnisse für die Musik finden zu wollen. Als ob es sich ohne solche thatsächliche Resultate überhaupt noch lohnte, sich mit den antiken Naturschriftstellern zu beschäftigen! So sieht auch Gevaert die Sache an Préface p. V.: „La musique des anciens, que j'avais considérée jusque-là comme un sujet absolument dénué d'intérêt, m'apparat tout à coup sous un jour nouveau: j'y vis un objet d'étude attachant et digne de toute l'attention d'un musicien." Denn auch der Musik des Alterthums gilt der Spruch, den uns Terenz aus einem griechischen Dramatiker überliefert:

„Nichts ist so schwierig, daß es der Geist durch Forschen nicht bewältige."

## Das Aristoxenische System der Künste.

Ich schließe die Einleitung zur Musik der Griechen mit einer kurzen Notiz über das Verhältniß der Musik zu den übrigen Künsten, wie es die Schule des Aristoteles aufgefaßt hat. Aristoteles selber setzt das Wesen der Künste in die „Mimesis", d. i. die Nachahmung. Wie dies Princip im Einzelnen für jede Kunst zu fassen ist, läßt sich schwer sagen. Es scheint, als ob Aristoteles an die Nachahmung des natürlichen und menschlichen Lebens denkt, sowohl des in der Geschichte sich manifestirenden, wie des individuellen Seelenlebens. Der Schüler Aristoxenus scheint hier größer als der Meister zu sein. Er geht aus von dem Materiale, in welchem der Künstler das Kunstwerk darstellt. Das Material der Kunst ist entweder ein bewegtes oder es ist ein unbewegtes, in der Ruhe des Raumes verharrendes. Von den sechs Künsten: Musik, Poesie, Orchestik oder Tanzkunst, — Architectur, Malerei, Plastik gehören die drei ersten zu den Künsten der Bewegung (zu den praktischen Künsten, d. i. Künsten der Handlung, auch musische Künste genannt); die drei letzten sind die Künste der

Ruhe und des Raumes, die Künste des Fertigen oder apotelestische Künste. Die Werke dieser letzten Klasse der Künste sind, sowie sie aus den Händen der schaffenden Künstler hervorgehen, fertig und abgeschlossen und dem unmittelbaren Kunstgenusse zugänglich. Die drei Künste der Bewegung oder Handlung stellen Werke dar, welche außer der geistigen That des schöpferischen Künstlers, wie des Componisten oder Dichters, auch noch der darstellenden Künstler, wie des Sängers und Instrumentalvirtuosen oder des recitirenden Schauspielers oder Declamators, bedürfen, um dem vollen Kunstgenusse zu dienen. Man kann zwar Gedichte und Partituren auch durch bloßes Lesen sich aneignen, aber einen vollen Kunstgenuß gewährt hier nur das Hören der Worte und Töne. Ueber dieses antike System der Künste besitzen wir nur notizenhafte Auszüge aus älteren Werken in den alten Erläuterungen zu der griechischen Grammatik des Dionysius Thrax. Daß dasselbe schließlich auf Aristoxenus als seinen Urheber zurückgeht, läßt sich aus einzelnen Stellen seiner dritten Harmonik und seiner Rhythmik erkennen. Marquard sagt, Aristoxenus S. 327: „Es ist sehr zu beklagen, daß an dieser Stelle Aristoxenus gerade so höchst mangelhaft excerpirt ist; wir würden sonst noch weitere Aufschlüsse über jenes System erhalten. Jedenfalls hat Westphal sehr recht, ihm [in der griechischen Harmonik 1863, wo es zum ersten Male aus den alten Scholien zu Dionysius Thrax wieder hervorgezogen ist] großes Lob zu spenden; ein eingehenderes Nachdenken führt von diesen Gesichtspunkten aus zu sehr klaren und unzweifelhaften Resultaten." Eine weitere Ausführung gibt Marquard in dem Aufsatze „Apologismen" in der deutschen Musikzeitung, Wien 1862, Nr. 50—52. Vergl. auch Gevaert, Histoire et Théorie de la Musique de l'Antiquité I, p. 21—39. Ich habe das Aristoxenische System der Künste, um es zu leichter Anschauung zu bringen, in olgender Uebersichtstabelle dargestellt, die hier wiederholt sein möge.

| I. Apotelestische oder bildende Künste, Künste der Ruhe und des Raumes. | II. Praktische oder Künste der Handlung, Künste der Bewegung und der Zeit. |
|---|---|
| A. Subjective: | |
| Architectur | Musik |
| B. Subjectiv-objective: | |
| Malerei | Poesie |

| I. Apotelestische oder bildende Künste, Künste der Ruhe und des Raumes. | II. Praktische oder Künste der Handlung, Künste der Bewegung und der Zeit. |
|---|---|

C. Objective:

| Plastik | Orchestik |
|---|---|

Allgemeines formales Gesetz: Gleichmäßigkeit
des Raumes: Symmetrie     der Zeit: Rhythmus

Der subjective und der objective Standpunkt des Künstlers.

Wenn Aristoteles unter der von ihm als Princip der Künste hingestellten Nachahmung — wie es doch kaum anders möglich ist — das Nachahmen von irgend etwas außerhalb der Kunst im natürlichen oder menschlichen Leben liegenden versteht, so möchten in diesem Sinne hauptsächlich wohl die Plastik und die Orchestik eine Nachahmung des Natürlichen sein: die Plastik die idealisirende Nachbildung des menschlichen Leibes in einem festen dauerhaften Stoffe, — die Orchestik eine Veridealisirung der menschlichen Körperbewegungen durch den Menschen selber. Die Orchestik ist der modernen Welt fremder geworden als dem alten Hellenenthume. Denn das moderne Ballet dürfte wohl wenig mit der griechischen Orchestik gemein haben. Aber für die Plastik wird der Aristotelische Satz, daß die Kunst Nachahmung sei, fortwährende Gültigkeit behalten. Deshalb dürfen wir die Plastik, nicht minder auch die Orchestik, als die objectiven Künste bezeichnen, die in der Außenwelt ihr in der Kunst zu idealisirendes Vorbild haben.

Dagegen sind die Architectur und die Musik die subjectiven Künste. Hier findet keine Nachahmung oder Idealisirung von etwas in der Natur gegebenem statt: das Schönheitsideal ist hier dem künstlerischen Geiste immanent. Zwar mag sich beim ersten Entstehen der Architectur manche ihrer Formen, wie dies vielfach behauptet wird, an vegetabilische Gebilde angelehnt haben, durch sie hervorgerufen oder modificirt sein: die Säule durch den Baumstamm u. s. w. Aber in ihrer weiteren Entwickelung hat sich die Architectur von jenen Formen des natürlichen Lebens sichtlich frei gemacht oder dieselben wenigstens in einer Weise idealisirt und geradezu umgewandelt, daß von einer Nachahmung des Natürlichen als dem Principe der Architectur schlechterdings nicht die Rede sein kann. Noch weniger gilt der Aristotelische Grundsatz von der Musik. Freilich reden auch die

Musiker von einer Nachahmung, aber dieses ist von der Festhaltung eines in einer Composition im Beginne derselben angewandten Themas auch für den weiteren Fortgang der Composition zu verstehen. Diese musikalische Nachahmung im technischen Sinne, welche sich am ausgeprägtesten im Kanon und in der Fuge zeigt, aber auch überhaupt eine Eigenschaft einer jeden guten Musik sein soll, gehört ihrem Wesen nach in die Kategorie der künstlerischen Einheit eines Musikwerkes. In diesem Sinne ist von Aristoteles die Nachahmung in der Kunst nicht gemeint. Unter der Nachahmung in der Kunst der Musik denkt sich Aristoteles die musikalische Wahrheit und Treue in der Wiedergabe von Empfindungen, welche sie darstellen will; diejenige Musik ist nach Aristoteles die vollendetste, welche irgend ein Bild des Seelenlebens in seiner leidenschaftlichen Bewegung, beziehungsweise der Beruhigung der Leidenschaften darstellt. Was in der Aristotelischen Politik von der Musik des Olympus gesagt ist, läßt über jene Auffassung des Aristoteles keinen Zweifel obwalten. Die heutige Programm-Musik würde, was Aristoteles Nachahmung in der Musik nennt, am leichtesten veranschaulichen.

In welchem genetischen Zusammenhange das Erwecken gewisser Empfindungen und Stimmungen mit dem Anhören gewisser Tonverbindungen steht, ist bis jetzt nur wenig erkannt worden.[1] Genug, die Kunst vermag es. Freilich wird die Zahl der durch die Musik zu erweckenden Empfindungen wissenschaftlich auf ein geringes Maß zu beschränken sein, vornehmlich auf den Gegensatz der Erregtheit und der Ruhe, an welchen sich dann andere Gegensätze, wie der Freude und der Wehmuth, der Energie und der Sentimentalität, leicht anschließen. Mit solchen allgemeineren Empfindungen würden sich wohl gewisse Arten der Tonverbindungen in genetischen Zusammenhang bringen lassen. Ihre Wirkungen zu vervollständigen, verbindet sich die Musik gleichzeitig mit der Poesie, deren Worte uns bestimmte Vorstellungen zuführen, mit deren Hülfe der Gegensatz unserer Empfindungen ein bestimmterer wird. Hier ist es nun die Bedeutung der Musik, unsere Phantasie zu erregen und schaffenskräftiger als gewöhnlich zu machen, so daß wir die Vorstellungen, welche die Worte des gesungenen Gedichtes aussprechen, weiter ausspinnen und von der Musik gehoben auch solche Momente, welche der Dichter

---

[1] Lessing (Hamburgische Dramaturgie, Hempel, S. 167) bezeichnet auch hier den richtigen Weg: „Wir werden diese verschiedenen Folgen von Tönen, die eine Empfindung ausdrücken, mit einander vergleichen und durch die Bemerkung dessen, was sie beständig gemein haben, hinter das Geheimniß des Ausdruckes kommen."

nicht ausgesprochen hat, gleichsam hinzudichten. Dabei machen wir die Erfahrung, daß auf diese Weise die Musik uns concretere Bilder vorführt, als dies der Poesie möglich ist. Bei der Instrumentalmusik aber, wo uns die Worte des Dichters fehlen, werden wir selber vollständig Dichter und machen ohne Worte zu der uns vorgeführten Musik ein reim- und rhythmusloses Gedicht, indem unsere eigene dichterische Phantasie die durch das Musikwerk erweckten Empfindungen und Stimmungen der Erregtheit oder der Ruhe, der Freude oder der Wehmuth, der Energie oder der Sentimentalität je nach den aus der Erinnerung unseres individuellen Lebens genommenen Vorstellungen weiter ausmalt. Denn uns allen ohne Ausnahme ist als angeborene Fähigkeit der Seele eine bald höhere, bald geringere poetische Begabung gemeinsam, welche durch nichts Anderes so sehr, wie durch die der Musik innig verschwisterte Poesie erweckt zu werden vermag.

Die Tonverbindungen aber, durch welche der Künstler jene Wirkung auf unser Empfindungsleben hervorruft, haben im objectiven Dasein der Natur keinerlei Vorbild. Der Künstler schafft ohne „Nachahmung" lediglich aus dem ihm immanenten Schönheitsgefühle. Der einzelne Ton ist freilich etwas ihm objectiv gegebenes, sei es der Ton der menschlichen Stimme, sei es der Ton der Instrumente. Auch die Verbindung gleichzeitiger Töne zum Accorde erfolgt nach akustischen Gesetzen, und fort und fort wird die Musik sich in den Schranken dieser natürlichen Gesetze zu halten haben. Auch bestimmte Arten von Tonverbindungen kommen außerhalb der Kunst im objectiven Leben der Natur vor, z. B. der Gesang der Vögel. Aber in keinerlei Weise kann davon die Rede sein, daß dem Wesen der Musik die Nachahmung solcher außerhalb der Kunst im Leben der Natur vorhandenen Tonverbindungen zu Grunde liege. Die Musik ist die subjectivste aller Künste: lediglich und allein hat sie in dem immanenten Schönheitsgefühle des menschlichen Geistes ihren Grund. Wie in der Architectur, so schafft der Künstler auch in der Musik das Schöne bloß aus sich selber heraus, indem er das von ihm verwendete Kunstmaterial — ohne ein in der Objectivität gegebenes Vorbild — zum Kunstwerke gestaltet nach Normen, welche sich nur innerhalb des menschlichen Geistes finden, welche diesem immanent sind. Mit der Plastik und Orchestik verhielt es sich gerade umgekehrt. Hier ist das Kunstwerk, welches der Künstler bildet, auch schon außerhalb seiner Kunst in der Objectivität des natürlichen Seins vorhanden: die Arbeit des Künstlers besteht hier in einem Idealisiren, d. h. er vereint in seinem Kunstwerke die in der Natur vorhandenen, aber zerstreuten Momente des Schönen zum einheitlichen Ganzen. Diese Ver-

einigung, diese Zusammenfassung des Einzelnen zur Einheit, ist die
selbstständige That des Künstlers; sein Schönheitsideal aber ist
durch die Objectivität außer ihm gegeben.

Die zwei noch übrigen Künste, Malerei und Poesie, sind objective und subjective Künste zugleich. Der Maler, wie der Dichter, ent-
nimmt das Schöne, welches er darstellt, ebenso sehr aus seiner eigenen
innersten Seele, wie ihm die Außenwelt für seine Kunstwerke das
Vorbild ist. Hiernach sondern sich die verschiedenen Gattungen sowohl der Malerei wie der Poesie, wenn auch ein Kunstwerk der einen
oder der anderen Gattung niemals ganz der Objectivität und niemals
ganz der Subjectivität angehört. Der Maler und der Dichter ist in
jedem seiner Werke zugleich ein — um mit Aristoteles zu reden — nach-
ahmender und zugleich ein nach seinem eigenen immanenten Schönheitsgefühle schaffender Künstler. Niemals wird der epische Dichter
bloß die Begegnisse des fremden Lebens ohne den Spiegel seiner
eigenen Subjectivität darstellen können, niemals kann der Lyriker
bloß sein eigenes Empfinden ohne den Hintergrund des objectiven
Daseins zum Kunstwerke machen. Ebensowenig kann auch der Land-
schaftsmaler die Natur bloß „abschreiben". In dieser innigen Vereinigung des Subjectiven und des Objectiven, des Idealisirens und des
Producirens aus dem eigenen Ich besteht das Wesen dieser beiden
Künste: sie halten die Mitte ein zwischen der Architectur und Musik
einerseits und der Plastik und Orchestik andererseits.

### Antiker und moderner Standpunkt der Künste.

So etwa läßt sich, wenn wir das Aristoxenische System der
Künste zu Grunde legen, das Verhältniß des Künstlers zu dem von
ihm als Kunstwerk dargestellten Schönen auffassen. Da im allgemeinen das griechische Alterthum mehr die Objectivität, die christlich-
moderne Welt mehr die Subjectivität in den Vordergrund stellt, so
wird daraus folgen müssen, daß im griechischen Alterthume die beiden
objectiven Künste, Plastik und Orchestik, einer besonders hohen Entwickelung fähig sein mußten, in der christlich modernen Welt dagegen die beiden subjectiven Künste, Architectur und Musik; — die
Malerei und Poesie, als die beiden Künste, an welchen die Subjectivität und die Objectivität des Künstlers in gleicher Weise betheiligt
ist, müßten bei jener Voraussetzung in der antiken und in der christlich modernen Welt die beiden Künste sein, zu deren vollendeter
Entwickelung im classischen Alterthume und der modernen Welt
dieselbe Vorbedingung gegeben war.

Dies würden die Folgerungen aus der abstracten Theorie sein, die nothwendigen Ergebnisse der theoretischen Schablone, welche das von Aristoxenus aufgestellte System der Künste ergiebt. Dies System hat den unleugbaren Vorzug großer Klarheit und innerer Wahrheit, es übertrifft darin alle von modernen Aesthetikern aufgestellten Versuche einer Classification der Künste. Aber wie verhält sich die Wirklichkeit zu jenen aus dem Systeme des Aristoxenus über das Verhältniß der einzelnen modernen Künste zu den entsprechenden Künsten des classischen Alterthums gefolgerten Sätzen? wie stellen sie sich zu den realen kunstgeschichtlichen Thatsachen?

Drei Künste des Griechenthums sind es, über welche wir uns Angesichts der überlieferten Denkmäler ein möglichst genaues Urtheil zu bilden vermögen: die Poesie, die Plastik, die Architectur; während unser Urtheil über die drei übrigen Künste bei dem theilweisen oder gänzlichen Mangel der betreffenden Kunstdenkmäler immer nur ein ungenügendes bleiben wird.

In der Plastik als der objectivsten aller Künste müßte das Griechenthum der christlich-modernen Welt voran stehen. Es bedarf keines langen Erwägens, um auszusprechen, daß hier in der That die Griechen den modernen Künstlern so sehr überlegen sind, daß den letzteren nicht vielmehr zu thun bleibt, als den Griechen nachzuahmen. Denn wo der moderne Künstler in der Plastik einen eigenen, von den Griechen nicht betretenen Weg einschlagen will, da läuft er nur zu sehr Gefahr, den eigensten Gesetzen der plastischen Kunst untreu zu werden und auf ein anderes Kunstgebiet zu gerathen.

In der Architectur dagegen als einer subjectiven Kunst sollte a priore die christlich-moderne Welt zu einer höheren Stufe der Kunstentwickelung, als das classische Griechenthum bei dessen nur wenig auf die Subjectivität gerichtetem Geiste gelangt sein. Der Ausgangspunkt der Architectur und der stete Mittelpunkt dieser gesammten Kunstthätigkeit ist das Gotteshaus. Der Unterschied der Religion des Alterthums von dem Christenthume begründet die Verschiedenheit der antiken und der christlich-modernen Architectur. Der antike Tempel ist nichts weiter als die Aufenthaltsstätte des Gottes, der hier im Bilde verehrt wird. Zu dem Götterbilde haben nur die Priester Zutritt, welche die Mittelspersonen zwischen der Gottheit und ihren Verehrern sind. Das christliche Gotteshaus dagegen ist für alle Gläubigen errichtet, welche hier dem Gotte der Christenheit in Gemeinschaft ihre Verehrung darbringen. So sind die Tempel der griechischen Welt nur Miniaturwerke, wenn sie nach dem Maßstabe der modernen Architectur bemessen werden. Nun kann sich zwar im Kleinen das Kunstschöne eben so vollendet wie im Großen aussprechen, wie auch die Gebilde des Mikrokosmos im allgemeinen durchaus nicht hinter denen des Makrokosmos zurückstehen. Aber auch die Großartigkeit ist ein Moment der Kunst: reichere Entfaltung künstlerischer Formen verlangt überall größere Maßstäbe. Goethe's kurzer „Trost in Thränen" wird jeder Anforderung, welche man an ein vollendetes Kunstwerk stellen kann, im vollsten Maße gerecht, und dennoch ist jenes Gedicht weit entfernt davon, den Anspruch zu erheben, der Iphigenia oder dem Hermann und Dorothea coordinirt sein zu wollen. Aristoteles stellt den Satz auf, die Tragödie müsse ein „Megethos" haben, d. i. einen derartigen Umfang, daß sie sich deutlich in einen Anfangstheil, einen mittleren und einen Schlußtheil zerlege. Ein kleines lyrisches Gedicht kann eine solche reiche Gliederung nur selten darbieten, wohl aber ein episches und ein dramatisches Gedicht. In demselben Verhältnisse stehen die Architecturdenkmäler des Griechenthums zu denen der modernen Welt: einem Kölner Dome gegenüber will auch der vollendetste hellenische Tempelbau, wie gesagt, nichts anderes als ein Miniaturwerk sein.

Von der Poesie, welche in gleicher Weise eine Kunst der Subjectivität und der Objectivität ist, wird sich die theoretische Voraussetzung leicht bestätigt finden, daß diese Kunst in der alten und in der modernen Welt zu gleicher Vollendung gelangt ist. Zunächst sind zwar die antiken Dichter die Lehrmeister und Musterbilder der modernen. Schiller schreibt an Körner: „Ich lese jetzt fast nichts als Homer; die Alten geben mir wahre Genüsse. Zugleich bedarf ich ihrer im höchsten Grade, um meinen eigenen Geschmack zu reinigen, der sich durch Spitzfindigkeit, Künstlichkeit und Witzelei sehr von der wahren Simplicität zu entfernen anfing." Aber wie möchten wir bei aller hohen Verehrung vor den griechischen Dichterwerken im Ernste den Satz aussprechen, daß in der christlich-modernen Poesie nicht reichlich ebenso Meisterhaftes, Mustergültiges und Kunstvollendetes geleistet ist, wie von den antiken Dichtern? Es ist zwar nicht dasselbe, was das Alterthum und was die moderne Welt in der Poesie geschaffen, und auch nicht schwer den Unterschied anzugeben. Denn wenn sich in der Poesie Objectives und Subjectives vereinigt, so werden in der antiken Poesie zufolge der antiken Geistesrichtung die objectiven Elemente vor den subjectiven, in der modernen Poesie umgekehrt die subjectiven vor den objectiven vorwalten. Die epische Kunst ist größer in der alten, die lyrische in der modernen Welt. Ein Homer ist einziger Besitz nur des alten Griechenthums; schon dem Römerthume, noch mehr aber der modernen Welt fehlt die Vor-

aussetzung einen Homer hervorzubringen. Von der Kunst der Plastik,
welche die objectivste aller Künste ist, hat man diese den griechischen
Dichtern eigene objective Auffassung und Darstellung in der Poesie
„die plastische" genannt. Homer ist ihr unerreichbarer Hauptreprä-
sentant. Dagegen hat ein Künstler der subjectiven Lyrik wie Goethe
wiederum unter den antiken Dichtern auch entfernt seines Gleichen
nicht. Auch die Lyrik eines Pindar ist keine subjective, sondern eine
objective Lyrik; die völlig veränderte Lebens- und Kunstrichtung der
modernen Welt, deren Anfänge im Grunde schon mit der Periode
Alexander's von Macedonien beginnen, machte es bereits den Römern
zu einer gleichen Unmöglichkeit, einen Pindar wie einen Homer unter
ihren Dichtern zu haben. Was Plato, freilich in einem anderen Sinne,
ausspricht: „die Hellenen sind Kinder", das bleibt namentlich mit
Bezug auf die Hellenische Poesie eine ewige Wahrheit. Die harmlose
Naivetät des Kindes, — der ungetrübte Scharfblick desselben, im
Kleinen und Untergeordneten das Interessante und Schöne herauszu-
finden, das Gegentheil von aller Spitzfindigkeit, Künstlichkeit und
Witzelei, wie Schiller es ausdrückt, bildet einen Grundzug in der
classischen Dichtkunst der Griechen. Durch diesen Charakterzug ist
dieselbe in so immensem Grade für plastische Auffassung und Darstellung beanlagt, welche die moderne Dichtkunst kaum anders als
durch das Studium der Alten sich aneignen kann. Tiefe Inner-
lichkeit der Empfindung, Humor und Romantik sind dagegen Eigenthümlichkeiten, welche der modernen Poesie vor der antiken Poesie
eigen sind.

Die Malerei sollte nach der aus dem Aristoxenischen Systeme
sich ergebenden Theorie neben der Poesie die Kunst sein, zu welcher
das Griechenthum in gleicher Weise wie die moderne Welt prädesti-
nirt sein müßte. Bei dem gänzlichen Mangel größerer Denkmäler
dieser Kunst aus dem Alterthume wird es uns unmöglich, zwischen
der thatsächlichen Leistungsfähigkeit der Griechen und den Leistungen
der Modernen auf diesem Gebiete einen Vergleich zu ziehen. Kaum
ist uns mehr erhalten, als die Denkmäler der alten Vasen- und
Wandmalerei. Hier scheint die wunderbare Schönheit der Linien-
zeichnung auf eine ganz hervorragende Kunststufe, zu welcher die
griechische Malerei gelangt ist, hinzuweisen, zumal da die erhaltenen
Vasen- und Wandgemälde wohl schwerlich von den ersten Meistern
herrühren, sondern nur handwerkmäßige Arbeiten nach der Vorlage
mehr oder minder bedeutenderer Originale sind.

Für die griechische Musik ist die Zahl der Denkmäler noch ungleich geringer als für die Malerei. Gestehen wir offen, daß bei uns

dieser Lücke der alten Ueberlieferung auch die zahlreichen theoretischen Schriften über griechisches Melos, die ja auch wieder so außerordentlich lückenhaft sind, zu einem Urtheile über das, was das Griechenthum in der Melik geleistet hat, nicht befähigen. Viel klarer sind unsere Anschauungen über die rhythmische Form der griechischen Musik. Denn mit Hilfe der Aristoxenischen Angaben gelingt es uns, die rhythmischen Formen der Meisterwerke griechischer Vocalmusik aus den Worttexten Pindars und der Dramatiker, welche sämmtlich auch die melischen Componisten ihrer Verse waren, wieder herzustellen, obwohl uns das Melos selber zu ihren Versen nicht überliefert ist. Principiell muß man sich das Verhältniß der griechischen Musik zur modernen gerade so denken, wie das Verhältniß antiker und moderner Kunsterzeugnisse auf dem verwandten Gebiete der Architectur. Auch in der Musik müssen die Kunsterzeugnisse der Griechen den modernen gegenüber den Charakter von Miniaturwerken gehabt haben, übrigens nach denselben Schönheitsgesetzen, wie in der modernen Welt, die hier das classische Griechenthum nur durch Großartigkeit der Formen überragt. Der den Griechen zum Selbstbewußtsein gekommene Grundsatz der Kunst lautet: „Nicht in dem Großen liegt das Schöne, sondern in dem Schönen das Große."[1] Es wird sich im weiteren Verlaufe zeigen, daß diese zunächst aus der Analogie folgende Anlage durch manches Einzelne bestätigt wird. Anders denkt sich Paul Marquard in seinen Erläuterungen zu Aristoxenus S. 308 den Standpunkt der griechischen Musik. Von den zwölf Transpositionsscalen der Griechen redend, welche in der modernen Musik erst seit Johann Sebastian Bach in Aufnahme gekommen seien und von denen in der römischen Kaiserzeit der berühmte Mathematiker und Astronom Ptolemäus aus ganz willkürlichen und unzureichenden Gründen auf die sieben schon vor Aristoxenus üblichen Transpositionsscalen wieder zurückgegangen sei, sagt Marquard: „Es ist dies ein neuer Beweis nicht etwa nur gegen die musikalische Begabung des Ptolemäus, sondern überhaupt dafür, daß die Musik diejenige Kunst war, für deren inneres Wesen und Leistungsfähigkeit die Griechen die wenigste Anlage, das wenigste Verständniß besaßen, was sich übrigens aus ihrer Natur schon a priori deduciren läßt." Ich denke, aus der Natur der Griechen lassen sich keine anderen, als die von mir nach Aristoxenus angegebenen aprioristischen Deductionen folgern.

---

[1] „Mit diesen Worten," so heißt es bei Athenäus 14, p. 629, „gab der Meister Kaphesias seinem Schüler eine Ohrfeige, als dieser für eine Stelle ein ungehöriges Forte nahm."

**Die einzelnen Zweige der musischen Künste im Griechenthume.**

Die ihm immanente Schönheitsidee bringt der Künstler an dem ihm gegebenen künstlerischen Materiale zur Anschauung: der Componist an den gleichzeitig und nach einander zum Melos vereinten Tönen, durch welche gewisse Empfindungen in uns erregt werden, der Dichter durch die Worte der Rede, die uns bestimmte Vorstellungen zuführen. Die Gesichtspunkte, nach welchen diese Kunstmittel zum Ausdrucke des Schönen werden, lassen wir unberührt, ebenso auch die Frage nach dem Wesen und dem Ursprunge der dem menschlichen Geiste immanenten Idee des Schönen. Vgl. darüber meine Theorie des musikalischen Rhythmus seit Joh. Seb. Bach. Breitkopf und Härtel. 1880. S. XXXVIII ff., wo ich nicht umhin konnte, auf die Philosophie Plato's zurückzugehen.

Mit der immanenten Schönheitsidee ist der dem menschlichen Geiste angeborene Sinn für Ordnung und Ebenmaß nicht ganz identisch, wenn auch vielfach mit ihm verwandt und bezüglich der Künste in gemeinsamer Wirksamkeit mit dem Schönheitssinne. Ein wohlthuendes Gefühl vermag die Wirkung des Ordnungssinnes in dem Kunstwerke wohl hervorzurufen, aber die Vorstellung von etwas Schönem ebensowenig, wie die Mathematik ein Gebiet des Schönen genannt werden kann.

Das immanente Ordnungsgefühl des Künstlers macht sich in den drei Künsten der Ruhe und des Raumes, d. i. der Architectur, Plastik und Malerei durch eine gesetzmäßige Gliederung des von dem Kunstwerke auszufüllenden Raumes geltend, welche wir als „Symmetrie" bezeichnen. Für die modernen Künste der Ruhe und des Raumes ist die Symmetrie eine wesentliche Grundbedingung in der Architectur. Das Alterthum hatte die Fähigkeit, ebenso wie in der Architectur, auch in der Plastik und Malerei die symmetrische Anordnung des Raumes als künstlerische Nothwendigkeit zu empfinden. Das auffallendste Beispiel dafür hat der Künstler gegeben, welche die vier Außenwände des Parthenon mit Reliefdarstellungen geschmückt hat. Vgl. a. a. O. S. XLIX.

In den drei Künsten der Bewegung und der Zeit scheint auch der modernen Welt das Gesetz der Ordnung und der Gleichmäßigkeit etwas Unerläßliches. In der Musik gehört auch die melische Eigenthümlichkeit, welche man unter dem Namen „Nachahmung" begreift und ohne welche wir uns eine künstlerische Einheit der Composition kaum zu denken vermögen, streng genommen dem Principe der Gleichmäßigkeit an. Im eigentlichen Sinne aber wird die Gleichmäßigkeit und Ordnung in der von dem Kunstwerke eingenommenen Zeit der „Rhythmus" sein, welcher allen drei Künsten der Bewegung der Musik, der Poesie und der Orchestik gemeinsam ist. Die einzelnen durch das Kunstmaterialzur Erscheinung gebrachten und der sinnlichen Wahrnehmung vernehmbar gemachten Zeitabschnitte nennen wir nach Aristoxenus rhythmische Abschnitte oder Systeme: sie sind für alle drei musischen Künste die nämlichen: Versfuß, Vers oder rhythmisches Glied, Periode, Strophe. Insofern sich der Rhythmus im poetischen Texte an den Worten der Sprache darstellt, bezeichnen wir ihn als Metrum. Metrum und Rhythmus ist in der Musik identisch. Es giebt zwar musikalische und poetische Kunstwerke, bei denen entweder ganz und gar oder wenigstens für einzelne Theile die rhythmische Gliederung fehlt, aber im allgemeinen mögen wir für beide Künste die gesetzmäßige Anordnung der Zeitabschnitte nicht vermissen. In der Orchestik, wo dieselben durch die hinzutretende Musik stets dem Ohre fühlbar gemacht werden müssen, sind sie durchaus nothwendig. Wenn in dem Melos die sämmtlichen rhythmischen Abschnitte vorhanden sind, nennen wir dasselbe streng rhythmisches Melos und stellen demselben das Recitativ entgegen, in welchem wenigstens einzelne von den Arten der rhythmischen Abschnitte nicht vorhanden sind. Eine Poesie ohne Rhythmus oder, was dasselbe ist, ohne Metrum nennen wir Prosa.

Aristoxenus nennt jedes der drei verschiedenen Kunstmateriale:

das Melos der Musik,

die Sprache der Poesie,

die Bewegungen der Orchestik,

sofern dieselben den Rhythmus zum Ausdrucke bringen, ein Rhythmizomenon (rhythmisches Material). Je nachdem nur ein oder zwei oder drei Rhythmizomena gleichzeitig in der musischen Kunst zur Darstellung kommen, lassen sich verschiedene Zweige der musischen Kunst von einander sondern. Eine solche Unterscheidung findet sich schon bei Aristoteles im Eingange der Poetik. Näher muß Aristoxenus im verlorenen Anfange der Rhythmik darauf eingegangen sein, denn was wir bei Aristides über diesen Gegenstand finden, ist offenbar aus einer Darstellung des Aristoxenus geschöpft.

Bei den Griechen stehen nämlich die drei musischen Künste in einem noch viel engeren Zusammenhange als bei uns, so daß für das Alterthum von einer so scharfen Trennung der einzelnen musischen Künste wie etwa bei den drei apotelestischen oder bildenden Künsten nicht die Rede sein kann. Fortwährend greifen die musischen Künste in den hierher gehörenden Kunstwerken in einander über, so daß fast

immer mehrere musische Künste in ein und derselben Kunstleistung
verbunden sind. Wir berücksichtigen zunächst die für die Poesie und
Musik mit Ausschluß der Orchestik bestehenden Kunstgattungen nach
der Reihenfolge ihres historischen Auftretens.

I. Vocalmusik, d. i. gesungene Poesie mit Instrumentalbegleitung (melische Poesie). Der Gesang ist bei den Alten entweder ein
monodischer (Solo-Gesang) oder ein zugleich von mehreren Sängern
ausgeführter Chorgesang. Beide Arten sind im Alterthum nicht so
wesentlich verschieden wie bei uns, denn auch der Chorgesang war
ein einstimmiger Gesang, ohne Verschiedenheit der gleichzeitig sich
betheiligenden Singstimmen. Unsere moderne Musik macht von unisonen Chorgesängen im Ganzen eine seltene Verwendung; ihre Wirkung ist meist von ergreifender Großartigkeit. Mehrstimmigkeit wurde
in der antiken Vocalmusik sowohl im Solo- wie im Chorgesange lediglich durch die begleitenden Instrumente bewirkt. Wunderlicher Weise
hat man sich bisher darin gefallen, der griechischen Musik die Mehrstimmigkeit abzusprechen und aus ästhetischen Gründen zu deduciren,
daß die griechische Musik nur eine unisone gewesen sein könne.
Auch Arbeiten ersten Ranges, wie Helmholtz' berühmtes Werk über
die Tonempfindungen, halten diesen Standpunkt ein. Nach den Berichten der Quellen soll die früheste Art der Instrumentalbegleitung
(Krusis) der Griechen zwar eine mit der Gesangstimme unison gehende
gewesen sein. Aber schon in der archaischen Periode der griechischen
Musik, in der Kunst des alten Terpanders und Olympus kam eine
nicht unisone Begleitung vor. Die Gewähr dafür ist die wichtige
Autorität des Aristoxenus, allerdings in einem entlegenen, von allen
Früheren, auch von Bellermann übersehenen Fragmente bei Plutarch.
Es ist bemerkenswerth genug, daß die griechischen Schriften über
Theorie der Musik auf die Art der Begleitung so wenig eingehen. Die
Hauptquelle für uns sind die musikalischen Probleme des Aristoteles,
die — nebenbei gesagt — auch ihrerseits von den früheren Forschern
niemals ausgebeutet worden sind. Wir schließen aus Aristoteles, daß
es wenigstens in der mündlichen Tradition der alten Musikschulen bestimmte und feste Regeln der Begleitung gegeben haben muß. Daß
sich solche Regeln der literarischen Theorie entziehen konnten, dafür
geben die Chorgesänge des russischen Landvolkes ein bemerkenswerthes Analogon. Denn obwohl die russischen Bauern Jahrhunderte
lang ihre chorischen Volkslieder stets mehrstimmig in polyphoner
Weise nach sehr festen, von der Harmonielehre des Abendlandes oft
sehr verschiedenen Regeln ausführen, so ist doch erst in der aller-
neuesten Zeit durch Juliĭ Nikolajewič Melgunow diese interessante Er-

scheinung wissenschaftlich gewürdigt worden: „Russkija pèsni neposredstwenno s' golosow' naroda zapisannyja i s' ob'jasnenijami izdaunyja J. N. Meljgunowyim'. Moskwa 1879."

Zur Begleitung der Vocalmusik dienten entweder Saiteninstrumente oder Blasinstrumente. Das Saiteninstrument heißt Phorminx, Kithara oder Lyra. Man hat sich dasselbe zu denken wie unsere pedallose Harfe, deren Saiten mit einem metallenen Stäbchen (Plektron) angeschlagen wurden. Accorde, wie auf unseren Harfen, konnten also auf der antiken Harfe nicht angegeben werden, sondern jedesmal nur ein einziger Ton. Die Vocalmusik, welche unter Anwendung dieser Saiteninstrumente ausgeführt wurde, hieß Kitharodia, auch Lyrodia.

Das Blasinstrument der griechischen Musik, genannt Aulos, hat man sich nicht wie unsere Flöte, sondern vielmehr wie unsere Clarinette zu denken (mit einem Mundstück, genannt Glottis). Der von dem Aulos begleitete Gesang heißt Aulodia.

Die Anwendung metallener Blasinstrumente diente der Kriegsmusik und für Signale; von der höheren musischen Kunst waren diese Instrumente so gut wie ausgeschlossen.

Nur drei Denkmäler der griechischen Vocalmusik sind uns überkommen, die drei von Bellermann unter neuer Vergleichung der Handschriften herausgegebenen Hymnen des Mesomedes auf die Muse, auf Helios und auf Nemesis — aus der Zeit des Kaisers Hadrian. Das in der Musurgia des gelehrten Jesuiten-Pater Athanasius Kircher angeblich nach einer Handschrift des Klosters San Salvator in Messina herausgegebene Bruchstück eines Pindar'schen Gedichtes muß auch ich jetzt für unecht erklären, trotz der von mir in meiner griechischen Harmonik aufgewandten Mühe, die von Böckh behauptete Aechtheit zu beweisen. Ebensowenig können die von Marcello mitgetheilten Melodien zu den drei Hexametern des Homerischen Hymnos auf Demeter Ansprüche auf Aechtheit erheben. Herausgegeben von Behaghel.

II. Instrumentalmusik, genannt entweder Kitharistik oder Auletik, je nachdem sie durch Saiten- oder durch Blasinstrumente ausgeführt wurde. Ueber das „Lied ohne Worte" wird die Instrumentalmusik der Griechen wohl nicht weit hinausgekommen sein, obwohl bei ihnen der Solo-Instrumentalist kaum weniger gefeiert war, als die berühmtesten Virtuosen unseres Jahrhunderts. Die technische Fertigkeit namentlich auf dem Blasinstrumente brachte das griechische Publikum zu großem Enthusiasmus. Die Pythischen Spiele zu Delphi eröffneten dem Aulos-Virtuosen ebenso willig wie dem kitharodischen Sänger den Zutritt; der Pythische Sieg des Clarinetten-Virtuosen Midas aus Agrigent war für die Muse Pindar's ein kaum minder würdiger Gegenstand, als die

Pythischen Rosse-Siege des Königs Hiero, um durch Festgesänge ver-
herrlicht zu werden. Der auletische Nomos Pythios, welchen der
Virtuose an den Pythischen Spielen vorzutragen pflegte, ist uns von
Strabo nach seinen einzelnen Theilen beschrieben (vgl. unten). Es war
der durch ein Clarinettensolo in der Weise unserer Programmmusik
dargestellte Kampf Apollos mit dem Pythischen Drachen in der Reihenfolge seiner verschiedenen Scenen: Durchspähung des Kampfplatzes
von Seiten Apollos, die Herausforderung zum Kampfe, der Kampf
selber, die Bewältigung des jammernden Ungethümes, der Sieges-
Hymnus. Neben der Clarinette (dem Aulos) kamen hier auch noch
andere Blasinstrumente zur Anwendung. Aristoxenus bei Plut. de
mus. 21 erzählt: „Der Megarenser Telephanes war den Syringen dergestalt abhold, daß er seinen Instrumentenmachern niemals gestattete,
dieselben auf den Aulos als Mundstück aufzusetzen, ja sogar hauptsächlich
um der Syringen willen hat er sich vom Pythischen Agon fern gehalten."
    Was uns von griechischen Instrumentalcompositionen verblieben
ist, ist äußerst wenig. Bellermann in seinem Anonymus hat die betreffenden kleinen Instrumentalstöcke genau nach den Handschriften
zum ersten Male herausgegeben. Da ist eine kleine trochäische Aulos-
Melodie in Syntonolydischer Tonart, zwei unbedeutende Melodien in
Mixolydischer Tonart, eine Paonische Melodie (10 zeitige Dipodien) in
Aeolischer Tonart, noch ein anderes kleines Beispiel in Aeolischer
Tonart, welches dem Trochäischen Rhythmus angehört. Das ist so
ziemlich alles, was durch Bellermann's Anonymus von griechischer
Instrumentalmusik auf uns gekommen ist. Wahrscheinlich sind das
Trümmer einer Art Clarinetten-Schule für Anfänger. Von Interesse
sind diese kleinen Musikstücke für uns deshalb, weil wir in ihnen
Beispiele für griechische Tonarten haben (Syntonolydische, Mixolydische und Aeolische Tonart), die uns in den erhaltenen Vocalmelodien
(Dorisch und Ionisch) des Mesomedes nicht vorliegen; sodann auch
des dort angewandten Päonischen (fünfzeitigen) Versfußes wegen. Die
von mir nach den Bellermann'schen Handschriften gegebene Interpretation dieser Instrumentalstücke des Anonymus wird wohl die richtige sein. Vgl. den Anhang dieses Buches.
    III. Recitations-Poesie. Auch diese, obwohl sie kein Melos
ist, gehört nach Aristoxenus unter die musischen Künste als ein besonderer Zweig derselben. Es sind die im Rhythmus vorzutragenden
poetischen Texte. Aristoxenus führt aus, daß der vollständige Rhythmus nur in der gesungenen, nicht aber in der gesprochenen (declæ-
mirten) Poesie sich manifestiren kann. Nur die rhythmischen Accente,
die Arsis- und Thesis-Silben, aber nicht die rhythmische Silbendauer

läßt sich beim Sprechen beachten. Das liege an der größeren Ge-
schwindigkeit des Sprechens, welches auf keiner Silbe, außer etwa in
besonderen Affecten, so lange anhalte, daß man sich der Verschiedenheit in der Zeitdauer bewußt werde.

Das Recitativ unserer Musik, welches man als eine Zwischenstufe
zwischen dem Melos und der declamirten Poesie ansehen kann, fehlte
der Kunst der Griechen. Dagegen gab es dort

IV. Das Melodram, d. i. Recitations-Poesie mit gleichzeitiger
Instrumentalmusik. Heutzutage sind ganze Dramen in melodrama-
tischer Form veraltet, nicht selten aber sind einzelne melodramatische
Partien in unseren Recitationsdramen, z. B. in Goethe's Egmont. Im
klassischen Griechenthume muß diese Kunstform sehr häufig gewesen
sein. Man nannte sie „Parakataloge". Zuerst soll Archilochus in
seinen iambischen Trimetern sie angewandt, dann die Tragödie in ihre
iambischen Dialoge sie aufgenommen haben, endlich soll sie auch noch
in die Dithyramben eingeführt sein; dieses berichtet nach alter Quelle
Plut. de mus. 28, womit Aristoteles in den musikalischen Probl. 19, 6
zu vergleichen ist. Die strophischen und antistrophischen Partien,
welche innerhalb des in Trimetern gehaltenen Dialoges in H. Weil's
Aeschilus-Ausgabe unterschieden werden, sind aller Wahrscheinlichkeit
nach nicht gesungene, sondern melodramatisch vorgetragene, d. h. unter
gleichzeitigem Instrumentalspiele declamirte Strophen. Freilich geht
aus Lucian de salt. 27 hervor, daß die Trimeter der Tragödien auch als
Gesang vorgetragen wurden.

Die mit Orchestik verbundenen Kunstzweige der Musik sind:

V. Der Chorgesang, d. i. Vocalmusik nicht bloß unter Instrumentalbegleitung, sondern auch unter orchestischer Bewegung der
Singenden vorgetragen. Der modernen Welt fehlt diese Kunstform,
welche im griechischen Alterthume als die höchste Blüthe der gesammten musischen Kunst gilt. Zwar gab es einige Gattungen von
Chorliedern, z. B. die Hymnen, welche nach Athenaeus von einem
stehenden Chore, also ohne orchestische Bewegung, vorgetragen wurden,
aber in den meisten Fällen fehlte es, wo ein Chor sang, auch nicht
an der Orchestik, sei es, daß diese Bewegungen in einem einfachen
Marsch- oder Processionsschritt, sei es, daß sie im complicirteren
Tanze bestanden, an welchem sich häufig nur ein Theil der Choreuten
betheiligen mochte, während die übrigen bloß als Sänger fungirten.
Es gab Tänze der chorischen Lyrik und des Dramas, je nach dessen
drei Arten: Tragödie, Comödie, Satyrdrama verschieden. Diesen
drei dramatischen Gattungen entsprechend unterschied man auch drei

Gattungen der Orchestik innerhalb der lyrischen Chorlieder, Athen. 14, p. 631 ff.:

|  | Dramatische Orchestik | Lyrische Orchestik |
|---|---|---|
| I. | Tragische Emmeleia | Gymnopaidike |
| II. | Komischer Kordax | Hyporchema |
| III. | Satyrische Sikinnis | Pyrrhiche |

VI. Recitations-Poesie mit Orchestik verbunden. Zu dieser der modernen Welt ebenfalls fehlenden Gattung musischer Kunst scheinen die im ionischen Dialecte geschriebenen Gedichte des unter Ptolemäus Philadelphi lebenden Sotades und Anderer unter seinen Zeitgenossen gehört zu haben; vgl. Aristides Quintilianus p. 32 M. Der Ausdruck des Aristides ist zwar so gewählt, daß von Gedichten mit fingirter Action, keiner wirklichen Action gesprochen wird. Aber höchst wahrscheinlich wurden jene Gedichte des Sotades zu der Zeit ihrer Abfassung unter den Ptolemäern nicht bloß von einem Declamator gelesen, sondern zugleich in wirklicher Action dargestellt. Die Späteren, welche jene Dichtungen mit Vorliebe lasen und studirten, mußten sich dieselbe freilich hinzudenken.

VII. Instrumentalmusik mit Orchestik verbunden. Diese Kunstgattung entspricht unserem heutigen Ballet. Das antike Ballet ist der klassischen Zeit fremd; es ist erst ein Product der römischen Kaiserzeit, genannt Pantomimus, d. i. ein Kunstzweig, welcher Alles durch nachahmenden Tanz ohne Worte darstellt.

VIII. Orchestik ohne Musik. Kann immer nur eine sehr untergeordnete Kunstgattung gewesen sein. Gleichwohl wird zu Anfang der Aristotelischen Poetik von orchestischen Künstlern gesprochen, welche ohne Melos durch rhythmische Schemata sittliche Empfindungen, Leidenschaften und Handlungen darstellen.

Von den Kunstzweigen der christlich-modernen Musik fehlt dem Griechenthume der reine, d. i. nicht von Instrumenten begleitete Chorgesang. Dieser ist ein Erzeugniß erst der christlich modernen Welt, denn das Griechenthum kennt keine Mehrstimmigkeit innerhalb des Gesanges, sondern nur in der Verbindung des unisonen Gesanges anfänglich mit einer, später (seit der Musikperiode des Lasos) auch mit mehreren Instrumentalstimmen.

# I.

# Das Melos der griechischen Musik.

# Die Instrumentalnoten.

Aristoxenus[1] sagt: „Die Parasemantik (d. h. die Notenkunde) ist nicht das Endziel, sondern nicht einmal ein Theil der harmonischen Disciplin." Er sagt dies mit Bezug auf diejenigen unter den früheren Schriftstellern über Musik, welche, wie es scheint, für das Bedürfniß des Musikunterrichts vom lediglich praktischen Standpunkte aus kleine musikalische Hülfsbüchlein verfaßt hatten. Obwohl wir nicht umhin können, jenen Ausspruch des Aristoxenus zu unterschreiben, so ist doch nichtsdestoweniger die Erörterung der bei den Griechen gebräuchlichen Notenschrift der einfachste Weg, auf welchem wir den mit der Sache noch völlig Unbekannten am leichtesten in das eigenartige Wesen des griechischen Melos einführen können.

Marcus Meibom, mit dessen Herausgabe der griechischen Musikschriftsteller das moderne wissenschaftliche Studium der griechischen Musik beginnt, zeigt in seinem Vorworte zu Aristoxenus, daß er in der griechischen Notenkunde wohl zu Hause war (er hat dort z. B. die Melodie des Ambrosianischen „Te Deum laudamus" in griechischen Noten umgeschrieben). Aber erst in der Mitte unseres Jahrhunderts ist von Friedrich Bellermann dem eigenartigen Wesen der griechischen Notation ein eingehendes, echt wissenschaftliches Studium zugewandt worden, insbesondere in seinen „Tonleitern und Musiknoten der Griechen, Berlin 1847", so wie schon früher in seiner Ausgabe: „Anonymi scriptio de Musica, Berolini 1841".

Diese Epoche machenden Arbeiten Bellermann's werden für alle nachfolgenden Forscher auf diesem Gebiete die Grundlage bilden müssen. Wir können nicht umhin, die von ihm über die Notation der Griechen gewonnenen Resultate dankbarlichst auch zu den

---

[1] Dritte Harmonik § 24, S. 455 meiner Uebersetzung und Erläuterung.

unserigen zu machen. Der von mir hochverehrte Forscher würde wohl
in demjenigen, worin ich von seiner Notations-Theorie abzuweichen genöthigt bin, die nothwendigen Consequenzen des zuerst von ihm betretenen Standpunktes erblicken.

Es sind im wesentlichen zwei Punkte, worin ich von den Ergebnissen der vortrefflichen Arbeiten Bellermann's abweiche. Den einen
will ich gleich hier zu Anfang angeben.

Bellermann geht von der Voraussetzung aus, daß der Erfinder
der griechischen Noten die diatonische Scala im Auge gehabt habe.

Die griechische Musik kannte freilich auch die diatonische Scala
unserer modernen Musik, und auch für diese ihre diatonische Scala
wurden ihre Noten gebraucht. Aber außer der Diatonik besaß das
Griechenthum auch eine eigenartige Chromatik und als drittes Klanggeschlecht eine Enharmonik. Die moderne Musik hat von der alten
die Namen diatonisch, chromatisch, enharmonisch sich angeeignet.
Aber nur die Diatonik hat bei uns dieselbe Bedeutung wie bei den
Griechen. Chroma und Enharmonik bedeutet bei uns zwar etwas
ähnliches, aber die Aehnlichkeit verschwindet hier vor der wesentlichen Verschiedenheit: insbesondere ist die enharmonische Scala der
Alten etwas diesen völlig individuelles. Die Enharmonik der Griechen
ist in ihrer eigenthümlichen Gestaltung der modernen Musik so durchaus fremd, daß es uns unmöglich scheinen will, eine annähernde Vorstellung davon zu gewinnen. Es kamen dort Klänge vor, welche wir
zwar in der Theorie und mit Hülfe unserer akustischen Instrumente
uns vorstellig machen können; aber wie dieselben in der Musik verwandt sein können und welche Wirkung sie haben mochten, das wissen
wir nicht.

Aus Aristoxenus erfahren wir, daß zu seiner Zeit die enharmonische Musik bereits so sehr im Verschwinden begriffen war, daß die
meisten Musiker unter seinen Zeitgenossen dieselbe als etwas ganz
Antiquirtes ansahen. Friedrich Bellermann, welcher sich eine griechische Musik mit den in der unsrigen unverwendbaren Klängen der
Enharmonik nicht denken mag, negligirt geflissentlich jene Angabe
des Aristoxenus, nach welcher die enharmonische Musik gerade in die
classische Periode des Hellenismus zu versetzen ist; Bellermann
nennt die griechische Enharmonik eine schlechte Mode, welche der
gesunkene Geschmack der späteren Zeit lange beibehalten habe. Das
letztere könne man wegen der ausführlichen Beschreibung dieses
Klanggeschlechtes bei den Alten nicht bezweifeln. Bloß für diatonische
Musik sei das griechische Notensystem ein zweckmäßig erfundenes,

für die Notirung der Enharmonik und Chromatik werde es falsch und ungeschickt gebraucht.

Es ist hier nicht der Platz, eine Rechtfertigung der altgriechischen Enharmonik zu versuchen. Es handelt sich zunächst darum, die gegebenen Thatsachen, von welcher Art sie auch seien, anzuerkennen und uns bei dem Notensysteme der Griechen streng an das positiv Ueberlieferte anzuhalten.

Hätte Bellermann die Aussagen des Aristoxenus nicht unbeachtet gelassen, dann würde ihm sicherlich nicht entgangen sein, daß dem griechischen Notensysteme nicht die uns wohl bekannte diatonische Scala, sondern die uns so ganz fremde Enharmonik zu Grunde liegt. Im Eingange seiner ersten Harmonik sagt Aristoxenus[1]: „Was die früheren Bearbeiter der Harmonik betrifft, so ist es eine Thatsache, daß sie Harmoniker im eigentlichen und engeren Sinne des Wortes sein wollen [nämlich Enharmoniker]. Denn bloß mit der Enharmonik haben sie sich befaßt, die übrigen Tongeschlechter niemals in Erwägung gezogen. Zum Beweise dessen dient, daß ja bei ihnen bloß für die Systeme des enharmonischen Tongeschlechtes Diagramme vorliegen; für diatonische und chromatische hat man sie nie bei ihnen gefunden. Und doch sollte eben durch ihre Diagramme die ganze Ordnung des Melos klar gestellt werden. [Ebenso ist es auch mit ihren sonstigen Darstellungen], in denen sie bloß von den oktachordischen Systemen der Enharmonik sprechen, während über die übrigen Tongeschlechter und die übrigen Systeme in diesen und anderen Tongeschlechtern niemals einer von ihnen eine Forschung angestellt hat; vielmehr nehmen sie von dem dritten Tongeschlechte der ganzen Musik einen einzigen Abschnitt vom Umfange einer Octave und beschränkten hierauf ihre ganze Wissenschaft."

Genau dasselbe ist von Aristoxenus auch in der dritten Harmonik § 7[2] und in den gemischten Tischreden[3] ausgesprochen. Es kann hier-

[1] Aristoxenus erste Harmonik § 1, S. 203.

[2] Vgl. unten S. 44.

[3] Aristox. S. 479: „Obwohl es drei Tongeschlechter giebt, die durch die Größe der Intervalle und durch die Stufen der Klänge und ebenso auch durch die Eintheilung der Tetrachorde verschieden sind, so haben dennoch die Alten in ihren Schriften bloß ein einziges Tongeschlecht behandelt. Meine Vorgänger haben nämlich weder das chromatische, noch das diatonische, sondern bloß das enharmonische und auch von diesem kein größeres Tonsystem als bloß die Octave berücksichtigt. Denn daß es nur Eine Art der Harmonik giebt, darüber waren fast alle einverstanden, während man sich über die verschiedenen Chroai der beiden anderen Tongeschlechter nicht einigen konnte. Die jetzt Lebenden aber haben das schönste der Tongeschlechter, dem die Alten seiner Ehrwürdigkeit

nach kein Zweifel obwalten, daß nicht die diatonischen Scalen, sondern die enharmonischen am frühesten notirt waren. Wir haben
also in der historischen Ueberlieferung einen positiven Anhaltepunkt.
wenn wir den Satz aufstellen, daß die Notirung der Griechen ihrem
Wesen nach von Anfang an für die enharmonischen Scalen bestimmt
war und von diesen erst späterhin auf die diatonischen und chromatischen hat übertragen werden müssen.

Das Notensystem der Griechen ist ein zweifaches, denn in der
Instrumentalmusik hat jeder Klang ein anderes Notenzeichen als in
der Vocalmusik. Die uns von den alten Musikern[1] zugekommenen
Notentabellen geben deshalb für jeden Klang der Scala zwei Notenzeichen, von denen sie das instrumentale entweder unterhalb des Ge-
sangnotenzeichens stellen oder auch so, daß die Vocalnote der Instrumentalnote vorangeht. Daß für die Gesangnoten die Buchstaben des zu
Athen unter dem Archonten Euklides zu officiellem Gebrauche eingeführte sogenannte Ionische Alphabet benutzt worden ist, theils in ge-
wöhnlicher unveränderter Gestalt, theils in einer für bestimmte Octaven
modificirten Form der Buchstaben, das liegt offen zu Tage und ist niemals verkannt worden.

Von den Instrumentalnoten sagt Bellermann (Tonleitern und
Musiknoten S. 46): „Ich muß durchaus der von A. J. H. Vincent in
der Schrift des „Notations scientifiques à l'école d'Alexandrie (revue
Archéologique, janvier 1846)" ausgesprochenen Meinung beipflichten.
daß die Instrumentalnoten aus den Zeichen für die Himmelskörper
entstanden sein können. Aber ich wage durchaus nicht, ins Einzelne
dieser Vermuthung einzugehen, und weiß auch gar nicht, wie alt
unsere jetzt gebräuchlichen Zeichen für die Himmelskörper sein
mögen. . . . Vincent geht von den in der kabbalistischen Lehre zur
Bezeichnung der Himmelskörper vorkommenden hebräischen Buchstaben
aus, nämlich:

| ל | מ | ט | נ | ז | ס | צ |
|---|---|---|---|---|---|---|
| Saturn | Jupiter | Mars | Sonne | Venus | Mercur | Mond |

wegen den meisten Eifer widmeten, ganz und gar hintangesetzt, so daß bei der
großen Mehrzahl nicht einmal das Vermögen, die enharmonischen Intervalle wahrzunehmen, vorhanden ist: sie sind in ihrer leichtfertigen Trägheit soweit herabgekommen, daß sie die Ansicht aufstellen, der enharmonische Viertelton mache
überhaupt nicht den Eindruck eines den Sinnen wahrnehmbaren Intervalles, und
daß sie denselben aus den Melodie-Compositionen ausschließen. Diejenigen,
sagen sie, hätten thöricht gehandelt, welche darüber eine Theorie aufgestellt und
dies Tongeschlecht in der Praxis verwendet hätten."

[1] Alypius p. 3 ff. Gaudentius p. 22—29. Boethius 4, 3. 14. 15. Anonym.
p. 78. 79. Porphyr. ad Ptol. 2, 5. 6. 7. Aristid. p. 15. 25—28.

und zeigt, daß die geheimnißvollem astrologischem Gebrauche dienenden, von den gewöhnlichen sehr abweichenden Gestalten dieser hebräischen Buchstaben große Aehnlichkeit mit mehreren der griechischen Instrumentelnoten haben, nämlich mit folgenden:

$$\tilde{\phantom{x}} \qquad \text{II} \qquad \text{⅃} \qquad \langle \qquad \text{K} \qquad \text{C} \qquad \text{Γ}$$

Freilich ist die Tonfolge, die man dadurch erhält:

$$\text{g} \qquad \text{f} \qquad \text{e} \qquad \text{d} \qquad \text{h} \qquad \text{a} \qquad \text{c}$$

und der Umstand, daß die Note $\tilde{\phantom{x}} = \bar{g}$ darunter ist, welche sich oben als späterer Zusatz zum alten Notensystem zeigte, seltsam.“

Dieser Anschluß Bellermanns an Vincent bezüglich der griechischen Instrumentalnoten ist der zweite der beiden Punkte, für die ich mir erlauben muß, von der sonst so ingeniösen Theorie Bellermanns über die griechische Semantik abzugehen. Denn ein näheres Eingehen auf die Ergebnisse der griechischen Epigraphik seit Böckh stellt außer Frage, daß nicht minder wie die griechischen Vocalnoten so auch die Instrumentalnoten nichts anderes sind, als Buchstaben eines griechischen Alphabetes. Wie jene aus dem Ionisch-Attischen Alphabete, so sind diese aus einem älteren Dorischen Alphabete entlehnt. Ich habe dies bereits in der „Griechischen Rhythmik und Harmonik 1867 S. 389“ nachgewiesen.[1] Vermuthlich gehören die Instrumentalnoten demjenigen Dorischen Alphabete an, welches zu Sparta etwa im Solonischen Zeitalter üblich war. Auf die Einzelheiten werde ich weiterhin einzugehen Gelegenheit haben. Nach Bellermann S. 46 ist es der alte Kitharode

---

[1] Ebenso auch Gevaert S. 424: „La plupart des lettres instrumentales se rapportent à une des variétés de l'alphabet éolo-dorien, particulière au pays d'Argos et caractérisée par la double forme du lambda. Quelques-unes seulement s'éloignent de ce type et montrent un dessin encore plus primitif. Ces signes ne nous ont été transmis que par les musicographes du temps de l'empire romain. Quoiqu'ils fussent déjà vieux d'un millier d'années, et qu'il s'y fût glissé sans doute quelques corruptions, ont peut dire qu'en général la forme originale des lettres s'est conservée avec une étonnante fidélité.“ Dawider Ernest David in der von ihm und Mathis Lussy verfaßten Histoire de la notation musical Paris 1882 p. 31: „M. Gevaert croit que la notation instrumentale a précédé la notation vocale, et qu'elle fut de beaucoup la plus ancienne. Il nous est impossible de partager cette manière de voir, par la raison que la sémeiographie vocale est representée par les lettres droites et régulières de l'alphabet, tandis que l'instrumentale l'est par les lettres retournées, couchées ou tronquées. Or nous ne pensons pas qu'il soit logique d'admettre que l'on se servit de ces dernières avant d'avoir d'abord employé les caractères de l'alphabet régulier.“ Dieses Bedenken erledigt sich weiter unten S. 37. 38.

Terpander, der Begründer des ersten Spartanischen Musik-Katastasis,
welcher nach dem Berichte Plutarchs „zuerst Musiknoten geschrieben
haben soll." Bellermann hat eine Stelle in Plutarchs Dialoge über
die Musik c. 3 im Auge. Dort heißt es: „Denn auch Terpander, so
berichtet Heraklides, fügte als Componist kitharodischer Nomoi seinen
eigenen oder Homers Hexametern für jeden einzelnen Nomos Melodien hinzu und sang dieselben in den Agonen." Mag Heraklides hier
auch einen Ausdruck gebraucht haben, auf den er durch die Art und
Weise, wie zu seiner Zeit der Componist den Textesworten die Notation hinzufügte, gekommen ist, so folgt doch aus seinen Worten
nimmermehr, daß schon Terpander die Noten gekannt oder wohl gar
erfunden habe. Auf Sparta freilich werden wir jedenfalls als die Stätte,
in welcher die Instrumentalnoten zuerst aufgekommen sind, hingewiesen:
doch nicht auf Terpander, den Begründer der ersten Spartanischen Musik-
Katastasis, sondern auf irgend einen der Meister der zweiten. Bestimmte Notizen deuten auf den der zweiten Spartanischen Katastasis
angehörigen Componisten Polymnastus als denjenigen hin, welcher
sich bereits der altdorischen Instrumentalnoten bedient haben muß.
Darüber später. Suchen wir zunächst die Eigenartigkeit der griechischen Instrumentalnoten und der Tonscalen, welche dem Aristoxenus
zufolge am frühesten notirt worden sind, d. i. der enharmonischen,
klar zu machen. Selbstverständlich haben wir dabei die gleichschwebend-temperirte Stimmung vorauszusetzen, welche Aristoxenus ein
für allemal (auch nach Bellermanns Auffassung) bei seinen Angaben
zu Grunde legt.

### Die Instrumentalnoten der enharmonischen Scala.

Denken wir uns (in der gleichschwebenden Temperatur des Clavieres oder der Orgel) die Scala von a bis ā in einer Weise eingerichtet, daß jedes Halbton-Intervall h c und e f durch einen genau
in der Mitte der beiden Grenzklänge liegenden Schaltklang in zwei
Vierteltöne getheilt sei, so haben wir die Scala, welche den Instrumentalnoten der Griechen zu Grunde liegt. Das um einen Viertelton
erhöhte h und e wollen wir mit einem über die betreffende Note gesetzten
Asteriscus h̊ und e̊ als die der griechischen Musik eigenen enharmonischen Klänge darstellen.

Es ist eine feste Ueberlieferung des Aristoxenus[1], daß mehr als

---

[1] Erste Harm. § 60, S. 263: „Es ist eine Eigenheit der emmelischen Stimme,
daß sie nicht im Stande ist . . ., sondern sie kann, soviel sie es auch probiren

zwei enharmonische Vierteltöne niemals in der Scala auf einander folgen können und daß der diatonische Ganzton, welcher auf den durch Vierteltöne getheilten Halbton folgen würde, regelmäßig ausgelassen wird. Die enharmonische Octave von a bis ā sieht also folgendermaßen aus:

a  h  h̅  c̅  e̅  e̅  f̅  ā

Barypyknos  Mesopyknos  Oxypyknos  Barypyknos  Mesopyknos  Oxypyknos

Pyknon       Pyknon

Dem in Vierteltönen getheilten Halbton-Intervalle giebt Aristoxenus den Terminus technicus „Pyknon", d. i. dichtgedrängtes Intervall: von den drei Klängen derselben nennt er den tiefsten „Barypyknos", den mittleren „Mesopyknos", den höchsten „Oxypyknos".

In dem alten Dorischen Instrumentalnoten-Alphabete sind nun die· Buchstaben in der Weise zur Notirung verwandt, daß ein und derselbe Buchstabe in einer dreifach verschiedenen Form zur Notirung der drei verschiedenen Klänge des Pyknon dient, z. B.:

E ɯ Ⴛ

Der Notenerfinder hat in sehr ingeniöser Weise die verschiedenen Arten benutzt, in welchen bei der Anwendung jenes altdorischen Alphabetes zur Wortschrift die Buchstaben der Wörter geschrieben wurden. Man schrieb nämlich entweder von links nach rechts oder umgekehrt von rechts nach links oder auch von unten nach oben oder endlich auch von oben nach unten. Die griechischen Inschriften geben Beispiele für alle diese vier Schreibweisen. Die vierte (von oben nach unten) hat der Notenerfinder keine Gelegenheit, für den Gebrauch der Buchstaben als Noten herbeizuziehen; die drei ersten benutzt er für die verschiedenen drei Klänge des Pyknon.

---

mag, der ersten und zweiten Diesis nicht einmal die dritte hinzufügen [vgl. meine Anmerkung zum Aristox. S. 264]. Vielmehr besteht das kleinste Intervall, welches sie nach der Höhe zu folgen lassen kann, in der Differenz der Quarte und· des vorher genommenen Pyknon (denn alle kleineren Intervalle liegen hier außer dem Bereiche der Möglichkeit). — Abwärts aber von den zwei Diesen kann die Stimme kein kleineres Intervall als den Ganzton nach den Gesetzen des Melos folgen lassen".

In der Wortschrift ist die Buchstabenschreibung von links nach rechts späterhin die einzige geworden und muß auch wohl zur Zeit des Notenerfinders die am häufigsten und gewöhnlich angewandte gewesen sein. Die Musiktheoretiker, von denen uns die Semantik überliefert wird (vgl. oben S. 34. Anm. 1), nennen den von links nach rechts geschriebenen Notenbuchstaben, welcher als Zeichen des Barypyknos dient, z. B. Ε, „Gramma orthon", d. i. den rechten, richtigen, echten, nicht modificirten Notenbuchstaben.

Den umgekehrt von rechts nach links geschriebenen Notenbuchstaben, z. B. Ǝ, welcher zur Notirung des Oxypyknos verwandt worden ist, nennen jene Quellen „Gramma apestrammenon", den umgekehrten Notenbuchstaben.

Der von unten nach oben geschriebene Notenbuchstabe, der den Mesopyknos bezeichnet, z. B. ɯ, wird „Gramma anestrammenon" genannt: umgelegter Notenbuchstabe.

In der enharmonischen Scala können zwar niemals mehr als zwei enharmonische Vierteltöne auf einander folgen, aber der Theoretiker, welcher die Instrumentalnoten erfand, hatte nöthig, für seinen Zweck eine längere continuirlichere Reihe von Pykna mit Instrumentalnoten zu bezeichnen. Alypius und die übrigen Musiker, welche die alte Notirung überliefern, geben genau an, um welches Intervall — um einen Halbton ($\frac{1}{2}$) oder um einen Ganzton (1) — die durch die Noten bezeichneten Klänge der Scala von einander abstehen.

Folgende Notenreihe umfaßt eine ganze Octave:

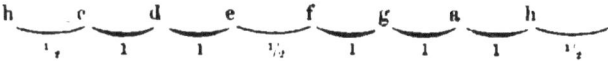

Nach dem Berichte der Musiker haben wir das jedesmalige Halbton-Intervall durch einen schwächeren, das Ganzton-Intervall durch einen stärkeren Bogen unterhalb der antiken Notenreihe ausgedrückt. Versuchen wir in der heutigen Musik innerhalb der Scala unmodificirter Noten (Scala ohne Vorzeichnung) eine Tonreihe zu finden, in welcher genau derselbe Gegensatz bezüglich der Ganztöne und der Halbtöne besteht, wie in der vorstehenden antiken Scala, so kann eine solche keine andere sein, als:

h        c        d        e        f        g        a        h

Hiernach lassen sich auch alle anderen Notenzeichen · der Griechen mit Leichtigkeit in moderne Noten übersetzen.

Das ist das Resultat, zu welchem Bellermann, freilich auf einem anderen als dem oben von mir eingeschlagenen Wege, gelangt ist. Denn Bellermann legt nicht die chromatische, sondern die diatonische Scala zu Grunde, und für diese glaubt er nicht verhehlen zu können, daß die Griechen ihr Notensystem nicht überall richtig angewandt hätten. Richtig sei von ihnen die Scala Gis-Moll, A-Moll, H-Moll, Cis-Moll, D-Moll, E-Moll, Fis-Moll notirt. Unrichtig sei notirt in C-Moll der Klang B, in F-Moll die Klänge B und Es, in Dis-Moll die Klänge Eis und Fis, in Ais-Moll die Klänge Eis, Fis, Cis und His. Also neun Mal falsche Bezeichnungen!

Von den enharmonischen und chromatischen Scalen sagt Bellermann Tonleitern und Musiknoten S. 50: „Durch die bisherige Auseinandersetzung hat sich das ganze griechische Notensystem als ein im wesentlichen dem unsrigen ähnliches ergeben, das heißt als ein solches, das eine in Halbton-Intervallen fortschreitende Scala ausdrückt, bei der wegen der doppelten Größe des Halbtons sieben Stufen der Octave zweierlei und fünf Stufen einerlei Tonhöhen und Zeichen haben. Es sind also alle griechischen Noten (auch die beiden in jeder Octave vorkommenden, in den alten diatonischen Scalen nicht gebrauchten Zeichen für his und eis) lediglich für die Notirung diatonischer Scalen und der in ihnen vorkommenden Tonverhältnisse eingerichtet. Hätte man also mit Beibehaltung ihrer Bedeutung das chromatische und enharmonische Geschlecht notiren wollen, so hätten zwar für die chromatische, welches keine kleineren Intervalle als Halbtöne enthält, die vorhandenen Noten ausgereicht, für das enharmonische aber hätten müssen Zeichen erfunden werden, um Vierteltonerhöhungen und Vierteltonvertiefungen auszudrücken.

Dieses Mittels aber haben sich die Alten nicht nur nicht bedient, sondern sie brauchen im chromatischen und enharmonischen Geschlecht auch bei solchen Tonhöhen, für deren Bezeichnung ihr Notensystem vollkommen genügend wäre, die Zeichen desselben auf eine ganz abweichende Weise, wodurch für diese Geschlechter eine zwar in sich consequente, aber seltsam ungeschickte Notirung entsteht.‟

Dann weiter S. 54: „Es zeigt sich also die Notirung des chromatischen und enharmonischen Geschlechtes als eine sehr unvollkommene und wunderliche, und erhöht gar sehr die im dritten Abschnitte des ersten Theils ausgesprochenen Zweifel über den Gebrauch dieser außerdiatonischen Geschlechter.‟

Die Intention Bellermanns ist sehr verzeihlich. Er möchte jene Klänge, welche nur unser theoretischer Verstand sich vorstellig macht, aber unser musikalisches Gefühl nicht nachzuempfinden im Stande ist, aus der Musik der Griechen am liebsten gänzlich fortzuschaffen suchen, trotzdem die alten Theoretiker ihr Vorkommen eindringlich bezeugen. Deshalb ist es ihm, der für das griechische Notensystem eine diatonische Scala zu Grunde legt, durchaus willkommen, wie er vermeint den Satz aussprechen zu dürfen, daß für die Enharmonik und Chromatik, wie dieselbe von den Theoretikern dargelegt wird, die griechischen Noten, die ja ursprünglich für die Diatonik bestimmt seien, gar nicht stimmen und daß es deshalb zweifelhaft sein müsse, daß die chromatischen und enharmonischen Scalen in der praktischen Musik der Griechen wirklich zur Anwendung gekommen seien. Es kommt Bellermann darauf an, daß die griechische Musik unserer modernen so ähnlich wie möglich gewesen sei.

Ich denke, daß alles, was wir von der Musik der Griechen wissen und wissen können, lediglich von dem Berichte unserer alten Quellen abhängt, in erster Instanz von dem Berichte des Aristoxenus, dem Niemand (auch Bellermann nicht) die Anerkennung versagt, daß er von allen griechischen Musikschriftstellern die größte Autorität besitzt. Ich meinerseits habe, mich aufs Gewissenhafteste an Aristoxenus anschließend, zu dem Resultate gelangen müssen, daß das bei den Griechen geltende Notensystem ein derartiges ist, daß es genau für die uns fremden Klänge paßt, welche die Theoretiker als Klänge der enharmonischen Scalen hinstellen. Mag auch dies Resultat unserem Gefühle unbehaglich sein, die strenge wissenschaftliche Forschung, welche nicht von vorgefaßten Anschauungen auszugehen, sondern lediglich den Quellen zu folgen hat, wird zu keinem anderen Ergebnisse gelangen können.

### Instrumentalnoten der diatonischen Scalen.

Aber wenn auch die antike Notenschrift zunächst auf Grundlage der enharmonischen Scalen entstanden ist, so soll dieselbe Notenschrift doch auch zur Bezeichnung der diatonischen Scalen verwandt werden. Wir haben zu fragen, auf welche Weise dies geschehen ist. Für die Beantwortung der Frage müssen wir die von Aristoxenus dargelegte Thatsache offen halten, daß es für das diatonische Geschlecht mehrere sogenannte Chroai oder Färbungen gab. Eine derselben nennt Aristoxenus „Diatonon syntonon". Das ist diejenige, welche mit unserer modernen diatonischen Scala genau übereinstimmt. Eine jede Octave zerlegt sich hier in eine aus zwei Ganzton- und einem Halbton-Inter-

valle bestehende Quarte und eine aus drei Ganzton- und einem Halbton-Intervalle bestehende Quinte. Das ist eine diatonische Musik genau
wie die unsrige, ohne irgend einen Klang, welcher unserem musikalischen Ohre fremd sein würde z. B.:

$$e \qquad f \qquad g \qquad a \qquad h \qquad \bar{c} \qquad \bar{d} \qquad \bar{e}$$

Aber es gab bei den Griechen nach der Angabe ihrer Musiktheoretiker außer dem Diatonon syntonon auch noch solche mit dem
Namen diatonisch bezeichnete Scalen, in welchen auch Klänge vorkamen,
welche in die Kategorie der uns fremden enharmonischen Klänge gehören. Hier steht Aristoxenus, der Vertreter der gleichschwebenden
Temperatur als Gewährsmann nicht allein, sondern auch die schon vor
ihm lebenden Vertreter der Akustik aus der Schule des Pythagoras,
durch welche die Theorie der natürlichen Tonscala aufgestellt war,
kommen mit Aristoxenus' Angaben thatsächlich auf dasselbe hinaus.
Auch in dieser Schule wird außer der natürlichen Diatonik auch eine
Diatonik mit einem fremden Klange, ähnlich dem enharmonischen,
statuirt. Plato selber läßt den Pythagoreer Timäus in dem gleichnamigen Dialoge eine diatonische Scala construiren, welche sich von
dem Diatonon syntonon des Aristoxenus nur durch den Gegensatz der
natürlichen und der temperirten Scala unterscheidet.

Diatonische Scala des Timäus
(natürliche Stimmung):

$$e = 1 \quad\underbrace{\quad}\quad f \quad g \quad a \quad h \quad \bar{c} \quad d \quad \bar{e} = 2$$
$$15{:}16 \quad 8{:}9 \quad 8{:}9 \quad 8{:}9 \quad 15{:}16 \quad 8{:}9 \quad 8{:}9$$

Diatonische Scala (Diatonon syntonon) des Aristoxenus
(gleichschwebend temperirte Stimmung):

$$e = 1 \qquad f \qquad g \qquad a \qquad h \qquad \bar{c} \qquad d \qquad \bar{e} = 2$$
$$\left(\sqrt[12]{2}\right)^0 \quad \left(\sqrt[12]{2}\right)^1 \quad \left(\sqrt[12]{2}\right)^3 \quad \left(\sqrt[12]{2}\right)^5 \quad \left(\sqrt[12]{2}\right)^7 \quad \left(\sqrt[12]{2}\right)^8 \quad \left(\sqrt[12]{2}\right)^{12} \quad \left(\sqrt[12]{2}\right)^{12}$$

vgl. Aristox. Uebersetzung und Erläuterung S. 253—255:

Plato soll ein Schüler des Pythagoreers Archytas gewesen sein,
des älteren Heimathsgenossen unseres Aristoxenus. Direct aus einer
Schrift des Archytas, wie es scheint, überliefert Ptolemäus eine
akustische Bestimmung des Diatonon, nach welcher folgende Octavenscala vorauszusetzen ist:

Diatonische Scala nach Archytas:

Einen genauen Nachweis dieser diatonischen Scala des Archytas möge man mir an dieser Stelle erlassen: meine spätere Darstellung wird genau darauf eingehen. Gleichzeitig mit dem Tarentiner Archytas lebt Philolaus, ein anderer berühmter Pythagoreer, aus dessen Schrift über Musik Nicomachus werthvolle Fragmente mittheilt. Nachdem Nicomachus p. 14 die Octavenscala des Pythagoras dargelegt hat, läßt er p. 17 den Philolaus, „den Diadochen des Pythagoras", mit dessen eigenen Worten folgende vereinfachte Octave beschreiben:

Der Klang c ist auf der vereinfachten Scala ausgelassen. Sie ist, wie wir anderweitig aus Aristoteles und sonst ersehen, identisch mit dem berühmten Heptachorde des alten Kitharoden Terpander.

Die anscheinend so divergirenden Berichte der beiden Pythagoreer Philolaus und Archytas — wie lassen sie sich vereinigen? Wir haben auf die Analogie der enharmonischen Scala nach den Angaben des Aristoxenus [1] zu recurriren. Zur Zeit des Olympus, so sagt er, war das Halbton-Intervall noch nicht durch die enharmonischen Vierteltöne getheilt; auch zu Aristoxenus' Zeit konnte man einige der Auloden noch in der Weise des alten Olympus singen hören. In solchen Compositionen (des alten Olympus) wurde der auf den diatonischen Halbton folgende Ganzton der Scala ausgelassen, ohne daß man den enharmonischen Viertelton einschaltete. Aehnlich verhält es sich mit der durch den alten Terpander vereinfachten diatonischen Scala. Es wurde in der Melodie der höhere Grenzklang des diatonischen Halbtones ausgelassen. Später aber wurde, wie in der vereinfachten Scala des Olympus, so auch in dem vereinfachten Diatonon Terpander's, über dem tieferen Grenzklange des diatonischen Halbtones ein in unserer modernen Musik nicht mehr verwendbarer leiterfremder Klang eingeschaltet.

Zu Aristoxenus' Zeit, wo die enharmonische Scala mit dem Viertelton schon sehr selten geworden war, war dennoch die dem Enharmonion zu Grunde liegende Musik des Olympus noch nicht gänzlich vergessen. Analog muß es sich nun auch zur Zeit der beiden Pythagoreer Philolaus und Archytas mit der durch Terpander vereinfachten Diatonon und der hieraus durch Einfügung eines uns fremden Schaltklanges herausgebildeten diatonischen Scala verhalten haben. Philolaus hat die Terpandrische Vereinfachung der diatonischen Scala im Sinne, Archytas diejenige Form des Diatonon, welche aus

---

[1] Aristox. übersetzt u. erläutert S. 479. 248.

jener vermittelst des eingefügten Schaltklanges sich herausgebildet
hatte. Es ist hier noch hinzuzufügen, daß Archytas die Tonstufe
dieses in das Diatonon aufgenommenen Schaltklanges (wie wir ihn
der Kürze wegen nennen mögen) genau so bestimmt, wie die des
enharmonischen Schaltklanges.

Auch Aristoxenus kennt neben dem ungemischten Diatonon,
welches für die vereinfachte Scala Terpander's die Grundlage bildete
und im Wesentlichen auch dem Philolaus vorlag, noch eine andere
gemischte Form des Diatonon, die mit dem Diatonon des Archytas
übereinkommt. Dem Forscher Friedrich Bellermann war dies gemischte Diatonon des Aristoxenus noch unbekannt. Nicht minder
auch, daß es zur Zeit des Ptolemäus unter dem Namen Diatonon
toniaion einer großen Beliebtheit bei Kitharoden und Lyroden sich
erfreute.

Diese Art des Diatonon, die schon vor Aristoxenus der Archytas-
schen Angabe zufolge sehr üblich gewesen sein muß, deren Vorkommen auch von Aristoxenus bezeugt wird und die zu Ptolemäus'
Zeitalter fast alle übrigen Scalen verdrängt hat: — keine andere als
diese war es, welche der alte Notenerfinder (nennen wir ihn einstweilen
Polymnastus!) seiner Notirung des Diatonon zu Grunde legte. Denn
nur für diese Chroa ist die diatonische Scala vollständig genau und
richtig notirt.

Vergleichen wir das enharmonische Tetrachord mit demjenigen
dieses gemischten Diatonon. Die Klänge und die diesen genau entsprechenden Noten sind:

für das Tetrachord der Enharmonik

$$e \qquad \overset{\bullet}{e} \qquad f \qquad\qquad a$$
$$\mathsf{r} \qquad \mathrel{\mathrlap{\_}} \qquad \daleth \qquad\qquad \mathsf{C}$$

für das Tetrachord des gemischten Diatonon

$$e \qquad \overset{\bullet}{e} \qquad\qquad g \qquad a$$
$$\mathsf{r} \qquad \mathrel{\mathrlap{\_}} \qquad\qquad \mathsf{F} \qquad \mathsf{C}$$

Der zweite Klang dieses gemischten Diatonon ist ein Mesopyknos,
dem keine andere Note, als ein Gramma anestrammenon gebührt, es
müssen daher die beiden tiefsten Klänge dieses Diatonon genau mit
denselben Noten, wie die des Enharmonion bezeichnet werden. Der
dritte Klang aber ist für beide Tongeschlechter ein verschiedener und
mußte daher auch verschieden notirt werden: im Enharmonion als
ein Oxypyknos, welcher ein Gramma apestrammenon verlangte ⅂ (zwei

Vierteltöne höher als ¹) —, im Diatonon wiederum wie der Anfangsklang als ein Barypyknos, nämlich der Klang g, richtig mit dem
Gramma orthon F notirt.

Bellermann, für die griechische Notirung die ungemischte diatonische Scala zu Grunde legend, kann nicht umhin, innerhalb der diatonischen Noten dem Notenerfinder neun verkehrte Bezeichnungen
nachzuweisen.

Wir unsererseits sind zu dem Resultate gelangt, daß der
Notenerfinder seine diatonischen Scalen vollständig richtig und
genau notirt hat: er hat sich auch nicht einen einzigen Fehler zu
Schulden kommen lassen. Nur sind es nicht unsere diatonischen
Scalen, welche der griechische Notenerfinder notirt, sondern die
eigenartigen Scalen des gemischten Diatonon, ·in welche ein der modernen Musik so gänzlich fremder Klang, nämlich e, aus der alten Enharmonik aufgenommen ist.

Die Tonstufe, welche der leiterfremde Klang des gemischten Diatonon einnimmt, ist nach Archytas dieselbe wie in der Enharmonik,
nach Aristoxenus dagegen eine wechselnde; denn das Tetrachord des
gemischten Diatonon, in welchem der tiefste, der dritte, der vierte
Klang stets ein diatonischer ist, entlehnt seinen zweiten Klang
entweder aus dem Enharmonion oder aus der Chromatik. Dies ergiebt
für die Tonstufe des zweiten Klanges einen allerdings nur sehr geringen Unterschied, der für das Ohr des modernen Menschen, welchem
ja alle diese Klänge fremd sind, nicht zu empfinden sein würde. In
dem Vorworte seiner dritten Harmonik § 7 schreibt Aristoxenus: „Der
Unterschied der drei Klanggeschlechter ist von keinem meiner Vorgänger gehörig erörtert worden. Denn man pflegte nicht von den
zwei übrigen Klanggeschlechtern zu handeln, sondern bloß von der
Enharmonik. Diejenigen, welche sich mit den Instrumenten beschäf-
tigten, haben zwar jedes der drei Klanggeschlechter beachtet, aber
schon dies, wann aus der Enharmonik das Chroma zu werden beginnt,
hat keiner von ihnen eingesehen. Denn da sie nicht jeder Art der
Melopöie kundig und auch nicht gewohnt waren, auf derartige Unterschiede genaue Rücksicht zu nehmen, so beachteten sie die Klanggeschlechter nicht in Betreff ihrer einzelnen Chroai." Es könnte fast
scheinen, daß Aristoxenus hier solche Musiker im Auge hatte, die
wie Archytas für den zweiten Klang des Enharmonions genau dieselbe
Tonstufe, wie für den des gemischten Diatonon statuiren. Doch die
Differenzen, welche hier nach Aristoxenus für den zweiten Klang bestehen würden, brauchen uns nicht zu kümmern, wenn auch unsere

akustischen Instrumente die Mittel darbieten, jene Klangverschieden-
heiten unserem Ohre vernehmbar zu machen. Denn jedenfalls ist der
zweite Tetrachordklang des gemischten Diatonon ein solcher, daß der
alte Notenerfinder ihn als Oxypyknos auffassen und mit einem Gramma
anestrammenon notiren mußte.

### Die Instrumentalnoten der chromatischen Scalen.

Ebenso wie mit den diatonischen verhält es sich auch mit den
chromatischen Noten, denn auch diese sind ursprünglich für die Bezeichnung des gemischten Chromas verwendet und erst von diesem
auf die ungemischten chromatischen Chroai übertragen worden.

Auch das gemischte Chroma war zu Bellermann's Zeit noch unbekannt.

Von den ungemischten chromatischen Chroai enthält das sogenannte Chroma toniaion nur solche Klänge, welche auch in der
modernen Musik vorkommen:

Auch hierfür wird von Aristoxenus der Name Pyknon u. s. w.
gebraucht, wie es in der vorstehenden Scala angegeben ist.

Außerdem statuirt Aristoxenus noch ein von ihm sogenanntes
Chroma hemiolion und ein Chroma malakon, in deren jedem
das Pyknon kleiner als im Chroma toniaion ist. Von einem jeden
dieser beiden Chromata wird es genügen, ein einziges Pentachord auf-
zuführen:

Hatten wir früher dem einfachen Sternchen (Asteriscus) die Bedeutung gegeben, die betreffenden Noten um den Betrag eines enharmonischen Vierteltons zu erhöhen, so haben wir für das Chroma hemiolion noch das „Punctum additionis" aus den Mensuralnoten des 15.

und 16. Jahrhunderts herbeigezogen (vgl. Heinrich Bellermann, Mensuralnoten S. 5), welches dort auf die rechte Seite einer Note hinzugesetzt, dieselbe um die Hälfte ihres rhythmischen Werthes verlängert. Auf die griechischen Noten übertragen, soll das Punctum additionis die Erhöhung der betreffenden Note um die Hälfte ihrer Tonstufe bezeichnen. Setze ich über die Note e einen einfachen Asteriscus

$$\overset{*}{e},$$

so bedeutet das: die Note e ist um einen enharmonischen Viertelton erhöht. Füge ich dem Asteriscus ein Punctum additionis hinzu

$$\overset{*\cdot}{e},$$

so bedeutet dies: das Intervall des enharmonischen Vierteltones, um welches e erhöht wird, soll noch um die Hälfte des Vierteltones vergrößert werden. So verlangt Aristoxenus, daß der Barypyknos von dem Mesopyknos $\overset{*\cdot}{e}$ um ein Intervall von drei Achteltönen entfernt sei. Und um dasselbe Intervall sei der Mesopyknos $\overset{*\cdot}{e}$ von dem Oxypyknos $\overset{*}{f}$ entfernt, so daß das Pyknon des Chroma hemiolion von e bis $\overset{*}{f}$ ein Intervall von drei Vierteltönen bilde. Durchweg unter Voraussetzung der gleichschwebenden Temperatur.

In dem Pyknon des Chroma malakon soll nach Aristoxenus ein jedes der beiden kleinen Intervalle den Umfang des Dritteltones haben. Es enthält mithin, nach der Einheit des enharmonischen Vierteltones gemessen, die Größe von einem Vierteltone und noch dem dritten Theile des Vierteltones. Analog dem Punctum additionis, welches um die Hälfte des Werthes erhöht, erlauben wir uns ein „Comma additionis" für die Erhöhung der Note um das Drittel ihres Werthes in Anspruch zu nehmen: der Mesopyknos des Chroma malakon wird hierdurch in

$$\overset{*,}{e},$$

der Oxypyknos in

$$\overset{*}{f}$$

seinen genauen Ausdruck gefunden haben.

Wie nun eine Scala des Chroma hemiolion

$$e \qquad \overset{*\cdot}{e} \qquad \overset{*}{f} \qquad a \qquad h \qquad \overset{*\cdot}{h} \qquad \overset{*}{c} \qquad c$$

und des Chroma malakon

e  e͊  f̗  a  h  h͋  c̈  c

in der Musik der Griechen verwandt sein mag, davon haben wir noch
weniger eine Ahnung, als von der Anwendung der enharmonischen
Scala. Denn beiderseits sind uns von der ganzen Octave nur die Klänge

e      a    h      c

verständlich: alle übrigen Klänge vermögen wir höchstens mit Anwendung genauer akustischer Instrumente für uns hörbar zu machen,
aber nimmermehr mit einer musikalischen Composition in irgend einen
Zusammenhang zu bringen. Kann man nun wohl blos aus den Tonstufen e, a, h und deren Octaven eine Melodie zusammensetzen, zu
welcher dann noch einige leiterfremde, in unserer Musik noch niemals
vernommene Klänge nach Art der enharmonischen Vierteltöne hin-
zukämen? Es will uns unmöglich erscheinen, daß in der griechischen
Musik die aus solchen Klängen zusammengesetzten Melodien so häufig
gewesen sein sollen, um dem Aristoxenus Veranlassung zu geben,
für solche Tongebilde eigene Klanggeschlechter zu constituiren.

Unserer Vorstellung kommt nur dies Eine zu Hülfe, daß Aristoxenus auch gemischte Scalen statuirt, in denen sich die eigenartigen
leiterfremden Klänge der verschiedenen chromatischen Chroai unter
einander oder mit dem eigenartigen enharmonischen Klange verbinden:

    1. Chroma hemiolion und Chroma toniaion gemischt

         e    e͊    fis    a    h

    2. Chroma malakon und Chroma toniaion gemischt

         e    e͊    fis    a    h

    3. Enharmonion und Chroma toniaion gemischt

         e    ė    fis    a    h

Diese drei Mischungen des Chromas stehen analog dem ungemischten
Chroma toniaion:

    4. Ungemischtes Chroma toniaion

         e    f    fis    a    h

So kommen in einer chromatischen Scala, gemischt oder unge-
mischt, mindestens eben so viele diatonische (auch uns verständliche)

Klänge vor, wie in der enharmonischen Scala und wie in dieser je
nur ein leiterfremder Schaltton. Friedrich Bellermann zeigt, daß aus
den diatonischen Klängen des Enharmonions kleine Melodien gebildet
werden können [1]. Dasselbe wird auch für die vier vorstehenden chromatischen Scalen anzunehmen sein, mit dem einzigen Unterschiede,
daß der Enharmonik der diatonische Klang f, den vier chromatischen
Scalen statt dessen der diatonische Klang fis zu Gebote steht. Wir
haben uns hiernach die chromatischen Scalen als vereinfachte, d. i.
lückenhafte Scalen der A-Dur- oder Fis-Moll-Tonart zu denken:

a    h    [cis]    d    e    fis    [gis]    a

Selbstverständlich kann diese Octave, welche die Vorzeichnung $\sharp_\sharp^\sharp$ hat,
in jede anders vorgezeichnete Tonart transponirt werden, da die griechische Musik dieselben Transpositionsscalen wie die heutige Musik
kannte.

Der Unterschied der griechischen Chromatik von der Diatonik
besteht also (wenigstens in den herbeigezogenen vier chromatischen
Scalen des Aristoxenus) dem Wesen nach darin, daß überall da, wo
die diatonische Scala ein Halbton-Intervall darbietet, in der chromatischen der tiefere Grenzklang dieses Intervalles unberührt bleibt.
Eben hierin würde nun auch der wesentliche Unterschied der vier
chromatischen Scalen von der enharmonischen liegen: denn auch hier
(in der Enharmonik) beruht die Eigenartigkeit auf dem Halbton-Intervalle, — die Enharmonik verschmäht das über dem Halbtone liegende
Ganzton-Intervall, unsere vier chromatischen Scalen den tieferen
Grenzklang des Halbton-Intervalles. Den auf den Halbton folgenden
diatonischen Ganzton haben die chromatischen Scalen beibehalten und
fügen hinter dem tieferen Grenzklange dieses diatonischen Ganztones
den leiterfremden Schaltklang ein, während die enharmonische Scala
ihren leiterfremden Klang zwischen die Grenzen des Halbton-Intervalles einschaltet. Der Abstand des leiterfremden Klanges von dem
unmittelbar vorausgehenden Klange ist in der dritten der vier auf S. 47
stehenden Scalen genau so groß, wie bei der enharmonischen (nämlich e ė); er wird in der zweiten um ein Drittel des Vierteltones
(nämlich e ė), in der ersten um die Hälfte desselben (nämlich e ė),
in der vierten um den ganzen Betrag des Vierteltones größer als im
Enharmonion (nämlich als Intervall e f, in welchem der auch uns
wohlbekannte chromatische Klang f vorkommt.

---

[1] Bellermann Anonymus p. 63. 65.

Dies ergiebt die Darstellung des Aristoxenus. Schon vor ihm hat Archytas in Zahlen die Tonstufen für die Klänge des Chromas angegeben. Der von ihm statuirten akustischen Zahlenangabe zufolge kommt sein Chroma demjenigen gemischten Chroma des Aristoxenus am nächsten, in welchem der Mesopyknos dem Chroma malakon angehört. In der Tonstufe kommt dasselbe genau mit dem von Archytas angesetzten Mesopyknos des Enharmonions und zugleich auch mit dem zweiten Klange seiner (gemischten) diatonischen Scala völlig überein: denn nach Archytas sind die Tetrachord-Klänge der drei Tongeschlechter:

| | | | |
|---|---|---|---|
| Enharmonion: | e | e̋ | f | a |
| Chroma: | e | e̋ | fis | a |
| Diatonon: | e | e̋ | g | a |

Wir können nicht umhin, an diesen Angaben als den ältesten festzuhalten und sie für die Notirung der Klanggeschlechter zu Grunde zu legen.

Es ist erlaubt, vorauszusetzen, daß dieselbe chromatische Scala auch schon zur Zeit des Notenerfinders bestanden hat, die ja auch von Aristoxenus (vgl. unten) ausdrücklich als eine emmelische Stimmung bezeichnet wird. So mußte denn der Notenerfinder den beiden tiefsten chromatischen Klängen genau dieselben Notenzeichen zuertheilen, wie dem enharmonischen Barypyknos und Mesopyknos, mit denen dieselben nach der Angabe des alten Archytas vollkommen identisch sind. Für den dritten Klang beider Scalen aber ergiebt sich eine Differenz. Die Oxypyknos des gemischten Chroma malakon liegt merklich höher, als der des Enharmonions; der Notenerfinder gab zwar dem Oxypyknos beider Scalen denselben Notenbuchstaben, das Gramma apestrammenon, aber er unterschied sie für die beiden Klanggeschlechter dadurch, daß er dem Gramma apestrammenon des Chromas einen diakritischen kleinen Strich hinzufügte, dessen die betreffende Note des Enharmonions entbehrt.

Hiernach wird also das Tetrachord des gemischten Chromas folgendermaßen notirt sein müssen:

e    e̋    fis    a

Ⲅ    Ⳑ    ⸀    Ϲ

Von den positiv überlieferten Thatsachen ausgehend, welche wir im Gegensatze zu Friedrich Bellermann, der dieselben übersehen, aufs

Strengste und Gewissenhafteste festzuhalten haben, finden wir uns
durchaus außer Stande, dem verehrten Entdecker des griechischen
Notensystemes darin beizustimmen, daß das Chroma eine „seltsam
ungeschickte Notirung" erhalten habe —: vielmehr führt uns unsere
Berücksichtigung der von Archytas, Aristoxenus und Ptolemäus gemachten Angaben zu dem Resultate, daß der Erfinder der griechischen
Notation die chromatische Scala ebenso geschickt und gesetzmäßig —
wir dürfen wohl sagen mit derselben meisterhaften Consequenz —
wie die enharmonischen und diatonischen Scalen durch eine wahrhaft
geniale Verwendung der modificirten Buchstaben eines alten dorischen
Alphabetes notirt hat. Polymnastus (— auf ihn werden ja wohl die
griechischen Instrumentalnoten zurückzuführen sein —) darf durch die
eigenartige Verwendung der Schriftbuchstaben zu Notenbuchstaben
unter den alten Erfindern im Gebiete der Kultur- und Kunstgeschichte
einen der ersten Ehrenplätze beanspruchen.

# Die erste musische Katastasis Spartas.

## Terpander und die altnationalen Molltonarten.

Aristoxenus (erste Harm. § 52) setzt der Musik seiner Zeit die
der archaischen Compositionen entgegen und unterscheidet unter diesen
wiederum „die ersten" und „die zweiten" d. i. die Compositionen der
ersten und der zweiten archaischen Musik-Epoche. Es handelt sich a.a.O.
darum, daß die meisten Musiker unter Aristoxenus' Zeitgenossen die
Kenntniß der enharmonischen Musik bereits verloren hatten: diejenigen
aber, welche ein besonderes Interesse für die archaischen Compositionen bewahrt hätten, seien mit jenem Klanggeschlechte bekannt
geblieben. Aus dem weiteren Zusammenhange jener Aristoxenischen
Stelle geht hervor, daß unter der ersten archaischen Musik-
Epoche die des Olympos. in welcher der Halbton noch nicht in zwei
enharmonische Vierteltöne zertheilt war, zu verstehen ist —, unter
der zweiten archaischen Musik-Epoche diejenige, in welcher
die den Griechen eigenen, uns Modernen unbekannten leiterfremden
Schaltklänge eingeführt wurden. Der von Aristoxenus dem Olympus
zugeschriebenen Vereinfachung der Diatonik, welche die Grundlage
des Enharmonions bildet. steht ihrem Wesen nach jene andere Ver-

einfachung der Diatonik, welche auf den Kitharoden Terpander zurückgeführt wird und die Grundlage für das gemischte Diatonon gebildet
hat, parallel (vgl. oben S. 40 ff.).

Verallgemeinern wir also die von Aristoxenus gemachten Ge-
schichtsepochen der archaischen Musik dahin, daß die zweite die des
Aufkommens der uns fernstehenden leiterfremden Schaltklänge ist, die
erste archaische Musik-Epoche dagegen die dem Aufkommen jener
Klänge vorausliegende.

Sehr wichtige Aufschlüsse über Geschichte der archaischen Musik
giebt der den Namen des Plutarch tragende Dialog über die Musik.
In meiner Ausgabe dieser Schrift ist erörtert, daß sie zumeist wort-
getreue Excerpte aus älteren Musikschriftstellern enthält: sehr vieles
aus Aristoxenus, anderes aus einem Buche des Heraklides (Aristoxenus'
älterem Zeitgenossen) und aus anderen ungenannten Quellen. In der
aus Heraklides stammenden Partie nennt dieser die Schrift des Glaukus
aus Rhegium „über die alten Componisten und Musiker" als die Fundgrube seiner Mittheilungen.

Von dem alten Glaukus werden die beiden archaischen Musik-
Epochen, deren Aristoxenus gedenkt, die eine als die erste, die
andere als die zweite Katastasis der Musik zu Sparta bezeichnet. Für die archaische Musikentwickelung werden wir also
auf Sparta hingewiesen, wie späterhin Athen die Hauptstätte der musischen Kunst ist.

Wie für das griechische Alterthum der Staat, d. i. die autonome
Gemeinde, der oberste sittliche Begriff ist, so ist die staatliche Gemeinde auch der Mittelpunkt aller ästhetischen Momente des Lebens,
insbesondere der drei musischen Künste: Musik, Poesie, Orchestik.
Die Hauptveranlassung, wie sich der Staat der Kunstleitung und der
Kunstentwickelung bemächtigte, waren die unter der Leitung des
Staates stehenden religiösen Feste, deren Hauptzier gerade in der
alten Zeit die musischen Festspiele (musische Agonen) bildeten. So
waren in Delphi bis auf Solon's Zeit die Festspiele auf lediglich musische Agonen beschränkt, erst später traten auch gymnastische hinzu.
Das Spartanische Fest, an welches sich die Entwickelung der musischen Kunst anschloß, waren die sogenannten Karneia zu Ehren des
Apollon Karneios. Von Alters her wurden dieselben durch Kitharoden-
Wettkämpfe gefeiert, in denen ein jeder der kämpfenden Sänger (ursprünglich, wie es den Anschein hat, zugleich in der Rolle eines
Apollo-Priesters) durch das schönste Festlied unter der Begleitung
seiner Kithara oder Phorminx den Gott des Festes am würdigsten zu
feiern suchte. Wenn dies nach dem Urtheile der zur Feier Versam-

4*

melten am besten gelungen war, dem wurde als Sieger der Festpreis
zuerkannt. Der Hymnus auf Apollo, welcher uns in der sogenannten
Sammlung Homerischer Hymnen überkommen ist, ist geeignet, uns
das Bild eines alten Festliedes zu veranschaulichen. Daß nun in
Sparta mehr als anderswo der Staat die Kunst der Sänger beeinflussen
konnte, lag daran, daß dort das gesammte Privatleben der Bürger in
der staatlichen Gemeinde aufging und durch diese bis in alle Einzelheiten regulirt wurde. Sonst war das Leben Spartas in fast kleinlich
egoistischer Weise bloß auf das Daheim eingeschränkt; doch an den
musischen Agonen des Karneen-Festes trat Sparta aus dieser Be-
schränktheit heraus und erschloß sich für jeden freien Hellenen;
hier wußte es auch das Gute, welches aus der Fremde nach Sparta
kam, zu würdigen und anzuerkennen, und ist, so wenig man dies
auch nach der sonstigen Spartanischen Eigenartigkeit voraussetzen
sollte, der Centralplatz für die Entwickelung der alten griechischen
Musik geworden.

Der Kitharode Terpander[1] war für Sparta ein Fremder: er war
ein Aeolier aus der Lesbischen Stadt Antissa. Als er am Karneen-
Feste im Wettkampfe der Kitharoden auftrat, imponirte seine Kunst,
die auch die Eigenartigkeit des in Sparta Gebräuchlichen gebührend
berücksichtigte, in Sparta so sehr, daß er nicht nur als Sieger anerkannt, sondern daß auch die von ihm aus der Fremde mitgebrachte
Individualität der aeolischen Kitharodik fortan für Sparta sanctionirt
wurde. Dies ist die erste Spartanische Musik-Katastasis.[2]

Wie treu das Andenken an Terpander bei den Spartanern bewahrt wurde, zeigt die Thatsache, daß für lange Zeit nachher die
Terpandriden, d. i. die Kitharoden aus der Schule Terpander's, die
zugleich der Familie Terpander's angehörten, von dem Fest-Herolde
der Karneeischen Spiele an erster Stelle zum Agon aufgerufen wurden, und nach ihnen, mit dem Ausrufe: „Wer singt nach dem Lesbischen Sänger?" — erst die übrigen zum Feste versammelten Kitharoden. Der Festchronik zufolge, welche officiell über die Karneia ge-

---

[1] Was wir über Terpander's Musik wissen, beruht hauptsächlich auf dem
größtentheils aus Glaucus Rheginus geschöpften Berichte des Heraklides Ponticus
bei Plutarch de mus. 3—6, ferner auf Aristoxenus' Symposion ebendaselbst 18. 19,
auf Suidas unter „Orthios" und „Nomos kitharodikos", auf Pollux 4, 65.

[2] Daß Terpander, wie Bellermann meint, die Noten erfunden oder doch
bereits gekannt habe, davon wissen wir nichts: es ist eine unrichtige Interpretation der Stelle des Heraklides Ponticus, welche nur dies besagt, daß der
Künstler seinen eigenen oder den Homerischen Worttexten Melodien hinzugefügt
habe. Aber sonst ist es nicht wenig, was von der neuernden Kunst Terpander's
überliefert ist.

führt wurde, war der Sänger Perikleitos der letzte Lesbier, welcher dort Siege davontrug. Mit seinem Tode hatte die fortwährende Diadochie Lesbischer Sänger als Sieger an den Karneia ein Ende. Irrthümlich — so berichtet Heraklides Ponticus auf Grund der Schrift des alten Glaucus — werde Terpander für einen Zeitgenossen des Jambographen Hipponax gehalten: vielmehr habe auch Terpander's Nachfolger Perikleitos erst nach Hipponax gelebt. Und an einer anderen Stelle sagt der in Plutarch's Dialoge excerpirte Heraklides Ponticus: „Glaucus in seiner Schrift über die alten Componisten und Musiker thut dar, daß Terpander älter als Archilochus ist, denn er sei der zweite nach denjenigen, welche die ersten Erfinder der Auletik seien. [Mit dem ersten Erfinder der Auletik ist der alte Olympus gemeint.] Klonas, der Begründer der Aulodik, habe bald nach Terpander gelebt; auf Terpander und Klonas aber sei Archilochus gefolgt." Freilich sagen andere (eben diejenigen, deren chronologischen Irrthum die Stelle des Glaucus widerlegt), Terpander habe vier Mal nach einander in den Pythischen Spielen gesiegt, — ein Anachronismus, der dem Glanze der erst später aufgekommenen Pythischen Festspiele seine Entstehung verdankt: der Glanz war so groß, daß ein so berühmter Meister der Kitharodik wie Terpander nothwendig auch als erster in der Reihe der Pythischen Sieger verzeichnet sein mußte! Nach dem von uns wieder hervorgezogenen echt historischen Zeugnisse des alten Italioten Glaucus fällt das Zeitalter Terpander's vielmehr an den Anfang der Olympiaden-Rechnung.

Der allgemeine Name für die Compositionen Terpander's ist „Kitharodischer Nomos". Nach dem Fragmente bei Plutarch de mus. 18 scheinen die Terpandrischen Compositionen ebenso wie die des Olympus dem Aristoxenus noch wohl bekannt gewesen zu sein. Charakteristisch für dieselben war die wohl beabsichtigte edle Einfachheit. Keinem der Späteren könne es gelingen, dieselbe durch Nachahmung zu erreichen. Terpander selber hat seine musikalischen Compositionen ebenso wenig wie seine Texte durch die Schrift fixirt: Text und Melos, beides gelangte zu den Späteren durch die mündliche Tradition der Schule. Von einem der Schüler Terpander's ist uns durch die Aufzeichnung des Glaucus der Name überliefert: Kapion, von welchem die Form der in den Agonen noch später gebrauchten Kithara, die auch sonst Asias (die asiatische Kithara) genannt wird, herstamme, und denselben Namen „Kapion" führte nach Pollux auch einer der für Terpandrisch' geltenden Nomoi.

### Terpander's Rhythmen.

Der Text der Terpandrischen Nomoi war gewöhnlich in epischen Hexametern geschrieben. Es kam auch vor, daß Terpander geradezu irgend einen Abschnitt des Homerischen Epos melodisirte und an Stelle des Nomos in den Agonen vortrug. In einem solchen Falle pflegte von Terpander ein dazu gehöriges Prooimion gedichtet zu sein. Auch solcher Prooimien Terpander's geschieht bei Plutarch de mus. 6 Erwähnung.

Bei Plutarch a. a. O. 12 heißt es: „Auch über die Rhythmen giebt es eine Ueberlieferung. Denn Arten und Unterarten der Rhythmen wurden (zu den bereits bestehenden) hinzu erfunden, auch neue Arten der Metropöien und Rhythmopöien. Zuerst führte die Neuerung (Kainotomia) des Terpander eine schöne Weise in die Musik ein." Diese rhythmischen Neuerungen des Terpander werden Plutarch a. a. O. 28 folgendermaßen specialisirt: „Er soll diejenige Weise der Orthios-Melodie, welche nach Orthios-Rhythmen gegliedert ist, erfunden haben und nach Analogie des Rhythmus Orthios auch den Semantos Trochaios." Was unter den beiden Rhythmen des Terpander zu verstehen ist, ist in meiner Uebersetzung und Erläuterung des Aristoxenus S. 53 ausgeführt. Terpander hatte mit diesen Rhythmen dasjenige angewandt, was Aristoxenus „gemischte Zeitgrößen" nennt.

Die semantischen Trochäen und Orthien werden von Aristides als Versfüße aus drei vierzeitigen Längen beschrieben, d. i. sie bestanden aus continuirlichen langen Silben. Nun sind uns in der That als Fragment eines Terpandrischen Gedichtes folgende im Original aus lauter Längen bestehende Verse überliefert:

> Zeús, du Uránfang, du Úrgrund des Álls.
> Zeús, zu dir sénd ich des Preislieds Anfáng.

Augenscheinlich müssen diese Verse dem semantisch-trochäischen oder dem orthischen Rhythmus angehören. Im Allgemeinen ist ihr Rhythmus (freilich nicht das 4-zeitige Sylbenmaß) schon von O. Müller, der diese Verse molossische nennt, erkannt worden.

Auf einen Versfuß des von den begleitenden Klängen der Kithara ausgeführten Hexameters kam eine einzige 4-zeitige Sylbe des Gesanges. Ruht hierbei der stärkste Accent des rhythmischen Gliedes auf dem zweiten Versfuße, so heißt das „Rhythmos Orthios"; nach dessen Analogie hat Terpander durch Veränderung des Hauptaccentes, indem er diesen auf den zweiten Versfuß des rhythmischen Gliedes verlegte, den „Trochaios Semantos" gebildet. Das an der angeführten Stelle der Aristoxenus-Erläuterung angeführte Beispiel aus Bach's chromatischer Fuge, in welcher das Vorderglied in der Oberstimme durch drei 4-zeitige Anapäste, das Schlußglied in der Unterstimme durch drei ungetheilte 4-zeitige Noten ausgedrückt ist, giebt ein anschauliches Analogon zu Terpander's Neuerung in der Rhythmopöie.

Nach Plutarch de mus. 4 und 28 wird unter den Terpandrischen Nomoi ein Nomos Trochaios und ein Nomos Orthios (auch Nomos Oxys genannt) aufgeführt. Eine Stelle des Pollux giebt ausdrücklich an, daß diese beiden Nomoi ihren Namen von den Rhythmen erhalten haben. Schwerlich aber wird für den Umfang eines ganzen Nomos der Worttext aus lauter langen Silben bestanden haben. Und so haben wir schon früher die Conjectur gemacht, daß die aus lauter Längen bestehenden Verse nur einem bestimmten Theile des Nomos Trochaios und des Nomos Orthios angehörten, während die übrigen Theile, wie gewöhnlich der Text der Terpandrischen Nomoi, in epischen Hexametern gehalten waren.

### Die sieben Theile des Terpandrischen Nomos.

Nach der Angabe des Pollux 4, 66 enthielt der Nomos nach der Gliederung Terpander's sieben Theile, deren Benennung den Ursprung aus Dorischer oder Aeolischer Heimath verräth und zugleich auf das Pythische Heiligthum zu Delphi hindeutet als die vornehmste Feststätte der Kitharodik. Inwieweit Terpander selber oder der Kreis seiner Schüler und Nachfolger an jenen Namen betheiligt war, bleibe dahingestellt. Die siebentheilige Gliederung des Terpandrischen Nomos mahnt an eine architektonische Symmetrie, bei welcher um einen die Hauptsache bildenden Mittelpunkt zu beiden Seiten als parallele Glieder sich einander respondirende Größen anschließen. Den für den ganzen Nomos vorwaltenden Mittelpunkt bezeichnete man wie das Allerheiligste in Delphi als „Omphalos", d. i. als Nabel. Das dieser Namengebung zu Grunde liegende Delphische Heiligthum galt als Centrum der ganzen Erde, als Erdnabel. Die Verherrlichung irgend einer Großthat des Gottes, dem das Agonal-Fest galt, scheint den Inhalt des Terpandrischen Omphalos gebildet zu haben.

Die Siebentheiligkeit des Terpandrischen Nomos erklärt sich folgendermaßen: Vor den epischen Haupttheil des Gedichtes, den wir uns wohl am richtigsten in der Darstellungsweise der Ilias und Odyssee denken, trat ein lyrischer Eingangstheil, der den Gott des Festes in hymnodischer Darstellung feierte. Dieser Theil hieß „Metaroha", ein Name, der sich weiterhin erklären wird. Die aus einem Nomos

Terpander's vorher angeführten Verse des semantischen oder orthischen Rhythmus gehören wahrscheinlich der lyrischen Metarcha, d. i. der zweiten Archa an, worauf die Worte hindeuten. Vgl. unten.

Nach dem epischen Omphalos erscheint wiederum eine lyrische Partie, welche der Metarcha in Ton und Inhalt analog ist. Der alte Name für diesen Theil ist „Sphragis", eigentlich so viel als „Besiegelung", nach jener alten Weise des Kulturlebens, wonach des Schlosses das Siegeln statt zum Abschließen diente. Die für den Nomos geltende Bedeutung des Wortes Sphragis würde also so viel wie „Schlußtheil" sein.

Der erste lyrische Haupttheil wurde mit dem größeren epischen Centrum des Gedichtes (dem Omphalos) durch ein kurzes Uebergangsglied vermittelt, für welches der Ausdruck „Katatropa", d. i. „Wendung", der alte Terminus technicus war.

Ihm entsprach im Inhalt und Ausdruck ein kleiner vermittelnder Uebergangstheil vom Omphalos zur Sphragis, genannt „Metakatatropa", d. i. „Rückwendung" oder zweite Wendung.

Mit diesen fünf Theilen, den drei Haupttheilen und den beiden kleineren Uebergangsgliedern, ist der eigentliche Nomos abgeschlossen. Man sieht, auf welche natürliche Weise die Symmetrie architectonischer Responsion sich ungesucht ergeben mußte.

Dem eigentlichen Nomos geht eine Einleitung voraus, welche in der strengen Kunstsprache die Bezeichnung Archa trägt, allgemeiner aber auch Prooimion. d. i. „Vorwort", oder Pronomion, „was dem Nomos vorausgeht", genannt wird. Auch diese Einleitung war, wie der erste Haupttheil des eigentlichen Nomos, von lyrischer Färbung der Darstellung. Aber während der erste Haupttheil der objectiven Lyrik angehörte (er enthielt das Lob des gefeierten Gottes), war Ton und Darstellung im Prooimion ein subjectiv-lyrischer. Denn der im Agon auftretende Sänger flehte darin zu dem Gotte, ihm, dem vortragenden Sänger, über die Mitkämpfer den Sieg zu verleihen. Im Gegensatze dieses Einleitungsgesanges zum eigentlichen Nomos wurde dessen erster zum Preise des Fest-Gottes gesungener Theil mit dem Namen „Metarcha". d. i. „zweite Archa", „zweiter Anfang", bezeichnet.

Nach dem Schlußtheile des eigentlichen Nomos, der sogenannten Sphragis, wandte sich der Sänger noch einmal an den im Prooimion angerufenen Gott, den nunmehr vollendeten Festgesang des Kitharoden vor seinen Mitkämpfern im Agon durch den Sieg zu beglücken zu wollen.

Hierauf beziehen sich die Worte Plutarch de mus. 6: „Nachdem die Kitharoden den Göttern, welchen sie wollten, ein Opfer gebracht, gingen sie sogleich zur Poesie Homer's oder anderer Dichter über.

dies erhellt aus Terpander's Prooimien." Früher hatte unsere Quelle bemerkt, Terpander habe entweder einen von ihm eigens componirten Nomos, zu welchem er auch den Worttext verfaßt, oder statt des Nomos einen von ihm melodisirten Abschnitt aus einem Homerischen Epos in den kitharodischen Agonen vorgetragen. Der letztere Fall war es, in welchem er den Vortrag durch ein von ihm gedichtetes Prooimion, das er in Hexametern gehalten hatte, einleitete. Vgl. cap. 4: „Von Terpander sind auch kitharodische Prooimien in Hexametern verfaßt." Ein solcher Vortrag einer durchcomponirten Stelle aus den Homerischen Gedichten nach einem Opfer, welches der Kitharode vorher einem Gotte gebracht hatte, ist es, auf welchen sich die angeführten Worte des cap. 6 beziehen, für welche als Beweis die Terpandrischen Prooimien angeführt werden. Das Pronomion oder die Metarcha, d. i. die dem Nomos vorausgehende Einleitung, in welcher der Kitharode einen Gott um den Sieg anflehte, war zugleich mit einem Opfer von Seiten des Kitharoden verbunden.

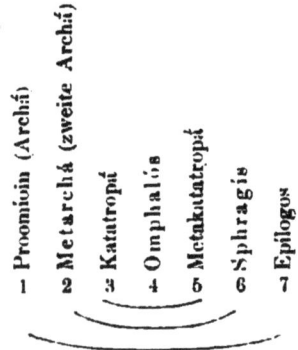

Die von den sieben Theilen des Terpander handelnde Stelle im Lexikon des Pollux nennt uns nur die sieben Namen, ohne auf den Inhalt derselben einzugehen. Was wir von den letzteren gesagt haben, ist aus der Analogie späterer Dichtungen, namentlich der Pindarischen, zu erschließen. Die stoffliche Anordnung der Gedichte, welche zuerst Terpander in seinen kitharodischen Nomoi befolgte, ist nämlich eine bleibende Norm auch für die nachfolgende griechische Lyrik geworden. Daß sie zunächst aus den kitharodischen Nomoi auch in die Nomoi der Auloden und Auleten aufgenommen wurde, wird im Fortgange unserer Darstellung des Näheren nachgewiesen werden. Angedeutet sei hier kürzlich über die weitere Fortentwickelung der Terpandrischen Gliederung Folgendes:

Vermuthlich war Pindar's Vorgänger Stesichoros aus Himera,
der nach dem Berichte Plutarch's de .mus. 7 so Manches aus den
Formen der Auletik für seine chorische Lyrik sich aneignete, derjenige Künstler, welcher auch die durch den auletischen Nomos ver-
mittelte siebentheilige Gliederung des Terpandrischen Nomos in die
lyrische Poesie eingeführt und gleichsam auf Pindar vererbt hat. Bei
seinem Nachfolger Pindar ist sie bereits eine typisch festgehaltene
Compositionsform aller seiner größeren Epinikien. Dann zeigt sie
sich auch bei Pindar's Zeitgenossen dem Tragödiendichter Aeschylus
in allen umfangreichen Chorgesängen. In den Prolegomena zu den
Tragödien des Aeschylus ist dies eingehend von mir nachgewiesen
und eben da auch der eigenthümliche Unterschied erörtert, welcher
sich bezüglich der Terpandrischen Gliederung zwischen den Pindarischen Chorliedern einerseits und den Aeschyleischen andererseits
herausstellt. Auch Moritz Schmidt in seiner Uebertragung der Olympischen Epinikien Pindar's hat die Gliederung dieser Gedichte nach
„Archa, Metarcha, Katatropa, Omphalos" u. s. w. durch Ueberschriften
bezeichnet. Weshalb I. H. Schmidt sich der Terpandrischen Gliederung
widersetzt, ist mir eben so wenig deutlich geworden, als weshalb derselbe die von mir längst aufgegebene sogenannte eurhythmische Responsion für die melischen Metra der griechischen Lyriker und Dramatiker mit einem Eifer festhält, der einer besseren Sache werth wäre.
(Vgl. darüber die „allgemeine Theorie der musikalischen Rhythmik
seit J. S. Bach, auf Grundlage der antiken" § 113 ff.)

So scharf und klar bei Pindar die Terpandrischen Glieder auch
durch den Inhalt der Poesie hervortreten und sich von einander
abheben, so haben doch diese Grenzen mit Abschnitten des Metrums
niemals etwas zu thun. Ein und derselbe Pindarische Vers gehört
im Anfange z. B. der Katatropa, im Ausgange dem Omphalos an.

Bei Aeschylus ist dies etwas anders, da mit der Grenzscheide
zwischen Omphalos und Sphragis (die Metakatatropa ist häufig ausgelassen) auch eine neue Art der Rhythmopöie beginnt. In den No-.
moi des Terpander muß es ähnlich wie bei Pindar gewesen sein [1].

Das ergiebt sich aus Plutarch de mus. 6: „Im Ganzen blieb die
Terpandrische Kitharodik sogar bis zur Zeit der Phrynis eine durchaus einfache. Man durfte nämlich in alter Zeit nicht in der heutigen

---

[1] Die ausführlichere Erörterung des siebentheiligen Terpandrischen
Nomos und die analoge Gliederung in den lyrischen Gedichten der späteren Zeit
s. in meinen „Gedichten Catulls in ihrem historischen Zusammenhange, Breslau
1865", „Geschichte der alten und mittelalterlichen Musik. Breslau 1866", „Prolegomena zu den Tragödien des Aeschylus, Leipzig 1867".

Manier Kitharodien machen und weder in den Harmonien, noch in den Rhythmen einen Wechsel eintreten lassen. Denn in einem jeden Nomos hielt man die ihm eigene Klangstufe (der Transpositions-Scala) fest und eben daher führten sie den Namen „Nomoi". Denn „Nomoi" („Gesetze") wurden sie genannt, weil es nicht gestattet war, in jedes beliebige Eidos der Klangstufe (Tasis) überzugehen."

Daraus folgt zunächst, daß innerhalb eines Nomos kein Wechsel der Rhythmopöie gestattet war. Meist war derselbe continuirlich in epischen Hexametern gehalten: wie im Homerischen Epos war die Composition derselben eine sogenannte stichische, ohne Anordnung der Verse zu Strophen und Antistrophen. Eine Ausnahme bezüglich der fortlaufenden Identität der Rhythmopöie bildete der Terpandrische Nomos Trochaios, in welchem, wie oben bemerkt, die (Met-)Archa abweichend von dem hexametrischen Omphalos in continuirlichen molossischen Versfüßen gehalten war. Einen eigentlichen Rhythmenwechsel bedingte aber auch hier der Wechsel des Metrums nicht, denn je zwei der auf einander folgenden molossischen Versfüße hatten genau dieselbe rhythmische Gliederung, wie die beiden Hemistichien des Hexameters.

### Kein Wechsel der Transpositionsscala.

Ferner ergiebt die Stelle des Plutarch, daß auch die „Tasis" des alten Terpandrischen Nomos im weiteren Fortgange nicht geändert wurde. Das Wort „Tasis" läßt sich nur als Klanghöhe oder Tonstufe interpretiren. Selbstverständlich veränderte sich die Klangstufe der auf einander folgenden Töne. Daher kann die „Tasis" nur von der Tonstufe der Transpositionsscala verstanden werden: bezüglich dieser durfte innerhalb des Nomos keine Aenderung stattfinden.

### Terpander's Tonarten: Aiolisti, Doristi.

Ferner besagt unsere Stelle auch noch dies, daß bezüglich der „Harmonie" innerhalb eines jeden Nomos kein Wechsel stattfand. Harmonie ist der ältere Terminus für dasjenige, was bei Aristoxenus Octaven-Eidos heißt. Dorische, phrygische, lydische Harmonie (Octavengattung) —: das ist es, was hier gemeint ist. Und bezüglich der von Terpander angewandten Harmonien oder Octavengattungen muß hier jetzt eingehender gesprochen werden.

Pollux 4, 64 überliefert: „Von den Harmonien der Kithara sind die Doris, Jas, Aiolis die ersten." Dies sind (bei einer Scala ohne Vorzeichen) folgende Octaven:

1. Dorisch, 2. Ionisch, 3. Aeolisch.

| Dorisch: | e | f | g | a | h | c | d | e |
| Ionisch: | g | a | h | c | d | e | f | g |
| Aeolisch: | a | h | c | d | e | f | g | a |

Der ionischen Harmonie begegnen wir erst in nachterpandrischer Zeit. Bei Terpander steht nachweislich der Gebrauch der äolischen und der dorischen fest.

Von der Aeolischen wissen wir aus Pollux, daß in ihr Terpander's Nomos Aiolios componirt war.

Das ist offenbar die Tonart, wie sie in der äolischen Heimath Terpander's seit alter Zeit im Gebrauche war und die fortan die „kitharodikotate", wie sie Aristoteles nennt, d. i. „die Haupttonart der Kithara", bleiben sollte. Denn selbst in der römischen Kaiserzeit Marc Aurel's ist sie, wie Ptolemäus mehrfach ausführt, für die Kitharoden die allergebräuchlichste Tonart. Damals sagte man hypodorisch statt äolisch. In der Periode des Aristoteles ist diese neue Bezeichnung der äolischen Octavengattung zuerst aufgekommen. Die früheste Quelle dafür ist Heraklides Ponticus. Wir werden weiterhin Gelegenheit haben, den Ursprung des Namens Hypodorisch zu erklären. Ohne sich jemals des Terminus Aeolisch oder Hypodorisch zu bedienen, begreift Plato diese Tonart unter gemeinsamem Namen zugleich mit der Dorischen (vgl. unten) als „Doristi".

Die Dorische Tonart hat Terpander z. B. für den in semantischen Trochäen rhythmisirten Nomos, von dem wir oben gesprochen, angewandt. Sie ist uraltes Erbtheil des dorischen Stammes; die Sage führt sie auf den alten mythischen Sänger Thamyris zurück. Auch sie bleibt bis in die späte Zeit des Ptolemäus eine häufig angewandte Tonart der Kitharodik.

Wesen und Bedeutung der beiden von Terpander angewandten Tonarten anzugeben, müssen wir auf die demselben in der Ueberlieferung der Alten zugeschriebenen Systeme, d. i. Scalen, eingehen.

Die Scalen, innerhalb deren sich die Compositionen Terpander's hielten, überschritten nicht den Umfang einer Octave, ja, waren auch noch kleiner als diese. Die vollständige Octave Terpander's, genannt Octachord, entsprach genau in ihren acht Klängen der dorischen Octave mit folgender Bezeichnung der Klänge:

Die Alten faßten diese Octaven-Scala so auf, daß sie aus zwei Quarten-Systemen, in deren jedem ein Halbton und zwei Ganztöne auf einander folgen, zusammengesetzt sei: das untere Quarten-System von e bis a, das obere von h bis ē. In der Mitte von beiden liege ein sie trennendes Ganzton-Intervall a   h, genannt der „trennende Ganzton", „Tonos diazeuktikos", oder auch kürzer „Diazeuxis", d. i. Trennung. Die Klänge des oberen Tetrachordes hießen die (von den unteren durch die Diazeuxis) getrennten Töne, Phthongoi diezeugmĕnoi.

Der griechische Name für Quarte ist „dia tessaron", der Name für Quinte ist „dia pente", der Name für die ganze Octave ist „dia pasôn". (Aristoteles Probl. 19 bemerkt, man sollte statt „dia pasôn" eigentlich „di' okto" sagen, was genau dasselbe wie unser „Octave" ausdrücken würde.)

Die andere Scala Terpander's enthält nur sieben Klänge, daher Heptachord genannt:

| Hypate | Parhypate | Lichanos | Mese | Trite | Paranete | Nete |
|--------|-----------|----------|------|-------|----------|------|
| e | f | g | a | b | c | d |

oder was dasselbe ist:

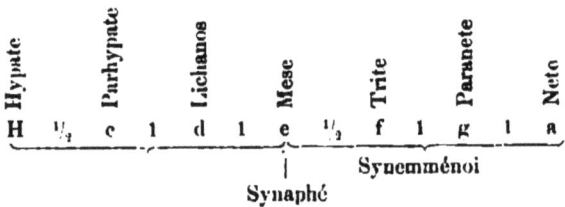

Nach der Auffassung der Alten besteht auch diese Scala aus zwei Quarten-Systemen, die aber nicht durch einen diazeuktischen Ganzton von einander getrennt, sondern durch einen gemeinsamen Klang, die sogenannte Synaphe, mit einander verbunden sind. Die Klänge des oberen Tetrachordes oder Quarten-Systemes hießen daher nemmĕnoi", „die verbundenen".

Eine dritte Scala Terpander's ist ebenfalls ein Heptachord (System von sieben Klängen), eine Vereinfachung der ersten Scala, indem der g, welcher hier den Namen Trite führt, ausgelassen wird. Der ie Trite wird auch für dieses Heptachord beibehalten: er wird

dem Klange zuertheilt, welcher auf dem Oktachorde den Namen Paramesos führte.

| Hypate | Parhypate | Lichanos | Mese | Trite | | Paranete | Nete |
|---|---|---|---|---|---|---|---|
| c | f | g | a | h | [c̄] | d | e |

So sind die Namen von dem alten Pythagoreer Philolaos überliefert
bei Nicomachus p. 17 (vgl. oben). Die Vereinfachung besteht also darin,
daß in dem oberen Quarten-Systeme der höhere Grenzklang des Halbton-Intervalles ausgelassen, d. h. in der Melodie des Kitharoden nicht
gebraucht wird, — wohl aber in der Instrumentalbegleitung des
Kitharoden, wie sich alsbald aus den eingehenden Nachrichten des
Aristoxenus ergeben wird.

Aristoxenus, von den „Compositionen des Olympus und Terpander
und des demselben Stile Folgenden" sprechend, sagt nämlich bei Plutarch de mus. 18—20, daß jene archaische Musik des Terpander und
Olympus der Vieltönigkeit und Vielförmigkeit absichtlich zu entgehen
suchte und deshalb manche der später gebräuchlichen Klänge vermieden
habe. Im Einzelnen heißt es bei ihm:

„Daß aber die Alten sich nicht aus Unkenntniß beim Tropos spon-
deiazon [für die Melodie] der Trite c̄ enthielten

| Hypate | Parhypate | Lichanos | Mese | Paramesos | Trite | Paranete | Nete |
|---|---|---|---|---|---|---|---|
| c | f | g | a | h | c̄ | d̈ | ë . |

das geht aus ihrer Anwendung dieses Tones für die Begleitung hervor,
denn sie würden ihn nicht als symphonischen Accordton (Quinte) zur
Parhypate (f) gebrauchen

Begleitton

Gesangton.

wenn sie ihn nicht anzuwenden verständen. Offenbar hat die Schönheit des Eindrucks, welcher im Tropos spondaïkos durch Nicht-
anwendung der Trite (c̄) entsteht, ihr Gefühl darauf geführt, die Melodie [mit Uebergehung der Trite c] auf die Paranete (d̄) hinüberschreiten zu lassen".

„Ebenso verhält es sich mit der Nete (ë). Denn auch diese gebrauchten sie in der Begleitung als diaphonischen Accordton (Secunde)

zur Paranete (d̄) und als symphonischen Accordton (Quinte) zur Mese (a):

für die Melodie aber erschien er ihnen im Tropos spondaïkos nicht passend."

Aristoxenus fährt in der bei Plutarch erhaltenen Stelle folgendermaßen fort:

„Und nicht bloß die beiden genannten Töne (c̄ und d̄) haben sie in dieser Weise verwandt, sondern auch die Nete des Synemmenonsystems, denn in der Begleitung gebrauchen sie die Nete synemmenon (a) als diaphonischen Accordton zur Paranete (g, Secunde) und zur Parhypate (c, Septe), und als symphonischen Accordton zur Mese (e, Quarte) und zur Lichanos (d, Quinte)

doch wenn ihn einer als Melodieton angewandt hätte, über den würde man sich wegen des durch diesen Ton bewirkten Ethos geschämt haben. Auch die Phrygischen Compositionen beweisen, daß jener Ton (die Nete synemmon) dem Olympus und seinen Nachfolgern nicht unbekannt war, denn sie wandten ihn nicht bloß in der Begleitung an, sondern gebrauchten ihn in der Metroa und einigen anderen Phrygischen Compositionen auch für die Melodie."

Dieser Bericht des Aristoxenus, der höchsten Autorität für unsere Kenntniß der griechischen Musik, läßt keinen Zweifel, daß diese schon zur Zeit der ersten Spartanischen Katastasis keine unisone war, daß schon die Melodietöne des alten Kitharoden Terpander von den begleitenden Tönen des Instrumentes divergirten: daß der Begleitungston mit dem gleichzeitigen Melodietone bald die Quinte, bald die Quarte (sogenannte symphonische Intervalle), bald auch die Secunde, bald die Sexte (sogenannte diaphonische Intervalle) bildete.

Nur in wenig Beispielen, aber doch als sichere Thatsache ist uns durch des ersten Gewährsmanns Autorität überliefert, daß die kitharodische Musik des Terpander eine zweistimmige war: die eine Stimme führt der Gesang des Kitharoden, die zweite Stimme das den Gesang begleitende Instrument aus.

Es ist wohl nicht zufällig, daß in allen von Aristoxenus gegebenen

Beispielen der tiefere Ton des Accordes der Melodie des Gesanges,
der höhere Accordton der Instrumentalbegleitung angehört, denn auch
bei Aristoteles Probl. 19, 12 wird die Frage aufgeworfen: „Weshalb
übernimmt von den Saiten stets die tiefere die Melodie?" Wir haben
bei dieser Angabe des Aristoteles zunächst an ein Instrumentalduett
zu denken: das eine Instrument führt die Melodie aus, das andere
begleitet. Die Melodie wird dabei stets von · der unteren, die Begleitung von der oberen Stimme übernommen.

In welcher Weise eine solche Begleitung im Allgemeinen ausgeführt wurde, darüber giebt Aristoteles in den musikalischen Problemen 19, 39 eine werthvolle Notiz: „Im Uebrigen entfernen sich die
Accompagnirenden von den Klängen des Gesanges, aber am Schlusse
kommen sie wieder mit der Singstimme zusammen, und haben dann
am Ende einen größeren Eindruck der Befriedigung, als der Eindruck
der Unbefriedigtheit war, welchen sie vor dem Ende bei der Diver-
genz der Melodietöne und der Begleitungstöne empfinden mußten."
Hier ist ganz genau der Eindruck beschrieben, wie wir ihn in unserer
Musik bei Dissonanzen und bei den auflösenden Consonanzen des Ab-
schlusses empfinden.

Was nun den in dieser Stelle geschilderten Eindruck der Unbefriedigtheit beim Auseinandergehen der Melodie- und Begleitungsklänge und den am Schlusse stattfindenden Eindruck der Befriedigung,
welcher durch das schließliche Zusammentreffen beider Stimmen hervorgebracht wird betrifft, so müssen wir die fernere von Aristoteles in
demselben Problemen aufgeworfene Frage herbeiziehen: „Weshalb befriedigt uns ein symphonirender Accord noch mehr als der Gleichklang." Deshalb werden wir das die schließliche Befriedigung verur-
sachende Zusammentreffen der beiden Stimmen mindestens ebenso sehr
auf den symphonirenden Accord wie auf den Gleichklang zu beziehen
haben. Symphonisch im Sinne der Alten ist die Quarte, Quinte,
Octave, Undecime, Duodecime, Doppeloctave u. s. w. Jedes der
übrigen Intervalle heißt ein diaphonisches. Wir dürfen aus diesen
Termini keine weiteren Consequenzen ziehen und müssen ganz besonders
uns hüten, bei der Symphonie an unsere moderne Consonanz, bei der
Diaphonie an unsere Dissonanz zu denken, obwohl jene beiden griechischen Ausdrücke in der Sprache der Römer durch „consonantia"
und „dissonantia" wiedergegeben werden.

Wir müssen uns nun noch fernerhin durch die musikalischen
Probleme des Aristoteles führen lassen. Dort heißt es 19, 19:

>„In allen guten Compositionen ist die Mese ein sehr oft vor-
kommender Ton, auf der alle guten Componisten mit Vor-

liebe verweilen, auf die sie bald wieder zurückkehren,
wenn sie dieselbe verlassen haben, was in dieser Weise
bei keinem einzigen der übrigen Klänge geschieht."
Vorher war von Aristoteles auseinandergesetzt: „Wenn man die Mese
zu hoch oder zu tief stimmt, die übrigen Saiten des Instrumentes aber
in ihrer richtigen Stimmung gebraucht, so haben wir nicht bloß bei der
Mese, sondern auch bei den übrigen Klängen das peinliche Gefühl
einer unreinen Stimmung: dann klingt alles verstimmt. Hat aber die
Mese ihre richtige Stimmung und ist etwa die Lichanos oder eine
andere Saite verstimmt, dann zeigt sich die unreine Stimmung nur
an der Stelle des Musikstückes, wo eben diese verstimmte Saite
erklingt."

Auf diese zuletzt hier angeführten Worte brauchen wir hier nicht
des Näheren einzugehen und dürfen uns eines Erklärungsversuches an
dieser Stelle überheben. Genug, daß aus ihnen hervorgeht, daß
Aristoteles bei der Mese auf welche die Componisten bald
wieder zurückkehren, wenn sie dieselbe verlassen haben,
zunächst an die Mese eines Instrumentes dachte. Indem wir uns vorbehalten, diesen Satz des Aristoteles über die Mese im weiteren Verlaufe unserer Darstellung auch auf die übrigen Tonarten anzuwenden,
soll derselbe zunächst mit den Tonarten der Terpandrischen Kitharodik im Zusammenhange gebracht werden.

Daß in der Musik Terpanders die Melodie der Singstimme gleichzeitig mit Klängen der Kithara begleitet werden, welche denen des
Gesanges durchaus nicht immer unison waren, ist durch die bei
Plutarch erhaltene Stelle des Aristoxenus zur unumstößlichen Thatsache
erhoben. Die begleitenden Töne bildeten mit denen des Gesanges theils
symphonische, theils diaphonische Intervalle. Von jenen war uns bei
Aristoxenus die Quarte und die Quinte, von diesen die Secunde und
die Sexte namhaft gemacht. In welchem Zusammenhange aber diese
Accorde vorkamen — an welchen Stellen des Musikstückes —, darüber gibt uns Aristoxenus keinen Fingerzeig.

Hier kommen nun die musikalischen Probleme des Begründers
der Schule, welcher Aristoxenus angehört, zur Hülfe. An einer Stelle
ist uns dort die allgemeine Angabe gemacht, daß am Schlusse die
Begleitung mit der Singstimme in einem homophonen oder symphonen
Accorde zusammentrifft, nachdem im Vorausgehenden beide Stimmen
so auseinander gegangen seien, daß vorher der Eindruck peinlicher
Unbefriedigtheit hervorgebracht sei, der jetzt am Schluße in wohl-
thuende Befriedigung aufgelöst werde.

In der anderen Stelle der Aristotelischen Probleme werden wir belehrt, daß die Composition stets auf die Mese zurückkehrt, wenn sie dieselbe im Vorausgehenden verlassen hat. Der griechischen Mese wird hierdurch die Function der Tonica ausdrücklich überwiesen. Die Mese a ist Tonica sowohl der von e bis e reichenden Dorischen Octavengattung wie auch der von a bis a reichenden Aeolischen oder Hypodorischen Octavengattung. Indem wir nun die Mese (sie ist auf der Scala ohne Vorzeichen stets der Klang a) durch fettere Schrift vor den anderen hervorheben, lassen sich die beiden Octavengattungen Terpanders folgendermaßen skizziren:

die äolische oder hypodorische

$$\overset{\text{Mese}}{a} \quad h \quad c \quad d \quad e \quad f \quad g \quad a$$

die dorische

$$e \quad f \quad g \quad \overset{\text{Mese}}{a} \quad h \quad c \quad d \quad e$$

Beide Octavengattungen werden nach moderner Auffassung ein und dieselbe Tonart sein, nämlich ein A-Moll, welches des Leittones entbehrt; unter einander würden die beiden griechischen Octavengattungen dadurch verschieden sein, daß das Aeolische der Alten die authentische, das Dorische die plagale Tonart ist, wenn wir diese für die Kirchentonarten übliche Auffassung auf die griechischen Octavengattungen übertragen wollen. Sonst können wir sagen:

der Schlußton der Aeolischen Melodie ist die Mese oder Tonica a, der Schlußton der Dorischen Melodie ist die Hypate e (identisch mit der Oberquinte oder Oberquarte), während die begleitende Instrumentalstimme in der Mese (Tonica) a schließt. Für das Aeolische bildet sowohl in der Melodie-, wie in der instrumentalen Begleitungsstimme die Mese oder Tonica a den Abschluß.

Analog wird es nun auch für jede andere Transpositionsscala sich verhalten, z. B. bei der Verzeichnung mit 1 b wird der Ton d die Mese oder Tonica, der Ton a die Hypate oder Oberquinte (oder Unterquarte) bilden.

Von der Art und Weise der Terpander'schen Melik können wir uns auf Grundlage des vom Anonymus p. 98 überlieferten Musikbeispieles eine Vorstellung machen, — der in demselben angewandte trochäische Rhythmus war freilich der Terpander'schen Kitharodik noch fremd. In jedem der übrigen Beispiele des Anonymus läßt sich leicht eine deutliche, wenn auch keineswegs immer bedeutende Melodie erkennen. Das im § 98 enthaltene trägt bei seinen vielen im Inlaute und namentlich auch auf den Hebungen des trochäischen Versfußes vorkommenden Pausen den Charakter einer Instrumentalbegleitung. Trotz der ablehnenden Bemerkung des um die Aristoxenische Rhythmik hochverdienten Dr. E. F. Baumgart[1] sehe ich mich genöthigt, an meiner früher ausgesprochenen Ansicht festzuhalten, daß hier die zweite Stimme einer in unserer Quelle nicht überlieferten Instrumentalmelodie vorliegt. Die letztere werden wir uns in nachstehender Weise zu der beim Anonymus erhaltenen Krusis hinzudenken können.

Die als Melos verwendeten Töne sind die Terpander'schen Heptachordes:

---

[1] Baumgart im Jahresberichte des k. kathol. St. Matthias-Gymnasium zu Breslau pro 1869, S. XXIX: „Es ist nur von Interesse zu sehen, wie die alten Musiklehrer ihre Schüler mit eben solchen Vexir-Beispielen im Takte sicher zu machen suchten, wie wir es noch heut zu Tage thun." Wenn man den § 98 des Anonymus nicht für eine Begleitungsstimme halten will, da bleibt freilich nichts übrig, als darin ein „Vexir-Beispiel" zu erblicken. Denn eine Melodie wie in den übrigen Beispielen des Anonymus wird Niemand darin erkennen mögen. Aber warum nicht lieber an eine Begleitungs-Krusis als an ein Vexir-Beispiel denken, zu dem doch der Anonymus durchaus nicht berechtigt!

Die dazu gehörige Krusis umfaßt das um eine Octav höher zu denkende untere Tetrachord desselben Systemes.

Die Krusis hat den Schluß in d, d. i. der Tonica von d-moll; das Melos schließt in a, d. i. der Quinte von d-moll. Die Töne der Krusis gehören der Aeolischen oder Hypodorischen Octave, die Töne des Melos gehören der Dorischen Octave an.

Was nun die von den Berichterstattern dem Terpander vindicirten Systeme oder Scala betrifft, so muß zunächst aus den von Aristoxenus (zweite Harmonik Abschn. XVI) stammenden Mittheilungen über die verschiedenen Stimmclassen (Topoi) constatirt werden, daß der kitharodische Nomos zur Ausführung eine Tenorstimme verlangte. Die Griechen notirten ihre Scalen mit Noten, welche ihrer Schreibung nach principiell durchaus mit den modernen Noten übereinstimmen, aber in der Stimmung des Klanges etwa eine kleine Terz tiefer standen als unsere Noten, ein wichtiges Resultat von Friedrich Bellermanns umsichtiger und scharfsinniger Forschung, auf welches unsere Darstellung weiterhin zurückkommen wird.

Sollten also die beiden Scalen des Terpander von einer Tenorstimme ausgeführt werden, dann mußten sie folgendermaßen notirt werden:

Terpander's Oktachord

Aeol.
Melodieschluß

Terpander's Heptachord

Dor.                    Tonica
Melodieschluß

Auf der ersten Scala konnten von dem als Kitharoden auftretenden Tenorsänger sowohl Aeolische wie Dorische Gesänge in A-Moll ausgeführt werden. Bei aeolischen Melodien lag die Tonica oder Mese, welche zugleich den Melodieschlußton bildete, in der Mitte; der Gesang konnte über diesen Ton hinaus eine Oberquinte hinauf- und eine Unterquarte hinabsteigen. Bei Dorischen Melodien bildeten die Nete e den Melodieschluß. Dieser Ton war der höchste Ton der Scala, die fünfte Stufe oberhalb der Tonica a, welche letztere von der Kithara als Begleitton der schließenden Gesangsnote angegeben wurde. Unterhalb der Tonica konnten dem Gesange noch vier Töne bis zur Unterquarte eingeräumt werden.

Die zweite (Heptachordische) Scala enthält ein D-Moll, iu welchem die Tonica (d) den höchsten Ton bildet. Der Klang a ist die Unterquarte, die Hypate, der Melodieschlußton der Dorischen Octav. Die Begleitung giebt dazu die Mese d. i. die Tonica als Accordton an. Augenscheinlich dient diese Terpandrische Scala für die Ausführung einer Dorischen Melodie: eine Quarte kann die Melodie über den Schlußton noch aufwärts steigen (bis zum Tone d), ebenso noch eine Quarte tiefer gehen (bis zum Tone e).

Gehörten die Melodietöne dem einen Systeme an, so konnten die dazu gehörigen Begleitungstöne auf dem anderen Systeme ausgeführt werden. So geschieht es noch bei Pindar, welcher sich mit Vorliebe des alten Terpandrischen Heptachordes bedient. Die erste Olympische Ode ist wie aus v. 100 hervorgeht ein Aeolischer Gesang. Zu dem Gesange wird (dies lehrt v. 17) die Begleitung·auf einer Dorischen Phorminx ausgeführt.

# Olympos.

## Das vollständige System der griechischen Tonarten.

In die gleiche Kategorie mit Terpander als vornehmsten Repräsentanten der ersten Epoche archaischer Musik stellt Aristoxenus den Olympos. Eine so feste historische Persönlichkeit wie Terpander ist Olympos nicht, vielmehr eine Art von Collectivbegriff einer alten in halb mythischer Zeit aus Asien nach Hellas einwandernden Anletenschule. Was diese aus der Fremde kommende Schule des Olympos der hellenischen Musik zuführte, waren zwei den Griechen ursprünglich fremde Tonarten oder Harmonien, nämlich die Phrygische und die Lydische. Eine andere Version der Sage läßt die beiden fremden Tonarten durch die lydischen Begleiter des Pelops nach Griechenland eingeführt werden. So ein Gedicht des Dithyrambikers Telestes, nach einem Fragmente des Heraklides Pontikus bei Atheneus 14,625 f. Nach Aristoxenus scheinen unter den historischen Denkmälern archaischer Musik zwei auletische Nomoi des Olympos·die frühesten Urkunden Phrygischer und Lydischer Musik zu sein. In seinem ersten Buche über Musik (Plutarch de mus. 15) berichtet Aristoxenus, daß Olympos die Lydische Tonart in einem Nomos epikedeios auf Pytho

angewandt habe, d. i. in den Klagen des durch Apollo im Kampfe
erlegten Pythischen Drachens; aus seinen vermischten Tischreden
stammt die bei Plutarch a. a. O. aufbewahrte Notiz, daß der berühmte Nomos des Olympos auf Athene Phrygisch war. Die beiden
Octavengattungen sind folgende:

| Lydisch:   | c | d | e | f | g | a | h | c |
|------------|---|---|---|---|---|---|---|---|
| Phrygisch: | d | e | f | g | a | h | c | d |

Zum Ausgangspunkte der Untersuchung über Wesen und harmonische Beschaffenheit dieser beiden Octavengattungen nehmen wir
die Stelle des Aristoxenus bei Plut. de mus. 19.

„Auch die Phrygischen Compositionen beweisen, daß die
Nete synemmenon dem Olympos und seinen Nachfolgern nicht
unbekannt war, denn sie ließen dieselben nicht bloß für die
Begleitung zu, sondern in den Metroa und einigen anderen
Phrygischen Compositionen auch für die Melodie.

Auch in Beziehung auf die Töne des Hypaton-Tetrachordes
ist es klar, daß man sich dieses Tetrachordes nicht aus Unkenntniß desselben enthielt, denn bei den übrigen Tonarten
verwandte man sie; sicherlich also kannte man dieselben,
aber aus sorgsamer Scheu für das Ethos enthielt man sich
ihrer bei der Dorischen Tonart, vor deren charakteristischer
Schönheit man Ehrfurcht trug.“

Das Hypaton-Tetrachord betreffend haben wir uns an die beiden
Systeme Terpanders zu erinnern: an das Octachord von c bis e und
an das Heptachord von H bis a oder in der Transpositionsscala mit
einem b von e bis d. Einem jeden dieser beiden Systeme wurden in
der Tiefe eine Quarte hinzugefügt. So entstand aus dem Octachorde ein
Dodekachord-System (Duodecimen-System, System von zwölf Klängen):

| Proslambanomenos | | hypaton | | | meson | | | | diezeugmenon | | |
|---|---|---|---|---|---|---|---|---|---|---|---|---|
| | | Hypate | Parhypate | Lichanos | Hypate | Parhypate | Lichanos | Mese | Paramesos | Trite | Paranete | Nete |
| A | H | c | d | e | f | g | a | h | c | d | e | |
| | 1½ | | 1 | 1 | 1½ | 1 | 1 | 1 | 1½ | 1 | 1 | |

Von denen in der Tiefe hinzugefügten Tönen benannte man H
c d mit denselben Namen wie e f g, nämlich den ersten Hypate, den
zweiten Parhypate, den dritten Lichanos, nur fügte man den drei

tiefsten einem jeden den Zusatz hypaton hinzu: H Hypate hypaton,
c Parhypate hypaton, d Lichanos hypaton — zum Unterschiede der
Töne e f g, welche dieselben Benennungen mit dem Zusatze meson
hatten.

In der äußersten Tiefe eine Octave von der Mese entfernt wurde
der Klang A hinzugenommen, welcher die Benennung Proslambanomenos d. i. „hinzugenommen" erhielt. Wenn Aristoxenus sagt,
nicht in den Dorischen, wohl aber in den übrigen habe man in der
archaischen Periode des Tetrachord hypaton angewandt, so ist wohl
klar, daß hier nicht bloß von den Klängen H c d die Rede, sondern
daß auch der Proslambanomenos mit eingeschlossen ist.

Von der Dorischen Octavengattung e f g a h c d e war auch
der tiefste Ton auf dem Terpandrischen Octachorde enthalten. Aber
nicht von der Phrygischen Octav und nicht von der Lydischen Octav.
So erklärt sich die Angabe des Aristoxenus, daß das Tetrachord
hypaton in alter Zeit zuerst für die anderen (als die Dorische) Octavengattung in Aufnahme gekommen sei. Für die Phrygischen Compositionen bedurfte man der Lichanos hypaton d, für die Lydischen Compositionen der Parhyte hypaton c.

Die noch nicht bei Terpander vorkommende Phrygische und
Lydische Melopoeie war also die erste Veranlassung (das geht aus
dem Berichte des Aristoxenus hervor), daß die Erweiterung des alten
Octachordes zum Dodekachorde eintrat. Aber auch das alte Heptachord ist durch Hinzufügung des Tetrachordes hypaton zum Hendeka-
chorde, zum Undecimen-Systeme von 11 Klängen erweitert worden;
nach der obigen Stelle des Aristoxenus wird von Olympus und seinen
Nachfolgern in der Phrygischen Composition die Nete synemmenon
angewendet. Dieses System von 11 Klängen (Undecimen-System) ist
folgendes:

| Proslambanomenos | hypaton | | | meson | | | | | synemmenon | |
|---|---|---|---|---|---|---|---|---|---|---|
| | Hypate | Parhypate | Lichanos | Hypate | Parhypate | Lichanos | Mese | Trite | Paranete | Nete |
| A | H | c | d | e | f | g | a | b | c | d |

In der Tiefe gehören die Klänge des Undecimen-Systemes der
Scala ohne Vorzeichen an, in der Höhe der Scala mit einem b. Das
Hendekachord würde sich folgendermaßen transponiren lassen:

e    fis    g    a    h    c    d    e    f    g    h

Hier würde also für die Phrygische Octave der tiefere Klang d
in der Lichanos meson enthalten sein, für die Lydische Octave der
tiefste Klang c in der Parhypate meson. Das Hendekachord ist nach
Aristoxenes ein Systema emmetabolon (auf dem man die Transpositions-
scala verändern kann), das Dodekachord ein Systema ametabolon (ein
System, welches keine Veränderung zuläßt). Auf jenem ist eine Me-
tabolé, d. i. ein Wechsel der Transpositionsscalen möglich, auf diesem
nicht. Nach Ptolemäus dient das Systema emmetabolon einzig und
allein zum Zwecke der Ausführung eines Wechsels der Transpositions-
scalen, einen anderen Nutzen habe es nicht. Dies ist auch für
Phrygische und Lydische Compositionen anzunehmen; doch brauchen
wir nicht darauf einzugehen, in welcher Weise für diese Compositionen
auf den Hendekachordsystemen ein Wechsel der Transpositionsscalen
eintrat.

Suchen wir jetzt die harmonische Bedeutung des Lydischen und
Phrygischen Octavengattung zu bestimmen. Dies fällt zusammen mit
der Untersuchung, welcher Klang jener Octaven die betreffende
Tonica ist.

Bisher hat man ohne Weiteres angenommen, daß der tiefste Ton
der betreffenden Octavengattung die jedesmalige Tonica sei: bei der
Lydischen Octavengattung von c bis c sei c die Tonica, mithin ent-
spreche die Lydische Harmonie der modernen Dur-Scala; bei der
Phrygischen Octavengattung von d bis d habe der Klang d die Tonica-
function, mithin sei das antike Phrygisch die nämliche Scala wie in
der christlich-modernen Musik der Kirchenton in d, welcher hier der
Dorische genannt wird. Aber wir sahen schon oben S. 66, daß der
tiefste Ton bloß bei der Aeolischen, aber nicht bei der Dorischen Octavengattung die Bedeutung der Tonica hat; für die Dorische Octavengattung
mußten wir in der Mese a den Klang erkennen, welcher die Bedeutung
der Dorischen Tonica hatte. Bei den Griechen gab es zwei Methoden
die Phrygischen und Lydischen Tonstufen zu benennen. Beide Methoden kommen bei Aristoxenus vor. Die eine Methode heißt die
dynamische Onomasie oder die Benennung nach der „Dynamis"
der Tonstufe. Nach dieser Methode wird ein jeder Klang, einerlei
welcher Octavengattung er angehört, mit demselben Namen bezeichnet,
welchen er als Klang der Dorischen Octavengattung d. i. als Klang
des Systema ametabolon führen würde: — also nach der Dynamis
d. i. der Geltung, welche ihm zukäme, wenn er ein Klang der Dorischen Octavengattung wäre. Diese dynamische Onomasie ist die einzige,
welche bisher in den weiteren Kreisen der griechischen Musikforscher
bekannt war.

Die zweite Methode in der Benennung der Tonstufen heißt die thetische Onomasie, die Benennung „kata Thesin" (vgl. unten). Aristoxenus kennt wie gesagt beide Methoden, aber der Abschnitt XII seiner ersten und zweiten Harmonik, welcher der Besprechung der thetischen Onomasie gewidmet war, ist in der Ausführung nicht auf uns gekommen. Wir besitzen diese Darstellung nur in der Harmonik des Ptolemäus. Eben deshalb, weil uns in den Werken des Aristoxenus die Darstellung der thetischen Onomasie nicht vorliegt und auch bei denjenigen Musikschriftstellern der römischen Kaiserzeit, welche mittelbar aus Aristoxenus geschöpft haben, nicht berücksichtigt ist, eben daher mag es gekommen sein, daß die neueren Forscher auf dem Gebiete der griechischen Musik, wie z. B. Friedrich Bellermann in demjenigen, was Ptolemäus (freilich ausführlich genug) über die thetische Onomasie berichtet, sich nicht zurecht finden konnten. Und doch hatte der früheste und bis jetzt einzige Herausgeber und Erklärer der Ptolemäischen Harmonik, der englische Mathematiker Johannes Wallis, gerade vor 200 Jahren die von Ptolemäus gegebene Darstellung der thetischen Onomasie vollständig richtig verstanden, genau so wie diese Onomasie des Ptolemäus in meiner griechischen Harmonik vom Jahre 1863 und 1865 aus ungerechter langer Vergessenheit wieder hervorgezogen worden ist.

Die Klänge der Phrygischen und Lydischen Octavengattungen sind nach der thetischen Onomasie für die Transpositionsscala ohne Vorzeichen:

### Klangnamen der Phrygischen Octavengattung:

| | Dynamische Klangnamen | | | | | | | | | | |
|---|---|---|---|---|---|---|---|---|---|---|---|
| Proslamb. | Hypate hyp. | Parh. hyp. | Lichan. hyp. | Hypate mes. | Parh. mes. | Lichan. mes. | Mese | Paramesos | Trite diez. | Param. diez. | Nete diez. |
| A | H | c | d | e | f | g | a | h | c | d | e |
| Hypate hyp. | Parh. hypaton | Lichon. hyp. | Hyp. meson | Parh. mes. | Lich. mes. | Mese | Paramesos | Trite diez. | Paran. diez. | Nete diez. | |

Thetische Klangnamen

Klangnamen der Lydischen Octavengattung:

| | | | | Dynamische Klangnamen | | | | | | | |
|---|---|---|---|---|---|---|---|---|---|---|---|
| Proslamb. | Hyp. hyp. | Parh. hyp. | Lich. hyp. | Hyp. mes. | Parh. mes. | Lich. mes. | Mese | Paramesos | Trite diez. | Paran. diez. | Nete diez. |
| A | H | c | d | e | f | g | a | h | c | d | e |
| Parhyp. hyp. | Lichan. hyp. | Hypate mes. | Parh. mes. | Lich. mes. | Mese | Paramesos | Trite diez. | Param. diez. | Nete diez. | | |

Thetische Klangnamen

Die thetischen Klangnamen der Dorischen Octavengattungen sind mit den dynamischen identisch. Der Klang a ist in der Dorischen Octav sowohl die dynamische wie auch zugleich die thetische Mese.

Für die Dorische Octavengattung haben wir oben nach der Stelle der Aristotelischen Probl. 19, 19 in der Mese a die Tonica erkennen müssen. Die Mese war nämlich nach der Darstellung des Aristoteles nicht nur der in jeder Composition wenigstens für den begleitenden Instrumentalisten am häufigsten berührte Klang, dessen wiederholte Anwendung für die griechische Musik gerade so wesentlich sei, wie gewisse Partikeln für das richtige Colorit der griechischen Sprache, der Klang, auf welchen beim Vortrage des Musikstückes immer wieder zurückgekehrt werde, wenn man ihn zeitweise verlassen habe, welcher also nothwendig im Schlußaccorde des Musikstückes erklingen müsse. Für die Dorischen Octavengattungen ist die thetische Onomasie mit der dynamischen identisch; was also Aristoteles von der Mese sagt, das gilt bezüglich des Dorischen ebenso gut von der dynamischen, wie der thetischen Mese. Aber das Phrygische und das Lydische? Wird Aristoteles auch hier die dynamische Mese a im Auge haben? Dann hätte die Lydische Octav f bis f die Tonica a, dann hätte die Phrygische Octav d bis d nicht minder die Tonica a. Mit einem Worte: unter der Voraussetzung der Transpositionsscala ohne Vorzeichen würde eine jede Octavengattung die Tonica a haben. Sofort sieht jeder ein, daß die Mese von welcher Aristoteles spricht, nicht die dynamische Mese, welche stets der Klang a ist, sein kann, sondern die je nach den Octavengattungen wechselnde thetische Mese sein muß: für das Dorische die thetische (und zugleich dynamische) Mese a, für das Phrygische die thetische Mese g, für das Phrygische die thetische Mese f. Hiernach stellt sich das Wesen und die harmonische Natur der alten griechischen Octavengattungen folgendermaßen heraus (der Vollständigkeit wegen unterlassen wir nicht, der schon früher erörterten Dorischen auch hier ihren Platz zu geben):

|  | | | | Tonica | | | | |
|---|---|---|---|---|---|---|---|---|
| Dorisch: | e | f | g | a | h | c | d | e |
|  | | | | Tonica | | | | |
| Phrygisch: | d | e | f | g | a | h | c | d |
|  | | | Tonica | | | | | |
| Lydisch: | c | d | e | f | g | a | h | c |

| Thetische Hypate | Thetische Parhypate | Thetische Lichanos | Thetische Mese | Thetische Paranesos | Thetische Trite | Thetische Paranete | Thetische Nete |
|---|---|---|---|---|---|---|---|

Wir nehmen für diese Theorie der Octavengattungen entschieden in Anspruch, daß sie keine Hypothese sei, sondern auf der Ueberlieferung in den musikalischen Problemata des Aristoteles beruht, die ihrerseits nur durch die richtige Unterscheidung der thetischen und der dynamischen Onomasie zu verstehen ist. Aristoteles und Ptolemäus, das sind die beiden Quellenberichte, auf welche unser Verständniß der alten Octavengattungen gegründet werden muß. Denn andere als diese lassen sich über diesen Gegenstand nicht ausfindig machen, aber nur die Ueberlieferung der antiken Quellen, nicht im mindesten die Art und Weise, wie in der christlich-modernen Zeit die Kirchentöne behandelt werden, können für die Auffassung der griechischen Octavengattungen maßgebend sein. Das sollte sich von selbst verstehen.

In einer anderen Stelle des Aristoteles, polit. 4, 3 heißt es:

„Bezüglich der Harmonien sagen einige, daß es zwei Klassen giebt, die Dorische Harmonie und die Phrygische Harmonie, alle übrigen Compositionen nennen sie die einen Dorische, die anderen Phrygische Syntogmata."

Diesen Unterschied Dorischer und Phrygischer Syntagmata haben jene Musiker zur Zeit des Aristoteles, von denen er redet, sichtlich

nach dem Grundsatze gemacht: „A potiore fit denominatio" d. i. nach
den am meisten hervortretenden Octavengattungen werden auch die
übrigen benannt. Unter den Phrygischen Syntagmata sind auch zugleich die Lydischen mit einbegriffen. Dem Dorischen gegenüber steht
als gemeinsamer Gegensatz das Phrygisch-Lydische gegenüber.

### Dorisch.

Dies ist die altgriechische nationale Mollscala, die sich von der
modernen dadurch unterscheidet, daß sie beim Aufsteigen keine anderen Klänge enthält als beim Absteigen, daß sie kurz gesagt, des
Leittones entbehrt. Es ist genau dieselbe Scala wie die des aeolischen
Kirchentones. Die Griechen unterscheiden in ihrer nationalen Moll-
scala zwei Hauptformen, von welchen die eine „Dorisch im engeren
Sinne", die andere Aeolisch oder auch (zuerst bei Aristoteles) Hypodorisch genannt wird. Das Aeolische oder Hypodorische Moll schließt
die Melodie in der Tonica oder Prime ab (der thetischen Mese), das
im engeren Sinne sogenannte Dorische Moll schließt die Melodie in
der Oberquinte oder Unterquarte (der thetische Hypate) e, zu welcher
die Instrumentalbegleitung die Tonica a (Mese) als Accordton angab.
Nicht eine directe Ueberlieferung ist es, wohl aber eine nothwendige
Folgerung aus der Ueberlieferung, daß neben den im engeren Sinne
sogenannten Dorischen und neben dem Aeolischen (später Hypodorisch genannt) auch noch eine dritte Form des alten nationalen
Moll existirte, welche den Namen Boeotisch führte und als die auf
der Terze (Trite) c schließende Melodieform anzusehen ist. Ich werde
später hierauf zurückkommen müssen.

### Phrygisch-Lydisch.

Die durch Olympus und seine Schule aus Asien nach Hellas ein-
geführte Musik war im Gegensatze zum alten nationalen Moll eine
Dur-Musik. Es gab seit der Zeit bei den Griechen zwei Dur-Scalen,
beide von unserem modernen Dur merklich abweichend, das eine das
Phrygische Dur, das andere das Lydische Dur, beide mit den Dur-
Tonarten der Schottischen (Gaëlischen) Volkslieder übereinstimmend.
Die Transpositionsscala ohne Vorzeichen voraus gesetzt, entspricht das
Phrygische einer Dur-Scala mit der Tonica g, — jedoch mit der Be-
sonderheit, daß die siebente Stufe nicht fis, sondern f war. Das

Lydische entspricht einer Scala mit der Tonica f, — doch mit der Eigenheit, daß die vierte Tonstufe nicht in der Quarte b, sondern in der falschen Quarte h besteht.

Wie die im engeren Sinne sogenannte Dorische Moll-Octav für die Melodie in der Quinte abschloß, zu welcher von der Instrumentalbegleitung die Tonica als Accordton angegeben werde, so war es analog auch mit dem Phrygischen und dem Lydischen Dur. Das im engeren Sinne sogenannte Phrygisch schloß die Melodie auf der fünften Tonstufe d, unter gleichzeitiger Angabe der Tonica g als Accordtones. Das im engeren Sinne sogenannte Lydisch, ein Dur mit falscher Quarte, schloß die Melodie in der fünften Tonstufe c, unter gleichzeitiger Angabe der Tonica f als Accordtones von Seiten der Instrumentalbegleitung. Daß schon Olympos und seine Nachfolger für die von ihnen nach Griechenland eingeführten Tonarten ein nicht unisones Accompagnement anwandten, geht aus der schon oben angeführten Stelle des Aristoxenus Plut. de mus. 19 hervor: „Auch die Phrygischen Compositionen beweisen, daß die Nete synemmenon dem Olympos und seinen Nachfolgern nicht unbekannt war, denn sie wandten sie nicht bloß (— wie vorher von Terpander gesagt war —) als Accordton der Begleitung an, sondern gebrauchten sie in der Metroa und einigen anderen Phrygischen Compositionen auch als Melodieton."

Wie auf der alten national-griechischen Mollscala die Melodie nicht bloß in der fünften, sondern auch in der ersten Tonstufe (Tonica) abgeschlossen wurde, so geschah ein Gleiches auch für die aus der Fremde eingeführten Durscalen. Bei den Melodieschlüssen auf der fünften Stufe nannte man die drei Scalen „Dorisch, Phrygisch, Lydisch im engeren Sinne"; bei den Melodieschlüssen in der Tonica gebrauchte man zur Zeit des Aristoteles und Aristoxenus die Bezeichnungen „Hypodorische, Hypophrygische, Hypolydische Form (Eidos)" d. i. Unterdorisch, Unterphrygisch, Unterlydisch, was wir so zu verstehen haben: „eine Quinte unterhalb des Dorischen, Phrygischen, Lydischen." Aristoteles und Plato sagen statt Hypolydisch auch nachgelassenes oder tiefes Lydisch (aneimeno lydisti), was mit Unterlydisch auf dasselbe hinauskommt. Der älteste Name für Hypophrygisch war Ionisch oder Jastisch, also von einem griechischen Volksstamme hergenommen, ebenso wie man für Hypodorisch ursprünglich Aeolisch sagte. [1]

---

[1] Daß die Jasti und die Hypophrygisti als Octavengattung identisch sind, wissen schon Böckh und Bellermann. Direct überliefert ist dies nicht, aber es ergiebt sich z. B. aus Folgendem (Griechische Harmonik 1867, S. 278): „Nach

Der alte am Anfange der Perserkriege lebende Dichter Pratinas redet von zwei Octavengattungen, welche er „aneimene Jasti" und „syntonos Jasti, d. i. tiefes und erhöhtes Ionisch" nennt und von denen er angiebt, daß zwischen beiden in der Mitte die aeolische Harmonie liege (frg. 5 Bergk). Das können nur folgende Octavengattungen sein:

1. Die Octavengattung in g, später Hypophrygisch, nach alter Nomenclatur Jasti, hier bei Pratinas aneimene Jasti genannt.

2. Die Octavengattung in a, später Hypodorisch, nach alter Nomenclatur Aiolisti genannt.

3. Die Octavengattung in h, bei Aristoxenus, Aristoteles und Plato Mixolydisch, hier bei dem alten Pratinas aneimene Jasti genannt.

Das hier von Pratinas der Bezeichnung Jasti hinzugefügte Wort aneimene wird auch von Aristoteles Pol. 8, 5 und zwar im Plural. also von mehreren Octavengattungen gebraucht. Aus der Parallelstelle bei Plato Pol. 3, 398, zu welcher sich jene Aristotelische Stelle sichtlich in Bezug setzt, ersehen wir, daß die Tonarten, von denen Aristoteles das Wort „aneimenai" gebraucht, mit Plato's „Jasti und Lydisti, welche chalarai heißen," identisch sind. Dies von Plato gebrauchte Wort hat genau die Bedeutung, wie das von Aristoteles und Pratinas gebrauchte „aneimene", nämlich nachgelassen oder tief.

Wir wiederholen:

Es besitzt die griechische Musik folgende Harmonien oder Octavengattungen:

Aneimene oder chalara Lydisti, tiefes Lydisch, dieselbe Octavengattung, welche bei Aristoxenus Hypolydisch heißt; — die Octavengattung in f.

Aneimene oder chalara Jasti, tiefes Ionisch, auch schlechthin Jasti oder Ionisch genannt. dieselbe Octavengattung, welche auch Hypophrygisch genannt wird; — die Octavengattung in g.

Pollux 4, 65 giebt es für die Kithara: drei Haupttonarten, dazu eine Nebentonart:

Dorisch        Ionisch        Aeolisch        Phrygisch;

Ptolem. 1, 16; 2, 1: 2, 16 bezeichnet die Kithara-Tonarten mit folgenden Namen:

Dorisch    Hypophrygisch    Hypodorisch    Phrygisch.

Zu diesen Primenformen kommen noch folgende der beiden Dur-Tonarten:

Syntonos Lydisti oder Syntonolydisti, hohes Lydisch —; die Octavengattung in a.

Syntonos Jasti, hohes Jastisch; — so heißt bei Pratinas die Octavengattung in h, welche sonst den Namen Mixolydisch führt.

Offenbar stehen die Bezeichnungen „aneimene (chalara)" und ‚syntonos" d. i. „tief" und „hoch" in Beziehung zu einander. Man unterschied ein tiefes Lydisch und ein hohes Lydisch, ein tiefes Jastisch und ein hohes Jastisch.

Der gleichmäßige Classenname Lydisch oder Jastisch, welcher zu aneimene und zu syntonos hinzutritt, deutet darauf hin, daß wir es bei diesen vier verschiedenen Harmonieen mit zwei Hauptkategorieen zu thun haben: einerseits mit dem Lydischen Dur, andererseits mit dem Phrygischen Dur, denn Jastisch oder Ionisch ist die ältere Bezeichnung für Hypophrygisch (vgl. S. 77 Anm.).

Die Namen Phrygisch und Lydisch schlechthin und ohne weiteren Zusatz gebraucht, bezeichnen bei den alten Theoretikern zunächst die auf der fünften Stufe der beiden Durscalen schließenden Melodieformen. Wir können dies kurzweg die Quintenformen nennen.

Um die ebenfalls vorkommenden Primenformen der beiden Dur-Melodieen zu bezeichnen, sagte man (Aristoteles, Heraklides, Aristoxenus) Hypophrygisch und Hypolydisch.

Ein älterer Name für Hypophrygisch war Jastisch oder Ionisch; für Hypolydisch giebt es keinen derartigen Terminus identischer Bedeutung.

An Stelle der erst später auftretenden Bildung mit Hypo sagte man früher aneimene oder chalara —: aneimene (chalara) Lydisti für Hypolydisch, — aneimene (chalara) Jasti für Hypophrygisch.

Wenn wir nun den Satz aufstellen, daß es außer den Quinten- und Primenformen der Phrygischen und Lydischen Durtonart auch noch Terzenformen gab, d. h. solche Melodiescalen, welche auf der dritten Stufe des betreffenden Dur abschlossen, so ist zunächst der syntonos Jasti durch die Stelle des Pratinas die Octavengattung in h zugesichert, also die in der Jastischen Terze beginnende Scala. Daß der Terminus syntonos Lydisti von der Octavengattung in a, d. i. der Terze der Lydischen Durscala zu verstehen ist, möge vorerst aus der Analogie gefolgert sein; späterhin werden wir dafür auch das Zeugniß des Musikschriftstellers Aristides Quintilianus vorzuführen Gelegenheit haben. Wenn an Stelle des von Pratinus gebrauchten Terminus „syntonos Jasti" von den übrigen „Mixolydios oder Mixolydisti" gesagt wird, so darf man selbstverständlich nicht den Schluß ziehen, daß die damit bezeichnete Octavengattung in h dem Lydischen Dur angehöre, denn Mixolydisch bedeutet, daß hier eine Mischung mit dem Lydischen vorliege. Von welcher Art diese Mischung sei, wird sich später zeigen. Ueberblicken wir jetzt zuerst die dreifachen Formen der Lydischen und der Phrygischen Dur-Tonart:

Fügen wir auch noch eine entsprechende Uebersicht über die drei Formen des Dorischen Moll hinzu, in welcher unsere Angabe über die Terzen-Form eine in Folgendem in ihrer Nothwendigkeit zu begründende Conjectur ist:

### Plato's Republik über die dreifacben Species der Moll- und Dur-Tonarten.

Aber auffallend — so wird man gegen meine Construction der griechischen Tonarten einwenden — auffallend im hohen Grade ist es, daß bei keinem Musikschriftsteller von einem Unterschiede der Primen-, Terzen-, Quinten-Formen die Rede ist. Ich will nicht den Versuch machen, dies damit zu entschuldigen, daß die Darlegung dieses Unterschiedes schwerlich an einer anderen Stelle, als im Abschnitte von der Melopöie dargestellt sein konnte, daß aber nirgends in den alten Quellen die Darstellung der Melopöie uns vorliegt. Denn gerade hier begegnen wir der empfindlichsten Lücke in der Musik-Litteratur der Alten. Das Verlorene ist ein für die Wissenschaft nicht Vorhandenes. Aber unter dem Vorhandenen ist die ausführlichste Darstellung der antiken Octavengattungen in Plato's Werke vom Staate 3, 398 zu lesen, eine Stelle, welche das Geschick hatte, daß auch das Aristotelische Werk vom Staate 8, 5 ff. kritisirend auf dieselbe eingegangen, daß ferner bei Aristides Quintilian p. 22 eine Art von Commentar dazu erhalten ist, welchen ein alter Musikgelehrter geschrieben, und daß endlich auch im Plutarchischen Dialoge über Musik 15. 16. 17 eine Erläuterung dazu gegeben wird. Eine solche Wichtigkeit wird der Stelle Plato's über die Tonarten von den Alten beigelegt, weil der Verfasser eben der große Plato ist.

Ich behaupte nun, daß Plato für die Reihenfolge, in welcher er an jener Stelle den Sokrates über die für die öffentliche Erziehung brauchbaren oder unbrauchbaren Octavengattungen sprechen läßt, stillschweigend die Klassification nach Terzen-, Primen-, und Quinten-Tonarten zu Grunde legt. Bezüglich der näheren Ausführung der dem Sokrates in den Mund gelegten Skizze verweist dieser auf den Fachmusiker Damon, von welchem sich die am Gespräche Betheiligten das Nähere auseinandersetzen lassen könnten.

Das von Plato angewandte Wort „Harmonie" ist, wie wir aus Aristides p. 17 erfahren, der alte Terminus für „dia pasôn", „Octave". Mit dem Aristoxenischen „Eidos tōn tū dia pasôn", „Octaven-Species" oder Octaven-Gattungen, wird also nach Platonischem Sprachgebrauche „Eidos tōn harmoniôn", „Harmonien-Species", identisch sein.

Als Kategorien höherer Ordnung stehen über den Octaven-Gattungen oder Octaven-Species die Octaven-Classen, „Genē tōn tū dia pasôn", wofür nach Plato „Genē tōn harmoniôn" zu sagen sein würde.

Dorischer Moll, Phrygischer Dur, Lydischer Dur sind die drei
Harmonien - Classen, denen sich weiterhin (S. 10) als vierte die
parallele Molltonart des Lydischen Dur, „Lokristi" genannt, anschließen wird.

Eine jede der Harmonien-Classen zerfällt in drei Harmonien-
Species oder Octaven-Gattungen, je nachdem der Melodie-Schlußton
in der Prime, in der Quinte, in der Terz — nach antiker Nomenclatur
in der thetischen Mese, der thetischen Hypate, der thetischen Trite —
besteht.

Plato legt seiner Darstellung die drei Kategorien der Octaven-
Species zu Grunde (a. b. c.) und bespricht eine jede nach den Octaven-
Classen, zu welchen die betreffende Octaven-Species gehört.

a. Zuerst fragt Sokrates oder vielmehr Plato:

„Welches sind nun die Octaven der Wehmuth?"

Darauf die Antwort:

„Die Mixolydisti und Syntonolydisti und ähnliche Octaven."

Diese sind also für die öffentliche Erziehung wie sie sein soll
nicht zu gebrauchen.

b. Darauf die zweite Frage:

„Welches sind nun die weichen und weinseligen (sympotischen) unter den Octaven?"

Hierauf die Antwort:

„Die Iasti und die Lydisti, welche chalarai heißen."

Auch diese beiden Harmonien, die chalara Iasti und die chalara
Lydisti, sind für die öffentliche Erziehung nicht anzuwenden.

c. Drittens der Schlußsatz:

„Also werden wohl keine anderen für die Jugenderziehung
brauchbaren Octavengattungen übrig bleiben, als die Doristi
und die Phrygisti."

Bei Aristoteles wird diese Auseinandersetzung des Sokrates für
a. und b. der Sache nach ohne Aenderung wiederholt. Bezüglich des
individuellen Ausdruckes bemerken wir, daß Aristoteles für die Octavengattung der zweiten Kategorie den Terminus „aneimene Iasti, Lydisti"
an Stelle des Platonischen „chalara Iasti, Lydisti" gebraucht. In der
dritten Kategorie wird von ihm die Phrygisti als eine enthusiastische
Harmonie bezeichnet. Für dieselbe Kategorie c. kann Aristoteles
nicht umhin, eine die Sache betreffende Ergänzung der Octaven-Classen
als Berichtigung hinzuzufügen.

**a.** Die in der thetischen Trite (Terz) beginnenden Harmonien oder Octaven.

„Die wehmüthigen" (threnodischen) Tonarten Plato's — („etwas zu klagend" sagt die Stelle des Aristoteles) — sind zunächst das Mixolydische und Syntonolydische, d. i. die Terzen-Form des Iastischen und Lydischen Dur. Auch unser modernes Dur besitzt im Volksliede Melodien, welche (nicht bloß das Ende des ganzen Liedes, sondern auch die inlautenden Perioden des Liedes) statt in der Dur-Tonica mit Vorliebe in der Dur-Terz schließen. Besonders kommen diese Melodien unter den schwäbischen Volksliedern häufig vor. So das Lied:

„Da gang i an's Brünnele"

ferner:

„Muß i denn, muß i denn zum Städtle hinaus?"

und viele andere, welche in Ernst Meier's Sammlung schwäbischer Volkslieder [1] enthalten sind. Selbst Silcher, der Special-Musiker des schwäbischen Volksliedes, glaubt hin und wieder die schließende Dur-Terz in die Dur-Prime ändern zu müssen. Aber die Berechtigung des volksthümlichen Terzenschlusses ist eine uralte, wie die Stelle Plato's darthut. Nach Plato dürfte auch die Melodie: „Muß i denn, muß i denn zum Städtle hinaus" dem Munde der Jugend nicht verstattet werden, denn alle Melodien mit dem Schluß in der Dur-Terz haben nun einmal den wehmüthigen Charakter, welchen Plato für die Musik seines Idealstaates nicht für zuträglich hält. Was für die Jugend nicht zuträglich ist, soll überhaupt im Platonischen Staate nicht geduldet werden. Dort würde also auch die drittletzte Claviersonate Beethoven's op. 109 (E-dur) mit der sehr fühlbaren Terz gis im Schlusse des Ganzen verbannt sein.

Außer der Mixolydischen und Syntonolydischen Octavengattung hat aber Plato seinem „und ähnliche" zufolge mindestens noch andere Octavengattungen des Terzen-Schlusses im Sinne. Wir vervollständigen das „Mixolydisti und Syntonolydisti und ähnliche" zunächst dahin, daß wir an eine in der Terze schließende Form der altgriechischen Moll-Tonart denken. Terpander hat außer dem Aeolischen und dem Dorischen Nomos einen ebenfalls nach der Tonart so genannten Boeotischen Nomos componirt.

---

[1] E. Meier, Schwäbische Volkslieder mit ausgewählten Melodien. Berl. 1855, z. B. Nr. 2, 3, 5.

Da Terpander die aus der Fremde eingeführten Dur-Tonarten noch nicht
kennt, so kann die Boeotische Harmonie nur eine besondere Form
des Dorischen Moll gewesen sein, ebenso wie auch das Aeolische nur
eine besondere Form derselben Moll-Melodie war. Das Aeolische ist die
Primen-Form, das Dorische im engeren Sinne ist die Quinten-Form: so
bleibt für das von beiden verschiedene, aber derselben Kategorie angehörige Boiotisti nur die Terzen-Form des Dorischen Moll übrig.
Wir haben allen Grund anzunehmen, daß bei Plato, wenn er zu den
beiden Terzen-Formen in Dur, der Mixolydisti und Syntonolydisti ein
„und ähnliche Harmonien" zur Bezeichnung der wehmüthigen Harmonien hinzufügt, daß hierunter die Terzen-Form in Moll — die Boiotisti zu verstehen ist. In den erhaltenen Partien des Aristoxenus wird
die Boeotische Tonart zwar nicht genannt, es müßte denn die Notiz
des Aristophanes-Scholiasten zu den Rittern 989, in welcher die Boeotische Harmonie zusammen mit der Dorischen, Lydischen und Phrygischen genannt wird[1], dorther stammen. Aber zu Athen war wenigstens in der Periode des Peloponnesischen Krieges der Nomos Boiotios
(wenn's auch nicht gerade der alte Terpandrische war) außerordentlich
beliebt. Denn in den Acharnern v. 14 läßt Aristophanes den Dikaio-
polis sagen:

> Dagegen Freude hatt' ich, als ein andres Mal
> Dexitheos hereintrat, den Boiotios
> uns vorzutragen.

Das geschah in den früheren Jahren des Plato. Wir dürfen annehmen,
daß Plato, der gründliche Kenner des Melos, der in seiner Jugend
sich der musischen Kunst als Tragiker zu widmen gedachte, mit der
Boiotisti nicht minder, als der von ihm angeführten Mixolydisti und
Syntonolydisti wohl bekannt war.

### b. Die in der thetischen Mese (Tonica) beginnenden Harmonien oder Octaven.

„Die weichen und weinseligen" Tonarten sind die chalara
Iasti und die chalara Lydisti (Aristoteles sagt aneimene Iasti und
Lydisti), die beiden Dur-Tonarten in der Primen-Form. Unser mo-
dernes Dur mit Primenabschlusse der Melodie ist uns gerade der
Ausdruck der Bestimmtheit und Energie. Die Weichheit und Wein-
seligkeit, welche Plato in der Primen-Form der beiden griechischen
Dur-Tonarten findet, muß also in der Eigenthümlichkeit der griechi-
schen Dur-Tonarten begründet sein, in der falschen Quarte des Lydi-

---

[1] Vgl. Schol. Acharn. 13, Pollux 4, 64.

schen und der kleinen Septime des Phrygischen Dur bestehen. Die Lydische Primen-Tonart „chalara oder aneimene Lydisti" oder „Hypo-Lydisti" ist genau dieselbe Tonart, wie in der christlich-modernen Musik der Lydische Kirchenton, den auch Beethoven in einem Quartette als „Tono Lidio" angewandt hat. Die Phrygische Primen-Tonart „chalara oder aneimene Jasti" oder „Hypo-Phrygisti" ist genau das nämliche, wie in der christlich-modernen Musik der Mixolydische Kirchenton. Diese beiden Tonarten sind es, welche auf Plato den Eindruck der Weichheit und der Weinseligkeit machen. Wir haben dies wohl so aufzufassen, daß man diese beiden Octavengattungen in der erotischen und der sympotischen Musik, d. h. in Liebes- und Trinkliedern anzuwenden liebte. Nach den musikalischen Problemata des Aristoteles 19, 48 liegt in der Primen-Form des Phrygischen Dur („Hypo-Phrygisti") etwas Aehnliches, wie wir es bei unserem Dur empfinden, nämlich das „Ethos praktikón", d. i. Energie und Thatkraft; Aristoteles führt als Beispiel dafür die Exodus und die Exhoplisis (wohl eine Kampfesscene) des Geryones an. Dieselbe Stelle der Aristotelischen Probleme fügt noch dies hinzu: Das Hypo-Phrygische werde ebenso wie das Hypodorische (Aeolische) wegen seines Ethos nicht in den tragischen Chorliedern gebraucht, sondern nur in den tragischen Sologesängen. Wegen seines thatkräftigen Charakters eigne sich das Hypophrygische für die auf der tragischen Bühne dargestellten Heroen; der Chor dagegen repräsentire den nicht in die Handlung eingreifenden theilnahmevollen Zuschauer und als solchen sei für diesen eine Musik von wehmüthigem und ruhigem Charakter passend. Der finde sich in den übrigen Tonarten (Dorisch, Phrygisch, Lydisch, Mixolydisch), — am wenigsten in der enthusiastischen und bacchantischen Phrygischen Tonart, vorzugsweise aber in der Mixolydischen, welche schmerzliche Gefühle ausdrücke und sich somit für die tragischen Chorlieder eigene, was bei dem Hypophrygischen ebensowenig wie bei dem Hypodorischen der Fall sei. Vgl. meine griech. Harm. 1867, S. 281. Aristoteles wird darin wohl Recht haben, daß die Hypophrygische (Iastische) Tonart aus den tragischen Chorliedern ausgeschlossen sei. Wenn daher in den Aeschyleischen Hiketiden der Chor v. 69 von sich sagt, daß er jammerliebend in Ionischen Weisen sich die Wangen zerfleische, so muß das wohl von der Mixolydischen Tonart verstanden werden, welche bei Pratinas, dem etwas älteren Zeitgenossen des Aeschylus, den Namen „syntonos Iasti" führt.

Die Hypodorische oder Aeolische Octavengattung, die in der Tonica schließende Form des alten nationalen Moll, wird von Plato in Uebereinstimmung mit den Aristotelischen Problemen nicht unter die

weichen und weinseligen Tonarten gerechnet. Daraus ergiebt sich
wohl, daß die oben ausgesprochene Vermuthung richtig war, es mache
das Hypophrygische und Hypolydische Dur auf Plato den Eindruck
einer weichlichen und weinseligen Tonart nicht deshalb, weil es Pri-
men - Tonart sei, sondern wegen seiner eigenthümlichen Intervalle,
welche bei der einen eine falsche Quarte, bei der anderen eine verminderte Septime bedingen. Plato nennt den Namen Aeolisch nirgends.
Es folgt aus dem S. 82 von ihm citirten Schlußsatze: „Also werden
wohl keine anderen Tonarten für die öffentliche Jugenderziehung als
die Doristi und die Phrygisti übrig bleiben", daß bei Plato unter der
Doristi zugleich die Aiolisti oder Hypodoristi mit inbegriffen ist. So
auch schon Bellermann.

Nach dem Berichte des Heraklides bei Athen. 14, 624 zeigt sich
in der Aeolischen Tonart „das ritterlich-aristokratische, etwas über-
müthige Wesen des Aeolischen Stammes; es sei darin der Geist der
adeligen Herren von Thessalien und Lesbos wieder zu erkennen, die
sich der Rosse, des geselligen Mahles, der Erotik erfreuen [das würde
also mit den „weichen und weinseligen Tonarten Plato's stimmen!],
aber bieder und ohne Falsch sind. Die Aiolisti ist nach Heraklides
fröhlich und ausgelassen, voller Schwung und Bewegung; es liege etwas
Hochmüthiges, aber nichts Unedeles darin, freudiger Stolz und Zuver-
sicht." Griech. Harm. 1867 S. 274.

### c. Die in der thetischen Hypate (Quinte) beginnenden Harmonien oder Octaven.

Die nach Plato für den Staat zuzulassenden Tonarten sind
die Doristi und die Phrygisti, jene die Quinten-Form des Dorischen
Moll, diese die Quinten-Form des Phrygischen Dur. Es ist vorher
schon bemerkt worden, daß nach Plato's Auffassung auch die Aeolische
(Hypodorische) Tonart unter diese Kategorie der zuzulassenden Tonarten gehört. Wenn Plato Polit. 8, 7 von der Doristi sagt, sie stelle
den Charakter des Mannes dar, der im Kampfe Kühnheit beweise und
sich in jedem gefahrvollen Werke auszeichne und auch im Mißgeschicke
und wenn er Wunden und dem Tode entgegen gehe oder wenn ihm
irgend ein anderes Unglück überfalle, überall wohlgerüstet und fest
dem Schicksale entgegen trete: so kann sich diese Schilderung ebensowohl auf das Dorische im engeren Sinne, als auch auf das Hypodorische oder Aeolische beziehen. An einer anderen Stelle Laches
p. 188 findet Plato in der Doristi das Bild eines wackeren Mannes
ausgedrückt; er nennt sie „kunstlos". d. h. ungekünstelt, geradeaus.
Von solchem Charakter sei aber nicht die Iasti, auch nicht die Phry-

gisti, nicht die Lydisti ("sollte ich denken!"), sondern allein die Doristi, welche die einzige Hellenische Tonart sei. Jene anderen Tonarten würden also nach Plato fremdländische ("barbarische") Tonarten zu nennen seien.

Heraklides in der S. 86 erwähnten Stelle über die Tonarten unterscheidet im Gegensatze zu Plato die Dorische und die Aeolische Octavengattung als besondere Tonarten. Es gebe drei Harmonien, sagt dort Heraklides, denn drei sei auch die Zahl der hellenischen Stämme: Dorier, Aeoler, Ioner. "Die Art der Melodie, welche die Dorier machten, nannte man Dorische Harmonie; ebenso Aeolische Harmonie diejenige, welche die Aeoler sangen." Dann fährt Heraklides fort: "Die Dorische Harmonie zeigt Männlichkeit und Adel, aber macht nicht den Eindruck von Lust und Fröhlichkeit, vielmehr von Herbheit und Strenge, doch auch nicht von Buntheit und Gewandtheit."

Die Quintenform des Phrygischen Dur hat ein noch schärfer bestimmtes Ethos, welches Aristoteles Pol. 8, 5 und Probl. 19, 48 als enthusiastisch und bacchantisch, als orgiastisch und pathetisch bezeichnet. "Sie hat die Kraft zu überreden und zu erbitten, sei es die Gottheit durch Gebet oder den Menschen durch Belehrung." (Plat. Rep. 3, 399, 8.) Diese Tonart scheint dem Plato neben der Dorischen für allein zulassungswürdig in seinem Idealstaate.

Mit dieser Bestimmung der Platonischen Republik ist aber die Republik des Aristoteles (Aristot. Pol. 8, 7) nicht völlig in Uebereinstimmung. Wenn man die Dorische und Phrygische Tonart (— die Quintenform des nationalen Moll und die Quintenform des durch verminderte Septime modificirten Dur —) für zulässig erachten würde, dann müsse doch auch die Lydische Tonart (— die Quintenform des durch falsche Quarte modificirten Dur —) Zulassung finden, sie, die unter allen Harmonien für die Jugend am meisten geeignet sei, da sie Anstand und Erziehung zu verleihen vermöge.

In dieser durch Aristoteles gegebenen Berichtigung lautet also die Stelle der Platonischen Republik über die Octaven-Species:

1) Die Terzenform der Tonarten: Mixolydisch, Syntonolydisch und ohne ausdrückliche Nennung des Namens auch Boeotisch sind Tonarten von wehmüthigem Charakter, daher aus dem Idealstaate auszuschließen.

2) Die Primenform der Durtonarten: "chalara Iasti" und "chalara Lydisti" sind weiche und weinselige Tonarten, daher ebenfalls auszuschließen.

Die Primenform der Molltonart begreift Plato mit der Dorischen unter demselben Namen; sie ist nicht minder zulässig, wie die Quintenform der Molltonart.

3) Die Quintenform der Molltonart, genannt „Doristi", und die Quintenform des durch verminderte Septime modificirten Dur, genannt „Phrygisti", sind für den Staat zulässig. Aristoteles meint dasselbe auch von der Quintenform des durch falsche Quarte modificirten Dur, genannt „Lydisti", welche bei Plato unerwähnt bleibt.

Für uns liegt die eminente Wichtigkeit der Stelle Plato's darin, daß wir hauptsächlich durch sie mit dem Vorhandensein der Terzenformen der alten Dur- und Molltonarten bekannt werden.

Bei Bellermann, Tonleiter und Musiknoten S. 20, heißt es: „Das Nichtanerkennen der Terz als natürlich mitklingenden Intervalles ist es, was den alten eine große Hemmung in der Entwickelung der Musik anlegte und ihnen den Gebrauch des Duraccordes und somit die ganze harmonische Behandlung ihrer Melodien verschloß.

Ein Duraccord ist uns zwar in den Musiknoten der Griechen nicht überliefert. Aber einen gebrochenen Molldreiklang als Ausgang eines Musikstückes hat Bellermann selber aus dem Anonymus § 98 veröffentlicht. Dort schließen die in D-moll gehaltenen Kola 1 und 4 (s. oben S. 67) mit dem gebrochenen D-Moll-Dreiklange a f d.

Daß die Griechen die Bedeutung der Terze nicht kennen gelernt hätten, ist ein durch nichts gerechtfertigter Vorwurf. Indem wir für unsere Erklärung der Platonischen Stelle über die Tonarten den Anspruch vollkommener Richtigkeit erheben, weisen wir hier noch einmal darauf hin, daß das ganze System der griechischen Tonarten, sowohl der Molltonarten, wie der Durtonarten auf dem tonischen Dreiklange beruht. Und zwar ist es der Anschauung zufolge, welche dort Plato vertritt, ein dreifacher Quartsextenaccord, von welchem aus die griechischen Tonarten entwickelt werden.

Auch ein Dreiklang als gebrochener Accord wie in den Beispielen „a f d" S. 67 wird immer ein Dreiklang sein. Gevaert I p. 162.

Daß die Form des tonischen Dreiklanges, auf welchem das System der griechischen Tonarten beruht, gerade der Quartsextaccord ist, hat darin seinen Grund, daß die frühere Ausdehnung der griechischen Scala nicht unter die Hypate hinabging: es waren die Hypate, die Mese und die Trite, die auf den älteren Tonsystemen thetischer Nomenclatur zunächst in Betracht kommenden Klänge, wenn es sich um das Wesen der verschiedenen Formen der altnationalen Moll-melodien und der Phrygischen und Lydischen Durmelodien handelte. Wenn Plato, die verschiedenen Tonarten bezüglich ihres Ethos einer Prüfung unterwerfend, zuerst die mit der thetischen Trite schließen-den Melodieformen aufzählt, dann an zweiter Stelle die mit der thetischen Mese schließenden, und endlich an dritter Stelle die mit der thetischen Hypate abschließenden Melodieformen sowohl der Dorischen Moll- wie auch der Phrygischen und Lydischen Durtonart:

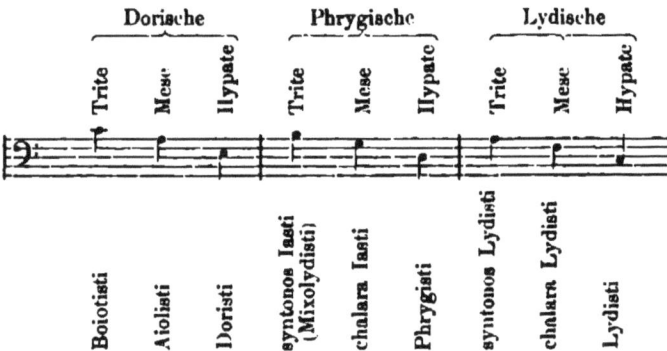

so scheint diese mit bewußter Consequenz durchgeführte Einhal-tung einer sehr klaren Ordnung wohl schon aus den früheren Schulen der Musiker, in welchen die Melopoioi herangebildet wur-den, herzustammen, wie denn Plato selber am Ende seiner ganzen Darstellung auf Damon, das Haupt einer athenischen Musik-Schule, verweist. Dort lernten die Musikschüler die drei Haupttonarten, Dorisch, Phrygisch, Lydisch, und auch die für diese drei verschie-denen Tonarten vorkommenden dreifach verschiedenen Tritenschlüsse, Mesenschlüsse, Hypatenschlüsse kennen, wonach die verschiedenen Octavengattungen oder Harmonien sich bestimmen. Das waren die Grundzüge der griechischen Melopöie oder Compositionslehre, welche mit diesen Andeutungen reconstruirt sind.

### Lokrische Molltonart.

Unerledigt aber ist hier noch die Frage nach der Lokrischen Tonart. Pseudo-Euklides und Aristides überliefert uns, daß die Lokristi dieselbe Octavengattung wie die Hypodoristi ist, also die Octavengattung

a        h        c        d        e        f        g        a

Eine Stelle von Heraklides Ponticus, dem älteren Zeitgenossen und Gegner des Aristoxenus, sagt folgendes gelegentlich einer Polemik gegen die Neuerungen des Aristoxenus in den Transpositionsscalen: „Was eine eigene Harmonie sein soll, muß eine eigene Art von Ethos oder Pathos haben, wie dies z. B. bei der Lokristi der Fall ist, welche bei einigen Zeitgenossen des Simonides und Pindar in Aufnahme, späterhin aber in Mißachtung kam."

Was Heraklides hiermit sagen will, geht aus demjenigen was er vorher gegen Aristoxenus geltend gemacht hatte hervor. Dieser hatte neben der Hypophrygischen Transpositionsscala G-Moll eine Scale Fis-Moll statuirt, welche er tieferes Hypophrygisch nannte. Die Transpositionsscala in G-Moll hatte ihren mit der Hypophrygischen Octavengattung gleichlautenden Namen deshalb erhalten, weil ein gewisser Abschnitt der Transpositionsscala G-Moll, nämlich von˜dem Klange f bis zum Klange f, die Hypophrygische Octave darstellte. Die von ihm eingeführte Transpositionsscala Fis-Moll nannte Aristoxenus tieferes Hypophrygisch, weil in ihr der Octavenabschnitt e bis ē dieselbe Octavengattung wie dort die Klänge f bis ī̄ enthielten. Das Nähere hierüber möge man weiter unten nachsehen. Hier genügt es zu sagen, daß Heraklides Ponticus das höhere Hypophrygisch des Aristoxenus deshalb nicht anerkennen will, weil die Phrygische Octavengattung, wenn sie von e bis e ausgeführt wird, sich in nichts von derjenigen Octave, welche von f bis f ausgeführt wird, unterscheidet. Heraklides bei Athenäus 14, 625 verlangt einen Unterschied wie denjenigen, welcher zwischen der Lokristi und der ihr in der Intervallfolge gleichen Hypodoristi oder Aiolisti besteht.

Worin besteht nun dieser Unterschied? Die Aiolisti ist die Hypateform der Dorischen Tonart. Die Lokristi muß also etwas anderes sein. — Noch von einer zweiten in a beginnenden Harmonie wissen wir, nämlich der Tritenspecies des Lydischen Dur, genannt Syntonolydisti. Mit dieser kann die Lokristi ebensowenig, wie mit der Aiolisti identisch sein, denn die „Lokristi ist bei einigen Zeitgenossen des Simonides und Pindar in Aufnahme, späterhin aber in Mißachtung gekommen" (Heraklides), während die Syntonolydisti eine ganz alte Tonart ist und schon in die Zeit vor Olympus hinaufreichen soll (vgl. S. 93).

Nun wissen wir, daß alle griechischen Harmonien entweder mit der thetischen Hypate d. i. der Quinte, oder mit der Mese d. i. der Prime, oder mit der Trite d. i. der Terz beginnen; eine dieser drei Alternativen muß auch bei der in a beginnenden Lokristi zutreffen. Ihr tiefster Klang kann nicht die Function der Mese haben, denn dann wäre die Lokristi identisch mit der Aiolisti; ihr tiefster Klang kann ebenso wenig die Function der thetischen Trite haben, denn dann wäre die Lokristi identisch mit der Syntonolydisti. Es bleibt also nur dies übrig, daß der Klang a, mit welchem die Lokristi beginnt, die Function der Hypate hat. Sie ist gleich der im engeren Sinne sogenannten Doristi, Phrygisti, Lydisti eine Quintenspecies der Octave

Der christlichen Welt ist diese Tonart unter dem Namen des Dorischen Kirchentones d. i. des Kirchentones in d wohlbekannt, und zwar kommt sie mit der plagalen Form desselben überein. Wenn wir die Choralmelodien: „Wir glauben all' an Einen Gott", „Durch Adams Fall ist ganz verderbt", „Mit Fried' und Freud' fahr' ich dahin", oder den Gesang der Spinnerinnen in Haydn's Jahreszeiten hören,[1] so hören wir die Lokrische Tonart des griechischen Alterthumes. Dieselbe gehörte nicht dem Dorischen Moll, auch nicht dem Phrygischen Dur, auch nicht dem Lydischen Dur an. Wohl aber einer aus dem Lydischen Dur gebildeten parallelen Molltonart, welche wir Lydisches Moll benennen können, bei den Alten aber aus dem gleich anzugebenden Grunde den eigenen Namen Lokrisch erhalten hat. Auch beim Dorischen Moll geht das Melos gelegentlich (d. i. für die eine oder die andere Periode oder Kolon) in eine parallele Dur-Tonart über, wie dies in dem Hymnus auf Helios der Fall ist. Wir können das nicht anders als „Dorisches Dur" bezeichnen. Und beim Phrygischen Dur hat man ebenso gelegentliche Uebergänge in eine

---

[1] Bellermann, Anonymus p. 37.

parallele Moll-Tonart (Hymnus auf Nemesis), die dann als „Phrygisches Moll" zu bezeichnen wäre. Doch sind das, wie gesagt, nur
gelegentliche Uebergänge, die sich nicht zu constanten Tonarten für
ein ganzes Melos herausgebildet haben. Beim Lydischen Dur aber ist
dieser Fall wirklich eingetreten: in der parallelen Moll-Tonart des
Lydischen Dur (d. h. des durch falsche Quarte modificirten Dur)
sind ganze Mele gesetzt worden. Und zwar ist dies zuerst im Italischen Lokri epizephyrii geschehen durch den unter die Meister der
zweiten Musik-Katastasis Spartas gezählten Xenokritos. Daher der
Name der Harmonie „Lokristi". Bei den Zeitgenossen des Pindar
und Simonides, berichtet Heraklides Ponticus, kam sie in Aufnahme,
später aber wurde sie nicht mehr angewandt.

Nachdem sich hiermit die Lokristi als eine dem Lydischen Dur
parallele Moll-Tonart herausgestellt hat, sind wir nunmehr in der
Lage, die von den Harmonien handelnde Stelle der Platonischen Republik vollständig verstehen zu können. Denn bisher mußten wir
uns damit begnügen, in den dort für Triten- oder Terzen-Species gebrauchten Worten

> „Welches sind die Tonarten der Wehmuth? Die Mixolydisti und
> Syntonolydisti und derartige Harmonien."

den Ausdruck „und derartige Harmonien" nur auf eine einzige Tonart, nämlich die Boiotisti, zu beziehen. Gleichwohl muß Plato, da er
den Plural gebraucht „und derartige Harmonien", an mehrere Tonarten denken.

Giebt es nämlich nicht bloß eine, sondern zwei Moll-Tonarten,
nämlich außer dem altnationalen Dorischem auch noch ein erst von
Xenokritus aufgebrachtes dem Lydischen Dur paralleles Moll, die sogenannte Lokrische Moll-Tonart, so läßt sich der von Plato gebrauchte
Plural „und derartige Harmonien" erklären, während derselbe, wenn
es außer dem Lydischen und Phrygischen Dur nur ein einziges Moll,
das Dorische Moll gäbe, aller Interpretation spotten würde. Wie im
Phrygischen und Lydischen Dur, und wie im Dorischen Moll, so muß
es auch im Lokrischen Moll neben den Mesen- oder Quinten-Species
auch eine Triten- oder Terzen-Species gegeben haben, der gleich den
übrigen Terzen-Species von Plato der Charakter der Wehmuth beigelegt wird. Vollständig ausgeführt wird also jene Stelle Platos
Folgendes besagen:

> „Welches sind die Tonarten der Wehmuth? Die Mixolydisti und Syn-
> tonolydisti, die Boiotisti und die syntonos Lokristi."

Der Name „syntonos Lokristi" ist uns zwar nirgends überliefert, aber nach Analogie der syntonos Lydisti werden wir die fragliche Terzen-Species schon mit diesem Namen bezeichnen dürfen.

Es werden also den drei Species der Lydischen Dur-Tonart folgende Species der parallelen Lokrischen Moll-Tonart zur Seite stehen:

Eine Lokrische Primen-Species, die wir als „chalara Lokristi" bezeichnen mußten, kommt, so viel wir wissen, nicht vor. Das kann nicht allzusehr auffallen. Denn auch im Lydischen Dur wurde die Terzen-Species (die syntonos Lydisti) schon von Olympus gebraucht, während die Lydische Primen-Species (die chalara oder epaneimene Lydisti) nach Plutarch de mus. 19 erst geraume Zeit später von dem Athener Damon erfunden sein soll.[1]

---

[1] Plut. de mus. 15: „Die Syntono-Lydische Harmonie verwirft Plato wegen ihrer hohen Tonlage und weil sie für Klagen-Melodien geeignet ist. So soll auch ihr erster Ursprung ein threnodischer gewesen sein. Denn Aristoxenus sagt in seinem ersten Buche über die Musik, daß zuerst Olympus einen Threnos auf Pytho in Lydischer Tonart für das Aulosspiel gesetzt habe. Einige nennen den Anthippos als Erfinderderselben. Pindar sagt in seinen Päanen, daß Anthippos zuerst bei der Hochzeit der Niobe den Chor in Lydisches Lied habe singen lassen." Es kann kein Zweifel sein, daß Aristoxenus unter dem Lydischen Threnos des Olympus und ebenso Pindar unter dem Lydischen Chorgesange des Anthippus nicht die Lydische Octavengattung in f, sondern das Syntono-Lydische verstanden hat. Nicht anders hat auch Plutarch selber, welcher die Aussage des Aristoxenus und Pindar mittheilt, das „Lydische" verstanden. Denn er giebt hier (oder vielmehr er excerpirt) einen Commentar zu der über die Tonarten handelnden Stelle der Platonischen Republik, Plato selber aber hat bei dem, was Plutarchs Commentar „Lydisch" nennt, das Syntono-Lydische im Auge. Plato verwirft — so heißt es bei Plutarch — das Lydische [soll heißen: das Syntono-Lydische] wegen seiner hohen Tonlage und weil es für Klage-Melodien angemessen ist." Von der „hohen Tonlage" steht bei Plato freilich nichts, es ist ein Zusatz des Erklärers, aber ein ganz richtiger Zusatz. Denn das Syntono-Lydische ist die in der Trite a beginnende Species des Lydischen Dur: alle in der

### Die Termini „chalara“ und „syntonos“.

Wir haben noch ein Wort über die Termini „chalara (aneimene)“
und „syntonos“ zu sagen, welche in dem Lydischen und Phrygischen
Dur zur Bezeichnung der in der „Mese“ und der „Trite“ schließenden
Melodieform gebraucht werden. Ursprünglich scheinen diese Zusätze
nur beim Phrygischen Dur vorgekommen zu sein, für welches Pratinas
sie gebraucht, syntonos und aneimene:

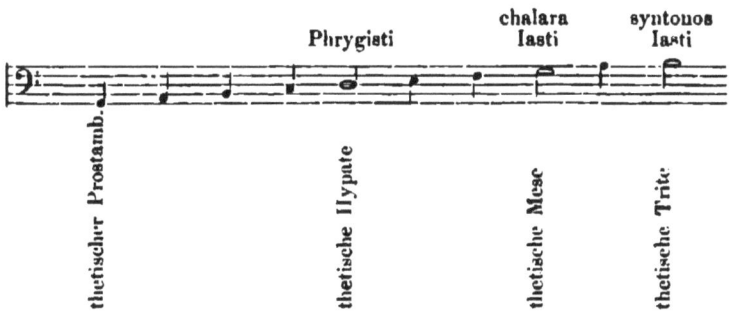

Hier kam der Name Phrygisti bloß für die Hypate-Form vor; für
die Form des Melodie-Schlusses in der Mese und in der Trite gebrauchte
man von Anfang an eine von dem ionischen Volksstamme, bei dem
solche Melodien vorzugsweise beliebt waren (Heraklides oben S. 87),
hergenommene Benennung „Iasti“[1], und da ist es ganz verständlich,
daß die höhere dieser beiden Weisen (in der Trite schließend) den
Namen „syntonos Iasti“, d. h. „hohe Iasti“, erhielt, die tiefere (in
der Mese schließend) den Namen „chalara Iasti“ oder „aneimene
Iasti“.

Nachdem sich diese Namen für die Melodieweisen des Phrygischen Dur fixirt hatten, wurden sie auch auf das Lydische Dur übertragen, wo es außer der Hypate-Form wiederum eine Mese-Form und
eine Trite-Form gab. Auch hier erhielt das in der Trite schließende

Trite beginnenden Octavengattungen sind höher, als in der Mese und in der
Hypate beginnenden Species derselben Dur- oder Moll-Tonart. Gegen die in der
Mese beginnende Species der Lydischen Dur-Tonart, die Lydische Species in f
(gegen die Lydisti im engeren Sinne) würde Plato wohl ebenso wenig wie Aristoteles etwas einzuwenden haben, nach dessen Bemerkung sie für die Jugenderziehung eine vorzugsweise geeignete Harmonie ist.

[1] Denn die mit Iasti gleichbedeutende Bezeichnung „Hypodoristi“ entstand
erst nach der Entwicklung des Systemes der Transpositionsscalen oder Tonoi.

Lydisch (schon Olympus muß nach Aristoxenus diese Form im Threnos auf Pytho angewandt haben) den Zusatz „syntonos", die in der tieferen Mese schließende Melodieform den Zusatz „chalara", obwohl die in der Hypate schließende Form der Melodie, genannt „Lydisti", noch tiefer als die in der Mese schließende „chalara Lydisti" stand.

### Der Terminus Mixolydisti für Syntonos Iasti.

Hier möge nun auch gesagt werden, weshalb man für den Namen „syntonos Iasti" (Pratinas) gleichbedeutend den immer allgemeiner werdenden Namen „Mixolydisti" gebrauchte. Zuerst bildete man in dieser Tonart nur Melodien von geringerem Umfange, wie Terpander aus vier Klängen seinen Nomos tetraoidios (Pollux 4) gebildet zu haben scheint. So überliefert uns der Anonymus § 97 ein bloß aus vier verschiedenen Klängen gebildetes Mixolydisches Musikstück:

Diese Melodie schließt in e. und so könnte es scheinen, als läge die Octave

e f g a h c d e.

also die Dorische Octave vor. Aber wenn der Umfang der Melodie ein größerer wäre, so würde sich zeigen, daß statt des Klanges a der Klang b vorkommt, denn sämmtliche Melodiereste des Anonymus stehen in der Transpositionsscala mit einem b, und diese muß nothwendig auch für das vorliegende Musikbeispiel vorausgesetzt werden. Dasselbe gehört entschieden einer Dur-Tonart an, deren Tonica der Klang c ist, deren Septime aber nicht durch den Klang h. sondern durch den Klang b gebildet wird, also eine verminderte Septime ist:

κ     a    h    c    d    e    f    κ

Prime, Hypate          Terz, Trite          Quinte, Mese .

In welcher Weise bei größerem Umfange der Melodie der verminderte Septimen-Klang angewandt werden konnte, ersieht man aus der Hypate-Form des Phrygischen Dur (Iasti), für welche in dem Hymnus auf Nemesis ein Beispiel erhalten ist.

Daß man anfänglich alle Melodien so viel wie möglich nach der Norm der Doristi, der alt-nationalen Tonart, bemaß, auch die durch Olympus aus der Fremde hinzugekommene Terzenform der Phrygischen Dur, das erscheint ganz natürlich. Aber eine reine Dorische Octave war diese Harmonie nicht, es zeigte sich vielmehr ein dem Dorischen fremdartiges Element, was man nach der in der griechischen Musikauffassung häufigen Anschauung [1] als eine „Mischung" ansah. Wenn man die Phrygische Terzen-Species als „Mixolydisti" bezeichnete, so hatte dies den Sinn „eine Mischung des Dorischen mit dem Lydischen." Denn man hatte in Griechenland die Lydische Tonart des Olympus zunächst in derjenigen Form kennen gelernt, welche Plato in der Republik die Syntono-Lydisti nennt, d. i. die Terzenform. Es geht das aus dem bei Plutarch de mus. §. 15 erhaltenen Satze des Aristoxenus hervor: „Zuerst hat Olympus einen Threnos auf Pytho in Lydischer Tonart für das Aulosspiel gesetzt," ein Satz, welcher zur Erläuterung der Worte Plutarch's dient: „Die [syntono] Lydische Tonart verwirft Plato wegen ihrer hohen Stimmlage und weil sie für Klagemelodien geeignet ist." Eben daselbst auch die Notiz: „Einige nennen den Anthippos als den Erfinder derselben [der Syntonolysti Platos]; Pindar sagt in seinen Paeanen, daß Anthippos zuerst bei der Hochzeit der Niobe den Chor ein Lydisches Lied habe singen lassen." Derselbe Anthippos wird auch von Pollux 4, 78 als der Erfinder der „syntonos Lydisti" genannt.

Also dies klagende, in der Durterz schließende Lydisch hatte man im Sinne, wenn man jene in Rede stehende Harmonie als „Mixolydisti," d. i. als eine Mischung des Dorischen mit dem Lydischen bezeichnete. Der von Pratinas für „Mixolydisti" gebrauchte Ausdruck „syntonos Iasti" verdient sachlich den Vorzug, aber Mixolydisch (d. i. „mixolydios Iasti") ist dem Sprachgebrauche der Musiker geläufiger geworden.

---

[1] Aristoxenus' zweite Harmonik Abschn. XIV.

### Der Commentar zu Plato's Stelle von den Harmonien bei Aristides.

Wir geben nun noch den alten Commentar eines Musikers zu der die Octavengattungen besprechenden Stelle der Platonischen Republik, welcher bei Aristides p. 21 erhalten ist. Es sind Notenscalen in der Manier der alten vor Aristoxenus lebenden Harmoniker: „Tetrachord-Eintheilungen", welche die „allerältesten" für die Harmonien anwenden. Nach der Versicherung des Aristides sollen diese Scalen die von Plato in der Republik aufgeführten Tonarten darstellen.

Sechs Harmonien sind es, welche Plato mit Namen aufführt: zwei für seinen Idealstaat recipirte, die Doristi und die Phrygisti: vier, deren Anwendung aus ethisch-politischen Rücksichten verworfen wird: die Syntono-Lydisti und Mixolydisti, die chalara Iasti und chalara Lydisti.

Es ist leicht nachzuweisen, daß Aristides nicht unmittelbar aus einer Schrift der alten Harmoniker excerpirt hat: vielleicht ist die Quelle (und nicht einmal die unmittelbar von Aristides selber eingesehene Quelle) keine andere, als die alte Aristoxenische Schrift über die „Meinungen der Harmoniker".

Die sämmtlichen sechs Scalen sind enharmonische Scalen, doch mit einer etwas anderen Intervallenfolge, als die ungemischten Enhar-

monia der späteren Musikschriftsteller. Die sämmtlichen Scalen sind
Theile der Tonreihe von e bis a, so zwar, daß e der tiefste Klang
ist, bis zu welchem die aufgeführten Scalen abwärts steigen. Sie sind
bei Aristides sowohl in Vocalnoten wie in Instrumentalnoten ausgeführt. Wir geben bloß die letzteren, von denen wir bei einer jeden
deren Bedeutung in unseren modernen Notenbuchstaben darüber
setzen. Die höchste Note einer jeden Scala haben wir als obersten
Schlußklang der betreffenden Scala aufzufassen.

Wir geben diese Notenzeichen und ihre Deutung in völliger
Uebereinstimmung mit Bellermann, Tonleitern und Musiknoten, S. 65
bis 68, der sich um die Feststellung der handschriftlichen Lesart in
ausgezeichneter Weise verdient gemacht hat. Zur Erläuterung der
Scalen sagt derselbe:

Der Dorischen Scala (a—a mit der Vorzeichnung b, was einerlei
ist mit e—e ohne Vorzeichnung, ist unterhalb noch ein Ganzton (g)
aus der tieferen Octave hinzugefügt.

In der Phrygischen Octave (g—g mit der Vorzeichnung b, was
einerlei ist mit d—d ohne Vorzeichnung) ist der vierte Ton (c) ausgelassen.

In der Mixolydischen Scala (e—e mit der Vorzeichnung b, was
einerlei ist mit h—h ohne Vorzeichnung) fehlt die sechste und die
siebente Tonstufe (c und d).

„Sehr seltsam ist die von Aristides mit Lydisch bezeichnete Scala.
Sie ist vielmehr eine Hypolydische Octavengattung (f—f ohne Vorzeichnung)."

Von den beiden letzten Scalen, der Iastischen und der Syntonolydischen, gesteht Bellermann, daß sie ihm völlig unklar sind.

Der alte Harmoniker, dessen Bericht Aristides mittheilt, giebt die
zur Erklärung der Stelle Plato's dienenden Scalen zum größten Theil
unter Zugrundelegung der Lydischen Transpositions-Scala (der Scala
mit Einem b als Vorzeichnung), welche bei den Alten die häufigste
von allen war:

und zwar benutzt er von dieser Scala nur die drei Tetrachorde hypaton, meson und diezeugmenon, selbstverständlich inclus. der Mese

und der Paramesos. Der Proslambanomenos und das Tetrachord hyperbolaion bleibt unbenutzt. Es liegt dem alten Harmoniker somit die Klangreihe von c bis ā vor, auf welcher er die Platonischen Octaven mit Ausnahme der chalara Lydisti, der jüngsten von allen (sie war erst zu Plato's Lebenszeit durch Damon zu den übrigen hinzugekommen) ausführt. Die fünf übrigen Octaven Plato's, in jenen Tetrachorden auf der Lydischen Transpositions-Scala genommen, würden folgendermaßen auszuführen sein:

| Proslamb. | Hyp. hyp. | Parh. hyp. | Lich. hyp. | Hyp. mes. | Parh. mes. | Lich. mes. | Mese | Param. | Trite diez. | Param. diez. | Nete diez. | |
|---|---|---|---|---|---|---|---|---|---|---|---|---|
| | | | | a | h | c | d | e | f | g | a | Doristi |
| | | | g | a | b | c | d | e | f | g | | Phrygisti |
| | | e | f | g | a | b | c | d | e | | | Mixolydisti |
| | d | e | f | g | a | b | c | d | | | | Syntonolydisti = Hypodoristi |
| c | d | e | f | g | a | b | c | | | | | Hypophrygisti = chalara Iasti. |

Das System also, auf welchem der zwischen Plato und Aristoxenus lebende Musiktheoretiker fünf der Platonischen Scalen genommen hat, war das Dodekachord des Lydischen Tonos, welches noch des tiefsten seiner zwölf Klänge entbehrte, des Klanges nämlich, welcher durch seine Benennung „Proslambanomenos" sich als ein erst später hinzugefügter bekundet. So könnte von jenen fünf Octaven keine bis unter die Hypate hypaton abwärts geführt werden; jener alte Theoretiker mußte sich bequemen von Plato's Syntonolydischer Octav den tiefsten Klang d, von der chalara Iasti gar die beiden tiefsten Klänge c und d unbezeichnet zu lassen. Daher für diese beiden Harmonien die Unvollständigkeit der Octave, auf die schon Aristides aufmerksam macht.

Die Octavengattung, welche Plato chalara Lydisti, Aristoteles epameine Lydisti nennt, die Hypolydisti des Aristoxenus, müßte für dieselbe Transpositions-Scala mit Vorzeichnung eines b, in welcher die übrigen fünf Harmonien Plato's ausgeführt sind, folgendermaßen lauten:

b    c    d    e    f    g    a    b

Hätte unser alter Commentator der Stelle Platos auf dem des Proslambanomenos entbehrenden Dodekachorde der Lydischen Transpositions-Scala darstellen wollen, so hätte er gar die drei tiefsten Klänge der Octave fortlassen müssen. Da wäre die Hypolydische

Octave doch gar zu unkenntlich geworden. So nahm denn der alte
Commentator Plato's, um die Hypolydisti (chalara Lydisti) darzustellen,
seine Zuflucht zu einer anderen Transpositions-Scala, nämlich dem sogenannten Tonos Hypolydios, welcher unserer Transpositions-Scala ohne
Vorzeichnung entspricht:

A  H  c  d  e  f  g  a  h  c  d  e  f

Hier lautete die Hypolydische Octave

f  g  a  h  c  d  e  f

Dieselbe hatte im Ganzen die nämliche Tonregion, wie die übrigen
fünf Platonischen Octaven, nur daß statt des auf jenen vorkommenden
Klanges b hier der Klang h angewandt werden mußte.  Hierbei verdient wohl darauf hingewiesen zu werden, daß die Hypolydische Harmonie (chalara oder epaneimene Lydisti) erst in sehr später Zeit
durch Plato's Zeitgenossen Damon eingeführt worden ist: eine Thatsache, welche möglicherweise mit der Erscheinung, daß für die Erläuterung der Platonischen Harmonien nicht eine, sondern zwei Transpositions-Scalen, die Lydische und die Hypolydische, herbeigezogen
sind, in irgend welchem Zusammenhange stehen könnte.

Wir wollen nun noch eine Uebersicht der sämmtlichen sechs
Harmonien Plato's, sowohl in der Transpositions-Scala ohne Vorzeichnung (Tonos Hypolydios), wie in der Transpositions-Scala mit Vorzeichnung Eines b (Tonos Lydios) hier zusammenstellen, indem wir
die Klänge durch je einen Buchstaben des lateinischen Alphabetes
(Tonos Lydios) und des deutschen Alphabetes (Tonos Hypolydios) ausdrücken.

e  f  g  a  ♭  c  ♭  e  } Doristi<br>
a  b  c  d  e  f  g  a  }

♭  e  f  g  a  ♭  c  ♭  } Phrygisti<br>
g  a  b  c  d  e  f  g  }

e  ♭  e  f  g  a  ♭  c  } chalara Lydisti<br>
f  g  a  b  c  d  e  f  } [Hypolydisti]

| a | ƒ | c | b | e | f | g | a | } Syntonolydisti |
| d | e | f | g | a | b | c | d | } [Hypodoristi] |

| g | a | ƒ | c | ♭ | e | f | g | } (chalara) Iasti |
| c | d | e | f | g | a | b | c | } [Hypophrygisti]. |

Wir haben jetzt einen Blick auf die handschriftliche Ueberlieferung der Aristideischen Stelle zu werfen, in welcher der in Rede
stehende alte Commentar zu Plato's Harmonien enthalten ist. Den
Mittheilungen Bellermann's und Albert Jahn's zufolge (in dessen Ausgabe des Aristides 1882) scheinen die Notentabellen mit den dazu
gehörigen Ueberschriften, welche die einzelnen Harmonien angeben,
fast in allen Handschriften wenigstens im Allgemeinen dieselbe Einrichtung zu haben. Die Ueberschriften sind folgende:

> a. Lydisti,
> b. Doristi,
> c. Phrygisti,
> d. Iasti,
> e. Mixolydisti,
> f. Syntonolydisti.

Die Art und Weise, wie Bellermann eine jede dieser Ueberschriften
einer bestimmten Notenreihe vindicirt hat, ist bezüglich der Doristi,
Phrygisti, Lydisti, Mixolydisti sicherlich in keiner Weise bedenklich.
Auch ich stimme darin vollständig mit Bellermann überein. Aber bezüglich der Syntonolydisti und Iasti ist Bellermann, wie ich schon
oben bemerken mußte, selber mit dem Ergebnisse seiner Arbeit
nicht befriedigt. Denn nach ihm kommt die Ueberschrift Iasti auf
die Harmonie in a, die Ueberschrift Syntonolydisti auf die Harmonie
in g (die moderne Notenbezeichnung a und g von einer Scala ohne
Vorzeichnung verstanden). Wir wissen aber anderweitig aufs be-
stimmteste, daß der Terminus Iasti oder Hypophrygisti vielmehr der
Harmonie in g zukommen muß. So wie wir uns von dieser sicheren
Thatsache bezüglich der „Iasti" bei der Vertheilung der Aristideischen
Ueberschriften auf die Noten-Scalen bestimmen lassen, dann ergiebt
sich mit Nothwendigkeit, daß in der von Bellermann gegebenen Darstellung der Scalen die beiden Ueberschriften: „Iasti" und „Syntono-
lydisti" mit einander zu vertauschen sind. Wie die Harmonie in g
die Ueberschrift „Iasti" in Anspruch nimmt, so muß die Ueberschrift
„Syntonolydisti" auf die Harmonie in a kommen. Wer sich die Mühe
geben will, das Facsimile der betreffenden Stelle der Aristides-Hand-

schriften bei Bellermann und Albert Jahn anzusehen, der wird leicht zugeben, daß für eine solche Annahme einer Umstellung die Beschaffenheit der Codices Berechtigung giebt. Ich halte diese meine Umstellung für unabweisbar. Wenn es bei Bellermann im Schlußsatze auf S. 68 heißt: „Für das Ionische und Syntonolydische, dessen Schlußklänge nicht ausdrücklich überliefert sind, wird also durch die Aristideische Stelle durchaus nichts gewonnen," so bin ich durchaus der entgegengesetzten Ansicht: eben durch die Aristideische Stelle steht die Thatsache fest, daß die Syntonolydisti in der Octave a—a besteht, was wir oben S. 78. 79 nur aus Analogie erschlossen haben.

Die Vollständigkeit unserer Erläuterung verlangt, daß wir auf die Tetrachordeintheilung innerhalb der von Aristides überlieferten Octaven eingehen. Es sind nach dessen Angabe enharmonische Octaven und zwar nach der Tetrachord-Eintheilung „der ganz Alten". Ueber die enharmonische Octave läßt uns Aristoxenus, welcher in der Zeit des Unterganges der Enharmonik lebte, nur allzu sehr im Ungewissen. Nach der von ihm angegebenen allgemeinen Regel muß der auf das enharmonische Pyknon folgende Klang eine große Terze vom Mesopyknos abstehen. Hiernach läßt sich die Hypodorische (Syntono-Iastische), die Mixolydische und die Dorische Octave folgendermaßen bestimmen:

Für das Mixolydische Enharmonion kommt die von Aristides überlieferte Scala durchaus mit der des Aristoxenus überein.

Ebenso herrscht bezüglich des Dorischen Enharmonion zwischen beiden Identität, mit der einzigen Ausnahme, daß — worauf schon Bellermann hinweist — in der Aristideischen Scala aus der vor dem Anfangsklange a stehenden tieferen Octave noch der Klang g herzugenommen ist, ein Klang, von dessen höherem Octavenklange hinter dem Pyknon c c f Aristoxenus den Satz aufstellt, daß er nothwendig ausfallen muß. Weshalb sollte der Mittheilung des Aristides nicht eine factische Thatsache zu Grunde liegen? Wir wissen, daß in der Dorischen Harmonie (auf der Transpositions-Scala mit Einem b) der Klang d die Tonica ist, über welche man um eine Unterquart hinabschreiten und um eine Oberquinte in die Höhe schreiten konnte:

$$a \overset{\bullet}{a} b \; [c] \; d \; e \overset{\bullet}{e} f \; [g] \; a$$
$$5 \quad 6 \quad 7 \quad 1 \quad 2 \quad 3 \quad 4 \quad 5.$$

Bildete man die Dorische Harmonie enharmonisch, d. h. theilte man das Halbtonintervall e f und a b durch Einfügung eines leiterfremden Schalttones $\left(\overset{\bullet}{e} \text{ und } \overset{\bullet}{a}\right)$ in je 2 Vierteltöne, dann ließ man — nach Aristoxenus — in der oberen Octave die Quarte, in der unteren Octave die Septime aus, aber es konnte — nach Aristides — in der unteren Octave die Quarte (g) beibehalten werden, obwohl in der oberen Octave die Quarte ausfallen mußte. Nach der Theorie des Aristoxenus steht dieser Beibehaltung der Quarte in der unteren Octave nichts im Wege, denn ein Pyknon geht ihr nicht vorher:

$$g \; a \overset{\bullet}{a} b \; [c] \; d \; e \overset{\bullet}{e} f \; [g] \; a$$
$$4 \quad 5 \quad 6 \quad 7 \quad 1 \quad 2 \quad 3 \quad 4 \quad 5.$$

Das Syntonolydische Enharmonion hat dieselbe Octavengattung, wie das Aeolische oder Hypodorische. Nach Aristoxenus Grundsatze wäre auf der Scala mit der Vorzeichnung Eines b die Folge der Klänge:

$$d \; e \overset{\bullet}{e} f \; [g] \; a \overset{\bullet}{a} b \; [c] \; d.$$

Die Klänge g und c, welchen ein Pyknon vorausgehen würde, müßten nothwendig fehlen. Statt dieser Scala finden wir nun bei Aristides für die Syntonolydisti:

$$e \overset{\bullet}{e} f \; [g] \; a \; [b] \; c \; d.$$

Daß der tiefste Ton der Octave, nämlich d, nicht vorkommt, wird wohl nur auf Rechnung der nun einmal benutzten Lydischen Transpositions-Scala zu setzen sein; in der Praxis wird er schwerlich gefehlt haben und die Syntonolydische Octave, welche der Berichterstatter bei Aristides im Sinne hat, wird folgende sein

$$\underline{d \; e \overset{\bullet}{e} f \; [g] \; a \; [b] \; c \; d.}$$

Diese Octave ist aus einem Quintensysteme (Pentachorde) d–a, und einem in der Synaphe verbundenen Quartensysteme (Tetrachorde)

a—d zusammengesetzt. Nur das untere System ist enharmonisch gebildet, das obere System (a—d) aber nicht. Vielmehr haben wir hier ein
in der Weise Terpander's durch Auslassung des das Halbtonintervall
(ab) begrenzenden höheren Grenzklanges vereinfachtes Tetrachord. Dies
würde eine Mischung der Klanggeschlechter sein, nach Analogie derjenigen Mischungen innerhalb einer und derselben Octave (Mischungen
zweiten Grades), welche von Ptolemäus beschrieben werden. Ein enharmonisches Pentachord kommt freilich bei Ptolemäus nicht mehr vor,
denn zu dessen Zeit scheint das Enharmonion gänzlich erloschen. Wohl
aber spielt bei ihm das vereinfachte Terpandrische Diatonon in solchen
Combinationen eine große Rolle. Daß dergleichen Mischungen zweiten
Grades auch in der Musikepoche des Aristoxenus vorkommen, ist in
meinen Erläuterungen zu Aristoxenus S. 384 — 413 auseinandergesetzt.
Der Bericht des Aristoxenus über solche Mischungen zweiten Grades
liegt uns nicht mehr vor. Vgl. a. a. O. S. 391, II. Den dürftigen
Auszug, welchen Pseudo-Euklid aus der Aristoxenischen Darstellung
von den Mischungen zweiten Grades gemacht hat, dürfen wir aus
der vorliegenden Mittheilung des Aristides über die Syntono-Lydische
Octave Plato's ergänzen.

Von derselben Construction wie die Syntonolydische ist auch die
Iasti oder, wie sie bei Plato genannt wird, chalara Iasti.

$$\text{e} \quad \text{d} \quad \overset{*}{\text{c}} \text{e f} \quad [\text{g}] \quad \text{a} \quad [\text{b}] \quad \text{c.}$$

Denn auch hier bilden

$$\text{d} \quad \text{c} \quad \overset{*}{\text{c}} \text{f} \quad [\text{g}] \quad \text{a}$$

ein enharmonisches Pentachord, die Klänge

$$\text{a} \quad [\text{b}] \quad \text{c}$$

gehören einem mit dem Pentachorde in der Synaphe verbundenen
Tetrachorde des in Terpandrischer Weise vereinfachten Diatonon an.

Daß die bei Aristides sogenannte „Lydisti" nicht die „Lydisti" des
Aristoxenus (d. i. auf der Transpositions-Scala ohne Vorzeichnung die
Octavengattung in f) sein kann, ist deshalb unzweifelhaft, weil die von
Aristides zu erläuternde Stelle Plato's gar nicht von einer Lydisti, son-
dern nur von einer chalara Lydisti redet, derselben, welche bei Aristo-
xenus „Hypolydisti", bei Aristoteles „epaneimene Lydisti" genannt wird.
So faßt auch der alte Commentator der Platonischen Stelle, welchen
Plutarch de mus. 15—17 excerpirt, die Sache auf, indem er eine Er-
klärung der „epaneimene Lydisti", „der Erfindung des Atheners Damon"

giebt. Die als „Lydisti" von Aristides in dem Tonos Hypolydios (Transpositions-Scala ohne Vorzeichnung) notirte Octavengattung des enharmonischen Geschlechtes

e f a h h c e c

ist nun auch genau dieselbe, welche Aristoxenus als Hypolydisti für das enharmonische Geschlecht laut dem Excerpte des Pseudo-Euklides aufführt (s. meinen Aristoxenus S. 350):

e f a h h c e c.

Die bei Aristides uns überkommene Stelle stimmt aber an dieser Stelle mit Aristoxenus buchstäblich überein.

Freilich wissen wir nicht, was diese Scala besagen will.

Aristoxenus (oder vielmehr sein Excerptor Pseudo-Euklides) sagt (vgl. Aristox. a. a. O.):

> Das fünfte Octaven-Eidos von Mesopykna umschlossen, der fünfte Ganzton oben, von der Parhypate meson bis zur Trite hyperbolaion. Wurde Hypolydisch genannt.

Pseudo-Euklides hat dies nicht direct aus Aristoxenus, sondern aus einem Aristoxeneer, der den Aristoxenus in einer Zeit umarbeitete, wo man das enharmonische Tongeschlecht sicherlich nicht mehr in der praktischen Musik kannte, denn schon Aristoxenus' Zeitgenossen hatten, wie dieser (Symposion S. 479. 480) erklärt, von dem Enharmonion keine Kenntniß mehr. Wir vermuthen, daß jener Aristoxeneer der römischen Kaiserzeit die betreffenden Klänge mit den Noten verwechselte, den Klang „Mesopyknos" mit dem „Gramma anestrammenon". Das Gramma anestrammenon ist nun freilich der Ausdruck für den „Mesopyknos", aber er kann auch denselben Klang bedeuten, welcher in dem Diatonon syntonon den Ausdruck eines rein diatonischen Klanges, nicht eines leiterfremden enharmonischen Klanges ist. Im Enharmonion bedeudet L als enharmonischer Klang den Ton e, als diatonischer Klang den Ton f. Und mit f wird die enharmonische Hypolydisti begonnen haben, die wir uns (trotz Pseudo-Euklid) nach ächt Aristoxenischen Grundsätzen folgendermaßen vorstellen müssen:

f [g] a h h c e c f.

Das anfangende f der enharmonischen Hypolydisti ist der Barypyknos des Pyknon e c f, und deshalb muß der darauf folgende Klang g ausgelassen werden.

Ich habe in meiner Erläuterung des Aristoxenus Abschn. XIII („Die Systeme") mich der Mühe überheben dürfen, diese Annahme einer in der dem Pseudo-Euklides vorliegenden Quelle vorgenommenen Verwechslung der Klänge des enharmonischen Pyknon mit den drei Grammata „orthon, anestrammenon und apestrammenon" weiter zu verfolgen, da wir uns ja doch von der musikalischen Bedeutung der leiterfremden Klänge des Enharmonion keine Vorstellung zu machen vermögen.

Meine Auffassung der von Aristides mitgetheilten Phrygischen Scala werde ich im weiteren Fortgange meines Buches bei der Darlegung der Aristoxenischen Systeme vorzulegen Gelegenheit haben.

### Gevaert über die Stelle des Plato und des Aristides.

Bei Gevaert Histoire et Théorie de la Musique de l'Antiquité I, p. 152 heißt es: „Un passage célèbre de la Republique de Platon, reproduit plus loin en entier, nous fait connaître quelques autres termes et épithètes de même genre. Nous avons deux commentaires de ce document, l'un de Plutarque, l'autre d'Aristide Quintilien, celuici accompagné d'échelles notées; la simple juxtaposition des trois séries de dénominations suffit pleinement pour nous conseigner sur la signification de celles-ci.

| Platon: | Plutarque: | Aristide: | Finales: |
|---|---|---|---|
| Mixolydisti | Mixolydisti | Mixolydisti | si [h] |
| Syntono-lydisti | Lydisti | Syntono-lydisti | la [a] |
| Chalara-iasti | Iasti | Iasti | sol [g] |
| Chalara-lydisti | Epaneimène-lydisti | Lydisti | fa [f] |
| Doristi | Doristi | Doristi | mi [e] |
| Phrygisti | (Manque) | ·Phrygisti | ré [d] |

Résumons rapidement le résultat de cet examen comparatif. Aucune difficulté en ce qui concerne la mixolydisti, la doristi et la phrygisti; la finale de ces harmonies est bien celle que nous font connaître tous les théoriciens. L'iasti (mode de sol [g]) est accompagnée chez Platon du terme chalara (relâchée), qui sert a la distinguer d'une autre harmonie, identique, comme nous les verrons plus loin, avec la mixolydisti. Dans le cas actuel, l'épithète ne modifie aucunement la signification du nom suivant; chalara-iasti et iasti sont absolument synonymes. Il en est autrement quand le même terme (ou son équivalent épaneimène) se joint à lydisti; en effet la chalara-lydisti ou l'épaneimène-lydisti désignent l'octave de fa [f], noté tout au long dans le commentaire d'Aristide Quintilien, tandis que, d'après tous les théoriciens, la lydisti, sans épithète, correspond à l'octave d' ut [c], laquelle ne figure pas parmi les échelles d'Aristide. Nous devons donc attribuer à une erreur des copistes — ou d'Aristide lui même — l'omission du qualificatif. Remarquons, avant d'aller plus loin, que le terme chalara s'applique exclusivement à des modes finissant sur une tonique, tandis que les trois modes dont la terminaison se fait sur une dominante n'ont aucune désignation accessoire, ni chez les écrivains de l'âge classique, ni chez les autres plus récents.

Maintenant quelle est cette harmonie „syntono-lydienne" (συντονο-λυδιστί), dont la finale mélodique (la [a]) coïncide avec celle de l'aiolisti (ou hypodoristi)? Le texte de Plutarque porte simplement lydisti; mais, d'une part, le lydien simple (mode d'ut [c]) est absolument négligé par Platon et par son commentateur, copié par Aristide; d'autre part, la signification de l'adjectif σύντονος (tendu), tout à fait opposée à celle de χαλαρά ou ἀνειμένη (relâchée), ne permet pas de supposer que la disposition des deux harmonies Lydiennes de Plutarque doive être intervertie dans le tableau précédent. Une troisième circonstance enfin nous prouve qu'il s'agit bien chez Plutarque de la „syntono-lydisti". Le premier usage de l'harmonie en question y est attribué à un personnage mythique, nommé Anthippe; or, Pollux nous dit positivement que cet Anthippe fut l'inventeur de la „syntono-lydisti." Nous devons donc supposer dans l'énumeration de Plutarque une omission analoque à celle qui vient d'être constatée chez Aristide, et, au lieu du lydisti, nous y lirons le terme complète syntono-lydisti. L'absence d'aiolisti parmi les harmonies mentionnées par Platon nous porterait à croire tout d'abord à une identité complète de deux modes. Mais d'une part, ainsi qu'on le verra plus loin, l'aiolisti est comprise par Platon dans le terme générique de doristi, que pour lui est synonyme d'harmonie hellénique, nationale, par opposition aux modes d'origine étrangère. D'autre part, il n'est pas présumable que l'on ait abandonné une dénomination indigène pour lui substituer le nom d'un peuple barbare et méprisé des Grecs.

Nous nous rallierons donc de tout point à l'opinion de Westphal. Selon ce savant philologue, l'harmonie „syntono-lydisti" n'a de commun avec l'aiolisti que sa terminaison sur la mèse de l'échelle-type (la [a]); elle en diffère complétement par le caractère harmonique, et est apparentée à cet égard avec les modes lydien et hypolydien. En d'autres termes, ses mélodies se rapportent à la tonique fa [f], et se terminent sur un son qui a le caractère d'une mèdiante. [Bellermann (Anon. p. 39; Tonleit. u. Musikn. der Gr., p. 10) identifie la „syntono-lydisti" et „l'hypolydisti", ce qui ne se concilie point avec

les données fournies par Aristide.] Cette conjecture est appuyée par
une petite mélodie de l'Anonyme [Westphal, Metrik, supp., p. 52—53.
— Bellermann, § 104] terminée sur la [a], mais d'un caractère
harmonique absolument étranger au mode éolien ou hypodorien."
    Was in meinen früheren Mittheilungen, wie Gevaert sagt, nur
eine auf den Anonymus gestützte Conjectur war, für diese Annahme
habe ich in dem vorliegenden Buche den Nachweis aus der Quellen-
Ueberlieferung geführt, S. 101. 102.

### Rückblick.

    Der alte Terpander hat in dem nationalen Moll der Hellenen
bereits alle drei Melodieschlüsse angewandt: er componirte Dorische,
Aeolische, Böotische Nomoi d. i. Nomoi in Mollmelodien
    mit Quintenschluß (auf der Hypate) als „Doristi" im engeren Sinne,
    mit Primenschluß (auf der Mese) als „Aiolisti",
    mit Terzenschluß (auf der Trite) als „Boiotisti".
    Nach moderner Auffassung würde Doristi, Aiolisti, Boiotisti
Alles ein und dieselbe Tonart sein, nämlich der Aeolische Kirchenton.
Wir würden höchstens von einer authentischen und einer plagalen
Behandlung derselben Tonart reden können, müßten aber freilich
noch zu der authentischen und plagalen Form eine dritte in der
Terze abschließende Form der Melodiebildung hinzuzählen.
    Der Gebrauch der nationalen Moll-Tonart schließt auch in sich
ein, daß innerhalb einer Moll-Composition theilweise auch die Dur-
Tonart vorkam, sei es nur für ein einzelnes Kolon oder für mehrere
auf einander folgende Kola. Ganz und gar fremd war mithin auch der
altnationalen Musik der Griechen die Dur-Tonart nicht, nur mußte das
ganze Musikstück stets in der Moll-Tonart ausgehen: eine inlautende
Periode dagegen konnte recht wohl in der Dur-Tonart gehalten sein.

    Als die Schule des Olympus aus der Fremde ihre Phrygische und
Lydische Dur-Tonart in den Peloponnes einführte, da gewann Hellas
als Neues nicht sowohl die Kenntniß der Dur-Tonart: vielmehr war
das neue Element eine Durtonart mit verminderter Septime, genannt Phrygische, und eine Durtonart mit falscher Quarte, genannt Lydische. Bis dahin kannte die griechische Musik nur dasjenige,
was wir den Aeolischen Kirchenton nennen; durch Olympus kamen
noch zwei andere unserer christlich-modernen Kirchentöne für das
alte Griechenland in Gebrauch: unser Mixolydischer Kirchenton, welcher seiner harmonischen Bedeutung nach dem Phrygischen Dur der

Alten entspricht, und unser Lydischer Kirchenton, welcher dem Wesen nach mit demjenigen, was auch bei den Alten Lydische Tonart hieß, übereinstimmt.

Die beiden barbarischen Tonarten (so sieht sie Plato an, dem namentlich das Lydische widerstrebt) haben neben der echt griechischen Moll-Tonart eine friedliche und freundliche Aufnahme gefunden und bilden für das System der griechischen Tonarten integrirende Elemente, und das um so mehr, als sie bezüglich der Melodieschlüsse den nationalen Moll-Melodien ganz und gar conform wurden. Der alte Olympus selber soll die Melodien des Lydischen Dur in der Terz geschlossen haben. Die Phrygische Dur-Melodie in der Terz zu schließen, soll erst Sappho aufgebracht haben (denn diese gilt nach Aristoxenus als Erfinderin der Mixolydischen Octavengattung), und zwar erst in der Zeit der zweiten musischen Katastasis Spartas, wo der Lokrer Xenokritus das Phrygische Dur zu einer parallelen Moll-Tonart mit Quintenschlusse (der Lokristi) umbildete. Und die Lydische Dur-Melodie in der Prime zu schließen, hat sogar erst der Athenische Musiker Damon aufgebracht, wenn anders die Notiz bei Plutarch. de mus. 20, daß dieser die epaneimene Lydisti erfunden habe, auf die hypolydische Octavengattung, wie es doch kaum anders möglich scheint, zu beziehen ist. Dagegen gehört das Abschließen der Phrygischen Dur-Melodie in der Prime wahrscheinlich schon in eine viel frühere Zeit. Der Name Iasti für diese Form und die Notiz des Heraklides Ponticus bei Athen 14, 624, welche die Milesier mit der Iastischen Harmonie in Beziehung bringt, deutet darauf hin, daß sie auf einer Modification des Phrygischen Dur, welches Olympus aus der Fremde herübergeführt, bei den ionischen Kleinasiaten (es scheint: bei den Milesiern) beruht.

So bleibt für die alte Schule des Olympus nur dies, daß sie die Lydischen Dur-Melodien mit Quinten- und Terzenschluß, die Phrygischen Dur-Melodien mit Quintenschluß gebildet habe. Wo die ursprüngliche Heimath dieser Schule war, welcher Theil Mysiens [1] von den Alten gemeint ist, dürfen wir nicht zu ermitteln suchen. Genug, es waren archaische Compositionen unter dem Namen des Olympus erhalten, welche dem Aristoxenus nicht minder genau bekannt waren, wie die archaischen Compositionen, welche auf den Namen des Terpander von dessen Schule zurückgeführt wurden.

---

[1] Heraklides Pont. bei Plutarch de mus. 7: „Andere sagen, der Nomos Harmatios sei von den Mysern erfunden, denn einige der alten Auleten seien Myser gewesen."

Warum hätten nicht auch die Compositionen der archaischen Meister Terpander und Olympus in der Tradition der auf sie zurückgehenden Kitharoden- und Auletenschulen sich gerade so gut weiter propagiren können, wie die Homerischen Epen in der Schule der Homeriden?

Was das klassische Griechenthum im Einzelnen näheres von Olympus und seiner Auletenschule zu sagen wußte, scheint Heraklides Pontikus in einem Berichte zusammengetragen zu haben, welcher sich im Auszuge bei Plutarch de mus. im Abschn. VI meiner Ausgabe dieser Schrift findet. Dort werden einzelne Auletische Nomoi des Olympus genannt, bezüglich deren Autorschaft zwischen dem Meister und dessen Schüler Krates geschwankt wird. Für unsere Kenntniß der Geschichte des griechischen Melos findet sich in jenen Nachrichten keine Ausbeute. Auch die alte Schrift des Glaucus Rheginus über die alten Componisten und Virtuosen hatte über Olympus gesprochen, was zum Theil in die Musikgeschichte des Heraklides und von dort in den Plutarchischen Musik-Dialog übergegangen ist. Am interessantesten ist die Angabe des Glaucus über das Zeitalter des Olympus (Plutarch de mus. Abschn. V). Terpander, so hatte Glaucus gesagt, sei nach denen, welche die ersten Auleten waren, der zweite gewesen. Um ein weniges später als Terpander habe Klonas, der Begründer der alten aulodischen Nomos-Musik, gelebt. Nach Terpander und Klonas falle das Zeitalter des Archilochus. Diese chronologischen Angaben des Glaucus machen entschieden auf Glaubwürdigkeit Anspruch: sie enthalten dasjenige, was die eingehende Forschung des alten Griechenthums über diesen Gegenstand zu ermitteln wußte. Für uns muß es dabei sein Bewenden haben.

So fällt denn nach Glaucus die Epoche des alten Auleten Olympus noch vor Terpander und die erste Musik-Katastasis Spartas. Schon der Plutarchische Musik-Dialog glaubt in diesem Sinne die obige Aussage des Glaucus interpretiren zu müssen. Zu der ersten Spartanischen Musik-Katastasis aber, in welcher es sich nur um den kitharodischen Nomos handelt, traten die auletischen Nomoi des Olympos in keine Beziehung. Ebenso wenig zu der Aulodik des Klonas, welchen Glaucus der Zeit nach unmittelbar auf Terpander folgen läßt. Vielmehr gehört Klonas einer alten, im Peloponnes oder in Boeotien heimischen Auloden-Schule an, welche ihren Ursprung auf den mythischen Ardalos aus Troizene zurückführte. In dieser alten Musikschule war nicht die Kithara, sondern der Aulos das begleitende Instrument des Nomos-Sängers —, nicht sowohl das epische Hexametron, als vielmehr das elegische Distichon der Rhythmus, in welchem der Nomos gehalten war. In der nachfolgenden zweiten Musik-Katastasis Spartas scheinen sich die berühmten Meister Polymnastus und Sakadas an diese Richtung angelehnt zu haben. (Vgl. unten.)

Auf Klonas soll, wie Glaucus will, der Zeit nach Archilochus gefolgt sein. Auch Archilochus gilt den alten Berichterstattern über Musikgeschichte als ein berühmter Neuerer auf dem Felde der musischen Kunst. Doch was auf ihn Neues zurückgeführt wird (bei Plutarch de mus. 28), bezieht sich auf die Rhythmopöie und gehört nicht in unsere Darstellung des griechischen Melos. Einige nahmen zwar an (so heißt es in jener Stelle Plutarch's), daß Archilochus der erste gewesen sei, welcher zu seinen Klängen des Gesanges eine nicht unisone Begleitung angewandt habe, während die Vorgänger des Archilochus nur eine unisone Begleitung gekannt hätten. Aber diejenigen Schriftsteller der alten Musikgeschichte, welche eine solche Behauptung aufstellten, gehörten zu denjenigen, welche sich nach der Bemerkung des alten Glaucus bezüglich der Terpandrischen Chronologie in einem Irrthume befanden: sie waren der verkehrten Ansicht, daß Terpander nicht vor Archilochus, sondern zur Zeit des Hipponax gelebt habe, der doch jünger als Pericleitus, der späteste Meister der Terpandrischen Schule gewesen sei. (Glaucus bei Plutarch de mus. c. 6). Mit der Berichtigung der Chronologie, daß Terpander älter als Archilochus ist, hört natürlich Archilochus auf der erste Urheber zweistimmiger Musik bei den Griechen zu sein, denn bereits Terpander wandte, wie Aristoxenus speciell ausführt, eine dem Gesange keineswegs unisone Begleitung an.

———

An diesen Rückblick schließt sich passend ein

**Ueberblick über das allmälige Aufkommen der griechischen Harmonien auf Grund der Angaben des Aristoxenus und des meist auf Glaucus Rheginus fußenden Heraklides.**

Von den elf Harmonien, d. i. den auf die Dreiklänge der vier bei den Griechen üblichen Moll- und Dur-Tonarten basirten Octaven, kommen die fünf ersten bereits in der Periode der ersten Spartanischen Musik-Katastasis vor, die achte und neunte Harmonie erst in der darauf folgenden Periode, welche von Glaucus die zweite Spartanische Musik-Katastasis genannt wird. (Bei Sappho und Xenokritus.) Die elfte Harmonie gehört gar erst der Athenischen Musik-Epoche an.

Für das Dorische Moll, für das Phrygische Dur und für das Lydische Dur kommt auf jedem der drei Töne des tonischen Dreiklanges eine Harmonie vor, für die parallele Moll-Tonart des Lydischen Dur wissen wir von keiner Harmonie auf der Tonica, sondern
nur auf der Quinte und (indirect) der Terze.

Zurückgeführt wird auf:

### Terpander aus Lesbos, in Sparta:

DAS ALTNATIONALE MOLL, UNSER AEOLISCHER KIRCHENTON.

1. Dorisches Moll in der Species der Hypate (Quinte) e, genannt Doristi.
2. Dorisches Moll in der Species der Mese (Tonica) a, genannt Aiolisti.
3. Dorisches Moll in der Species der Trite (Terz) c, genannt Boiotisti.

### Olympos aus Mysien:

DAS PHRYGISCHE DUR, UNSER MIXOLYDISCHER KIRCHENTON.
DAS LYDISCHE DUR, UNSER LYDISCHER KIRCHENTON.

4. Phrygisches Dur in der Species der thetischen Hypate (Quinte) d,
genannt Phrygisti.
5. Lydisches Dur in der Species der thetischen Hypate (Quinte) c,
genannt Lydisti.
6. Lydisches Dur in der Species der thetischen Trite (Terz) a, genannt
syntonos Lydisti.

### Ionier, wahrscheinlich Milesier:

7. Phrygisches Dur in der Species der thetischen Mese (Tonica) g,
genannt chalara Iasti oder auch Iasti schlechthin.

### Sappho aus Lesbos:

8. Phrygisches Dur in der Species der thetischen Trite (Terz) h, genannt syntonos Iasti oder Mixolydisti.

### Xenokritus aus Locri epizephyrii:

PARALLELE MOLLTONART DES LYDISCHEN DUR, UNSER DORISCHER
KIRCHENTON.

9. Lydisches Moll in der Species der thetischen Hypate (Quinte) a,
genannt Lokristi.
10. (?) Lydisches Moll in der Species der thetischen Trite (Terz) f, zu
nennen syntonos Lokristi.

### Damon aus Athen:

11. Lydisches Dur in der Species der thetischen Mese (Tonica) f, genannt chalara Lydisti.

Das gesammte System der griechischen Tonarten wird von Ge-vaert I, p. 159 dargestellt:

„En nous servant du langage musical de l'époque moderne, voici comment nous résumerons la doctrine antique des modes.

„Abstraction faite du mode locrien, qui semble absolument isolé, le système harmonique de la musique grecque est construit sur trois modalités fondamentales, que nous appellerons la modalité dorienne, la modalité phrygienne et la modalité lydienne.

La dorienne — celle de l'Hellade primitive — répond au mi-neur moderne dans sa forme diatonique, dont nous servons en chan-tant la gamme de l'aigu au grave. Elle a deux variétés: la première, caractérisée par le repos final sur la dominante, est le mode dorien proprement dit; la seconde, ayant le repos final sur la tonique, est l'hypodorien (ou éolien).

„La modalité phrygienne a pour base une gamme majeure, dont le septième degré est abaissé d'un demi-ton; — comparée au majeur moderne, elle a un dièse de moins ou un bémol de trop. — On y distingue trois variétés: 1° le mode phrygien proprement dit, terminé sur la dominante; 2° l'hypophrygien (ou ionien), terminé sur la tonique; 3° le mixolydien (ou syntono-iastien), terminé sur la médiante ou toisième degré.

„La modalité lydienne est un majeur, dont le quatrième degré forme avec la tonique un intervalle de triton; — au point de vue moderne, il lui manque un bémol ou il a un dièse de trop. — Elle possède trois variétés: 1° le mode „lydien" proprement dit, terminé sur la dominante; 2° „l'hypolydien", terminé sur la tonique; 3° le „syntono-lydien, terminé sur la médiante".[1]

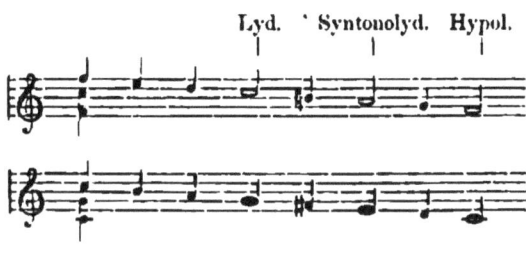

# Die zweite Musik-Katastasis Spartas.

Plutarch's Dialog über Musik überliefert c: 9 und 10:

„Die erste Feststellung (Katastasis) der musischen Kunstnormen ist in Sparta geschehen und zwar durch Terpander. Die zweite ist vorzugsweise auf folgende Meister zurückzuführen:

1. Thaletas von Gortyn,
2. Xenodamus von Kythere,
3. Xenokritus den Lokrer,
4. Polymnastus den Kolophonier und
5. Sakadas den Argiver . . .

„Denn nachdem diese die musikalischen Normen für das Gymnopädien-Fest in Sparta eingeführt hatten, sollen auch für die Apodeixeis in Arkadien und für die Endymatia in Argos die musischen Kunstnormen festgesetzt sein.

„Thaletas, Xenodamus und Xenokritus und deren Nachfolger waren Componisten von Paeanen.

---

[1] Der Standpunkt unserer früheren Forscher bezüglich der griechischen Tonarten (der Standpunkt Bellermann's) trägt nach der Auffassung Gevaert's den Berichten der Quellen durchaus keine Rechnung und muß als antiquirt angesehen werden. Möge der gelehrte Vorsteher des Brüsseler Musik-Conservatoriums auch den von mir in diesem Buche niedergelegten Auffassungen der Boiotisti und chalara Lokristi seine Anerkennung nicht zu versagen brauchen, wie er meine frühere Interpretation der Platonischen Stelle, auf welche ich diese beiden Tonarten basire, nicht mißbilligt hat.

„Polymnastus und seine Nachfolger waren Componisten der sogenannten Orthioi.

„Sakadas und seine Nachfolger waren Componisten von Elegien. Anfangs nämlich trugen die Auloden melodisirte Elegien vor, wie aus der Panathenaen-Schrift über den musischen Agon hervorgeht, und so hat auch Sakadas der Argiver Lieder und melodisirte Elegien gemacht. Er war auch ein trefflicher Componist auletischer Nomoi und es steht verzeichnet, daß er dreimal in den Pythischen Spielen gesiegt hat. Auch Pindar erwähnt seiner. Zur Zeit des Polymnastus und des Sakadas gab es drei Tonarten, die Dorische, Phrygische und Lydische; in jeder dieser drei Tonarten soll Sakadas eine Strophe componirt und durch den Chor als Didaskolos zur Aufführung gebracht haben, die erste Strophe Dorisch, die zweite Phrygisch, die dritte Lydisch, und dieses Wechsels wegen soll jener Nomos „Trimeres" d. i. der dreitheilige genannt worden sein. In der Sikyonischen Anagraphe (Chronik) über die Componisten ist Klonas als Erfinder des Nomos Trimeres aufgezeichnet.

„Von Xenodamus sagen andere, daß er gleich Pratinas ein Componist von Hyporchemata, aber nicht von Paeanen gewesen sei. Von Xenodamus selber wird eine Composition erwähnt, welche offenbar ein Hyporchema ist. Auch Pindar hat in dieser lyrischen Gattung gearbeitet. Seine Werke können darthun, daß zwischen Paean und Hyporchema ein Unterschied besteht, denn Pindar hat sowohl Paeane wie Hyporchemata gemacht.

„Auch Polymnastus hat aulodische Nomoi componirt. In dem Orthios hat er, wie die Harmoniker sagen, die (enharmonische) Melopöie angewandt; genau aber können wir dies nicht behaupten, denn die alten Historiker erwähnen nichts davon.

„Auch bei Thaletas dem Kreter bezweifelt man, daß er ein Componist von Paeanen sei. Denn Glaucus, indem er behauptet, daß Thaletas nach Archilochus gelebt habe, sagt von ihm, daß er die Lieder des Archilochus nachgeahmt, aber sie weiter ausgedehnt und den Paeon epibatos und kretischen Rhythmus in die Melopöie eingeführt habe, Rhythmen, die weder von Archilochus, noch von Orpheus, noch von Terpander angewandt, sondern von Thaletas aus der Auletik des Olympus entlehnt seien, der so ein trefflicher Componist geworden sei.

„Von Xenokritus, der den Italischen Lokrern angehört, bezweifelt man, ob er ein Paeanen-Componist war. Denn man sagt, daß er ein Componist von heroischen Stoffen mit ... gewesen sei, weshalb Einige

seine Werke Dithyramben nennen. Daß Thaletas der Zeit nach älter
als Xenokritus war, sagt Glaucus."

Den Plutarchischen Text habe ich hier nach meiner Ausgabe
d. J. 1865 gegeben, wo nach der Erwähnung der Nachfolger des
Sakadas eine Umstellung vorgenommen ist, welche kaum einer besonderen Begründung bedarf. Aus welcher Quelle mag der Plutarchische Dialog dieses von der zweiten Spartanischen Musik-Katastasis handelnde Stück entlehnt haben? Wenn wir annehmen, daß es
derselben Schrift des Heraklides entstamme, welche er für die vorausgehende Kitharodik Terpander's citirt, so dürfen wir uns dabei auf
die an beiden Stellen mehrfach vorkommende Erwähnung des alten
Glaucus Rheginus berufen.

Die zweite Musik-Katastasis zu Sparta hat in sofern einen anderen Charakter als die erste, als es sich diesmal nicht um die Solo-
Musik des Nomos, sondern vorwiegend um Chor-Musik handelt. Dort
war es das Spartanische Fest der Karneia, hier das Gymnopaidien-
Fest, auf welches sich die von Seiten des Staates stattfindende Nor-
mirung der musischen Agone bezog. Was Sparta für den Kitharodischen Agon des Karneenfestes sanctionirt hatte, fand weiterhin Aufnahme zu Delphi an den Pythien; ebenso ging, was Sparta für die
chorischen Agone der Gymnopaidien festgesetzt hatte, auf die übrigen
dorischen Staaten des Peloponnes, auf Arkadien und Argos über. Von
welcher Bedeutung für die spätere chorische Musik Griechenlands das
Spartanische Gymnopaidien-Fest geworden ist, geht daraus hervor,
daß eine besondere Gattung der Orchestik ihren Namen daher erhielt.
Eine bei Athenäus erhaltene Stelle (vgl. oben S. 28) berichtet, daß
die der tragischen Emmeleia entsprechende Tanzform der lyrischen
Orchestik den Namen „Gymnopaidiké" führe, offenbar nach dem
Gymnopaidien-Feste Spartas so genannt.

Paeane und Hyporchemata des Thaletas, Xenodamus und Xenokritus, von dem letzteren auch Dithyrambus-ähnliche Musikstücke,
werden als die der zweiten Spartanischen Musik-Katastasis angehörigen
orchestischen Compositionen genannt. Die unter Orchestik vorgetragenen Gesänge des Chores werden von der Musik des Auleten begleitet, sicherlich in derselben Weise, wie der Sologesang des Kitharoden oder Auloden, also mit Begleitungsklängen, die dem Gesange
des Chores nicht unison waren. Daß aber die sämmtlichen Chorenten

ein und dieselbe Melodie vortrugen, daß eine Mehrstimmigkeit des Chorgesanges ausgeschlossen war, dies scheint unbedingt aus den musikalischen Problemen des Aristoteles 19, 18 zu folgen: „Weshalb ist von allen Intervallen oder Accorden, welche gesungen werden, die Octave die einzige?" Quarten-, Quinten- und alle übrigen Accorde mit Ausnahme der Octave kamen also innerhalb des antiken Gesanges nicht vor. Etwas ähnliches ist von Aristoteles auch Problem 19, 17 gesagt. Vgl. Griech. Rhythm. u. Harm. 1867 S. 705. Daß im Chorgesange Octaven vorkamen, die Aristoteles hier im Auge hatte, dies war der Fall, wenn der Chor aus Sängern verschiedener Altersclassen, aus Männerstimmen und Knabenstimmen gemischt war.

Aber auch Sologesänge bildeten ein wesentliches Moment der zweiten Spartanischen Musik-Katastasis: die aulodischen Nomoi orthioi des Polymnastus und die Aulodik und Auletik des Sakadas. Diese beiden Meister, Polymnastus aus Kolophon und Sakadas aus Argos, scheinen es gewesen zu sein, auf welche die hauptsächlichsten der in der zweiten Spartanischen Musik-Katastasis sanctionirten Neuerungen zurückzuführen sind. Es gehört dahin erstens die Einführung von leiterfremden Klängen, welche außerhalb der diatonischen Scalen liegen und der früheren Musikperiode der Griechen ebenso fremd waren, wie unserer heutigen Musik. Zweitens die Erfindung des älteren für die Instrumentaltöne bestimmten Notenalphabetes. Drittens die Erweiterung des Ton-Umfanges der Tonleitern und die Aufstellung verschiedener Transpositions-Scalen.

## 1.
## Die der diatonischen Scala fremden Klänge.

Den Meistern der vorausgehenden Periode war, wie Aristoxenus überliefert, eine Vorliebe für Vereinfachung der diatonischen Scala charakteristisch. Die Auletik des Olympus fand ein Wohlgefallen daran, den auf das Halbton-Intervall folgenden Ganzton unberührt zu lassen, — die Kitharodik Terpander's liebte es, den höheren Grenzklang des Halbton-Intervalles in der Melodie zu umgehen, wenn sie denselben auch für die den Gesang begleitende Kithara keineswegs vermied. Aristoxenus ist für beide Arten der Vereinfachung des Lobes voll: bei ihrer Tonbeschränkung und Einfachheit zeichne sich jene archaische Weise „so sehr vor den form- und tonreichen Compositionen der Späteren aus, daß die Manier des Olympus für Niemand erreichbar ist und die in Vieltönigkeit und Vielförmigkeit sich bewegenden

Componisten weit hinter sich zurück läßt." (Plutarch de mus. 18.)
„Olympus stellt sich als Förderer der Kunst dar, indem er eine bei
den Früheren noch nicht vorhandene und noch unbekannte Form
einführte und Begründer des schönen Styles Hellenischer Musik ward."
(Plutarch a. a. O. 11.) „Bei der Auslassung des oberen Grenzklanges
des Halbtones hat offenbar die Schönheit des Eindruckes, welcher
durch Nicht-Anwendung des betreffenden Klanges entsteht, das Gefühl
darauf geführt, die Melodie von dem unteren Grenzklange des Halbtons mit Uebergehung des oberen sofort auf den darauf folgenden
Ganzton hinüberschreiten zu lassen." (Plut. a. a. O. 19.) Ebenso auch
bezüglich der in den Terpandrischen Melodien ausgelassenen Nete,
welche für die Begleitung zugelassen wurde: „Wenn sie einer als
Melodieton gebraucht hätte, über den würde man sich wegen des
durch diesen Klang bedingten Ethos geschämt haben." (Plut. a. a. O.)
    In der zweiten Musikperiode kam nun aber die uns Modernen
ganz unbegreifliche Eigenthümlichkeit auf, daß man in der Scala,
in welcher ein diatonischer Klang ausgelassen war, gleichsam zum
Ersatze einen der Diatonik durchaus fremden Klang einführte.
In unserer modernen Musik bekommen wir dergleichen Klänge
niemals zu hören (es müßte denn etwa beim Stimmen des Instrumentes sein!) und sind durchaus nicht im Stande, uns vorstellig zu
machen, welche Wirkung dadurch in einer Composition erreicht werden konnte. In der griechischen Musik aber müssen sie thatsächlich
eine sehr hervorragende Rolle gespielt haben, denn sonst hätte nicht
ein so besonnener und überaus nüchterner Beobachter und ein so
hervorragender wissenschaftlicher Geist wie Aristoxenus dieselben zur
Grundlage für die Classificirung des Melos genommen. Auch alle
übrigen Musiktheoriker, wie der berühmte Archytas aus der Vor-
aristoxenischen Zeit, und der große Mathematiker und Astronom
Claudius Ptolemäus stimmen ungeachtet mancherlei Differenzen in
der Auffassung des Einzelnen bezüglich der allgemeinen Grund-
anschauung vollständig mit Aristoxenus überein. Die Versuche
Friedrich Bellermann's, diesen der Diatonik fremden Klängen als den
Resultaten eines lediglich abstrakten Theoretisirens die Verwendung
in der Praxis der griechischen Musik abzusprechen oder sie als Ergebnisse des Verfalles der Kunst hinzustellen, müssen den genau
eingehenden Zeugnissen aller Berichterstatter gegenüber als durchaus
verfehlt abgewiesen werden.
    Aristoxenus, der zum ersten Male, so lange es Musik giebt, die
auch von uns gebrauchten Begriffe von Tonhöhe, Tontiefe, Klangstufe,
Aufwärtsschreiten, Abwärtsschreiten der Melodie klar stellt, vertritt

eine von ihm sogenannte topische (d. i. räumliche) Auffassung der Intervalle. Der Ganzton, sagt er, wird in zwei gleiche Hälften, die Halbtöne, getheilt; sodann wird von dem Ganztone auch der vierte Theil, die sogenannte enharmonische Diesis oder enharmonischer Viertelton gebraucht; dann ferner kommt auch der dritte Theil des Ganztones in der praktischen Musik zur Anwendung, genannt die Diesis des Chroma malakon. Und endlich auch noch ein aliquoter Theil des Ganztones, welcher einen Viertelton und noch die Hälfte derselben, den in der praktischen Musik der Alten nicht anwendbaren Achtelton beträgt. Dies Intervall, welches sich als $^3/_8$ des Ganztones bestimmen läßt, heißt Diesis des Chroma hemiolion.

Wir haben schon früher (S. 36. 45) bei Gelegenheit der griechischen Notation eine bequeme Methode mitgetheilt, wie die Erhöhung eines Klanges um den Viertelton (enharmonische Diesis) durch die moderne Note mit einem darüber gesetzten Sternchen (Asteriscus) —; die Erhöhung der Note um die Diesis des Chroma hemiolion und malakon durch ein zu dem Aristeriscus hinzugefügtes Punctum additionis oder Comma additionis bezeichnet wird:

e: Erhöhung des c um die enharmonische Diesis d. i. um ¼ Ganzton,

e: Erhöhung des c um die Diesis des Chroma malakon d. i. um ⅓ Ganzton,

e: Erhöhung des c um die Diesis des Chroma hemiolion d. i. um ³⁄₈ Ganzton.

Aristoxenus setzt durchgängig eine gleichschwebend temperirte Stimmung[1] wie die des modernen Clavieres oder Orgel voraus. Durch-

---

[1] A. Ziegler im Lissaer Schulprogramm vom Jahre 1865: Untersuchungen auf dem Gebiete der Musik der Griechen S. 26: „Bellermann hat die temperirte Stimmung aus einer Stelle des Aristoxenus nachzuweisen gesucht; da der Nachweis aber nur auf Grund der akustischen Verhältnisse geführt wird (!), so muß wohl in Rechnung gezogen werden, daß die Stimmung der Aristoxenischen Halbtöne nicht auf akustischen Verhältnissen beruht, sondern auf der Aisthesis, dem gebildeten Gehör, welches gerade die reinste natürliche Stimmung bewirkt, während die Temperatur lediglich auf akustischer Berechnung fußt (!) und mit bewußter Absicht die reine Stimmung beseitigt. Die akustischen Verhältnisse unberührt lassen und den Ganzton in zwei Hälften theilen, kann nicht gleichschwebende Temperatur genannt werden, sondern es ist vielmehr der directe Gegensatz zu dem Begriffe der Temperatur überhaupt. Auch ist nicht wohl begreiflich, wie das Bedürfniß einer temperirten Stimmung bei den Griechen soll hervorgetreten sein, wenn man ihnen auch mit Westphal polyphone Composition zuerkennen muß . . ." Die Gründe für die Thatsachen zu ermitteln, von denen die griechischen Musik-Quellen reden, will uns in gar vielen Punkten nicht gelingen, und doch müssen wir die Thatsachen festhalten. So ist es mit den Scalen der meisten griechischen Tongeschlechter und noch manches andere wird dahin gehören.

gängig und überall ist der eine Ganzton dem andereh gleich (es giebt dort keine Unterschiede zwischen großem und kleinem Ganztone). Ebenso sind bei der von Aristoxenus vorausgesetzten Stimmung aller Halbtöne ohne Unterschied der eine gerade so groß wie der andere. Die Grenzklänge des Octavenintervalles aber verhalten sich nach Aristoxenus (vgl. meine Aristoxenus-Erläuterungen S. 68) genau wie es Pythagoras durch akustische Experimente aufgefunden, nämlich wie 1:2.

Hiernach ergeben sich für die von Aristoxenus statuirten Tonscalen die Gleichungen:

$$c : d = d : e = e : fis = fis : gis = gis : b = 1 : \sqrt[6]{2}$$

ferner:

$$e : f = f : fis = fis : g = 1 : \sqrt[12]{2}$$

ferner:

$$e : \dot{e} = \dot{e} : f = 1 : \sqrt[24]{2}.$$

Ebenso ergeben sich noch die weiteren Gleichungen:

$$e : \overset{\bullet\,,}{e} = 1 : \left(\sqrt[24]{2}\right)^{1\frac{1}{3}}$$

$$e : \overset{\bullet\cdot}{e} = 1 : \left(\sqrt[24]{2}\right)^{1\frac{1}{3}}$$

Auf diese Weise läßt sich für dasjenige, was Aristoxenus als sogenannte topische Intervallgrößen, d. i. geometrische Größen, bestimmt. mit Leichtigkeit ein arithmetischer Ausdruck nach Exponenten der Wurzel $\sqrt[24]{2}$ finden, wobei der Conformität wegen die in den obigen Gleichungen vorkommende Zahl 1 durch $\left(\sqrt[24]{2}\right)^{0}$ ausgedrückt werden muß.

Aristoxenus unterscheidet drei Classen von Intervallen: gerade, ungerade und irrationale Intervalle. Die beiden ersten Classen heißen mit gemeinsamem Namen rationale Intervalle.

1) Gerade Intervalle sind solche, deren Größe sich durch eine gerade Zahl von enharmonischen Diesen oder Vierteltönen bestimmen läßt. Die sämmtlichen in der modernen Musik vorkommenden Intervalle werden also nach Aristoxenischer Terminologie in die Classe der geraden gehören.

Alle übrigen, die ungeraden und die irrationalen Intervalle, sind der griechischen Musik eigenthümlich, der unserigen durchaus fremd.

Nur mit Hilfe unserer akustischen Instrumente lassen sie sich mit Genauigkeit vor unser Ohr bringen.

2) Das ungerade Intervall ist ein solches, welches einer ungeraden Zahl von enharmonischen Diesen gleich ist. Dahin gehört die enharmonische Diesis selber, dahin das Intervall von 3, von 5, von 7 enharmonischen Diesen.

3) Das irrationale Intervall läßt sich nur durch eine Bruchzahl auf die Einheit der enharmonischen Diesen zurückführen, wie z. B. das Intervall von $1\frac{1}{3}$, von $1\frac{1}{2}$ enharmonischen Diesen.

Was wir Modernen eine Scala nennen, heißt bei Aristoxenus ein System. Die Octavenscala wird nach Aristoxenus ein vollständiges System genannt. Jede Scala von einem geringeren Umfange als dem der Octave, z. B. das Quarten-System, das Quinten-System, heißt unvollständiges System.

In einem Systeme können von gleichen Intervallen, welche kleiner als der Halbton sind, also von allen kleinsten ungeraden und irrationellen Intervallen, niemals mehr als höchstens zwei auf einander folgen. Das sich hieran anschließende dritte Intervall der Scala ist so groß, wie die Differenz des Gesammtumfanges beider Intervalle und der Quarte.

In einem Octaven-Systeme kommen höchstens nur so viele verschiedene Intervallgrößen vor wie im Quintensystem.

So werden sich sämmtliche Scalen der griechischen Musik durch die betreffenden Quinten-Systeme bestimmen lassen.

Es giebt ungemischte und gemischte Scalen.

### Die enharmonische Scala

ist eine ungemischte. Sie wird durch folgendes Quinten-System bestimmt:

1. Ungemischtes Enharmonion

| Hyp. | Parhyp. | Lich. | Mese | Param. |
|---|---|---|---|---|
| e | e | f | a | h |
| $\left(\sqrt[24]{V_2}\right)^0$ | $\left(\sqrt[24]{V_2}\right)^1$ | $\left(\sqrt[48]{V_2}\right)^2$ | $\left(\sqrt[24]{V_2}\right)^{10}$ | $\left(\sqrt[24]{V_2}\right)^{14}$ |

Unter

### den chromatischen Scalen

statuirt Aristoxenus a. drei ungemischte Chromata:

2. Die des **Chroma malakon** bestimmt sich durch folgendes Quinten-System

| Hyp. | Parhyp. | Lich. | Mese | Param. |
|---|---|---|---|---|
| e | c͘ | f͘ | a | h |
| $\left(\dfrac{^{24}}{V_2}\right)^0$ | $\left(\dfrac{^{24}}{V_2}\right)^{1\frac{1}{2}}$ | $\left(\dfrac{^{24}}{V_2}\right)^{2\frac{2}{3}}$ | $\left(\dfrac{^{24}}{V_2}\right)^{10}$ | $\left(\dfrac{^{24}}{V_2}\right)^{14}$ |

3. Die des **Chroma hemiolon** durch folgendes Quinten-System

| Hyp. | Parhyp. | Lich. | Mese | Param. |
|---|---|---|---|---|
| e | e͘ | f͘ | a | h |
| $\left(\dfrac{^{24}}{V_2}\right)^0$ | $\left(\dfrac{^{24}}{V_2}\right)^{1\frac{1}{2}}$ | $\left(\dfrac{^{24}}{V_2}\right)^{3}$ | $\left(\dfrac{^{24}}{V_2}\right)^{10}$ | $\left(\dfrac{^{24}}{V_2}\right)^{14}$ |

4. Die des **Chroma toniaion** durch folgendes Quinten-System

| Hyp. | Parhyp. | Lich. | Mese | Param. |
|---|---|---|---|---|
| e | f | fis | a | h |
| $\left(\dfrac{^{24}}{V_2}\right)^0$ | $\left(\dfrac{^{24}}{V_2}\right)^{2}$ | $\left(\dfrac{^{24}}{V_2}\right)^{4}$ | $\left(\dfrac{^{24}}{V_2}\right)^{10}$ | $\left(\dfrac{^{24}}{V_2}\right)^{14}$ |

Ferner b. **drei gemischte chromatische Scalen**, denn mit der Lichanos des Chroma toniaion kann die Parhypate der beiden anderen Chromata oder auch die enharmonische Parhypate gemischt werden.

5. Mischung des **Chroma hemiolion und toniaion**

| c | e͘ | fis | a | h |
|---|---|---|---|---|
| $\left(\dfrac{^{24}}{V_2}\right)^0$ | $\left(\dfrac{^{24}}{V_2}\right)^{1\frac{1}{2}}$ | $\left(\dfrac{^{24}}{V_2}\right)^{4}$ | $\left(\dfrac{^{24}}{V_2}\right)^{10}$ | $\left(\dfrac{^{24}}{V_2}\right)^{14}$ |

6. Mischung des **Chroma malakon und toniaion**

| e | c͘ | fis | a | h |
|---|---|---|---|---|
| $\left(\dfrac{^{24}}{V_2}\right)^0$ | $\left(\dfrac{^{24}}{V_2}\right)^{1\frac{1}{2}}$ | $\left(\dfrac{^{24}}{V_2}\right)^{4}$ | $\left(\dfrac{^{24}}{V_2}\right)^{10}$ | $\left(\dfrac{^{24}}{V_2}\right)^{14}$ |

7. Mischung des **Enharmonion und Chroma tonaion**

| c | | fis | a | h |
|---|---|---|---|---|
| $\left(\dfrac{^{24}}{V_2}\right)^0$ | $\left(\dfrac{^{24}}{V_2}\right)^{1}$ | $\left(\dfrac{^{24}}{V_2}\right)^{4}$ | $\left(\dfrac{^{24}}{V_2}\right)^{10}$ | $\left(\dfrac{^{24}}{V_2}\right)^{14}$ |

Unter

den diatonischen Scalen

statuirt Aristoxenus a. zwei **ungemischte Diatona**:

8. Diatonon syntonon

$$
\begin{array}{ccccc}
e & f & g & a & h \\
\left(\dfrac{24}{V_2}\right)^0 & \left(\dfrac{24}{V_2}\right)^2 & \left(\dfrac{24}{V_2}\right)^4 & \left(\dfrac{24}{V_2}\right)^{10} & \left(\dfrac{24}{V_2}\right)^{14}
\end{array}
$$

9. Diatonon malakon

$$
\begin{array}{ccccc}
e & f & \text{fis} & a & h \\
\left(\dfrac{24}{V_2}\right)^0 & \left(\dfrac{24}{V_2}\right)^2 & \left(\dfrac{24}{V_2}\right)^5 & \left(\dfrac{24}{V_2}\right)^{10} & \left(\dfrac{24}{V_2}\right)^{14}
\end{array}
$$

Ferner b. drei gemischte Diatona, indem die Lichanos des Diatonon syntonon mit der Parhypate des Chroma hemiolion oder malakon oder mit der enharmonischen Parhypate gemischt sind:

10. Mischung des Chroma hemiolon und des Diatonon syntonon

$$
\begin{array}{ccccc}
e & e & g & a & h \\
\left(\dfrac{24}{V_2}\right) & \left(\dfrac{24}{V_2}\right)^{1\frac{1}{2}} & \left(\dfrac{3}{V_2}\right)^6 & \left(\dfrac{24}{V_2}\right)^{10} & \left(\dfrac{24}{V_2}\right)^{14}
\end{array}
$$

11. Mischung des Chroma malakon und des Diatonon syntonon

$$
\begin{array}{ccccc}
e & e & g & a & h \\
\left(\dfrac{24}{V_2}\right) & \left(\dfrac{24}{V_2}\right)^{1\frac{1}{3}} & \left(\dfrac{24}{V_2}\right)^6 & \left(\dfrac{24}{V_2}\right)^{10} & \left(\dfrac{24}{V_3}\right)^{14}
\end{array}
$$

12. Mischung des Enharmonion und des Diatonon syntonon

$$
\begin{array}{ccccc}
e & e & g & a & h \\
\left(\dfrac{24}{V_2}\right)^0 & \left(\dfrac{24}{V_2}\right)^1 & \left(\dfrac{24}{V_2}\right)^6 & \left(\dfrac{24}{V_2}\right)^{10} & \left(\dfrac{24}{V_2}\right)^{14}
\end{array}
$$

Aristoxenus stellt den Grundsatz auf, daß das erste Intervall (von unten gerechnet) entweder eben so groß wie das zweite sei [dann ist die Scala eine ungemischte], oder daß es kleiner als das zweite sei [bei gemischten Scalen], niemals aber könne das erste Intervall größer als das zweite sein. Denn eine solche Verbindung würde ekmelisch sein, d. i. könne in der praktischen Musik nicht gebraucht werden.

Mit dem letzteren Grundsatze des Aristoxenus stimmen nun zwar die Musiktheoretiker, welche nicht wie jener die gleichschwebende Temperatur, sondern die Stimmung der natürlichen Scala zur Grundlage der Musik machen, nicht überein. Sonst aber berühren sie sich aufs Entschiedenste mit Aristoxenus. Diese Musiker sind: Archytas,

Eratosthenes (um Weniges jünger als Aristoxenus), Claudius Didymus (aus der Zeit des Kaiser Nero) und endlich Claudius Ptolemäus (unter Kaiser Marc Aurel). Die drei ersten stellen je nur Ein Enharmonion, Ein Chromatikon, Ein Diatonon auf; Ptolemäus dagegen, welcher zugleich unsere Quelle für die Scalen der drei übrigen ist, statuirt ein Enharmonion, zwei Chromata und fünf Diatona.

Alle fünf Gewährsmänner geben für die Klänge der verschiedenen Quarten-Systeme (die sich leicht zu Quinten-Systemen ergänzen lassen) die Verhältnißzahlen der Schwingungen an. Wir führen diese Verhältnisse auf die Exponenten der Wurzel $\sqrt[24]{2}$ zurück.

## Archytas.[1]

Enharmonion:

| | 27:28 | 35:36 | 4:5 | 8:9 |
|---|---|---|---|---|
| | e | $\overset{+}{e}$ | f | a | h |
| | 1 | $^{28}/_{27}$ | $^{16}/_{15}$ | $^{4}/_{3}$ | $^{3}/_{2}$ |
| | $\left(\sqrt[24]{2}\right)0$ | $\left(\sqrt[24]{2}\right)1{,}259$ | $\left(\sqrt[24]{2}\right)2{,}234$ | $\left(\sqrt[24]{2}\right)9{,}961$ | $\left(\sqrt[24]{2}\right)14{,}039$ |

Chromatikon (gemischt):

| | 27:28 | 224:243 | 27:32 | 8:9 |
|---|---|---|---|---|
| | e | $\overset{+}{e}$ | fis | a | h |
| | 1 | $^{28}/_{27}$ | $^{9}/_{8}$ | $^{4}/_{3}$ | $^{3}/_{2}$ |
| | $\left(\sqrt[24]{2}\right)0$ | $\left(\sqrt[24]{2}\right)1{,}259$ | $\left(\sqrt[24]{2}\right)4{,}078$ | $\left(\sqrt[24]{2}\right)9{,}961$ | $\left(\sqrt[24]{2}\right)14{,}039$ |

Diatonon (gemischt):

| | 27:28 | 7:8 | 8:9 | 8:9 |
|---|---|---|---|---|
| | e | $\overset{+}{e}$ | g | a | h |
| | 1 | $^{28}/_{27}$ | $^{32}/_{27}$ | $^{4}/_{3}$ | $^{3}/_{2}$ |
| | $\left(\sqrt[24]{2}\right)0$ | $\left(\sqrt[24]{2}\right)1{,}259$ | $\left(\sqrt[23]{2}\right)5{,}882$ | $\left(\sqrt[24]{2}\right)9{,}961$ | $\left(\sqrt[24]{2}\right)14{,}039$ |

[1] Bei Marquard, „Aristoxenus", S. 275 heißt es, Archytas habe nur drei Geschlechter und gar keine Schattirungen angenommen. Das ist nicht richtig. Sowohl das Chromatikon wie das Diatonon des Archytas ist nicht das gewöhnliche, sondern eine Mischung, eine besondere „Schattirung" im Sinne des Aristoxenus.

# Eratosthenes.

**Enharmonion:**

|  | 39 : 40 | 38 : 39 | 18 : 19 | 8 : 9 |
|---|---|---|---|---|
| e | e | f | a | h |
| 1 | $^{40}/_{39}$ | $^{20}/_{19}$ | $^{4}/_{3}$ | $^{3}/_{2}$ |
| $\left(\dfrac{24}{V_2}\right)^0$ | $\left(\dfrac{24}{V_2}\right)^{0,875}$ | $\left(\dfrac{24}{V_2}\right)$ | $\left(\dfrac{24}{V_2}\right)^{9,961}$ | $\left(\dfrac{24}{V_2}\right)^{14,039}$ |

**Chromatikon:**

|  | 19 : 20 | 18 : 19 | 5 : 6 | 8 : 9 |
|---|---|---|---|---|
| e | $\overset{+}{\text{e}}$ | fis | a | h |
| 1 | $^{20}/_{19}$ | $^{10}/_{9}$ | $^{4}/_{3}$ | $^{3}/_{2}$ |
| $\left(\dfrac{24}{V_2}\right)^0$ | $\left(\dfrac{24}{V_2}\right)$ | $\left(\dfrac{24}{V_2}\right)^{3,648}$ | $\left(\dfrac{24}{V_2}\right)^{9,961}$ | $\left(\dfrac{24}{V_2}\right)^{14,039}$ |

**Diatonon:**

|  | 243 : 256 | 8 : 9 | 8 : 9 | 8 : 9 |
|---|---|---|---|---|
| e | f | g | a | h |
| 1 | $^{256}/_{243}$ | $^{32}/_{27}$ | $^{4}/_{3}$ | $^{3}/_{2}$ |
| $\left(\dfrac{24}{V_2}\right)^0$ | $\left(\dfrac{24}{V_2}\right)^{1,804}$ | $\left(\dfrac{24}{V_2}\right)^{5,882}$ | $\left(\dfrac{24}{V_2}\right)^{9,961}$ | $\left(\dfrac{24}{V_2}\right)^{14,039}$ |


# Didymus.

**Enharmonion:**

|  | 31 : 32 | 30 : 31 | 4 : 5 | 8 : 9 |
|---|---|---|---|---|
| e | $\overset{+}{\text{e}}$ | f | a | h |
| 1 | $^{32}/_{31}$ | $^{16}/_{15}$ | $^{4}/_{3}$ | $^{3}/_{2}$ |
| $\left(\dfrac{24}{V_2}\right)^0$ | $\left(\dfrac{24}{V_2}\right)^{1,099}$ | $\left(\dfrac{24}{V_4}\right)^{2,234}$ | $\left(\dfrac{24}{V_2}\right)^{9,961}$ | $\left(\dfrac{24}{V_2}\right)^{14,039}$ |

**Chromatikon:**

|  | 15 : 16 | 24 : 25 | 5 : 6 | 8 : 9 |
|---|---|---|---|---|
| e | f | $\hat{\text{f}}$ | a | h |
| 1 | $^{16}/_{15}$ | $^{10}/_{9}$ | $^{4}/_{3}$ | $^{3}/_{2}$ |
| $\left(\dfrac{24}{V_2}\right)^0$ | $\left(\dfrac{24}{V_2}\right)^{2,234}$ | $\left(\dfrac{24}{V_2}\right)^{3,648}$ | $\left(\dfrac{24}{V_2}\right)^{9,961}$ | $\left(\dfrac{24}{V_2}\right)^{14,039}$ |

Diatonon:

|   | 15:16 | 9:10 | 8:9 | 8:9 |
|---|---|---|---|---|
|   | e | f | g | a | h |

$$\begin{array}{ccccc} e & f & g & a & h \\ 1 & {}^{16}/_{15} & {}^{32}/_{27} & {}^{4}/_{3} & {}^{3}/_{2} \\ \left(\sqrt[24]{2}\right)^0 & \left(\sqrt[24]{2}\right)^{2,234} & \left(\sqrt[24]{2}\right)^{5,882} & \left(\sqrt[24]{2}\right)^{9,961} & \left(\sqrt[24]{2}\right)^{14,039} \end{array}$$


## Ptolemäus.

Enharmonion:

$$\begin{array}{ccccc} & 45:46 & 23:24 & 4:5 & 8:9 \\ c & \overset{+}{e} & f & a & h \\ 1 & {}^{46}/_{45} & {}^{16}/_{15} & {}^{4}/_{3} & {}^{3}/_{2} \\ \left(\sqrt[24]{2}\right)^0 & \left(\sqrt[24]{2}\right)^{0,761} & \left(\sqrt[24]{2}\right)^{2,234} & \left(\sqrt[24]{2}\right)^{9,961} & \left(\sqrt[24]{2}\right)^{14,039} \end{array}$$


Chroma malakon:

$$\begin{array}{ccccc} & 27:28 & 14:15 & 5:6 & 8:9 \\ e & \overset{+}{e} & fis & a & h \\ 1 & {}^{28}/_{27} & {}^{10}/_{9} & {}^{4}/_{3} & {}^{3}/_{2} \\ \left(\sqrt[24]{2}\right)^0 & \left(\sqrt[24]{2}\right)^{1,259} & \left(\sqrt[24]{2}\right)^{3,648} & \left(\sqrt[24]{2}\right)^{9,961} & \left(\sqrt[24]{2}\right)^{14,039} \end{array}$$


Chroma syntonon:

$$\begin{array}{ccccc} & 21:22 & 11:12 & 6:7 & 7:8 \\ c & \overset{+}{c} & \overset{+}{fis} & a & h \\ 1 & {}^{22}/_{21} & {}^{6}/_{7} & {}^{4}/_{3} & {}^{3}/_{2} \\ \left(\sqrt[24]{2}\right)^0 & \left(\sqrt[24]{2}\right)^{1,601} & \left(\sqrt[24]{2}\right)^{4,623} & \left(\sqrt[24]{2}\right)^{9,961} & \left(\sqrt[24]{2}\right)^{14,039} \end{array}$$


Diatonon malakon:

$$\begin{array}{ccccc} & 20:21 & 9:10 & 7:8 & 8:9 \\ c & \overset{+}{c} & \overset{\pm}{fis} & a & h \\ 1 & {}^{21}/_{20} & {}^{7}/_{6} & {}^{4}/_{3} & {}^{3}/_{2} \\ \left(\sqrt[24]{2}\right)^0 & \left(\sqrt[24]{2}\right)^{1,689} & \left(\sqrt[24]{2}\right)^{5,337} & \left(\sqrt[24]{2}\right)^{9,961} & \left(\sqrt[24]{2}\right)^{14,039} \end{array}$$

Diatonon toniaion:

$$27:28 \qquad 7:8 \qquad 8:9 \qquad 8:9$$

| c | e | g | a | h |
|---|---|---|---|---|
| 1 | $^{19}/_{27}$ | $^{32}/_{27}$ | $^4/_3$ | $^3/_2$ |
| $\binom{24}{V_2}0$ | $\binom{24}{V_4}1{,}259$ | $\binom{24}{V_2}5{,}882$ | $\binom{24}{V_2}8{,}961$ | $\binom{24}{V_3}14{,}039$ |

Diatonon ditoniaion:

$$243:256 \qquad 8:9 \qquad 8:9 \qquad 8:9$$

| e | f | g | a | h |
|---|---|---|---|---|
| 1 | $^{266}/_{243}$ | $^6/_5$ | $^4/_3$ | $^3/_2$ |
| $\binom{24}{V_2}0$ | $\binom{24}{V_2}1{,}8045$ | $\binom{24}{V_2}6{,}3128$ | $\binom{24}{V_2}9{,}961$ | $\binom{24}{V_3}14{,}039$ |

Diatonon syntonon:

$$15:10 \qquad 8:9 \qquad 9:10 \qquad 8:9$$

| c | f | g | a | h |
|---|---|---|---|---|
| 1 | $^{16}/_{15}$ | $^{32}/_{27}$ | $^4/_3$ | $^3/_2$ |
| $\binom{24}{V_2}0$ | $\binom{24}{V_2}2{,}2346$ | $\binom{24}{V_2}5{,}8827$ | $\binom{24}{V_2}9{,}961$ | $\binom{24}{V_3}14{,}039$ |

Diatonon homalon:

$$11:12 \qquad 10:11 \qquad 9:10 \qquad 8:9$$

| e | f | g | a | h |
|---|---|---|---|---|
| 1 | $^{12}/_{11}$ | $^6/_5$ | $^4/_3$ | $^3/_2$ |
| $\binom{24}{V_2}0$ | $\binom{24}{V_2}3{,}012$ | $\binom{24}{V_2}6{,}313$ | $\binom{24}{V_2}9{,}961$ | $\binom{24}{V_2}14{,}039$ |

Diejenigen Klänge der griechischen Scalen, welche auch in unserer Musik vorkommen, nennen wir nach Aristoxenus' Vorgange „gerade Klänge", d. h. Grenzklänge gerader Intervalle. Die in unseren diatonischen Scalen nicht vorkommenden Klänge der Alten müssen „ungerade und irrationale Klänge" genannt werden. Da es uns Modernen unmöglich ist, in den ungeraden und irrationalen Klängen ein wesentliches Moment der Musik zu erkennen, so können wir bloß die geraden Klänge der griechischen Scalen als wesentliche Bestandtheile der Tonleitern auffassen und müssen uns die übrigen gewissermaßen als ornamentistische Elemente, als Verzierungen denken.

Die vereinfachten diatonischen Scalen des Terpander und Olympus, von denen wir S. 62. 63. 128 den Originalbericht des Aristoxenus mittheilen, bestehen lediglich aus wesentlichen Klängen der diatonischen Tonleiter. Die zweite Musikperiode der Griechen fügt denselben leiterfremde Schaltklänge gleichsam als eine uns nicht begreifliche Verzierung hinzu. Die vereinfachte Scala des Olympus wird auf diese Weise einerseits zur enharmonischen Scala, andererseits zur Scala des Diatonon malakon. Aus der vereinfachten diatonischen Scala Terpander's wird durch Einfügung leiterfremder Schalttöne die Scala des gemischten Diatonon. Wie die chromatischen Scalen auf Scalen von wesentlichen Elementen zurückzuführen sind, wird weiterhin zu besprechen sein.

## Verzierungen der alten vereinfachten Scala des Olympus.

### a. Enharmonische Scala.

Für die vollständige Aeolische oder Hypodorische Octave lautet das Enharmonion:

| a | h | h̊ | c | [d] | e | e̊ | f | [g] | a |
|---|---|---|---|-----|---|---|---|-----|---|
| 1 | 2 | 3 |   | [4] | 5 |   | 6 | [7] | 8 |

Die beiden Halbton-Intervalle h c und e f sind hier durch je zwei Vierteltöne zertheilt. So entsteht nun das Pyknon h h̊ c und e e̊ f. „Von Olympus — sagt Aristoxenus S. 479 — scheint das enharmonische Pyknon nicht herzurühren, wovon man sich leicht überzeugen kann, wenn man einen Auleten in archaischer Weise spielen hört, denn ein solcher will, daß der Halbton ein unzusammengesetzter (nicht durch Vierteltöne getheilter) sei. Später aber wurde der Halbton getheilt." Dem Aristoxenus scheint aber diese spätere Einfügung des enharmonischen Schalttones keineswegs zu mißfallen oder mit dem „schönen Typus" der Musik in Widerspruch zu stehen, denn sichtlich bedauert er, daß das Enharmonion bei den Musikern seiner Zeit in Vergessenheit zu gerathen anfängt. Ohne Zweifel ist es nämlich Aristoxenus, aus welchem die folgende Stelle des Plutarchischen Dialoges über Musik (c. 37 a. ff.) entlehnt ist: „Obwohl es drei Tongeschlechter giebt, die von einander durch die Größe der Intervalle und durch die Stufen der Töne, und ebenso auch durch die Tetrachord-Theilungen verschieden sind, so haben dennoch die Alten in ihren

Schriften bloß ein einziges Tongeschlecht behandelten. Meine Vorgänger haben nämlich weder das chromatische, noch das diatonische, sondern bloß das enharmonische und auch von diesem kein größeres Tonsystem als bloß die Octave berücksichtigt.

„Denn daß es nur eine einzige Art der Harmonik giebt, darin waren fast alle einverstanden, während man sich über die verschiedenen Arten der beiden anderen Tongeschlechter nicht einigen konnte. Die jetzt lebenden aber haben das schönste der Tongeschlechter, dem die Alten seiner Ehrwürdigkeit wegen den meisten Eifer widmeten, ganz und gar hintangesetzt, so daß bei der großen Mehrzahl nicht einmal das Vermögen, die enharmonische Intervalle wahrzunehmen, vorhanden ist; sie sind in ihrer trägen Leichtfertigkeit so weit herabgekommen, daß sie die Ansicht aufstellen, die enharmonische Diesis mache überhaupt nicht den Eindruck eines den Sinnen wahrnehmbaren Intervalles, und daß sie dieselben aus den Melodien ausschließen. Diejenigen — so sagen sie — hätten thöricht gehandelt, welche darüber eine Theorie aufgestellt [1] und dies Tongeschlecht in der Praxis verwandt hätten. Als sichersten Beweis für die Wahrheit ihrer Aussage glauben sie vor Allem ihre eigene Unfähigkeit vorzubringen, ein solches Intervall wahrzunehmen. Als ob Alles, was ihren Ohren entginge, durchaus nicht vorhanden und nicht praktisch verwendbar sei! Sodann machen sie auch die Thatsache geltend, daß der enharmonische Viertelton nicht durch symphonische Intervalle [Quarte, Quinte, Octave] bestimmt werden kann, wie dies doch bei dem Halbtone, dem Ganztone und den größeren [geraden] Intervallen der Fall sei. Sie sehen aber nicht, daß auf diese Weise auch die ungeraden Intervalle von 3, 5, 7 enharmonischen Diesen ausgeschlossen und daß überhaupt die sämmtlichen ungeraden Intervalle als unbrauchbar verworfen werden müßten; denn keines von ihnen kann durch ein symphonisches Intervall bestimmt werden. Demgemäß wäre keine andere Scala brauchbar, als nur eine solche, in welcher bloß gerade Intervalle enthalten sind, also nur das Diatonon syntonon und das Chroma toniaion. Mit diesen ihren Aussprüchen und Behauptungen widersprechen die gegen das Enharmonion ankämpfenden Musiker nicht nur der augenscheinlichen Thatsache, sondern stehen sogar mit sich selber in Widerstreit. Denn gerade solche Scalen werden von ihnen bevorzugt, in welchen die meisten Intervalle entweder ungerade oder irrationale sind."

---

[1] Die Gegner des Enharmonions denken außer an Aristoxenus auch an Archytas und an diejenigen Vorgänger des Aristoxenus, welche dieser die „alten Harmoniker" nennt.

So spricht Aristoxenus über den zu seiner Zeit beginnenden Untergang der Enharmonik.

Das Enharmonion ist also nicht, wie Bellermann meint, erst das Ergebniß einer späteren Musikperiode von bereits verdorbenem Geschmacke. Vielmehr wissen wir genau, daß es in der Zeit des Aristoxenus bereits zu erlöschen begonnen hatte, und daß eben die Musiker aus der Periode Alexander's des Großen, deren Geschmacksrichtung Aristoxenus sonst der Periode des Persischen und Peloponnesischen Krieges gegenüber als eine herabgekommene prädicirt, das alte Enharmonion nicht mehr gelten lassen wollten. Sie thaten dies nicht etwa deshalb, weil ihnen überhaupt die auch in unserer heutigen Musik nicht vorkommenden leiterfremden Schalttöne nicht mehr behagt hätten: nein, es war bei ihnen nur eine individuelle Antipathie gerade gegen die enharmonischen Vierteltöne, denn im Uebrigen hatten sie ja, wie Aristoxenus gegen sie bemerkt, an ungeraden und irrationalen Intervallen eine gar große Vorliebe.

Auch in einer Stelle seiner ersten Harmonik (§. 52) sagt Aristoxenus: „Daß es eine Compositionsweise gibt, welcher das unzusammengesetzte Intervall [der enharmonischen Scala] vom Umfange der großen Terz f a unerläßlich ist, ist den meisten von denen, welche sich heutzutage mit Musik beschäftigen nicht bekannt, doch dürfte es ihnen, wenn man sie darauf hinführte, bekannt werden. Denjenigen aber ist es hinlänglich klar, welche mit den alten Compositionsweisen der ersten und der zweiten Musikperiode vertraut sind." Der ersten Musikperiode gehören die Compositionen des alten Olympus an, welche sich in der vereinfachten Diatonik bewegten, aus welcher späterhin die Enharmonik hervorgegangen ist. Die alten Compositionen der zweiten Musikperiode sind eben diejenigen, welche das vereinfachte Diatonon des Olympus durch den enharmonischen Schaltton erweitert hatten (vgl. oben S. 36. 41. 45)[1]. Es ist offenbar, daß Aristoxenus kein Widersacher des enharmonischen Schalttones ist.

Daß von den beiden aus der Olympischen Vereinfachung des Diatonons durch hinzugefügte nicht diatonische Schalttöne hervorgegangenen Scalen das Diatonon malakon eine Neuerung des Polymnastus ist, steht durch die Ueberlieferung fest. Wahrscheinlich würde ebendasselbe auch für das Enharmonion längst feststehen, wenn in einer schon früher angeführten Stelle Plutarch's nicht eine Wortlücke statt-

---

[1] In den Olympischen Compositionen der ersten Musikperiode fehlte hinter dem Halbtone der Ganzton, in den Compositionen der zweiten Musikperiode war außerdem der Halbton-Intervall durch zwei Vierteltöne zertheilt.

fände. Ich habe schon im Jahre 1865 eine Ergänzung der Lücke
vorgeschlagen, indem ich in meiner Ausgabe des Plutarchischen Dialoges den Anfang des c. 10 folgendermaßen schrieb:

> „Auch Polymnastus hat aulodische Nomoi componirt.
> In dem Orthios hat er die [enharmonische] Melopöie an-
> gewandt, wie die Harmoniker sagen; genau aber können
> wir es nicht behaupten, denn die alten Historiker erwähnen
> nichts davon."

Das eingeklammerte Wort „enharmonische" fehlt in der Handschrift.
Schwerlich hat dort ein anderes als dieses gestanden. Es ist nämlich Heraklides Ponticus, aus dem der Plutarchische Dialog diese Stelle excerpirt
hat (darüber weiter unten). Die Hauptquelle, welcher Heraklides folgt,
ist die ehrwürdige Schrift des Glaucus Rheginus über die alten Componisten und Musiker. Keinen anderen als ihn kann Heraklides im Auge
haben, wenn er sagt: „die alten Historiker erwähnen nichts davon."
Wir wissen, daß Glaucus eine sehr vorzügliche Quelle ist. Und so
mag Heraklides immerhin sagen bezüglich einer über Polymnastus
aus einer anderen Quelle von ihm beigebrachten Thatsache: „genau
aber können wir dies nicht behaupten". Diese andere Quelle, aus welcher
Heraklides excerpirt: „In dem Orthios hat Polymnastus u. s. w.", wird von
ihm namhaft gemacht. Es sind „die Harmoniker". Heraklides jüngerer
Zeitgenosse und ehemaliger Mitschüler aus dem Aristotelischen Lyceum,
Aristoxenus, hat in seiner ersten und dritten Harmonik ebenfalls
„die Harmoniker" vor Augen. Er sagt hier, daß dieselben von allen
drei Arten des Melos nur das Enharmonion besprochen, dagegen das
diatonische und chromatische Melos niemals und in keiner Weise herbeigezogen hätten. Aristoxenus versichert dies zu so wiederholten Malen
(vgl. oben S. 33), daß wir an dieser Thatsache nicht im mindesten
zweifeln können; hat also Heraklides aus den Harmonikern die Notiz
geschöpft, daß Polymnastus in seinem Nomos Orthios irgend eine
Melopöie angewandt habe, so kann dieses, da die Enharmoniker kein
anderes Melos als nur das enharmonische besprachen, eben nur die
enharmonische Melopöie gewesen sein. Hiernach muß ich für meine
Ausfüllung der in den Plutarchischen Handschriften stattfindenden Lücke
die volle Richtigkeit beanspruchen. Meines Erachtens steht fest, daß
in den Schriften der Harmoniker der alte Aulode Polymnastus für die
enharmonische Scala citirt war. Aristoxenus sagt bei Plutarch c. 11:
wenn man einen Auleten in archaischer Weise spielen höre, so über-
zeuge man sich, daß Olympus die Theilung des Halbtones in zwei
enharmonische Vierteltöne noch nicht gekannt habe. Später aber

sei der Halbton getheilt worden, sowohl in den Lydischen wie in den
Phrygischen Compositionen. Wir wissen nun aus dem Plutarchischen
Dialoge c. 8 b: „zur Zeit des Polymnastus und des Sakadas gab es
drei Tonarten, die Dorische, die Phrygische und die Lydische." Also
der nach Olympus lebende Meister, welcher in der Phrygischen und Lydischen Scala das Halbton-Intervall in zwei
enharmonische Vierteltöne getheilt hat, war der Meister
Polymnastus. Der Bericht des Aristoxenus über die Entstehung
der Enharmonik vereint sich ungesucht mit dem Berichte der Harmoniker zu einem Ganzen, von denen Polymnastus für das enharmonische Tongeschlecht, welches sie mit Ausschluß des diatonischen und
chromatischen besprachen, citirt ist.

### b. Diatonon malakon.

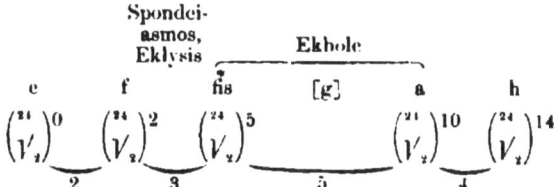

Auch hier fehlt wie in der enharmonischen Scala der obere Grenzklang des auf das Halbton-Intervall e f folgenden Ganztones f g. Als
Verzierung ist einen Viertelton abwärts von g der leiterfremde Klang
fis eingeschaltet, der mit dem Klange a einen übermäßigen Ganzton im
Verhältnisse 6 : 7, wie Ptolemäus für das von ihm nach der natürlichen Scala berechnete Diatonon malakon angiebt. Auf dem Posthorne
haben wir auch wohl heute noch Gelegenheit, den unteren Grenzklang
dieses Intervalles zu hören. Kirnberger kam darauf, diesen Klang
(den Ton i, wie er ihn nannte) praktisch in der Orgelmusik zu verwenden.

Nach der Mittheilung bei Aristides p. 28 und Bacchius p. 11 hat
das Intervall fis a die Benennung Ekbole (5 enharmonische Diesen);
das Intervall f fis wird beim Aufsteigen der Melodie Spondeiasmos,
beim Absteigen fis f Eklysis genannt (ungerades Intervall von 3 enharmonischen Diesen). Aristoxenus (bei Plutarch de mus. 11) gelegentlich der Olympischen Vereinfachung der diatonischen Scala, aus der
sich späterhin durch Theilung des Halbtones das Enharmonion entwickelt habe, gebraucht den Ausdruck „syntonoteros Spondeiasmos"

von einem Intervalle, welches um eine Diesis kleiner als der Ganzton sei, also von einer Intervallgröße dreier enharmonischer Diesen.

In dem Berichte des Plutarchischen Dialoges c. 28 über die Neuerungen des Terpander, Archilochus, Olympus, Lasos von Hermione heißt es von Polymnastus:

> „Auf Polymnastus führen sie den jetzt sogenannten Tonos hypolydios und die Eklysis und Ekbole zurück und sagen, daß er ... viel größer gemacht habe."

Nimmt man in dieser Stelle nicht an, daß in der handschriftlichen Ueberlieferung des Textes ein Wort ausgefallen ist, dann würde es heißen: Polymnastus habe die Eklysis und die Ekbole viel größer gemacht. Aber schon die Vergrößerung um nur eine einzige kleinste Diesis würde aus der Eklysis einen Ganzton (von 4 Diesen), aus der Ekbole eine kleine Terz (von 6 Diesen) gemacht haben. Welchen Sinn sollte es da haben, daß Polymnastus die beiden Intervalle viel größer gemacht habe? Welches Wort hier etwa ausgefallen sein kann, werden wir später zu untersuchen haben. Genug, so viel steht fest, daß Polymnastus als der Erfinder der Eklysis und der Ekbole, mithin des Diatonon malakon überliefert ist. Man darf nicht mit Ernest David (s. u.) daraus folgern, Polymnastus habe die Eklysis und Ekbole bereits vorgefunden.

Das Diatonon malakon, welches gleich dem Enharmonion auf der Auslassung des dem Halbton-Intervalle folgenden Ganztones beruht und nur durch die Stelle des eingefügten leiterfremden Schalttones von dem Enharmonion sich unterscheidet, hat dieses in der Praxis der griechischen Musik lange Zeit überdauert, denn während schon die meisten Zeitgenossen des Aristoxenus dem Enharmonion widerstrebten, waren dieselben Musiker den Melopöien mit der Ekbole und Eklysis in hohem Grade zugethan, wie Aristoxenus an derselben Stelle gegen sie geltend macht. In der Musikperiode des Ptolemäus, wo das Enharmonion nur eine theoretische, aber keine praktische Bedeutung mehr hatte — denn in den für die praktische Musik aufgestellten Scalen des Ptolemäus kommt es nirgends vor — wurde ein im Diatonon malakon gestimmtes Pentachord als unterer Theil der Octave mit einem von Ptolemäus sogenannten Diatonon toniaion als oberem Tetrachorde praktisch verbunden. Wir bemerken, daß der zweite Klang des Diatonon malakon bei Aristoxenus ein reines f war (S. 123), bei Ptolemäus aber um ein weniges nachgelassen (S. 126).

## Verzierung der alten vereinfachten Scala Terpander's.

### Diatonon mit Enharmonion oder Chroma gemischt.

Terpander hatte eine Vorliebe dafür, im Gesange den oberen Grenzklang des Halbton-Intervalles unbenutzt zu lassen. Auf Grundlage dieser Vereinfachung des Diatonon war ein durch Hinzufügung eines leiterfremden Klanges gemischtes Diatonon entwickelt worden, welches schon bei Aristoxenus' Vorgänger Archytas sich großen Beifalles erfreut haben muß. Denn das einzige Enharmonion, welches Archytas aufführt, ist mit diesem gemischten Diatonon identisch. Welcher von den alten Meistern dasselbe zuerst aufgebracht hat, ist uns in den Quellen nicht überliefert. Doch schon der früheste Notenerfinder legt es seiner Notirung der diatonischen Scala zu Grunde. Wenn also, wie späterhin wahrscheinlich gemacht wird, der alte Notenerfinder mit der Person des Polymnastus identisch ist, dann wird ebenso wie das Enharmonion und Diatonon malakon auch das gemischte Diatonon auf Polymnastus zurückzuführen sein. Daß Polymnastus vorwiegend dem Kunstzweige der Auletik und Aulodik angehört, das gemischte Diatonon aber dem Kreise der Kitharodik, wird kaum bedenklich erscheinen können.

Aristoxenus statuirt unserem gemischten Diatonon zu Liebe in der zweiten Harmonik § 107 drei verschiedene Kategorien der diatonischen Scalen, je nach der Anzahl der hier vorkommenden verschiedenen Intervallgrößen. Es giebt nach ihm erstens ein Diatonon mit zwei verschiedenen Intervallgrößen. Dies ist das rein-diatonische, von ihm sogenante Diatonon syntonon, dasselbe, wie die Diatonik der modernen Musik. — Zweitens ein Diatonon mit drei verschiedenen Intervallgrößen. Dies ist das gemischte Diatonon des Archytas. — Drittens ein Diatonon mit vier verschiedenen Intervallgrößen, das Diatonon malakon (des Polymnastus). So lange die Forscher auf die Schriften des Aristoxenus noch nicht im Zusammenhange eingegangen waren, so lange hatte sich das gemischte Diatonon mit drei verschiedenen Intervallgrößen ihren Blicken entzogen. Auch der Aristoxenus-Herausgeber Marquard war noch so sehr daran gewöhnt, sich im Gesichtskreise Böckh's und Bellermann's zu bewegen, daß er, trotzdem er die Aristoxenische Stelle vom Diatonon mit drei Intervallgrößen richtig übersetzt und den griechischen Text derselben richtig emendirt hat, dennoch die darin enthaltene höchst werthvolle Thatsache lieber ableugnete, als für unsere Kenntniß der griechischen Musik zu ver-

werthen suchte. Ja, diese Stelle ist es hauptsächlich, die ihn veran-
laßt, gegen die Echtheit der Aristoxenischen Schriften einen Kampf zu
führen, dessen vermeintliches Ergebniß die Entstehung derselben aus
planlos vereinten byzantinischen Excerpten ist.

Die Parhypate (zweittiefster Klang) des gemischten Diatonon
schwankt nach Aristoxenus zwischen der Parhypate des Chroma hemiolion, des Chroma malakon und des Enharmonion. Wird die Hypate $= 1$ angesetzt, so ergiebt sich bezüglich ihres Schwingungsverhält-
nisses zur Parhypate der dreifach verschiedene Werth:

$$\text{im Chroma hemiol. ist die Parhypate } \overset{\bullet\bullet}{c} \left(\frac{^{24}}{V_{2}}\right)^{1,500}$$

$$\text{im Chroma malak. ist die Parhypate } \overset{\bullet\bullet}{e} \left(\frac{^{24}}{V_{2}}\right)^{1,833}$$

$$\text{im Enharmonion ist die Parhypate } \overset{\bullet}{e} \left(\frac{^{24}}{V_{2}}\right)^{1,000}$$

Nach Archytas' Bestimmung ergiebt sich dafür der Werth:

$$\left(\frac{^{24}}{V_{2}}\right)^{1,259}$$

Also Archytas hat für die Parhypate des (gemischten) Diatonon
einen Klang im Sinne, welcher, mit den Aristoxenischen Angaben verglichen, zwischen der Parhypate des Chroma malakon und der des
Enharmonion steht, doch der Parhypate des Chroma malakon näher,
als der des Enharmonion.

Es ist zu bemerken, daß Archytas der Parhypate des (gemischten)
Diatonons genau dieselbe Klanghöhe vindicirt wie der Parhypate des
Enharmonion, beiläufig auch dieselbe Klanghöhe wie der des (gemischten) Chromatikon. Er hört also für die Parhypate der in Rede
stehenden drei Scalen genau den nämlichen Klang, ebenso wie ihm auch
der Erfinder des Instrumentalnoten-Alphabetes gehört haben muß,
denn dieser hat der Parhypate der enharmonischen, chromatischen
und diatonischen Scala ein und dasselbe Notenzeichen gegeben. Jener
alte Erfinder der Noten und der nicht lange vor Aristoxenus lebende
Archytas stehen bezüglich der Parhypate der drei Klanggeschlechter
vollständig auf demselben Standpunkte.

Aristoxenus dagegen vindicirt dieser nur um ein sehr kleines Intervall von der Hypate abstehenden Parhypate eine dreifach verschiedene

Klanghöhe, denn das eine Mal ist sie einen Viertelton von jener entfernt,
das andere Mal einen Drittelton, wieder ein anderes Mal $^3/_4$ des
Ganztones. Unsere Musik hat wie gesagt keine Verwendung für so
kleine Intervalle, aber alle Achtung vor dem feinen Gehörsinn der
Griechen, wenn sie solche Intervalle zu vernehmen und zu unterscheiden
verstanden. Aristoxenus gesteht zwar, daß der Viertelton bei den
meisten Musikern seiner Zeit im Verschwinden begriffen ist. Aber
die beiden anderen kleinen Intervalle kamen damals noch häufig genug zur Anwendung. Außerdem erklärt ja Aristoxenus, daß es in
Wahrheit unendlich viele solcher Intervallgrößen gebe. (Zweite Harmonik § 53d S. 277.)

Um so eher werden wir anerkennen, daß Archytas bei seiner
diatonischen Paranete (des Intervalles 27:28) denselben Ton vor
Ohren hat, welchen Aristoxenus als dreifach wechselnde Paranete des
(gemischten) Diatonon bezeichnet.

In der Musikperiode des Ptolemäus muß das gemischte Diatonon
noch viel häufiger als zu Aristoxenus Zeit geworden sein. In den
Melopöie-Arten der damaligen Kitharoden und Lyroden bildete sie die
am häufigsten gebräuchliche Scala. Sie ist genau identisch mit dem
(gemischten) Diatonon des Archytas. Ptolemäus selber, der die Termini mehrfach anders als Aristoxenus gebraucht, nennt diese Scala
„Diatonon toniaion", d. h. das einen großen Ganzton 8:9 enthaltende
Diatonon. Das reine ungemischte Diatonon kam in jenen Arten der
Melopöie immer nur für die Hälfte der Octave, niemals für beide
Hälften der Octave vor. Die zweite Hälfte derselben war dann stets
nach den Intervallen des gemischten Diatonon bestimmt. Dies gemischte Diatonon dagegen war das einzige Klanggeschlecht, welches
auch continuirlich für eine ganze Octavenscala angewandt wurde. Die
aus der Zeit Hadrians uns überkommenen Melodien des Mesomedes
sind zwar der bisherigen Interpretation zufolge im ungemischten Diatonon
syntonon gehalten, demselben Diatonon, in welchen sich die moderne
Musik bewegt. Aber Ptolemäus aus der Zeit Marc Aurel's weiß von
solchen Scalen wenigstens für die Musik der Kitharoden und Lyroden
nichts mehr.

### Verzierungen in den chromatischen Scalen.

Von den bei Aristoxenus aufgeführten chromatischen Scalen (oben
S. 122) stimmten die drei gemischten Chromata und das ungemischte

Chroma tonioion darin überein, daß ihnen allen folgende Klänge der diatonischen Scala gemeinsam sind:

e      fis          a      h

Das deutet auf eine a-Dur- oder fis-Moll-Scala, in welcher der tiefere Grenzklang des Halbton-Intervalles gis a ausgelassen ist:

e      fis     [gis]     a      h

Vervollständigen wir das vorstehende chromatische Pentachord zur ganzen Octave fis-Moll (der Hypodorischen Octavengattung):

fis    [gis]    a    h    [cis]    d    e    fis
1     $\frac{1}{2}$    1    1     $\frac{1}{2}$    1    1

Zur bequemeren Vergleichung mit den diatonischen und enharmonischen Octaven, welche im Vorausgehenden durchgängig in der Transpositionsscala ohne Vorzeichnung gehalten wurden, haben wir auch das vorstehende fis-Moll in die gleiche Scala zu transponiren:

a    [h]    c    d    [e]    f    g    a
1    $\frac{1}{2}$    1    1    $\frac{1}{2}$    1    1

Diese Vereinfachung der diatonischen Tonleiter muß es gewesen sein, aus welcher vermittelst Einfügung leiterfremder Schalttöne das Chroma hervorgegangen ist.

Wie verhält sich diese Scalenvereinfachung zu der des Terpander und Olympus?

Das Diatonon in Terpander's Vereinfachung, aus welcher ebenfalls vermittelst leiterfremder Schalttöne das gemischte Diatonon hervorging, war folgendes:

a    h    [c]    d    e    [f]    g    a
1    $\frac{1}{2}$    1    1    $\frac{1}{2}$    1    1

In der Vereinfachung des Olympus, auf welcher das Enharmonion und das Diatonon malakon basirt, hatte die diatonische Octave folgende Gestalt:

In der dem Chroma als Voraussetzung dienenden diatonischen
Scala blieb (für die Melodie) der untere Grenzklang des Halbton-
Intervalles unberührt,

in der vereinfachten Scala Terpander's dagegen der obere Grenzklang des Halbton-Intervalles,

in der Scala des Olympus der oberhalb des Halbton-Intervalles
folgende Ganzton.

Wer die dem Chroma als Grundlage dienende vereinfachte diatonische Scala zuerst aufgebracht hat, ist uns nicht überliefert. In der
zweiten Musikperiode fiel auch sie der Verzierung durch einen leiterfremden Schaltton anheim. Derselbe wurde eingefügt — wir kehren zur
Transpositions-Scala 𝄪 zurück — innerhalb des das Tetrachord beginnenden Ganztones e fis:

von der Hypate e entweder einen Halbton entfernt — als Parhypate f,

oder anderthalb enharmonische Diesen entfernt — als Parhypate ë,

oder 1¹/₃ Diesen entfernt — als Parhypate ë,

oder endlich eine enharmonische Diesis entfernt — als Parhypate e.

Von diesen vier Formen mit der vierfach verschiedenen Parhypate heißt die erste Chroma toniaion, die drei anderen sind
gemischte Chromata, nämlich das zweite und dritte ein Chroma
toniaion gemischt mit Chroma hemiolion oder aber mit Chroma malakon, das vierte endlich ein Chroma toniaion gemischt mit Enharmonion. Die letztere Mischung ist das (gemischte) Chroma des Archytas und zugleich dasjenige, welches der chromatischen Scala zu
Grunde liegt, die der älteste Notenerfinder bei der Notirung im
Auge hat. Es ist die älteste Notirung der griechischen Scalen ein
einheitlicher Act[1] eines und desselben alten Musikers, für den wir den

---

[1] Gevaert I, 425 ist anderer Ansicht: „Mais Bellermann [?] et Westphal
sont incontestablement dans l'erreur, lorsqu'ils considèrent la notation instrumentale comme ayant été créée tout d'une pièce. En l'analysant attentinement, on
s'aperçoit bientôt qu'avant d'arriver au degré d'élaboration où nous la montrent
Alypius et ses contemporains, elle avait traversé au moins trois phases succes-
sives. Ainsi que Fortlage l'a remarqué avec justesse, à son état le plus ancien
elle était purement diatonique et ne se composait que de .lettres droites. Une
échelle originairement divisée par demi-tons n'aurait pas donné lieu à cette ac-
cumulation inutile d'homotones pour les sons ut et fa. Les signes retournés

Namen des Polymnastus in Anspruch zu nehmen schwerlich umhin
können. Damit würde also Polymnastus, der uns für das Diatonon
malakon als Erfinder sicher überliefert ist und den aller Wahrscheinlichkeit nach auch die alten Harmoniker als frühesten Componisten
in der enharmonischen Scala genannt haben, zugleich derjenige sein,
welcher auch für die chromatische Scala verantwortlich gemacht
werden muß.[1]

Ueber die spätere Geschichte des Chromas wissen wir zunächst
was Aristoxenus in der ersten Harm. §. 52 gelegentlich seiner Zeitgenossen, welchen das Enharmonion antipathisch geworden war, bemerkt: „Die bloß an die heutige Compositionsweise gewöhnten schließen
das enharmonische Intervall aus und — es sind dies die meisten
unserer modernen Musiker — wenden statt des enharmonischen Klanges
stets höhere Klänge an. Der Grund davon ist, daß sie eine Vorliebe
für das Süßliche haben; verweilen sie doch die längste Zeit im Chroma,
und wenn sie einmal in das Enharmonion hineingerathen, so nähern
sie dasselbe dem Chroma an, zu welchem sie nun einmal durch ihren
Charakter hingezogen worden". So sagt Aristoxenus auch in der durch
Theo Smyrnäus überlieferten Stelle (erste Harm. § 45): „Von den
drei Melos-Arten hat das diatonische Melos, weil es am meisten durch
Ganztöne schreitet, einen würdigen, kräftigen und wohlklingenden

---

viennent en deuxième lieu par ordre de date; ils furent créées pour la transposition des modes; l'échelle générale devint chromatique, de diatonique qu'elle
avait été jusque là. Enfin l'invention des signes couchés marque une troisième
et dernière étape dans l'histoire des progrès de la sémiographie musicale; elle
fut amenée par l'intercalation du diésis dans le tétracorde enharmonique."

[1] Alles was wir in der alten Ueberlieferung über Aufkommen des Chromas
Specielles finden, ist eine Stelle des Philochorus bei Athenäus 14, 637. 638, wo
es heißt: „Der Kitharist Lysandros aus Sykion trug zuerst Chromata von „guter
Chroa" auf der Kithara vor." (Vgl. Gevaert 1, 208: „Tout ce que la litterature
antique nous à transmis à cet égard se borne à une notice des plus sèches: „Ly-
sandre de Sicyone" — un artiste dont le nom n'est prononcé qu'à cette occasion
— „exécuta le premier des compositions chromatiques regulières sur la cithare.")
Dazu die richtige Bemerkung Marquard's Aristox. S. 249: „Von einer Erfindung
sprechen die Worte des Philochorus keineswegs, da in der That nur gesagt ist,
Lysander habe zuerst gesunde chromatische Compositionen auf der Kithara vorgetragen." Das Epitheton, welches Philochorus dem Worte „Chromata" hinzufügt,
nimmt auf die verschiedenen „Chroai" (Schattirungen) des Chromas Rücksicht
und besagt, daß die Chromata des Kitharischen Lysander von „guter Chroa"
waren. Welche Chroa des Chromas meint Philochorus? Das Chroma malakon
oder hemiolion oder toniaion? Die Parhypate e͏̈ oder e oder f? Oder die
Mischung des Chromas mit dem Enharmonion: e e͏̈ fis a h?

Charakter. Das chromatische Melos wird deshalb chromatisch, d. i. farbig genannt, weil es sich von dem vorigen dadurch unterscheidet, daß es einen mehr klagenden und leidenschaftlichen [gleichsam durch seine Farbe auffallenden] Charakter hat. Das dritte und jüngste ist das enharmonische Melos, denn an dieses gewöhnt sich die sinnliche Wahrnehmung erst zuletzt und zwar mit Mühe und vieler Anstrengung. Es ist dasjenige, welches am schwierigsten für die Melodie verwendbar ist und zur Künstlichkeit hinneigt und vieler Mühe bedarf, weshalb es auch in der Praxis nicht leicht vorkommt".

Daß die Praxis im Aristoxenischen Zeitalter dem Enharmonion keineswegs zugethan war, sagt Aristoxenus unter anderem auch in der vorher aus ihm angeführten Stelle. Wenn es dort heißt, daß das Chroma bei den meisten Musikern so sehr beliebt sei und daß, wenn diese einmal in die Enharmonik hineingerathen, daß sie diese dem Chroma annähern, so läßt sich das schwerlich anders interpretiren, als von dem gemischten Chroma. Archytas vindicirt demselben die Parhypate des Enharmonions, Aristoxenus läßt statt dieser auch die Parhypate des Chroma malakon, hemiolion und toniaion gelten. „Wenn die dem Chroma so sehr zugethanen Musiker einmal in das Enharmonion hineingerathen" . . . kann wohl nichts anderes bedeuten, als wenn sie in dem gemischten Chroma statt der chromatischen Parhypate einmal auch auf die enharmonische Parhypate gerathen.

Daß die dem Enharmonion abholden Musiker, welche für die süßlichere Chromatik eine so große Vorliebe hatten, nicht sowohl der Paranete des Chroma toniaion (fis), als vielmehr der chromatischen Paranete e͘ und e͘͘ sich bedienten, darf aus dem Plutarchischen Musik-Dialoge c. 38 mit Sicherheit geschlossen werden. Also zu Aristoxenus Zeit war von den chromatischen Scalen nicht das ungemischte Chroma toniaion, auch nicht das mit enharmonischer Parhypate gemischte Chroma das beliebtere, sondern diejenigen Scalen des Chromas, in welchen sich das Chroma toniaion mit dem Chroma hemiolion oder malakon vereint.

In der Periode des Ptolemäus ist es bei den Kitharoden und Lyroden mit der Chromatik noch fast ebenso, wie bei den Musikern aus der Zeit des Aristoxenus. Jene Lyroden hatten nämlich nur zwei Arten von Melopöie, von ihnen die „Sterea" genannt, d. i. die harten Compositionen, und die „Malaka", d. i. die weichen Compositionsarten. Für die Sterea wählten die Lyroden das gemischte Diatonon (des Archytas), für die Malaka eine Octave, welche in der einen Hälfte nach dem gemischten Diatonon, in der anderen Hälfte anders gestimmt ist.

Außer den vier chromatischen Scalen des Aristoxenus, zu deren Erklärung wir hier einen Versuch gemacht haben, giebt es noch zwei andere Chromata in der Ueberlieferung unseres Gewährsmannes Aristoxenus: das ungemischte Chroma malakon und das ungemischte Chroma hemiolion. In jedem derselben enthält das Quinten-System nur die drei diatonischen Klänge e a h. Zwischen e und a sind in dem ungemischten Chroma malakon die Klänge ë und f̈, in dem Chroma hemiolion die beiden Klänge ë und f̈ eingeschaltet. Selbstverständlich sind diese Scalen uns noch viel räthselhafter als alle übrigen. Ein Anhaltepunkt finden wir zwar bei Pseudo-Euklid p. 9, wo es heißt, daß es außer den drei ungemischten und der gemischten Scala auch noch eine den drei Klanggeschlechtern gemeinsame Scala gebe, welche aus den „stehenden Klängen“ e a h e zusammengesetzt sei. Von dieser gemeinsamen Scala stellt sich das ungemischte Chroma hemiolion und malakon als eine durch Hinzufügung leiterfremder Schalttöne bewirkte Verzierung dar. Aber die Anwendung „gemeinsamer“ Scalen wird uns wohl auf immer ein Geheimniß bleiben.

## 2.

## Die Vermehrung der Tonscalen.

### Octavengattungen oder Tonarten.

Die Dur- und Moll-Tonarten der griechischen Musik fallen der harmonischen Beschaffenheit nach mit vier von unseren Kirchentönen zusammen:

Nr. 1: dem Aeolischen Kirchentone (in a);

Nr. 2: dem Mixolydischen Kirchentone (in g);

Nr. 3: dem Lydischen Kirchentone (in f);

Nr. 4: dem Dorischen Kirchentone (in d).

Bei den Griechen hieß

Nr. 1: Dorische Tonart;

Nr. 2: Phrygische Tonart;

Nr. 3: (gleichnamig wie der entsprechende Kirchenton) Lydische Tonart;

Nr. 4: Lokrische Tonart.

Schon bei Terpander war die Tonart Nr. 1 in Gebrauch, und zwar schloß man die darin gehaltenen Melodien auf jedem Tone des tonischen Dreiklanges: auf der Prime (Aeolische Melodie), auf der Quinte (Dorische Melodie im engeren Sinne), auf der Terze (Böotische Melodie).

Durch Olympus wurden die Tonarten Nr. 2 und Nr. 3 der griechischen Musik aus der Fremde zugeführt. Er selbst soll sowohl in der Phrygischen Tonart (Nr. 2), wie in der Lydischen Tonart (Nr. 3) Melodien mit schließender Quinte gebildet haben (Phrygische und Lydische Melodien im engeren Sinne); außerdem aber in der Lydischen Tonart (= Lydischem Kirchentone) auch Melodien mit schließender Terz, genannt Syntono-Lydische Melodien.

### Xenokritus' Lokristi.

In der Periode der zweiten Musik-Katastasis Spartas wird durch einen ihrer Koryphäen, den berühmten Meister Xenokritus aus dem italischen Lokri, den Tonarten des Terpander und Olympus noch eine vierte Tonart, welche wesentlich mit unserem Dorischen Kirchentone zusammenfällt, hinzugefügt. Nach dem Lokrischen Vaterlande des Xenokritus nannte man sie „Lokrische" Tonart. Ihr Erfinder hatte sie aus dem Lydischen Dur als die parallele Moll-Tonart entwickelt. Der Meister schloß die darin gehaltenen Melodien in der Quinte (Lokrische Melodien). Wer zuerst in dieser Tonart Melodien mit schließender Terz gebildet hat (denn auch diese müssen nach der über die Harmonien handelnden Stelle der Platonischen Republik nothwendig vorausgesetzt werden, vgl. S. 92), ist uns unbekannt.

Von den auf der Scala ohne Vorzeichen vorkommenden Octavengattungen hat die von a bis a reichende nach Aristoxenus den Namen Hypodorisch oder Lokrisch. Nach der von Ptolemäus gegebenen ausführlichen Darstellung der thetischen und dynamischen Onomasie, wird für die nämliche Octave (ohne Vorzeichnung) auch den Klängen der in a beginnenden Octavengattung eine besondere thetische Nomenclatur gegeben, in welcher der Klang d als thetische Mese bezeichnet wird. Ptolemäus giebt dieser Octavengattung den Namen Hypodorisch. Es ist leicht ersichtlich, daß mit dieser in a beginnenden Octavengattung nicht die Hypodorische, sondern vielmehr die mit demselben Klange a beginnende Lokrische Octavengattung gemeint sein muß.

Klangnamen der Lokrischen Octavengattung:

Dynamische Klangnamen

| Proslamb. | Hyp. hyp. | Parh. hyp. | Lich. hyp. | Hyp. mes. | Parh. mes. | Lich. mes. | Mese | Paramesos | Trite diez. | Paran. diez. | Nete diez. | Trite hyperb. | Paran. hyp. | Nete hyperb. |
|---|---|---|---|---|---|---|---|---|---|---|---|---|---|---|
| A | H | c | d | e | f | g | a | h | c | d | e | f | g | a |

|  | Proslamb. | Hyp. hyp. | Parhyp. hyp. | Liclan. hyp. | Hypate mes. | Parh. mes. | Lich. mes. | Mese | Paramesos | Trite diez. | Param. diez. | Nete diez. |
|---|---|---|---|---|---|---|---|---|---|---|---|---|

Thetische Klangnamen

Sappho's Mixolydisti.

In derselben Periode der zweiten Spartanischen Musik-Katastasis lebt die berühmte Künstlerin Sappho, aus derselben äolischen Insel Lesbos, von welcher Terpander, der Begründer der ersten Musik-Katastasis Spartas, hervorgegangen war. Sappho's Neuerung in den griechischen Tonarten bezieht sich auf eine Modification des Phrygischen. Sappho bildete nämlich in dieser Tonart Melodien, welche in der Terz abschlossen. Vorher schon waren bei den kleinasiatischen Ioniern, wie es nach Heraklides Ponticus scheint, den Milesiern, für die Phrygische Tonart (Mixolydischer Kirchenton) Melodien gebildet worden, welche in der Prime abschlossen; man nannte sie Ionische oder Iastische Melodien. Mit Zugrundelegung dieses Namens kam für die nach Sappho's Vorgange in der Terz geschlossenen Melodien dieser Tonart die Benennung Syntono-Iastische Melodien auf. So nennt sie der älteste Gewährsmann, der Dichter Pratinas. Die späteren gebrauchen statt dessen den Namen Mixolydisch, wofür wir oben S. 96 den Grund angegeben haben. Wir führen es als etwas Bemerkenswerthes an, daß die antike Mixolydische Octavengattung ihrer harmonischen Bedeutung nach identisch ist mit dem gleichnamigen Mixolydischen Kirchentone der christlich-modernen Welt.

So findet denn in der Periode der zweiten Spartanischen Musik-Katastasis das System der griechischen Octavengattungen nahezu seinen Abschluß, denn der darauf folgenden Periode, der Athenischen Musik-

Entwickelung, blieb nur die eine Neuerung vorbehalten, daß der berühmten Musik-Theoriker Damon, der Zeitgenosse und Lehrer Plato's, für die Lydische Tonart auch Melodien bildete, welche in der Prime abschlossen. Dies ist die von Plato als „chalara Lydisti", von Aristoxenus als „Hypolisti" bezeichnete Octavengattung.

Es scheint nicht überflüssig, hier darauf hinzuweisen, daß es drei aus der Zahl christlicher Kirchentöne sind, welche ihrer harmonischen Bedeutung nach den gleichnamigen Tonarten der Griechen identisch sind: Aeolisch, Lydisch, Mixolydisch. Hierbei findet aber bloß für das Aeolische eine Identität bezüglich des tiefsten Anfangstones der Scala zwischen dem gleichnamigen Kirchentone und der gleichnamigen antiken Octavengattung statt. Für das Lydische und das Mixolydische ist dies keineswegs der Fall. Vielmehr ist die fünfte Tonstufe der Scala des Lydischen Kirchentones der nämliche Klang, mit welchem die Lydische Octavengattung der Alten beginnt. Bei dem Mixolydischen Kirchentone aber ist es die dritte Tonstufe der Scala, welche den tiefsten Klang der gleichnamigen Mixolydischen Octavengattung bildet.

### Transpositions-Scalen oder Tonoi.

Wir erleichtern die Darstellung, wenn wir abweichend von dem bisherigen Verfahren den Endpunkt der griechischen Musikentwickelung (Aristoxenus) wenigstens vorläufig andeuten und dann von der späteren Zeit in die früheren Musikperioden abwärts bis zur zweiten Musik-Katastasis Spartas zurückgehen.

Die Transpositions-Scalen unserer modernen Dur- und Moll-Tonarten sind für alle folgende Zeit zuerst durch Joh. Seb. Bach in dessen wohltemperirtem Claviere festgestellt. Er dachte sich eine Octave in ihre zwölf Halbtöne zerlegt unter der Zugrundelegung der gleichschwebenden Temperatur und entwarf auf jedem der zwölf Halbtöne eine Dur-Tonart und eine Moll-Tonart, in deren jeder er ein Präludium und eine Fuge für das wohltemperirte Clavier componirte, in welchem die Klänge so gestimmt waren, daß z. B. Gis-Moll mit As-Moll, Dis-Moll mit Es-Moll identisch war. Zwölf Dur-Scalen und zwölf Moll-Scalen.

Auch die alte griechische Musik hatte in dieser Beziehung ihren Bach — : Aristoxenus von Tarent, von dessen Compositionen wir zwar nicht sagen können, daß sie in ihrer Weise Epoche machend waren, der aber dennoch als antiker Musiktheoretiker weitaus den ersten Platz einnimmt.

1. Die 13 Tonoi des Aristoxenus und das ältere System der 7 Tonoi.

Bezüglich der Transpositions-Scalen schlug Aristoxenus genau das nämliche Verfahren wie mehr als 2000 Jahre später der große Bach ein. Freilich konnte er nicht mit derselben Freiheit wie dieser über den musikalischen Stoff gebieten. Es konnte nicht über die Grundlagen der griechischen Musik hinaus, die einer jeden Transpositions-Scala nicht mehr als nur zwei Octaven einräumte, vom tiefsten Klange, genannt Proslambanomenos, bis zum höchsten, genannt Nete hyperbolaion. Denn einen Umfang von zwei Octaven haben selbst die umfangreichsten Melopöien des Griechenthumes auch in den spätesten Perioden nicht zu überschreiten brauchen.

Auf jeden Proslambanomenos war eine Doppeloctave errichtet, die in ihrem Schema genau mit der Aeolischen Octavengattung d. i. unserer abwärts gehenden Moll-Scala übereinkam. Der technische Terminus für diese Scalen war „Tonoi", was wir bequem durch Transpositions-Scalen übersetzen können. Der Sache nach müßte das Alterthum zwölf Tonoi besitzen, da jeder der zwölf in einer Octav enthaltenen Halbtöne zum Proslambanomenos eines Tonos gemacht wurde. Aber da ein jeder Tonos nicht mehr als nur zwei Octaven umfaßte, so mochte sich wohl das Bedürfniß einstellen, Einen der Tonoi nicht bloß in einer tieferen, sondern in einer höheren Lage der Doppeloctav zu nehmen. Beide sind dann von den Theoretikern als zwei verschiedene Tonoi gezählt worden.

Als etwas sehr Auffallendes muß es beim ersten Blick erscheinen, daß für die Nomenclatur der verschiedenen einzelnen Tonoi zum Theil dieselben Namen wiederkehren, mit welchen die verschiedenen Octavengattungen oder Harmonien benannt worden sind. Das Wort Dorische Scala kann je nach dem Zusammenhange entweder von der Dorischen Octavengattung oder von derjenigen Transpositions-Scala verstanden werden müssen, auf welche der Name Dorisch nach einer weiterhin zu besprechenden Anschauung von der Dorischen Octavengattung übertragen worden ist. So auch die Termini Lydisch, Phrygisch, Mixolydisch u. s. w.

Wir schließen uns ganz dem Begründer der Wissenschaft der griechischen Semantologie Friedr. Bellermann an, wenn wir den jedesmaligen Proslambanomenos der von Aristoxenus aufgestellte Tonoi einem bestimmten Klange unserer modernen Musik gleichsetzen. Höchstens darin müssen wir von dem verehrten Forscher abweichen, daß wir z. B. nicht Ais-Moll, sondern B-Moll sagen. In Beziehung auf den Klang besteht zwar bei der von Aristoxenus vorausgesetzten gleichschwebenden Temperatur zwischen Ais und B so wenig ein Unterschied, wie auf unserem Claviere und unserer Orgel. Aber ob eine Tonart des Aristoxenus unserer Kreuz-Tonart oder der ihr bei gleichschwebender Temperatur völlig gleichklingenden B-Tonart entspricht, das läßt sich lediglich durch die antike Notirung der betreffenden Transpositions-Scala bestimmen, wie der nächstfolgende Abschnitt des Näheren darthun wird. Wir brauchen nicht zu wiederholen, daß die griechischen Noten nicht, wie Bellermann annahm, der ungemischten diatonischen Scala, sondern der enharmonischen, der diatonisch-gemischten und der chromatisch-gemischten angehören.

Es empfiehlt sich, das auf S. 147 folgende Verzeichniß der Tonoi nicht wie bei Aristoxenus nach der Scala der in einer Octave aufeinander folgenden Halbtöne, sondern nach dem Quinten-Cirkel geordnet einzurichten. Eine solche Anordnung war auch der antiken Theorie wohlbekannt. Denn das ist gleichgültig, daß es bei den Alten nicht sowohl der Quinten-Cirkel war, als vielmehr der Quarten-Cirkel, „die Tetrachord-Gemeinschaft", wie man sich ausdrückte, welcher bei dieser Anordnung zur Grundlage gemacht wurde. Die noch nicht bei Aristoxenus vorkommenden Tonoi-Benennungen sind in Klammern eingeschlossen. Am Rande rechts ist angemerkt, wie die betreffenden Transpositions-Scalen in vier Zweigen der antiken Musik verwandt worden sind.

Die Transpositions-Scalen, welche Aristoxenus bereits vorfand, waren die b-Scalen nebst der Scala ohne Verzeichnung. Im Ganzen sieben. Unter großen Widersprüchen, namentlich seines älteren Zeitgenossen Heraklides Ponticus, des ehemaligen Mitschülers aus dem Aristotelischen Lyceum, fügte Aristoxenus diesen sieben älteren Tonarten (wir mögen sie kurzweg die b-Tonart nennen) noch fünf Kreuz-Tonarten hinzu, so daß er für eine ganze Octave hindurch die sämmtlichen auf einander folgenden Halbtöne zum Ausgangspunkte der Tonoi genommen hatte. Der dreizehnte Tonos war die Wiederholung des tiefsten in einer höheren Octave. Ihre Hauptverwendung hatten die b-Scalen in der Orchestischen Musik, d. i. in den vom Tanze begleiteten Chorgesängen des Dramas und der religiösen Lyrik z. B. des Pindar. Wie Aristoxenus Zeitgenosse Heraklides den von jenen eingeführten Kreuz-Tonarten abhold ist, so will später unter dem römischen Kaiser Marc Aurel auch der berühmte Claudius Ptolemäus die gesammte Musik wiederum auf die sieben vor-Aristoxenischen Tonoi beschränken, denn die Kreuz-Tonarten seien unnütz; die Musik könne ohne dieselben auskommen.

Uebersicht der griechischen Transpositionsscalen oder Tonoi.

## A.

### Die zwölf Transpositionsscalen der gleichschwebenden Temperatur.

nach dem Quintencirkel geordnet.

**I. Aeltere Scalen.**

es Mixolydisch [Hyperdorisch] . .

B Dorisch . . . . . . . . .

F Hypodorisch . . . . . . .

c Phrygisch . . . . . . . .

G Hypophrygisch . . . . . .

d Lydisch . . . . . . . . .

A Hypolydisch . . . . . . .

Chorgesang, Orchestik

Kitharodik

Auletik

Hydrauletik

**II. Dazu aufgenommen von Aristoxenus.**

e Hoch-Mixolyd. [Hyperiastisch] . . .

H Tief-Phrygisch [Iastisch] . . . . .

Fis Tief-Hypophrygisch [Hypoiast.]

cis Tief-Lydisch [Aeolisch] . . .

Gis Tief-Hypolydisch [Hypoäolisch]

ungebräuch-lich

### B.

### Dazu drei Transpositionsscalen in höherer Octave.

f Hypermixolydisch [Hyperphryg.]

**Nach-aristoxenisch.**

fis [Hyperäolisch] . . . . . . . Auletik

g [Hyperlydisch] . . . . . . . Hydrauletik

10*

|  |  |
|---|---|
| Hypodor. | F G As B c des es f g as b c des es f |
| Tief-Hypophryg. (Hypoiast.) | Fis Ais H A cis d e fis gis a h cis d e fis |
| Hoch-Hypophryg. | G A B c d es f g a b c d es f g |
| Tief-Hypolyd. (Hypoaeol.) | Gis Ais H cis dis e fis gis ais h cis dis e fis gis |
| Hoch-Hypolyd. | A H c d e f g a h c d e f g a |
| Dor. | B c des es f ges as b c des es f ges as b |
| Tief-Phryg. (Iast.) | H cis d e fis g a h cis d e fis g a h |
| Hoch-Phryg. | c d es f g as b c d es f g as b c |
| Tief-Lyd. (Aeol.) | cis dis e fis gis a h cis dis e fis gis a h cis |
| Hoch-Lyd. | d e f g a b c d e f g a b c d |
| Mixolyd. | es f ges as b ces des es f ges as b ces des es |
| Hoch-Mixolyd. (Hyp.-Iast.) | e fis g a h c d e fis g a h c d e |
| Hyper-Mixolyd. (Hyp.-Phr.) | f g as b c des es f g as b c des es f |
| (Hyper-Aeol.) | fis gis a h cis d e fis gis a h cis d e fis |
| (Hyper-Lyd.) | g a b c d es f g a b c d es f g |

Die auf S. 148 enthaltene Uebersicht der dreizehn Aristoxenischen Tonoi ergiebt, in welchem Verhältnisse die Benennung der Tonoi zu den gleichnamigen Termini der Octavengattungen oder Harmonien steht. Ein gewisser Abschnitt einer jeden in einer bestimmten Transpositions-Scala genommenen Doppeloctave, nämlich vom Klange f bis f, oder vom Klange e bis e, ergiebt die Intervalle der den gleichen Namen führenden Octavengattung. Wird diese Octavengattung durch die Töne e bis e abgegrenzt, so führt der Tonos bei Aristoxenus den Namen des „tieferen"; wird die Grenze durch f und f gebildet, so nennt Aristoxenus den Tonos den „höheren". Weshalb gerade jene beiden Klänge f und f, oder e und e für die Benennung der Doppeloctav maßgebend geworden sind, wird sich am leichtesten aus der historischen Entwickelung (S. 152) ergeben.

## 2. Das alte System der 6 Tonoi.

Jenseits der dem Aristoxenus zunächst vorausliegenden Musikperiode, in welcher nur sieben Tonoi statuirt werden, liegt eine noch ältere Periode, welche bloß sechs Transpositions-Scalen enthielt. Aristoxenus redet von derselben in dem Vorworte seiner dritten Harmonik. Es giebt einige unter den Harmonikern, welche folgende Tonoi statuiren:

> Tonos Hypophrygios in G
> Tonos Hypodorios in A
> Tonos Dorios in B
> Tonos Phrygios in c
> Tonos Lydios in d
> Tonos Mixolydios in es.

Von Aristoxenus und den Vertretern der sieben Tonoi weichen alle Harmoniker, welche deren nur sechs annehmen, dagegen den tiefsten in F noch nicht kennen, darin ab, daß sie nicht wie jene für den Tonos in A den Terminus „Tonos Hypolydios", sondern vielmehr „Tonos Hypodorios" gebrauchen. Unter einander weichen diese Harmoniker darin ab, daß die einen wie es scheint dieselben Abstände der Proslambanomenoi von einander wie Aristoxenus annehmen, andere dagegen die drei tiefsten, den Hypophrygios, Hypodorios und Dorios je um drei enharmonische Diesen von einander abstehen lassen, den Phrygischen vom Dorischen einen Ganzton, den Lydischen vom Phrygischen und den Mixolydischen vom Phrygischen wiederum um drei Diesen. Weshalb sie solche Abstände statuirten, davon gesteht Aristoxenus den Grund nicht angeben zu können.

### 3. Das alte System der 5 Tonoi.

Neben diesen beiden Kategorien der Enharmoniker nennt Aristoxenus noch eine dritte als diejenige, deren Anhänger nur bloß fünf
Tonoi statuirten. Es kam bei ihnen nämlich noch nicht der Tonos
Hypophrygos in G vor. Auch bei ihnen kein Tonos „Hypolydios", sondern statt dessen ein Tonos „Hypodorios". Reihenfolge und (abgesehen
von den drei Diesen) Abstände der Tonoi müssen wohl dieselben gewesen sein, wie bei denjenigen Harmonikern, welche sechs Tonoi
statuirten. Denn wie uns die Aristoxenische Stelle in den Handschriften überliefert ist, so scheint darin eine Verstellung des Tonos
Mixolydios stattgefunden zu haben, welche sich leicht berichtigen läßt.
Die Einwände, welche der Aristoxenus-Herausgeber Paul Marquard
gegen diese meine schon im Jahre 1863 veröffentlichte Textes-Emen-
dation erhoben hat, können kaum ernstlich gemeint sein. Vgl. meine
Aristoxenus-Erläuterungen S. 449—453.

Aus welchen alten Harmonikern Aristoxenus diese Berichte über
die frühere Ordnung der Tonoi entnommen hat, wissen wir nicht. Auch
die Nachricht, daß der alte Meister Polymnastus bereits die enharmonische Melopöie angewandt habe, verdanken wir dem Berichte der
alten Harmoniker (vgl. oben S. 131). Eben auf diese Quelle scheint
auch die über Polymnastus handelnde Notiz bei Plutarch de mus. 29
zu stammen: „Auf Polymnastus führen sie den jetzt sogenannten
Tonos Hypolydios zurück."

Damit haben wir einen sicheren Anhaltspunkt für die ältere Geschichte der Transpositions-Scalen. Der Tonos Hypolydios ist die
Transpositions-Scala in A. Erst später hat er diesen Namen erhalten.
Früher hieß er Tonos Hypodorios. Polymnastus ist es, der ihn unter
dem Namen „Hypodorios" zuerst aufbrachte.

### 4. Das alte System der 4 Tonoi.

Es muß also eine Periode in der Geschichte der Transpositions-
Scalen gegeben haben, wo der in A beginnende Tonos noch nicht im
Gebrauch war, sondern bloß die vier höheren Transpositions-Scalen
bestanden:

> Tonos Dorios in B
> Tonos Phrygios in c
> Tonos Lydios in d
> Tonos Mixolydios in es.

### 5. Das alte System der 3 Tonoi.

Vor Polymnastus also gab es noch keine Scala, welche unserer Tonleiter ohne Vorzeichen entsprach, sondern lediglich b-Tonarten. Hierher gehört die Notiz bei Ptolemäus 2, 6: „Die Alten sangen bloß den Dorischen, den Phrygischen und den Lydischen Tonos, die von einander je um einen Ganzton abstehen." Dieselbe Notiz auch bei Bacchius p. 12. Da eine jede dieser drei Scalen sowohl im Diezeugmenon-, wie im Synemmenon-Systeme ausgeführt werden konnte, so ergaben jene drei ältesten Tonoi bereits sechs verschiedene b-Scalen, von Einem b bis zu sechs b.

| | | | | | | | | | | | | | |
|---|---|---|---|---|---|---|---|---|---|---|---|---|---|
| Lydisch: | diezeug. | | d | e | f | g | a | b | c | d | e | f | g a |
| | synem. | | d | ♮e | f | g | a | b | c | d | es | f | g |
| Phrygisch: | diezeug. | | c | d | es | f | g | as | b | c | d | es | f g |
| | synem. | | c | ♮d | es | f | g | as | b | c | des | es | f |
| Dorisch: | diezeug. | | B | c | des | es | f | ges | as | b | c | des | es f |
| | synem. | | B | ♮c | des | es | f | ges | as | b | ces | des | es |

### 6. Bedenken bezüglich des Tonos Mixolydios.

Aber obwohl hiermit bereits alle b-Scalen gegeben sind, so will es doch scheinen, daß zu den Dorischen, Phrygischen und Lydischen Tonos auch noch der Tonos Mixolydios hinzukommen mußte, bevor Polymnastus den Tonos in A hinzufügte:

| | | Proslamb. | hypaton | | | meson | | | | | | | |
|---|---|---|---|---|---|---|---|---|---|---|---|---|---|
| | | | Hypate | Parhypate | Lichanos | Hypate | Parhypate | Lichanos | Mese | Paramesos | Trite | Paranete | Nete |
| Tonos Mix. | es | f | ges | as | b | c | des | es | f | ges | as | b |
| Tonos Lyd. | d | e | f | g | a | b | c | d | e | f | g | a |
| Tonos Phryg. | c | d | es | f | g | as | b | c | d | es | f | g |
| Tonos Dor. | B | c | des | es | f | ges | as | b | c | des | es | f |

Dazu kam durch Polymnastus der zuerst sogenannte „T. Hypolydios":

| | | | | | | | | | | | |
|---|---|---|---|---|---|---|---|---|---|---|---|
| Tonos Hyp. | A | H | c | d | e | f | g | a | h | c | d e |

Die tiefste Scala in **A** nannte Polymnastus, weil sie unmittelbar unterhalb der Dorischen stand, die Hypodorische, d. i. Unter-Dorische oder die unmittelbar unterhalb der Dorischen stehende Scala. Weshalb diese vom alten Erfinder herrührende Benennung in der nachfolgenden Periode gegen den Namen Hypolydisch aufgegeben wurde, wird weiter unten klar werden.

Zunächst müssen wir die vier höheren Tonoi vom Mixolydios bis zum Dorios in nähere Erwägung ziehen.

Unserer bisher ausgeführten Darstellung, daß Polymnastus als Erfinder des in **A** beginnenden Tonos das frühere Vorhandensein auch des Mixolydischen Tonos (in es) hinweist, könnte aber eine Stelle des Aristoxenus bei Plutarch de mus. 15 zu widersprechen scheinen, des Inhaltes, daß der Aulete Pythokleides der Erfinder der Mixolydisti sei. Es kann damit nicht die Mixolydische Octavengattung oder Harmonie gemeint sein, denn diese ist nach der Aussage desselben Aristoxenus eine Erfindung des Sappho. Mithin würde dort von Aristoxenus die Mixolydische Transpositions-Scala (= Tonos Mixolydios in es) als eine Neuerung des Athenischen Auleten Pythokleides bezeichnet sein, und für Polymnastus wären nicht fünf, sondern nur vier Tonoi vorauszusetzen:

| Tonos Lydios | d | e | f | g | a | b | c | d | e | f | g | a |
|---|---|---|---|---|---|---|---|---|---|---|---|---|
| Tonos Phrygios | c | d | es | f | g | as | b | c | d | es | f | g |
| Tonos Dorios | B | c | des | es | f | ges | as | b | c | des | es | f |
| Tonos Hypodor. | A | H | c | d | e | f | g | a | h | c | d | e. |

Wir kommen unter „Pythokleides" auf diesen Punkt zurück.

### 7. Beziehung zwischen den Tonoi und dem Stimmumfange des Nomos-Sängers.

Von den Zeiten Terpander's her waren es zunächst die Virtuosen der Solo-Musik des Nomos, auf welche sich die Neuerungen der Musik bezogen. Für den Nomos-Gesang bedurfte es der Stimme des Tenoristen, wie aus den erhaltenen Angaben des Aristoxenus über die Stimmklassen unzweideutig erhellt. Der Umfang einer Octave war dem Tenor-Solisten unerläßlich. Es handelte sich darum, daß ein jeder Ton der Octave, sowohl die höheren wie die tieferen Töne, zum vollkräftigen Ausdrucke kommen konnten. Diejenigen Töne, welche die Tenorstimme am leichtesten und anstrengungslosesten hervorbringen kann, werden in der Notation der Griechen als:

bezeichnet. Denn die Stimmung dieser Noten ist hier wie überall
etwa eine kleine Terz tiefer als die Schreibung, wie dies Bellermann's
Scharfsinn aufgefunden hat.

Die bequemste vollständige Octave für die Tenorstimme wird also
folgende griechische Noten enthalten:

$$f \quad g \quad a \quad h \quad \overline{c} \quad d \quad \overline{e} \quad \overline{f}$$

Soll nun diese Octave von f bis f für die verschiedenen Octavengattungen verwendet werden: die Dorische, Aeolische, Phrygische, Lydische u. s. w., dann muß zur Ausführung der verschiedenen Octavengattungen die verschiedenen Transpositions-Scalen innerhalb der Grenz-
noten · f und f̄ genommen werden. So bedingt die bequeme Ausführung
der Dorischen, Phrygischen, Lydischen, Mixolydischen Octave von
Seiten des im Agon auftretenden Tenor-Sängers eine Dorische, Phrygische, Lydische, Mixolydische Transpositions-Scala.

## 3.
## Die Erfindung der Instrumentalnoten.

Die fünf Transpositions-Scalen, von denen wir, vorläufig bis auf
die Mixolydische, mit Bestimmtheit anzunehmen haben, daß sie dem
Polymnastus vorlagen: die Hypodorische in A, die Dorische in B, die
Phrygische in c, die Lydische in d, die Mixolydische in es ergaben
zusammen einen Tonumfang von dem Proslambanomenos A der damals sogenannten Hypodorischen Scala bis zur Nete diezeugmenon des
Tonos Mixolydios. Es ist aus der unteren Tabelle der S. 151 leicht zu
erkennen und auch von Friedrich Bellermann, dem ersten Begründer
der Wissenschaft griechischer Semantik, nicht anders aufgefaßt worden, daß die alten Instrumentalnoten von A bis b̄ (vom Proslambanomenos der „höheren Hypolydischen" A- bis zur Nete hypaton der
„tieferen Mixolydischen" b - Scala) in einem solidarischen Zusammenhange stehen, dergestalt, daß diese Noten sich gegenseitig in ihrer
Existenz bedingen. Wir geben auf S. 154 ein Verzeichniß dieser
Noten von der höchsten abwärts bis zur tiefsten. Es ist nicht unan-
gemessen, hier von S. 37 zu recapituliren, daß je drei in einer Zeile
(Nr. 1 bis Nr. 15) neben einander gesetzte Notenbuchstaben die drei
Klänge eines enharmonischen Pyknon darstellen:

der erste Notenbuchstabe, genannt Gramma orthon (unmodificirter Notenbuchstabe), ergiebt den Barypyknos:

der zweite Buchstabe, genannt Gramma anestrammenon (umgelegter Buchstabe), den Mesopyknos;

der dritte Buchstabe, genannt Gramma apestrammenon (umge-
kehrter Buchstabe), den Oxypyknos.

Der Notenerfinder hatte zunächst fünfzehn unmodificirte Noten
herzustellen; aus jeder derselben leitete er durch Umlegung und durch
Umkehrung zwei modificirte Noten ab, durch Umlegung die Erhöhung
um einen enharmonischen Viertelton (den Mesopyknos), durch Umkehrung die Erhöhung um einen Halbton (den Oxypyknos).

Z. B.: c, c̊, cis.

Friedrich Bellermann hatte statt dessen für die drei zusammen-
gehörenden Noten die Bedeutung: c, des, cis angenommen. Da mußte
Bellermann denn freilich bloß für die diatonische Scala neun Fehler
von Seiten des Notenerfinders registriren, während dieser für die chromatischen und die enharmonischen Scalen so gut wie alles fehlerhaft
notirt habe (oben S. 39). Nein, der alte Notenerfinder hat sich
auch nicht einen einzigen Fehler zu Schulden kommen lassen!

| Nr. 1. | a̅ | ⌐ /̣ ⌐ | a̅ | å | b (ais) |
| Nr. 2. | g̅ | Z λ ⋏ | g̅ | g̊ | gis (as) |
| Nr. 3. | f | N / \ | f̅ | f̊ | fis (ges) |
| Nr. 4. | c̅ | ⊏ ⊔ ⊐ | c | e̊ | f |
| Nr. 5. | d | < V > | d̅ | d̊ | dis (es) |
| Nr. 6. | c̈ | ⅂ < ⋀ | c̈ | c̊ | cis (des) |
| Nr. 7. | h | K ⋊ ⋈ | h | h̊ | c |
| Nr. 8. | a | C ◡ ◌ | a | å | b (ais) |
| Nr. 9. | g | F ⊔ ⅂ | g | g̊ | gis (ais) |
| Nr. 10. | f | ⋏ ⋎ ⋏ | f | f̊ | fis (ges) |
| Nr. 11. | e | Γ L ⅂ | e | e̊ | f |
| Nr. 12. | d | ⊢ ⊥ ⊣ | d | d̊ | dis (es) |
| Nr. 13. | c | E ⊔ ⊒ | c | c̊ | cis (des) |
| Nr. 14. | H | h ⊐ h | H | H̊ | c |
| Nr. 15. | A | H ⊟ ⊓ | A | Å | b (ais) |

Unsere Quellen der alten Semantik sind: Alypius (dessen gesammte Schrift lediglich die Notenscalen der Griechen überliefert); Gaudentius p. 22; Boethius 4, 2; 3, 14; Aristid. p. 15. 22. 25. 111; Bacchius; Porphyr. ad Ptol. 343. 349. 352. Die meisten derselben schöpfen ihre Darstellung aus ein und demselben Originale. Wenn auch nicht unmittelbar, so schöpfen sie doch mittelbar alle schließlich aus Aristoxenus, welcher, wie ein zuverlässiger Gewährsmann aus dem Anfang der römischen Kaiserzeit, der Architect M. Vitruvius Pollio 5, 4 berichtet, einer seiner das Melos darstellenden Schriften Notentabellen beigegeben hat, welche jener, wie er sagt, dorther für sein Werk über die Architectur entlehnt haben will. (Vgl. meine Uebersetzung und Erläuterung des Aristoxenus S. 414.)

Aristoxenus scheint in seinen Noten-Diagrammen den Notenzeichen eine Beschreibung derselben hinzugefügt zu haben. Auf diese geht mittelbar zurück, was in dieser Beziehung von den Gewährsmännern der griechischen Semantik überliefert ist. Sie alle erkennen in den Instrumentalnoten sei es unmodificirte, sei es modificirte Buchstaben des Alphabetes. Unstreitig haben sie (oder vielmehr ihre unmittelbare Quelle Aristoxenus) hierin die richtige Auffassung. Friedrich Bellermann, dem es gefällt, in den Instrumentalnoten die Planetenzeichen der Kabbala zu erkennen, giebt keinen Grund an, weshalb er die Ueberlieferung der uns überkommenen Quellen, daß die Instrumentalnoten dem griechischen Alphabete angehören, so ganz unbeachtet läßt. Die späte Zeit unserer Quellen der griechischen Semantik läßt es verzeihlich erscheinen, daß sich manche Verkehrtheiten in der Beschreibung einzelner Buchstaben eingeschlichen haben. Manche Fehler in den Notenzeichen lassen sich in der einen unserer Quellen aus der anderen berichtigen, z. B. Alypius aus Aristides. Es kann uns nicht Wunder nehmen, daß sie alle an die Buchstaben des Neu-Ionischen oder Attischen Alphabetes denken, welches den Schriftzügen der späteren Griechen zu Grunde liegt. Wer mit griechischer Epigraphik nicht ganz unbekannt ist, wird alsbald zur Erkenntniß kommen, daß die Instrumentalnoten vielmehr auf ein altes Dorisches Alphabet zurückweisen, wie es etwa zur Zeit Solon's in einem der Staaten des Peloponnesus im Gebrauche war, z. B. in der altargivischen Inschrift Boeckh Corp. Inscr. 1, 2 (vgl. meine griechische Harmonik 1867, S. 398).

Bei der Uebertragung der Buchstaben auf die Töne muß irgend ein Princip vorhanden sein, wenigstens wäre es durchaus unwahrscheinlich, wenn die Buchstaben des Alphabetes in wilder Reihenfolge den Klängen der Scala entsprächen. Die einfachste und zunächst

liegende Ordnung würde die sein, daß die Reihenfolge der Scalatöne
vom höchsten zum tiefsten und die alphabetische Ordnung vom ersten
bis zu den späteren Buchstaben des Alphabetes einander parallel
gingen. Augenscheinlich ist das nicht der Fall. Es hat zunächst den
Anschein, als ob von einer Logik in der Responsion der Klänge und
der Buchstaben keine Rede sein könne. Geht man aber davon aus,
daß die zur Notirung verwandten Buchstaben nicht die des vulgären
attischen, sondern eines altgriechischen Alphabetes sind, so stellt sich
das Princip heraus, daß der Anfangsbuchstabe des Alphabetes zur
Notirung des höchsten Tones der Scala dient, daß dann aber bezüglich der übrigen Buchstaben des Alphabetes je zwei unmittelbar auf
einander folgende Buchstaben für je zwei zu einem Octavintervalle
gehörende Klänge verwandt sind. So sind die Octavenklänge g g
mit den Buchstaben Vau und Zeta bezeichnet, die Octavenklänge
f f mit den Buchstaben My und Ny. Dies Princip bezüglich der
Octavenklänge darf für die einer etwaigen älteren Alphabetform angehörigen Buchstaben festgehalten werden, um zur Bestimmung des
betreffenden Buchstabenwerthes benutzt werden zu können. So finden
wir von dem Octavenklange H h für die höhere Octav den Buchstaben Kappa, was darauf hinführt, in dem Notenbuchstaben des
tieferen H eine altgriechische Buchstabenform des Iota zu suchen.
In analoger Weise auch für die Octavenklänge A a die Buchstaben
Eta und Theta, obwohl Alypius in den beiderseitigen Noten die Buchstaben Eta und Sigma erkennt.

Nur an einer Stelle kann für die beiden Octavenklänge das
Princip der Notirung mit zwei benachbarten Buchstaben des Alphabetes nicht in Anwendung gebracht sein, nämlich für die Octave
d d. Nach dem altgriechischen Alphabete bemessen ergeben sich
die Noten für d d als zwei verschiedene Schriftzeichen für Lambda.
Hier also nicht zwei benachbarte Buchstaben, sondern die beiden verschiedenen Zeichen ein und desselben Buchstabens, gleichsam ein $L^1$
und $L^2$.

Indem vorher bemerkt sei, daß die ursprüngliche Form des
alten Notenbuchstaben nicht selten aus dem Gramma anestrammenon
und apestrammenon da zu erkennen ist, wo das Gramma orthon keine
Auskunft ertheilen will, stehe hier eine vorläufige Tabelle über die
Notirung der Octavenklänge:

Im Folgenden auf die einzelnen Notenbuchstaben von Nr. 1 bis Nr. 15 und die von Alypius gegebene Beschreibung derselben eingehend, wiederhole ich zunächst die in meiner griechischen Harmonik 1867, S. 391 ff. gemachten Bemerkungen:

Es liegt in dem Wesen der alten Kunstschulen, daß die hier überlieferte Tradition mit großer Treue festgehalten wird. So sind auch die altgriechischen Notenzeichen in den griechischen Musikschulen mit einer geradezu wunderbaren Unversehrtheit bis auf die spätere Zeit propagirt, so daß sie als eine Fundgrube der Inschriftenkunde angesehen werden können.

In den alten Instrumentalnoten liegt ein altdorisches Alphabet des Peloponnes vor uns, vom Buchstaben Alpha bis zum Buchstaben Ny. Der Buchstabe Lambda kommt darin in zwei verschiedenen Formen, ( und ⊢, vor. Ich wiederhole hier aus meiner griechischen Harmonik zu folgenden Notenbuchstaben die auf die Beschreibung der Quellen bezüglichen Bemerkungen:

Nr. 1. Alypius nennt die beiden letzten der drei Noten „ein halbirtes Alpha nach links" und „nach rechts". Mit Recht. Aber daß der erste der drei Buchstaben ein flüchtig gemachtes Eta sei, dem läßt sich nicht zustimmen. Vielmehr sind alle drei Buchstaben als Alpha anzusehen. Den drei Zeichen

ꓶ ⼂ ꓤ

liegen die altgriechischen Formen des Alpha

ꓜ ⼂ ꓦ                                    .

zu Grunde; vgl. Böckh, Corp. Inscr. 1, 44. 1—20. 25.

Nr. 2. Alypius erklärt die erste Note mit Recht für ein Zeta. Die zweite und die dritte wiederum für ein halbirtes Alpha „nach rechts" und „nach links". Dies letztere kann man nicht gelten lassen. Schon für den ersten Buchstaben befremdet in einem altgriechischen Alphabete der Schriftzug Z; ursprünglich wird statt dessen die ältere Form des Zeta, nämlich I, gebraucht worden sein. Aus I läßt sich zwar ein anestrammenon, aber kein apestrammenon bilden, daher wandte man für diese beiden Erhöhungen des Klanges g zwei einander entgegengesetzte schräge Lagen des I an,

$$\text{I} \qquad \text{⤲} \qquad \text{⤳}$$

die dann um den unteren Strich verkürzt worden sind.

λ und ⋏ sind also nicht, wie Alypius meint, ein halbirtes Alpha „nach rechts" und „nach links", sondern vielmehr ein altes halbirtes Zeta.

Nr. 3. Die erste Note deutet Alypius mit Recht als den Buchstaben Ny, die zweite und dritte als zwei Accentzeichen, den Acut und den Gravis. Auch der zweiten und dritten müssen Formen des Buchstabens Ny zu Grunde liegen. Ueberliefert sind die drei Zeichen

$$\text{N} \qquad \diagup \qquad \diagdown$$

Bedenken wir, daß die ältere Gestalt des Ny der des My analog war d. h. nur Einen Längenstrich hatte, so läßt sich leicht erklären, weshalb die beiden Erhöhungszeichen der Note Ny zu bloßen Strichen verstümmelt werden konnten.

Von den Notenzeichen Nr. 1. 2. 3. sagt Bellermann: N Z ⤳ sind augenscheinlich das umgelegte und umgekehrte Zeichen von ſ, nämlich von N, und hatten doch wohl anfangs nach der Analogie aller übrigen dieselbe Bedeutung wie jene [nämlich f ḟ fis]. Als man nun das (ursprünglich nur bis f gehende) System über f hinaus durch g̅ und a verlängerte, nahm man sie für diese neuen Töne und gab den jedesmaligen drei Erhöhungen dieser drei höchsten Stufen die sehr abweichenden Noten

$$\diagup \diagdown . \qquad \lambda \quad \Lambda , \qquad \digamma \text{⅄}$$

Vgl. Bellermann, Tonleitern und Musiknoten, S. 46.

Nr. 9. In allen drei Noten erkennt Alypius das alte, nicht dem Attischen, sondern dem Dorischen Alphabete angehörige Digamma.

Nr. 10. Nach Alypius „ein halbirtes My", — ein „halbirtes My in der Umlegung" — und „ein halbirtes My von rechts geschrieben". Im Allgemeinen ganz richtig. Aber es sind keine halbirten My, sondern unmittelbar aus dem verschieden gestellten altgriechischen My-Buchstaben M, welcher nur einen einzigen Längenstrich hatte, hervorgegangen.

Für Nr. 11 giebt Alypius die drei Zeichen

Γ    L    Ⴐ

von denen er den ersten und zweiten ein Gamma, den dritten ein Digamma anestrammenon nennt. Statt des dritten Zeichens Ⴐ giebt Aristides ٦, ohne Zweifel das Richtige. Nr. 14. Alypius sieht alle drei Noten für ein verstümmeltes Eta an. Das Eta aber ist für die Note A verwandt. Gehen wir auf die ältere Schrift zurück, so haben wir in dem Notenbuchstaben Nr. 14 vielmehr ein Iota zu erkennen. Für Iota giebt es nämlich in der älteren Schrift nicht bloß das Zeichen I, sondern auch das Zeichen ካ auf theräischen, phliasischen, großgriechischen und anderen Inschriften; ebenso kommt auch das von rechts nach links geschriebene Iota ᴚ vor. Unsere Zeichen für die Note H

Ⴄ    ⊥    ᴚ

sind nichts anderes, als die verschiedenen Stellungen dieses alten Iota

ካ    ٮ    ᴚ,

und wir werden sicher in unserem Rechte sein, wenn wir annehmen, daß dies die alte Form der dem Alypius für H Ḣ c überlieferten Notenzeichen gewesen ist.

Nr. 15. Für den Ton A und die beiden Erhöhungen desselben wird die Notirung

H    Ⴈ    Ⴀ

überliefert. In dem ersten erkennt Alypius ein Eta, in dem zweiten und dritten ein Doppel-Pi. Nach dem später darzulegenden Principe der Notirung ist für den Ton A der Buchstabe Eta zu erwarten. Im altgriechischen Alphabete hat dieser die Form Ⴞ. Wäre dem Alypius diese alte Form des Eta präsent gewesen, dann würde er auch in dem vermeintlichen Doppel-Pi Ⴈ und Ⴀ ein Eta erkannt haben, nämlich in Ⴈ ein oben geöffnetes, in Ⴀ ein unten geöffnetes Ⴞ. Es ist mehr als wahrscheinlich, daß die ursprüngliche Notirung für A Ȧ B folgende war:

Ⴞ    Ⴈ    Ⴀ

und daß erst späterhin statt ⊟ die geläufiger werdende vulgäre Form
H substituirt worden ist. Der Buchstabe ⊟ verstattete nicht, wie
z. B. E, eine dreifach verschiedene Stellung; der Notenerfinder mußte
sich hier auf andere Weise helfen, um die beiden Tonerhöhungen zu
bezeichnen.

Nr. 8. Für den Ton a und seine beiden Erhöhungen sind die
Zeichen

C   ʊ   Ɔ

welche Alypius, dem Attischen Alphabete gemäß, Sigma nennt. Das
Princip der Notirung läßt uns für a den Nachbarbuchstaben des dem
A zugetheilten Eta, also ein Theta erwarten. Also nach altgriechi-
scher Schreibart die Buchstabenform ⊗ oder ⊙. Das volle Theta
ließ keine dreifach verschiedene Stellung zu, und so half sich der
Notenerfinder durch drei Formen des halbirten Eta

C   ʊ   Ɔ

worin der Musiker freilich nichts anderes als ein Sigma erblicken
konnte.

Ein halbirtes Theta statt des vollen erscheint auf der alt-argivi-
schen Inschrift Corp. Inscr. 1, 2. Diesem hier befindlichen Theta zufolge sollte man für a die Buchstaben

(·   ꞎ   )

erwarten, und diese Form müssen die Notenzeichen ursprünglich wohl
gehabt haben.

----

In der Art und Weise, wie die Grenzklänge der Octaven durch
je zwei benachbarte Buchstaben des Alphabetes notirt sind, läßt
sich ein bestimmtes Princip durchaus nicht verkennen. Aber muß nicht
auch in der Vertheilung der Buchstaben auf die einzelnen Octaven eine Ordnung vorhanden sein? Wir denken wohl. Der Notenerfinder muß die alphabetische Reihenfolge der Buchstaben für die Octaven in der Weise gebraucht haben, daß die Buchstaben in ihrer auch
sonst gewöhnlichen Bedeutung als Zahlen eine bestimmte Reihenfolge der Octaven bezeichneten. Der modernen Musik liegt es fern, den
Octaven eine bestimmte Rangordnung beizulegen: Es könnte bei uns
Modernen Niemand darauf kommen, irgend eine Octave vor der
anderen zu bevorzugen. Aber der griechischen Musik liegt es nahe,

den Octavengattungen eine bestimmte ethische Bedeutung zu geben, wie denn Aristides p. 18 überliefert, daß die Alten die Octaven-Systeme auch als die Anfänge oder Principien der ethischen Eigenthümlichkeiten der Musik bezeichneten. „Dichter und Prosaiker sind beredt genug, die besondere Einwirkung des einen oder des anderen Octaven-Eidos auf das Gemüth des Zuhörers darzustellen" (Aristox.-Erläut. S. 354). Plato will ja nur zwei Octaven seine volle Anerkennung geben, will nur zwei Octaven im Staate geduldet wissen: die Dorische Octave e e an erster Stelle, die Phrygische d d an zweiter. In dieser Anschauung, welche Plato so überzeugungstreu ausspricht, könnte auch schon der alte Erfinder der Instrumentalnoten z. B. die Dorische Octave als die erste aufgefaßt haben. Er hat es gethan. Im Uebrigen lassen sich die Principien der von ihm eingehaltenen Rangordnung der Octaven aus Pollux wieder gewinnen.

Bei Pollux 4, 65 werden drei Octavengattungen für die Kithara als die drei vornehmsten hingestellt: „Die Dorische (von e bis e), die Iastische (von g bis g), die Aeolische (von a bis a) sind die ersten." Der Phrygisti von d bis d, welche sich ebenfalls dem Pollux zufolge in die Kitharodik eingedrängt hat, wird von diesem neben den drei genannten Kithara-Tonarten eine untergeordnetere Stellung zugewiesen.

Hatte der Notenerfinder diese Rangordnung der Octaven für die Kithara im Auge:

1. Dorische Octav e e
2. Iastische Octav g g
3. Aeolische Octav a a,

so mußten von ihm, nachdem der erste Buchstabe des Alphabetes (Alpha) dem höchsten Klang a zugewiesen war, der Dorischen Octave e e die zunächst auf Alpha folgenden Buchstaben des Alphabetes, nämlich Beta und Gamma, vindicirt werden. So ist es in der That. Das würde auch Plato gethan haben. Aber ehe der Notenerfinder nun weiter zu den beiden übrigen Octavengattungen der Kithara fortging, hat er vorher der Lydischen Octavengattung, welche in der griechischen Jugenderziehung eine so überaus hervorragende Bedeutung hatte, wie Aristoteles den Plato gleichsam vervollständigend hervorhebt (vgl. oben S. 87), die nächste Rangordnung nach der Dorischen eingeräumt. In der That muß wohl vor Plato schon von einer ethischen Rangordnung der Tonarten bei irgend einem alten Philosophen geredet worden sein, und hiernach der Notenerfinder die Tonarten geordnet haben. Dorisch und Lydisch stellt er voran. Der

Notenerfinder zeigt durch die Aufnahme der Lydischen Octave, daß
er selber kein Vertreter der Kitharodik gewesen sein kann. Erst
nach der Lydischen geht er zu den übrigen Octavengattungen, welche
für die Kithara an erster Stelle stehen, weiter fort: 3. zur Iastischen und
4. zur Aeolischen Octave.

> Höchster Ton a: Alpha
> 1. Dorische Octav o e: Beta und Gamma
> 2. Lydische Octav c c: Delta und Epsilon
> 3. Iastische Octav g g: Vau und Zeta
> 4. Aeolische Octav a A: Eta und Theta.

Ein jeder wird die griechischen Instrumentalnoten auf die bequemste Weise sich einprägen können, wenn er die von dem Notenerfinder ausgezeichneten und an erster Stelle notirten vier Octaven:
die Dorische in e, die Lydische in c, die Ionische in g, die Aeolische
in a im Gedächtniß behält.
Die nach der Aeolischen a A noch übrig bleibenden drei Octaven

$$5.\ \mathrm{Mixol.} \begin{cases} \mathrm{h} \\ \mathrm{H} \end{cases} \qquad 6.\ \mathrm{Phryg.} \begin{cases} \bar{\mathrm{d}} \\ \mathrm{d} \end{cases} \qquad 7.\ \mathrm{Hypo\text{-}} \\ \mathrm{lyd.} \begin{cases} \bar{\mathrm{f}} \\ \mathrm{f} \end{cases}$$

haben ohne Berücksichtigung ihre ethischen Ranges in der alphabetischen Buchstaben-Reihe ihre Notirung erhalten, sodaß zwei benachbarte Buchstaben auf die Grenzklänge der Octave kamen, mit Ausnahme der Octave d d, welcher die zwei im altgriechischen Alphabete
üblichen Zeichen des Buchstabens Lambda zuertheilt wurden.

|        |        |     |
|--------|--------|-----|
| Kappa  | Lambda | Ny  |
| Jota   | Lambda | My  |

Wir modernen Menschen qualificiren uns nicht allzu sehr für das
Erlernen der griechischen Musiknoten. Halten wir aber das angegebene Princip fest, nach welchem der Notenerfinder die Instrumentalnoten durch die Buchstaben des altgriechischen Alphabetes ausgedrückt hat, so haben wir ein mnemonisches Hilfsmittel, durch welches
wir die griechischen Noten uns jederzeit präsent machen können,
zumal wenn wir uns noch dieses merken, daß von den beiden benachbarten Buchstaben des Alphabetes für die Dorische und Lydische
Octav der obere Octaven-Klang den früheren, der tiefere Octaven-
Klang den späteren der betreffenden Nachbarbuchstaben erhält; daß
es aber bei allen übrigen Octaven-Klängen umgekehrt ist: der untere
Klang erhält den früheren, der obere Klang den späteren Buchstaben.

Schon früher ist die Vermuthung von mir ausgesprochen, die ich hier in einer Kette von Combinationen dem Leser vorgeführt habe, daß Polymnastus der alte Meister sei, welcher auf die Ehre das alte Instrumentalnoten-Alphabet erfunden zu haben, begründete Ansprüche erheben könne. Jener Vermuthung widersetzt sich die gelehrte im Jahre 1882 erschienene „Histoire de la notation musicale par MM. Ernest David et Mathis Lussy." Dort heißt es p. 31: „Westphal a cru que le systeme de la notation instrumentale fut introduit 640 ans avant J.-C. par Polymnaste de Colophon; mais cette assertion est très discutable." Folgende Bedenken werden gegen meine Annahme aufgeführt.

1) Polymnastus war Aulet und es sei klar, daß jene älteste Notirung für die Saiten-Instrumente, nicht für die Blas-Instrumente gemacht sei. Aber es zeigt sich S. 162, daß der Notenerfinder kein Vertreter der Kitharodik war. Meine Gegner sagen, die alte Notirung sei nicht für den Aulos gemacht. Das ist schwerlich richtig, denn der Ausgangspunkt der griechischen Notirung, wie durch die mehrfach wiederholten Aussagen des Aristoxenus über allen Zweifel feststeht, ist die enharmonische Scala. Aristoxenus erklärt, seine Vorgänger in der Harmonik hätten keine anderen als nur das enharmonische Geschlecht behandelt und in den von ihnen gegebenen Notentabellen, auf die ihre ganze Darstellung basirt sei, weder diatonische noch chromatische, sondern lediglich enharmonische Scalen aufgestellt. Daß dies in der Natur der griechischen Tonscalen begründet war, daß auch die diatonischen und chromatischen Scalen ursprünglich keine ungemischten, sondern gemischte waren, dergestalt, daß die dynamische Parhypate sowohl des Diatonon, wie des Chroma mit der enharmonischen Parhypate identisch war, wie denn auch der noch vor Aristoxenus lebende Archytas den zweiten Klang des Tetrachordes aller Tongeschlechter als identisch ansetzt, — dies wird durch die vorliegende „Musik des griech. Alterthumes" wohl über jeden Widerspruch hinaus klar gestellt sein, obwohl es auch aus meiner Harmonik des Jahres 1868 hätte entnommen werden können, denn schon dort waren diese eigenthümlichen Thatsachen ausgesprochen, wenn auch kürzer als in der vorliegenden Arbeit.

Daß aber die enharmonischen Scalen ihrem Ursprunge nach auf die Auletik des Olympus zurückgehen, hat Aristoxenus bei Plut. de mus. 11 ausführlich gezeigt. Freilich kannte Olympus, wie dort Aristoxenus überliefert, noch nicht die Zertheilung des Halbtones in die enharmonischen Vierteltöne. Dieselbe sei erst nach Olympus, so-

wohl in den Lydischen, wie in den Phrygischen Melopöien, vorgenommen. Die alten Harmoniker gaben an, daß die enharmonische
Melopöie bereits im aulodischen Nomos orthios des Polymnastus vorgekommen sei, wenn anders meine in diesem Buche gegebene Behandlung des Cap. 10 der Plutarchischen Schrift über Musik die richtige ist.

2) Meine Gegner wenden ein: Aristoxenus behaupte, daß die ungeraden Intervalle vor Polymnastus bekannt gewesen seien. So viel
ich auch nachsehen mag, ich finde keine andere Stelle, in welcher
etwas Derartiges gesagt sein möchte, als den Anfang des Cap. 29 in
Plutarch's Dialoge über die Musik. Hier heißt es: „Auf den Polymnastus führen sie den jetzt sogenannten Tonos Hypolydios und die
Eklysis und die Ekbole zurück, und sagen, daß er . . . viel größer
gemacht habe". Denn anders kann die ursprüngliche Textes-Ueberlieferung an dieser Stelle nicht gelautet haben. Dies ist von mir auf
S. 133 dieser Schrift, wie ich denke, überzeugend nachgewiesen. Daß
die ungeraden Intervalle (Eklysis und Ekbole) schon vor Polymnastus
bekannt gewesen seien, darf man aus dieser Stelle fortan nicht mehr
schließen. Aber schon aus meiner griech. Harm. 1867 hätten meine
Gegner ersehen können, was es mit der Textes-Ueberlieferung bezüglich
Polymnastus und der irrationalen Intervalle für eine Bewandniß hat,
denn schon dort ist auf S. 431 dasselbe, wie in dem vorliegenden
Buche nachgewiesen. Daß aber meine Gegner jene den Polymnastus
betreffende Thatsache als eine Aussage des Aristoxenus hinstellen, —
das ist mir unverständlich. Auf Heraklides Ponticus mag die Stelle
bei Plutarch zurückgehen (oben S. 116), aber kein Indicium spricht
für Aristoxenus.

3) Endlich sagen noch meine Gegner, daß die Notirung der ungeraden Intervalle erst möglich gewesen sei, als man sich der Umkehrung und Umlegung der Notenbuchstaben bedient habe. Dieser
Einwand hängt mit der wunderlichen Polemik der beiden Verfasser
gegen die von Gevaert ausgesprochene Ansicht zusammen, daß die
Instrumentalnoten älter als die Vocalnoten seien. Auch ich hatte
diese Auffassung gegenüber der Ansicht Vincent's und Bellermann's
aufgestellt, daß nämlich die Instrumentalnoten aus den alten Zeichen
der Planeten hervorgegangen seien. Ich hatte keine Veranlassung, der
Annahme Vincent's und Bellermann's zu Liebe die Ueberlieferung der
Musikschriftsteller zu verlassen, nach denen in den Instrumentalnoten
die Buchstaben des griechischen Alphabetes in einer bestimmten
Modification vorliegen. Ich hatte auch darauf hingewiesen, daß die
griechische Epigraphik in den Instrumentalnoten ein altes Dorisches

Alphabet erkennen lasse, in welchem die Buchstaben sowohl von links nach rechts, wie von rechts nach links, ferner auch von unten nach oben oder auch von oben nach unten geschrieben werden. Meine Gegner scheinen dies unberücksichtigt gelassen zu haben: sie halten die Singnoten (das Neu-Ionisch-Attische Alphabet) für die regelmäßigen Buchstaben, die Instrumentalnoten für die aus jenen durch Buchstaben-Umkehrung und -Umlegung entstandenen Noten. Herr Gevaert hatte diesen meinen früheren Auseinandersetzungen über das Wesen der Instrumentalnoten seine Zustimmung gegeben. Es würde mir eine große Freude sein, wenn den gelehrten Verfassern der „Histoire de la notation musicale" die in dem vorliegenden Buche gegebene Auseinandersetzung durch die neu hinzugebrachten Momente beachtenswerther erscheinen möchte.

Die Arbeit des alten Notenerfinders hat folgende Voraussetzung:

1) Die Zahl der Transpositions-Scalen mußte bereits nach der Tiefe zu durch die Scala in A erweitert sein, welche man zuerst die Hypodorische, späterhin die Hypolydische nannte.

2) Auf einer der Scalen, welche im Gebrauche waren, mußte der Klang b vorhanden sein, also die Note diezeugmenon der Mixolydischen Scala.

3) Es mußte bereits die enharmonische Melopöie aufgekommen sein.

### Ad 1):

Das Aufkommen des Tonos in A ist als eine Neuerung des Polymnastus durch die Notiz bei Plutarch de mus. 29 constatirt.

### Ad 2):

Ebenderselbe Meister muß auch die Mixolydische Transpositions-Scala gekannt haben, denn diese gehört laut der Aussage des Aristoxenus in die Kategorie der fünf alten Tonoi, deren tiefster der Hypodorische in A ist. Dagegen würde die Aristoxenische Stelle bei Plut. de mus. 16 sprechen, wenn Aristoxenus unter der Erfindung des Pythokleides die Mixolydische Transpositions-Scala verstände. Doch wird es sich unten bei Pythokleides (Athenische Musik-Katastasis S. 174) als durchaus unwahrscheinlich herausstellen, daß Aristoxenus auf ihn die Mixolydische Transpositions-Scala als Erfindung zurückführt.

### Ad 3):

Und was den dritten Punkt, die Anwendung der enharmonischen Melopöie betrifft, so haben eben die alten Harmoniker, welche fünf

oder sechs Tonoi statuirten (darunter der Tonos Hypodorios des Polymnastus), eben denselben Meister Polymnastus als den Componisten des
Nomos Orthios genannt, in welchem die enharmonische Melopöie zur
Anwendung gekommen sei. In der Stelle des Plutarch de mus. 10,
welche den Polymnastus für die betreffende Melopöie anführt, fehlt
zwar gerade das Wort enharmonisch den Handschriften. Wir haben
oben des Weiteren darüber gesprochen und auch dies für die Anwendung der enharmonischen Melopöie von Seiten des Polymnastus geltend gemacht, daß auch das mit dem Enharmonion auf gleicher
Grundlage beruhende Diatonon malakon als eine Neuerung des
Polymnastus feststeht.

Es muß auf dieses Capitel 29 des Plutarchischen Dialoges über
Musik noch einmal wegen einer anderen dem Polymnastus beigelegten
Neuerung eingegangen werden: „Auf Polymnastus führen sie den jetzt
sogenannten Tonos Hypolydios, ferner die Eklysis und Ekbole zurück
und sagen, daß er . . . viel größer gemacht habe".

Es ist ein eigenthümlicher Unstern, welcher über der handschriftlichen Ueberlieferung des Plutarchischen Dialoges, der einzigen Quelle,
welche von Polymnastus specielle Kunde giebt, gewaltet hat, daß gerade
die von Polymnastus handelnden Stellen so lückenhaft überliefert sind.
Das Wort, welches den Gegenstand bezeichnet, welchen Polymnastus
viel größer gemacht habe, fehlt in der Handschrift. Welches kann es
gewesen sein? Auf die Eklysis und die Ekbole darf man das Vergrößern unmöglich beziehen (vgl. oben S. 133. 164). Auf die Anzahl der
Tonoi ebenfalls nicht, denn als Polymnastus den Tonos in A nach der
Tiefe hin den schon bestehenden hinzufügte, da kann er mit dem
von ihm sogenannten Hypodorischen höchstens noch den Mixolydischen hinzugefügt haben, denn die drei übrigen der damals bestehenden Transpositions-Scalen gehören nach Ptolemäus und Bacchius in
die Zahl der allerältesten Transpositions-Scalen. So ist nicht daran
zu denken, daß dasjenige, was Polymnastus viel größer gemacht haben
soll, die Anzahl der Tonoi gewesen sei. Dem Systeme von drei
Transpositions-Scalen noch zwei Scalen hinzufügen (in es und in A),
kann nicht „das System viel größer machen" genannt werden.

So bleibt denn nur Eines übrig, was durch Polymnastus viel größer
gemacht sein kann, nämlich der Tonumfang des Systemes. Das Tetrachord hypaton war schon vor Polymnastus in Gebrauch, die Tetrachorde meson und diezeugmenon oder synemmenon waren schon vor

dem Tetrachorde hypaton vorhanden. Ist es die Meinung der Ueberlieferung, daß das Tonsystem durch Polymnastus viel größer gemacht
sei, so kann dieser nur das Tetrachord hyperbolaion hinzugefügt haben.

Alle Töne der Scala, welche über b hinausliegen, haben dieselben
Noten, wie die der tieferen Octave, nur wird ihnen zur Rechten ein
diakritischer Strich hinzugefügt. Aus diesem Grunde führen sie bei
Alypius den Zusatz „epi oxýtēta", d. i. „nach der Höhe zu", womit
eben die höhere Octave bezeichnet sein soll. Das hat genau dieselbe
Bedeutung, wie bei uns „die gestrichenen Noten".

So bedurfte es für das hinzugefügte Tetrachord hyperbolaion
keiner neu zu erfindender Notenzeichen: es wurden die gestrichenen
Noten des Griechenthums dafür angewandt.

Die älteste Erwähnung eines dem Tetrachord hyperbolaion an-
gehörenden Klanges findet sich in den zur Erläuterung der Platonischen Octavengattungen von Aristides aus den alten Harmonikern
entlehnten Notenscalen. Denn der höchste Ton der dort vorkommenden chalara Lydisti (in der Hypolydischen Transpositions-Scala) ist
die Trite hyperbolaion (vgl. oben S. 100). Also Musikern wie Stratonicus aus der Zeit Philipp's von Macedonien war das Hyperbolaion-
Tetrachord bereits geläufig (vgl. unten unter „Stratonicus" im folgenden Abschnitte). Eine frühere Erwähnung des Hyperbolaion-Systemes
läßt sich nicht nachweisen.

# Die musische Katastasis seit den Perserkriegen, besonders in den Musikschulen Athens.

Hätte Heraklides Ponticus in den uns erhaltenen Excerpten aus
der Musiker-Geschichte des Glaucus Rheginus sich nicht vorzugsweise
auf die archaische Zeit der Musik beschränkt, dann würden wir
zweifelsohne in Plutarch's Musik-Dialoge lesen können, daß jener
älteste Gewährsmann der Musiker-Geschichte auf die beiden Zeiträume
der ersten und der zweiten Musik-Katastasis Spartas als dritten Zeit-
raum eine Musik-Katastasis Athens hat folgen lassen.

Der große Aufschwung der musischen Künste, welcher für Athen
seit den Zeiten der Perserkriege so charakteristisch ist, knüpft sich
vorzüglich an die dort neu aufkommenden Kunstzweige des Dramas

und Dithyrambus. Die öffentliche Leitung des attischen Gemeinwesens that für die Förderung der Musik kaum etwas Weiteres, als die Aufführung der dramatischen Spiele unter ihre besondere Obhut zu stellen. Die Katastasis der musikalischen Kunstnormen war hier lediglich dem künstlerischen Sinne überlassen, welcher sich in den Musikschulen Athens ausbildete. Von dem regen Leben der Athenischen Kunstschulen und ihrer Meister können wir uns kaum eine ausreichende Vorstellung machen. Wie in den früheren Perioden die Musikvirtuosen den Karneen und Gymnopädien Spartas zugeströmt waren, so zogen seit der Zeit der Pisistratiden die Musiker von Fach aus den verschiedensten hellenischen Städten nach Athen, jetzt dem musischen Centralpunkte, um hier als Musik-Meister Schulen zu bilden. Durch mehrere Generationen hindurch lassen sich geistige Genealogien von Meistern und Schülern verfolgen, z. B.:

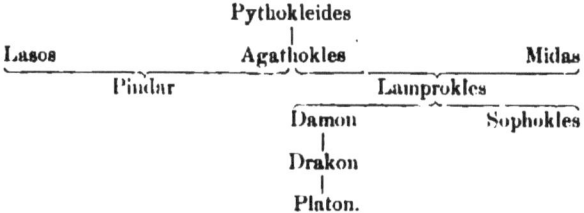

(Vgl. Griech. Rhythmik und Harmonik 1867 S. 26.)

Der allerbedeutendste unter diesen athenischen Musik-Meistern ist

## Lasos von Hermione,

welcher als der früheste Repräsentant der Dithyramben-Kunst in Text und Tönen genannt wird. Ein aus bester Quelle stammender Bericht in Plutarch's Musik-Dialoge 29 lautet: „Lasos von Hermione hat einerseits die Rhythmen zur dithyrambischen Agoge umgestaltet und andererseits die Vielstimmigkeit der begleitenden Auloi eingeführt und hierbei mehrere und zwar auseinanderliegende Töne zur Anwendung gebracht und auf diese Weise die vor seiner Zeit bestehende Musik auf einen anderen Standpunkt geführt."

. Ob Plutarch's Quelle Aristoxenus ist, wie man angenommen (S. 164) oder, was mir viel wahrscheinlicher ist (s. S. 116), der aus Glaucus Rheginus schöpfende Heraklides, mag hier dahingestellt bleiben. An erster Stelle berichtet Plutarch's Quelle über die von Lasos für die dithyrambische Agoge vorgenommene Umgestaltung der Rhythmik. Für

uns hat der Rhythmus hier kein Interesse. Aber von allergrößter
Wichtigkeit ist für unsere Untersuchung des griechischen Melos dasjenige, was wir hier an zweiter Stelle über Lasos erfahren:

> Lasos hat die griechische Musik bezüglich der Beglei-
> tung auf einen neuen Standpunkt [gegenüber dem bisher
> festgehaltenen Standpunkte Terpander's] gebracht, indem er
> die Begleitung des Gesanges durch eine Polyphonie (d. i.
> Mehrstimmigkeit) der Auloi zur Ausführung brachte und
> mehrere Klänge (mehr als zwei Klänge) und zwar ausein-
> anderliegende Klänge zur Anwendung brachte.

In dieser Darstellung unserer alten Quelle haben wir unstreitig
die Beschreibung einer mehr als zweistimmigen Begleitung der Vocal-
melodie durch Blasinstrumente vor uns. Daß nicht etwa die gleichzeitigen Begleitungsklänge der verschiedenen Auloi einander unison
waren (so daß durch die Anwendung mehrerer begleitender Auloi
nichts als eine Verstärkung der Begleitungsstimme hervorgebracht wäre),
dies glaubt unser Berichterstatter durch den Zusatz „mehrere und auseinanderliegende Klänge" ausdrücklich bemerken zu müssen.

Wer der Ansicht ist, daß die Eigenartigkeit der griechischen
Musik nicht anders als aus der Ueberlieferung der alten Quellen zu
erkennen und daß alles Herleiten aus lediglich sogenannten inneren
Gründen in dieser Hinsicht vom Uebel sei, der kann die vielfach aufgeworfene Frage, „ob die griechische Musik eine unisone gewesen
sei", nach den Angaben der Quellen nicht anders als folgendermaßen
beantworten.

Einen mehrstimmigen Gesang kannte das Alterthum nicht,
dieser ist erst das Resultat der christlichen Kunst. Sämmtliche Theil-
nehmer eines antiken Chorus sangen unisono, sangen nur die Melodie;
daher bestand der Gegensatz zwischen antiken Chor- und Sololiedern
(Monodien) hauptsächlich nur in der dort vorkommenden Verstärkung
der Stimmen, wozu dann noch der verschiedene Tonumfang, der in
Monodien größer als in Chorliedern ist, hinzutrat. Es kam auch vor,
daß Sänger von verschiedenen Stimmklassen, daß Baß- und Alt-, Tenor-
und Sopran-Sänger in demselben Chore mitwirkten. Auch dann sangen
die Choreuten die bloße Melodie, — jetzt freilich nicht unison, sondern
auch in Octaven. Dies wird von Aristoteles überliefert, welcher in den
Problemen 19, 18 sagt: „Von allen Intervallen oder Accorden, welche
gesungen werden, ist die Octave die einzige." Quarten-, Quinten- und
alle übrigen Accorde kamen also innerhalb des griechischen Chorgesanges nicht vor. So in meiner griechischen Rhythmik und Har-

monik, 2. Auflage, S. 705. Auch jetzt noch bin ich außer Stande, die
Worte des Aristoteles anders zu interpretiren.

Aber dessenungeachtet war die griechische Vocalmusik keine
unisone, sondern eine mehrstimmige. Die Mehrstimmigkeit nämlich
wurde durch die zum Gesange hinzutretenden Instrumente bewirkt.
Bezüglich der Art und Weise, wie eine Gesangmelodie durch Instrumentaltöne begleitet wurde, unterscheidet die Quellenüberlieferung drei
verschiedene Entwickelungsstufen:

1) Zu Anfang gab es nur eine einstimmige Musik: man begleitete Alles unison (Plutarch de mus. 28). Hier wurde also
   ein und dieselbe Melodie als Vocal-Melodie und gleichzeitig
   als Instrumental-Melodie ausgeführt.

2) In der archaischen Kunstepoche der ersten Spartanischen
   Katastasis war die Musik eine zweistimmige: zu der Melodiestimme des Gesanges kam gleichzeitig eine zweite
   Stimme der Instrumentalbegleitung hinzu: in der kitharodischen Musik ward die zweite Stimme durch die Klänge
   der Kithara (der antiken Harfe) ausgeführt, in der aulodischen Musik durch die Klänge des Aulos (der antiken
   Clarinette).

Eine zweistimmige Musik, welche lediglich von zwei Instrumenten
ausgeführt wird, hat Aristoteles in den Problemen 19, 19 im Auge.
(Vgl. oben S. 64. 65.)

Es mag diese zweistimmige Musik die alte Form der kunstmäßigen
Auletik und bis auf Stratonicus (S. 178) der Kitharistik gewesen sein.

Die zweistimmige Musik soll nach Plutarch de mus. 29 zuerst
von Archilochus aufgebracht sein. In der nämlichen Schrift des Plutarch ist aber eine längere Stelle enthalten (Cap. 18. 19), offenbar
aus Aristoxenus geschöpft, welche die Musik schon des Terpander und
Olympus unter genauem Eingehen auf Einzelheiten als eine zweistimmige darstellt. Vielleicht stehen die Berichte, welche die zweistimmige Musik einerseits auf Archilochus, andererseits auf Terpander
und Olympus zurückführen, wohl nicht einmal im Widerspruche:
die Differenz erklärt sich aus der irrigen chronologischen Annahme,
daß Archilochus älter als Terpander gewesen sei, während nach den
eingehenden Ermittelungen des Italioten Glaucus Archilochus erst zwei
Generationen nach Terpander gelebt hat.

3) In der klassischen Kunstepoche der Athenischen Musik-
   Katastasis kam an Stelle der zweistimmigen eine drei- und
   mehrstimmige Musik auf.

Es ist eine nicht anzutastende Ueberlieferung, daß es der Athenische Dithyrambiker Lasos aus Hermione war, welchem der Ruhm, in dieser Weise das griechische Melos zum Abschlusse gebracht zu haben, gebührt. Von jetzt an wurden mehrere Instrumente zum Gesange des Chores herbeigezogen, während man sich früher (in der zweiten Spartanischen Musik-Katastasis) mit einem einzigen Instrumente d. h. einer einzigen begleitenden Instrumentalstimme begnügte. Daher der Plutarchische Bericht über die von Lasos eingeführte Polyphonie der Auloi noch folgenden Zusatz macht:

„Denn auch die Auletik trat von einem einfacheren auf einen kunstreicheren Standpunkt. In alter Zeit bis auf den Dithyramben-Componisten Melanippides wurden die Auleten von den Componisten bezahlt; der Liedertext stand an erster Stelle, die Auleten waren die Diener der Chormeister. Später aber verkehrte sich auch dies Verhältniß."

Das war seit dem Dithyrambiker Lasos die klassische Epoche der Musik, in welcher auf die Stimmführung der Instrumentalbegleitung ein großes Gewicht gelegt wurde. Nach Aristoxenus' Erzählung im Symposion (Plutarch de mus. 31) „war unter seinen Zeitgenossen ein Telesias aus Theben, der in seiner Jugend in der edelsten Musik unterrichtet worden war und unter anderen Werken berühmter Meister, die des Pindar, des Dionysios aus Theben, des Lampros und Pratinas und der übrigen Lyriker, welche sich zugleich vortrefflich auf die Begleitung der Melodie verstanden, kennen gelernt hatte, ein ausgezeichneter Aulete und auch in den übrigen Zweigen der gesammten Kunst gut bewandert." In der auf jene Meister der klassischen Musik nachfolgenden Zeit, in der Epoche des Timotheus und Philoxenus, scheint die Kunst der Begleitung rückwärts gegangen zu sein. Das war die Lebenszeit des Aristoxenus, wo „der Styl des Pindar und des Simonides von den jetzt Lebenden als alt bezeichnet wird" (Plut. de mus. 21).

Aristoxenus sagt (Vermischte Tischreden S. 477): „Bei einer Vergleichung von ehemals und jetzt wird man zu dem Ergebnisse kommen, daß auch ehemals in gewissen Beziehungen ein größerer Reichthum der Kunstmittel angewendet wurde . . . Auch in Beziehung auf die instrumentalen Unterredungen[1] bestand damals eine größere Mannigfaltigkeit." Da wir hier ein abgerissenes Fragment vor uns haben, so dürfte es wohl natürlich sein, wenn wir hier einem Aristoxenischen Ausdrucke begegneten, der uns unklar bleiben müßte. Einen

---

[1] Berichtigung zu meiner Aristoxenus-Erläuterung S. 478.

durchaus ungewöhnlichen Ausdruck werden wir in „instrumentale
Unterredungen" jedenfalls erkennen müssen: er muß ein Terminus
technicus der griechischen Melopöie gewesen sein. Halten wir aber den
unmittelbaren Wortlaut fest, dann läßt er sich schwerlich anders
interpretiren, als wenn wir von einem modernen Tonstücke sagen: die
eine Instrumental-Begleitungsstimme unterhält sich mit der anderen.
Nach unserer bisherigen Auffassung der griechischen Musik, wo wir
sie auf einem möglichst niedrigen Standpunkte erblicken zu müssen
glaubten, mochten wir der Kunst der griechischen Stimmführung nicht
so viel zutrauen, als der in Rede stehende Ausdruck des Aristoxenus
zu erheischen scheint. Aber weshalb wollen wir uns umzulernen
scheuen, wenn wir den Quellen folgend nicht anders können? Haben
wir doch schon in vielen anderen Punkten bezüglich der griechischen
Musik umlernen müssen! Also was wir Modernen eine Beantwortung
des Themas nennen, davon wußten auch schon die alten Musik-
Theoretiker: Aristoxenus gebraucht dafür den Terminus technicus
„krumatiké Diálektos", „instrumentale Unterredung". Eine unisone
Chormelodie hatte eine mindestens dreistimmige (vielleicht vierstimmige) Instrumentalbegleitung, in welcher die einzelnen Begleitungsstimmen den Eindruck machten, als ob sie sich mit einander unter-
hielten, als ob die eine Stimme der anderen eine Antwort gebe. Diese
Art der Stimmführung war es, in welcher Pindar, Lampros, Pratinas
und andere Koryphäen der Athenischen Musik-Katastasis eine große
Meisterschaft bewiesen; — so versichert Aristoxenus — während seine
Zeitgenossen Krexos, Timotheos und Philoxenos die frühere Feinheit der
Stimmführung, „der instrumentalen Unterredung der Begleitungsstimmen", nicht mehr besaßen. Von Pindar aber wird durch Aristoxenus
ausdrücklich versichert, daß er auf der Höhe der Begleitungskunst
gestanden habe. War doch Pindar der Schüler des Dithyrambikers Lasos,
des ersten, welcher an Stelle der Terpandrischen Einstimmigkeit der
instrumentalen Begleitung den großen Fortschritt einer „Polyphonie"
der Begleitungsstimmen geschaffen hat.

Selbstverständlich hat Pindar nicht bloß seine Dithyramben in
der neuen Art seines Meisters Lasos componirt, sondern seine Chor-
compositionen überhaupt. Und zu der „Polyphonia der Auloi" fügte
Pindar, wie er selber sagt, auch noch als begleitende Stimme die
Stimme der Phorminx, der antiken Harfe, hinzu. Denn wir müssen
Pindar's Aussage genau nach dem Wortlaute verstehen, wenn es im
dritten Olympischen Siegesliede bei ihm heißt:

> „Ich gedenke die Klänge der Harfe, den Schall der Clarinetten und
> die Stimme des Gesanges dem Hiero geziemend zu vereinen."

Da liegt eine mindestens vierstimmige Composition vor:

die gesungenen Textesworte als Melodiestimme,
die Stimme der Phorminx als erste Begleitstimme,
die Stimmen der Auloi (es sind mindestens zwei) als zweite
und dritte Begleitstimme.

Die begleitenden Auloi werden wohl ebensowenig wie bei Lasos
eine unisone, die Singstimme bloß verstärkende Melodie angegeben
haben, vielmehr wird auch von der Compositionsweise des Schülers
dasselbe wie von der des Meisters anzunehmen sein: „er begleitete
mit einer Polyphonie der Auloi, indem er mehrere und auseinanderliegende Klänge zur Begleitung benutzte."

Es läßt sich kaum bezweifeln, daß der Standpunkt der dithyrambischen Musik, wie er sich unter den Meistern Lasos und Pindar
entwickelt hatte, nicht auch für die dramatische Chormusik sich geltend gemacht haben sollte, obwohl wir, offen gestanden, ein Zeugniß
für die Mehrstimmigkeit in der Begleitung der tragischen und komischen Chorlieder nicht aufzuweisen haben.

Noch eine andere Bedeutung in der Musik der Griechen muß
dem Dithyrambiker Lasos aus Hermione vindicirt werden. Als Athe-
nisches Schulhaupt trat nämlich Lasos zugleich als Musik-Schriftsteller
auf. Er war nach Suidas der erste, welcher die Reihe der Musik-
Schriftsteller eröffnete. Seine Schrift über das Melos lag auch dem
Aristoxenus vor. Er sagt in der ersten Harmonik § 4 (S. 209): „Worin
der Unterschied zwischen Singen und Sagen besteht, ist noch von
Niemand sorgfältig erörtert worden, und doch ist es, wenn dies
unterbleibt, nicht leicht, das Wesen des Klanges darzulegen, der ja,
wenn man ihm nicht mit Lasos und Einigen aus der Schule des Epigonos thörichter Weise die Eigenschaft der Breite zuschreiben will,
etwas eingehender behandelt werden muß." Somit scheint Lasos gelehrt zu haben: „Beim Singen sind die Sylben breiter, beim Sprechen
sind sie schmaler, sind sie „ohne Breite"." Um die praktische Kunst
hat sich Lasos durch seine Mehrstimmigkeit der Begleitung auf's
Höchste verdient gemacht. Aus seinem theoretischen Satze von der
Breite des Tones läßt sich so recht ermessen, wie weit die höchste
Blüthe der Kunstschöpfungen und die theoretische Kunsterkenntniß
auseinanderliegen.

## Pythokleides, Lamprokles, Damon.

Es muß einer von den Meistern der Athenischen Musik-Katastasis gewesen sein, welcher das vollständige System der sieben b-Scalen abgeschlossen hat, jener sieben Tonoi, welche die unmittelbare Voraussetzung der Aristoxenischen Transpositions-Scalen bilden. Denn nachdem durch Polymnastus der mit dem Proslambanomenos A beginnende Tonos und von einem späteren dem Namen nach uns unbekannten Meister auch noch der auf den Proslambanomenos G basirte Tonos Hypophrygios constituirt war, mußte die Siebenzahl der b-Scalen noch durch den tiefsten mit dem Proslambanomenos F beginnenden Tonos completirt werden. Welcher von den Athenischen Musikern diesen mit F beginnenden Tonos den übrigen hinzugefügt und den Namen Tonos Hypodorios, welchen Polymnastus der Scala in A beigelegt hatte, mit einer Umänderung der Nomenclatur für die Scala in A als Tonos Hypolydios bezeichnet habe: — darüber fehlt uns jegliche Andeutung in der Ueberlieferung. Es liegt wohl außerordentlich nahe, in dem Begründer dieses Systemes der sieben b-Scalen zugleich den Musiker zu vermuthen, welcher zu der alten Instrumental-Notation die Vocal-Notirung hinzugefügt hat. Als Vocalnoten hat man die Buchstaben des sogenannten Neu-Ionischen Alphabetes benutzt, welches, nachdem es in Athen bereits längere Zeit für den Privatverkehr in Anwendung war, in dem Archontats - Jahre des Euklides (403) für den officiellen Gebrauch gesetzlich eingeführt wurde. War es eine gewissermaßen übertriebene Consequenz dieser officiellen Umtauschung der Alt-Attischen mit der Neu-Ionischen Schrift, daß man auch die bisher gebräuchlichen Notenzeichen mit den Buchstaben des unter Euklides officiell angenommenen Alphabetes umtauschte? Die neuen Notenzeichen gebrauchte man für die Notirung der Textesworte; die alten aus der Zeit der zweiten Spartanischen Musik-Katastasis stammenden Notenbuchstaben gebrauchte man von jetzt an als Instrumentalnoten, indem man unter das die Vocalnote angebende Melodiezeichen die jedesmalige Note der Instrumentalbegleitung und zwar unmittelbar darunter setzte. Ehe in Athen das Neu-Ionische Alphabet in Gebrauch gekommen war, also bei den Componisten der älteren Zeit, konnte eine Unterscheidung von Neu-Ionischen Vocalnoten und Alt-Dorischen Instrumentalnoten noch nicht vorkommen: die letzteren mußten früher sowohl den Instrumenten wie dem Gesange dienen.

Folgende Notizen im Musik-Dialoge Plutarch's (c. 16) enthalten Alles, was sich auf die Neuerungen der Athenischen Meister bezüglich der Tonscalen bezieht:

„Aristoxenus sagt, daß die Mixolydische Tonart durch Sappho erfunden sei, von welcher sie die Tragiker entlehnt und mit der Dorischen vereint hätten, da diese einen großartigen und würdevollen, jene einen wehmüthigen Charakter habe, beide Gegensätze aber in der Tragödie vereint seien."

„In seinen geschichtlichen Commentaren über Musik aber sagt Aristoxenus, daß der Aulet Pythokleides der Erfinder der Mixolydischen Tonart sei; weiterhin aber habe dann wieder der Athener Lamprokles gefunden, daß die Mixolydische Scala nicht an derjenigen Stelle die Diazeuxis hat, wo dies fast Alle annahmen, sondern vielmehr im höchsten Intervalle der Scala, und demzufolge habe er die Mixolydische Scala in ihrer jetzt üblichen Form von der Paramese bis zur Hypate hergestellt."

„Die Epaneimene Lydisti, welche in ihrem Charakter der Mixolydischen entgegengesetzt, dagegen mit der Iastischen Tonart verwandt ist, soll von dem Athener Damon erfunden sein."

Von Damon, als dem Erfinder der chalara Lydisti oder der Hypolydischen Octavengattung, ist oben S. 109 gesprochen worden. Weshalb die chalara Lydisti der Mixolydisti entgegengesetzt genannt wird, wird zu Anfang des folgenden Plutarchischen Capitels 17 erklärt: „Die Mixolydisti und Syntonolydisti sind wehmüthig, die chalara Lydisti und chalara Iasti sind sympotisch."

Aber wie verhält es sich mit den Aristoxenischen Mittheilungen über die „Mixolydisti"? An der einen Stelle sagt er, daß Sappho die Erfinderin ist, dann an einer anderen Stelle, daß Pythokleides und Lamprokles an der Erfindung des Mixolydischen betheiligt sind. Bei Lamprokles handelt es sich sichtlich nicht um die Erfindung der Mixolydischen Harmonie, von welcher Aristoxenus spricht, sondern um das System der Tonoi (Transpositions-Scalen), in welche Lamprokles die Mixolydische Octavengattung an die richtige Stelle (von der Paramese bis zur Hypate hypaton), dieselbe Stelle, welche auch Aristoxenus für sie annimmt, gesetzt habe. Vor Lamprokles hatte man den diazeuktischen Ganzton der Mixolydischen Octave an einer anderen Stelle annehmen zu müssen geglaubt, worüber man die Bemerkungen auf S. 95 vergleiche.

An derselben Stelle eines seiner Werke hatte Aristoxenus den Pythokleides als den Erfinder der Mixolydischen Tonart bezeichnet. Meint er dort, daß Pythokleides die Mixolydische Tonart (identisch mit der Syntono-Iastischen) erfunden habe? In einem anderen der Aristoxenischen Werke war die Erfindung dieser Octavengattung der

Sappho zugesprochen, und ein Mann wie Aristoxenus wird sich schwerlich eines Widerspruches haben schuldig machen können.

Deshalb wird der Zusammenhang des Pythokleides mit der Mixolydischen Tonart im Sinne des Aristoxenus ein ähnlicher gewesen sein, wie bei dem gleich darauf genannten Lamprokles. Vor Lamprokles setzte man auf dem Dodekachord-Systeme die Mixolydische Octave nicht an die Stelle, welche ihr von Lamprokles und allen Nachfolgenden angewiesen wurde. Wer wird ihr jene ungehörige Stelle, wo man sie früher annahm, angewiesen haben? Dies war es, was Phytokleides gethan hatte und was Aristoxenus als eine verkehrte Annahme des Pythokleides bezüglich der Mixolydischen Tonart hinstellt. Hiermit erledigt sich das auf S. 151 ausgesprochene Bedenken gegen Polymnastus, ob dieser auch schon die Mixolydische Sala vorgefunden habe.

### Plato und sein Verhältniß zu den Pythagorcern.

„Der erste, der im alten Griechenland über das Reich der Töne Untersuchungen anstellte, war Pythagoras von Samos . . . An einer Saite, unter der sich ein verschiebbarer Steg befand, bewiesen die Pythagoreer, daß, wenn eine Saite in ihrer ganzen Länge klingend einen beliebigen Grundton hat, z. B. A, — daß dann die Hälfte derselben allein zum Klingen gebracht, die höhere Octave (a) des Grundtones ergiebt, daß also die Octave durch das Verhältniß $1:2$ bedingt ist. Nahm man drei Viertel der Saite, so erhielt man die Quarte d, der demnach das Verhältniß $\frac{3}{4}$ entsprach; zwei Drittel ergaben die Quinte e; zugleich ergab die Differenz der beiden letzteren Töne (d und e) $\frac{2}{3}:\frac{3}{4}$ die Größe des ganzen Tones = $\frac{8}{9}$.“ Karl von Jan die Harmonik des Aristoxenianers Kleonides. Landsberg a. d. W. (1870).

So wußte Pythagoras vier Intervalle auf Zahlenverhältnisse zurückzuführen, nämlich auf $1:2$ die Octave, auf $2:3$ die Quinte, auf $3:4$ die Quarte, auf $8:9$ den Ganzton.

Von den unmittelbaren Schülern und Nachfolgern des Pythagoras: Philolaus, Timäus und Archytas ist schon oben S. 41. 42 gesprochen. Von Philolaus' und Archytas' Schriften ist durch Nicomachus und Ptolemäus musikalisch Werthvolles auf uns gekommen. Wie Pythagoras selber sich die Scala dachte, geht aus den Worten hervor, welche Plato dem Timäus in dem gleichnamigen Dialoge in den Mund legt. Die dort vorkommende Deduction der die Octave, Quarte und Quinte bestimmenden Verhältnißzahlen aus der geometrischen, arithmetischen und harmonischen Proportion wird freilich nicht dem Pythagoras, sondern dem eigenen Denken des Plato angehören.

Plato läßt den Demiurgen nach diesen Proportionen zwei diatonische Scalen von derselben Tonhöhe aus nach der Tiefe abwärts führen.

A. **Die erste Scala** umfaßt drei sich continuirlich an einander anschließende Dorische Oktachorde:

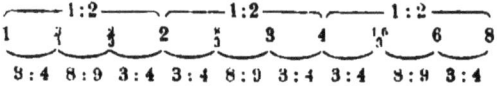

dergestalt, daß jede Octave aus einer Quarte (3 : 4), einem Ganztone (8 : 9) und wieder einer Quarte (3 : 4) besteht. Die Quarten werden schließlich in ihre Ganztöne zertheilt, wobei ein Intervall übrig bleibt, welches den Umfang des Halbtones (243 : 256) hat. Die kleinere Zahl repräsentirt den höheren, die größere den tieferen Ton (also Saitenlängen!):

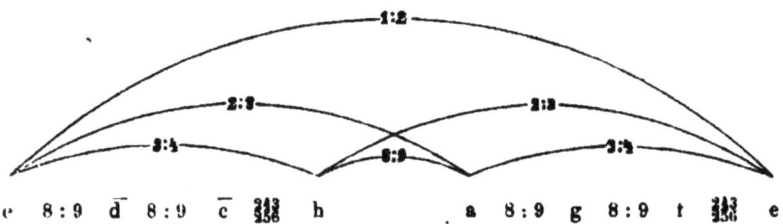

B. **Die zweite Scala** umfaßt drei sich continuirlich (in der Synaphe) an einander schließende Systeme je vom Umfange eines Dorischen Dodekachordes vom Proslamb. bis zur Nete diezeug.

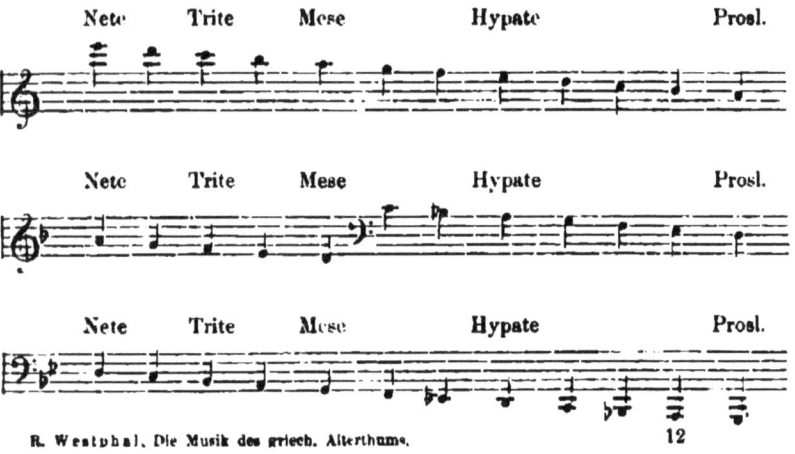

Ein jedes der drei combinirten Dodekachorde gehört einer anderen Transpositions-Scala nach der Reihe des Quintenzirkels an. Jedenfalls legt der Timäus davon Zeugniß ab, daß das Dodekachord dem Plato durchaus geläufig war.[1]

### Stratonicus und die Voraristoxenischen Harmoniker.

In die spätere Lebensepoche Plato's fällt die Zeit des unter Philipp von Macedonien lebenden Athenischen Musikers Stratonicus. Seine Zeitgenossen wußten viel von dessen Talente für Witz und Spott zu erzählen: es war die Veranlassung, daß Nikokles, der vorletzte Tyrann des Cyprischen Salamis, ihn hinrichten ließ. Stratonicus errichtete in Athen eine Schule für Kitharistik. Phanias von Eresos, ein Schüler von Aristoxenus' Rivalen Theophrast, berichtete in seiner Schrift über die Poeten (nach Athenäus 8, 352 c) von Stratonicus: „Der Athenäer Stratonicus scheint zuerst die Polychordie in die rein instrumentale Kithara-Musik eingeführt zu haben. Auch war er der erste, welcher über Harmonik Vorlesungen hielt und stellte eine Notentabelle auf." Von seinen Vorlesungen wissen wir aus Athenäus, daß die Zuhörerzahl eine sehr geringe war. In seinem Auditorium standen die Statuen der neun Musen und Apollo's; auf die einst an ihn gerichtete Frage, wie viel Zuhörer er habe, gab er voll Selbstironie die Antwort: „Zwölf, die zehn Götter mit eingerechnet."

Es ist interessant genug, durch Theophrast's Schüler über einen der Harmoniker, deren Schriften dem Aristoxenus vorlagen, etwas Näheres zu erfahren. Den Stratonicus erwähnt zwar Aristoxenus nicht ausdrücklich, es müßte denn in seiner Schrift über die Meinungen der Harmoniker gewesen sein, welche die historische Einleitung zur ersten Aristoxenischen Harmonik bildete (vgl. S. 183). Durch Aristoxenus erfahren wir, daß schon der Dithyrambiker Lasos,

---

[1] Im Timäus konnte Plato ebensowenig umhin, bei der Schöpfung der Demiurgos auf das Dodekachord zu recurriren, wie er es in der Republik für die Reihenfolge der Octavengattungen hatte zu Grunde legen müssen: Triten-, Mesen-, Hypaten-Harmonien, genau nach der Folge, in welcher die drei Töne des tonischen Dreiklanges in der Mitte des Dodekachordes vorkamen. Die Trite freilich ließ sich zu Plato's Zeit noch nicht durch ein einfaches Zahlenverhältniß ausdrücken: das gelang erst nach der Ausbildung der Pythagoreischen Akustik durch Archytas von Tarent. — Der von Plato aufgestellten Verdreifachung des Oktachordes und des Dodekachordes liegt keine reale Thatsache der Musik zu Grunde: sie soll symbolisch die große Bedeutsamkeit ausdrücken, welche Plato der Scalen-Construction durch den Demiurgos beilegt. Ebenso muß dem Demiurgos auch eine größere Tonhöhe und Tontiefe als uns Menschen zu Gebote stehen!

dessen Polyphonie der Auloi zur Polychordie der Stratonikischen
Kitharistik die Voraussetzung gebildet zu haben scheint, die Theorie der
Harmonik zu bearbeiten begonnen hatte. Daß schon von Lasos gleich
den übrigen Harmonikern ein Noten-Diagramm aufgestellt sei, ist uns
nicht berichtet. Von Stratonicus ist dies durch Phanias ausdrücklich
bezeugt. Von welcher Art das Diagramm des Stratonicus im Allgemeinen war, erhellt aus der Aristoxenischen Harmonik. Es enthielt
Scalen nur des enharmonischen Geschlechtes. Stratonicus würde hiernach unter die Zahl der „ganz Alten" gehören, von denen Aristides
die enharmonischen Scalen zur Erläuterung der Platonischen Stelle
über die Harmonien verzeichnet (S. 97), vermuthlich nicht direct aus den
Schriften der Harmoniker schöpfend, sondern vielmehr aus dem Aristoxenischen Werke über die „Meinungen der Harmoniker". Im Allgemeinen sagt Aristoxenus, daß die von den Harmonikern aufgestellten
Scalen den Umfang einer Octave nicht überschritten haben. Doch in
einer späteren Stelle der ersten Harmonik § 60 (in meinen Erläuterungen S. 263) spricht er auch von einer Scala von 28 Diesen, was
nur durch die von Aristides mitgetheilte Dorische Harmonie, welche
über die Octave noch einen Ganzton in die Tiefe geht (oben S. 97. 98),
verstanden werden kann. In einer anderen Stelle des Aristides (Meibom p. 15) wird eine Notentabelle der „Alten" mitgetheilt, in welcher
eine ganze Octave für alle ihre Diesen-Intervalle mit Vocalnoten und
Instrumentalnoten bezeichnet ist (Bellermann Tonleitern und Musiknoten der Griechen S. 61 ff.). Aristoxenus nennt das eine „Katapyk-
nosis" und sagt, daß solche Scalen der Harmoniker in der Praxis
nicht vorgekommen seien, sondern auf verkehrter Theorie beruhen.

Im Speciellen läßt sich die Beschaffenheit des enharmonischen
Noten-Diagrammes, welches Stratonicus aufgestellt hat, nicht ermitteln.
Offenbar aber war es, wie die von Aristides überlieferten enharmonischen Scalen zugleich in den alten Dorischen Buchstaben des Instrumentalnoten-Alphabetes und in den zu Plato's Zeit für die Vocalnoten in Gebrauch genommenen Attischen Buchstaben geschrieben.
Wer von den Meistern der Athenischen Musik-Katastasis zuerst auf
den Gedanken kam, das Dorische Instrumentalnoten-Alphabet für den
Gesang in das Attische Noten-Alphabet zu übersetzen, bleibt uns unbekannt. Vielleicht mögen sich Pythokleides und Lamprokles, welche
Aristoxenus mit der Arbeit an den Transpositions-Scalen in Beziehung
setzt, auch an der Notirung der Tonoi und damit zugleich an der
Herbeiziehung der Attischen Vocalnoten betheiligt gewesen sein. Die
Erfindung der Vocalnoten ist eine Arbeit, welche mit jener That des
alten Polymnastus, den wir für den Erfinder der Instrumentalnoten

anzusehen haben, weder an Genialität, noch an Bedeutung für die musikalische Praxis auch nur entfernt verglichen werden kann. Sie war streng genommen etwas überflüssiges, denn Pindar, Aeschylus und die übrigen Componisten der classischen Zeit konnten auch ihre Gesangmelodien mit keinen anderen Notenbuchstaben als den Dorischen bezeichnen, welche damals noch ebensowohl für den Gesang, wie für die Instrumentalstimmen der Begleitung gedient haben müssen. Von dem geistvollen Principe der Instrumentalnoten bezüglich der Grammata ortha, anestrammena und apestrammena, von dem kaum weniger feinen Principe, welches der Wahl der einander im Alphabete benachbarten Grammata ortha für die Grenzklänge einer Octave zu Grunde liegt, — von dem Allem ist in dem Singnoten-Alphabete keine Rede. Vom Neu-Ionischen oder Attischen Buchstaben Alpha bis zum Omega werden die Buchstaben des Alphabetes für die Singnoten in der Weise benutzt, daß je für die Trias des Gramma orthon, anestrammenon und apestrammenon ohne Weiteres je drei auf einander folgende Buchstaben des attischen Alphabetes die Uebersetzung der Instrumentalnoten in Vocalnoten bilden. Von Alpha bis Omega reichen die Buchstaben gerade aus, um abwärts von fis bis F die sämmtlichen Klänge zu bezeichnen. Was darüber hinaus oder darunter liegt, wird mit modificirten Buchstaben desselben Alphabetes notirt, wiederum ohne ein anderes Princip, als das der alphabetischen Reihenfolge. In dem letzten Abschnitte dieses Buches werden hinter dem handschriftlichen Reste notirter Melodien auch die Scalen der Sing-Noten zugleich mit den Instrumental-Noten nachgesehen werden können.

# Aristoxenische Theorie des Melos.

Die Begründung der musikalischen Theorie gehört erst der Grenzscheide des klassischen und des nachklassischen Griechenthums, der Epoche Alexander's des Großen an. So viel wir wissen, ist sie ganz und gar auf den einen Aristoxenus zurückzuführen, den in der That das Alterthum als den größten Theoretiker der Musik anerkennt. Er hat nicht bloß die Anfänge der Musikwissenschaft geschaffen, sondern auch den ganzen Bau bis ins Einzelnste ausgeführt, so daß seine Doctrin auch die festen Grundlagen für unsere moderne Musikwissenschaft

liefern kann. Von den propädeutischen Definitionen über Tonhöhe und
Tontiefe, Tonstufe, Aufsteigen und Absteigen der Stimme bis zu dem
vollkommenen Systeme der Takte und Taktarten ist Alles das Werk
des Aristoxenus. Wir kennen keinen anderen antiken Musiktheoretiker,
der noch etwas Wesentliches zu dem von Aristoxenus Gegebenen hinzugefügt hätte. Auch die allgemeine Musikwissenschaft der modernen
Welt ist über den Standpunkt des Aristoxenus noch nicht hinausgekommen, ja in manchen Stücken, z. B. in der Taktlehre, ist derselbe von ihr noch lange nicht erreicht. Wir Modernen vermögen
uns von der Schärfe und Vielseitigkeit dieses antiken Geistes kaum
eine richtige Vorstellung zu machen.

Geboren in Tarent, der Heimath des Archytas und noch lange
nach dessen Tode dem Sitze Pythagoreischer Bildung, hat auch Aristoxenus in seiner früheren Lebensepoche ganz und gar dieser Geistesrichtung angehört, bis sie später, wo Aristoxenus ein eifriger Schüler
des Aristoteles wurde, vollständig bei ihm zurücktrat. Nur wenige
Spuren seiner früheren Pythagoreischen Auffassung lassen sich in
seinen Schriften nachweisen. So wenn es bei ihm in der Rhythmik
heißt § 56 (S. 68): „Und zwar verhält es sich in der Natur des
Rhythmus mit den Verhältnissen der Takte, wie in der Harmonik mit
dem Wesen des Symphonischen", ein Satz dessen weitere Ausführung
zwar bei Aristoxenus nicht enthalten, aber durch eine Stelle des Musikers Dionysius aus der Zeit Hadrian's zu ergänzen ist (vgl. Aristoxenus-Erläuterung S. 68. 69). Es handelte sich dort um die Analogie
zwischen den die symphonischen Intervalle nach Pythagoreischer Anschauung bezeichnenden Zahlenverhältnissen und zwischen den Zahlenverhältnissen der Taktarten. Hierbei darf nicht unerwähnt bleiben,
daß auch schon Aristoxenus' Lehrer Aristoteles Probl. 19. 39 dieselbe Analogie ausspricht.

Sonst zeigt sich Aristoxenus als entschiedener Gegner des Pythagoreischen Standpunktes; er denkt, die von den Pythagoreern über
Alles begünstigten und an die Spitze der gesammten Musikwissenschaft
gestellte Forschung auf dem Gebiete der Akustik habe mit der
eigentlichen Kunst der Musik nichts zu thun und verleite den Musiker
von seiner Hauptsache abzugehen. Wohl nicht mit Unrecht, denn
die Akustik des klassischen Griechenthumes stand noch nicht auf der
Höhe, um der Musikwissenschaft wesentliche und wichtige Gesichtspunkte liefern zu können. Sagen wir ohne Scheu: es war ein Glück
für die Musiktheorie, daß Aristoxenus den Pythagoreern sich entfremdet und in der Logik des Aristoteles eine bessere Grundlage für
die Theorie der Musik finden zu können geglaubt hat.

Die Entstehungszeit des Aristoxenischen Systemes fällt etwa zwischen die Jahre 335 bis 322 v. Chr. (Karl von Jan, die Harmonik des Aristoxenianers Kleonides, S. 4). Die klassische Musikperiode Griechenlands war damals ihrem Ende nahe. „Krexos, Timotheus, Philoxenus und ihre Genossen streben in unwürdiger Weise nach Neuem, indem sie sich dem Style hingeben, der dem großen Publikum gefällt und jetzt der Agonen-Preis-Styl genannt wird." So sagt Aristoxenus in seinen vermischten Tischreden (S. 474). Dort verweilt der Meister mit seinen Schülern und Freunden in der Erinnerung an die klassische Musik der früheren Tage. „Wir thun dasselbe wie die Einwohner von Paestum am Tyrrhenischen Meerbusen" (— so beginnt er diese Erinnerungen —) „Einstmals Hellenen, sind sie in Barbarei versunken und zu Tyrrhenern oder Römern geworden und haben ihre alte hellenische Sprache und Cultur aufgegeben. Bloß eines der alten hellenischen Feste feiern sie noch; da kommen ihnen die nationalen Namen und Bräuche in den Sinn und unter Jammern und Thränen gehen sie auseinander. Ebenso wollen auch wir jetzt, wo die Theater in Barbarei versunken sind und diese Musik des vulgären großen Publikums zu einer tiefen Stufe des Verderbnisses herabgekommen ist, hier in unserem nur Wenige umfassenden Kreise der alten Musik, wie sie ehedem war, gedenken."

Die schon weichlich werdende Musik suchte Aristoxenus zu kräftigen, bevorzugte eine Instrumental-Begleitung von männlicherem Charakter und rieth seinen Schülern unter Beiseitelassung der weichlichen Weisen nur charaktervollen Compositionen nachzustreben. Als ihn nun einer der Genossen fragte: „Was habe ich davon, wenn ich den neuen und ergötzlichen Styl der Musik zur Seite lasse und in dem alten mich abmühe?", da antwortete der Meister: „Du wirst alsdann seltener in den Theatern singen, denn es kann nichts zugleich der großen Menge wohlgefällig und alt sein." So machte sich Aristoxenus nichts aus der Mißachtung des Volkes und Pöbels. „Und wo es nicht anging zugleich die Kunstgesetze festzuhalten und zugleich der Menge wohlzugefallen, da stellte er die Kunst höher als den Beifall der Menschen."

Die Kunstideale des Aristoxenus aus der klassischen Periode der Musik waren Aeschylus, Pratinas, Lasos, Pindar, Simonides; aus der archaischen Periode Terpander und Olympus. Wo Aristoxenus' Zeitgenossen schon längst angefangen hatten, gegen die der klassischen Musikperiode angehörende Enharmonik ganz und gar unempfindlich zu werden, hätte er selber sie gern zurückgehalten! In dem Kampfe für das Alte, in welchem er das allein Gute erkennen zu müssen glaubte und in seinem Widerwillen gegen das Neue, welches ihm durchweg als das Schlechte erschien, mag er wohl nicht immer gerecht gewesen sein. Daher man ihn als einen verbitterten Menschen, der nicht habe lachen können, hinstellte. Aristoxenus war ein Mann von herbem Charakter, der alles ernst nahm, dessen Anschauungen aber durchweg der höchste Grad von Idealität zu Grunde lag. Besonders interessant ist, was er gegen diejenigen unter den Musiktheoretikern einwendet, welche als das Ziel des theoretischen Studiums die Fähigkeit des Notenlesens hinstellten. „Wußten sie (sagt er fast grimmig), daß dies nicht der Zweck der in Rede stehenden Disciplin ist, und haben sie jene ihre Ansicht aus Gefälligkeit gegen die Laien und um irgend etwas Materielles als Ziel zu nennen ausgesprochen, dann sind sie einer großen Verwerflichkeit zu beschuldigen. Denn einmal glauben sie alsdann, daß der Laie zum Richter in der Wissenschaft zu bestellen sei, so abgeschmackt es auch ist, daß ein und derselbe etwas erst lernen und gleichzeitig auch beurtheilen soll. Sodann aber haben sie, wenn sie nach ihrer Ansicht eine äußerliche Fertigkeit als Ziel des Wissens setzen, gerade das Umgekehrte von dem, was sie thun sollten, gethan, da ja vielmehr eine jede äußerliche Fertigkeit das Wissen zu ihrem letzten Ziele hat (!!). Und wenn dies Wissen ein tieferes, gleichsam der innersten Seele angehöriges ist, welches weder leicht erfaßt werden kann, noch auch dem großen Haufen zugänglich ist, so wird dadurch die Richtigkeit meiner Behauptung nicht beeinträchtigt." Nach dieser Erklärung des Aristoxenus wäre es ganz angemessen, eine Composition nicht deshalb zu studiren, um sie im Sinne des Componisten zum Ausdrucke bringen zu können, sondern um an ihr die Gesetze der Harmonik, Rhythmik und musikalischen Formlehre zu erkennen. Das ist eine Idealität, welche um der Theorie willen auf den Genuß an dem Tonwerke verzichtet! Niemand steht dem Aristoxenus in idealer Auffassung so nahe, wie Plato, wenn dieser in seinem Timäus der Menschheit nicht deshalb das Augenlicht gegeben sein läßt, damit sie die Sinnenwelt erschaue, sondern damit sie im Stande sei, die mathematische Ordnung in der Bewegung der Gestirne zu erkennen.

Die Theorie des Melos ist von Aristoxenus zunächst in öffentlichen Vorlesungen vorgetragen worden. Was er darüber geschrieben hat, steht alles mit den Vorlesungen im Zusammenhange: entweder Collegienhefte, oder schriftliche Ausarbeitung desselben Gegenstandes, den er vorher seinen Zuhörern vorgetragen. So viel sich ersehen läßt, behandelte Aristoxenus die Wissenschaft vom Melos in einem Cyklus sich aneinander reihender Vorlesungen. Den Cyklus eröffneten die Vorträge über die „Meinungen der Harmoniker", in welchen er was Frühere wie Lasos, Epigonos, Eratokles, Pythagoras aus Zakyn-

thos und Agenor über die Elemente des Melos gelehrt und geschrieben
hatten, einer eingehenden Kritik unterzog.

Auf diese einleitenden Vorträge folgte die Darstellung der Harmonik, d. i. alles desjenigen, was sich auf die Tonscalen bezieht, der
grundlegende Theil der gesammten Melik. Dann folgten die Vorlesungen über Melopöie, d. i. die antike Compositionslehre. Dann
weiterhin noch eine Theorie der Instrumente, vielleicht auch noch
des Gesanges.

Nur aus den Vorlesungen über Harmonik haben sich Bruchstücke
in handschriftlicher Ueberlieferung erhalten. Und zwar nicht aus Vorlesungen, welche in einem und demselben Jahre continuirlich hinter
einander gehalten wurden, sondern aus Vorlesungen, welche über Harmonik in verschiedenen Semestern (so wird man sich ja am verständ-
lichsten ausdrücken können) von ihm gehalten worden sind. Wir
können in diesem Sinne von Bruchstücken einer ersten, einer zweiten,
einer dritten Harmonik des Aristoxenus sprechen, welche zu mündlichen Vorlesungen, die in dieser Reihenfolge nach einander gehalten
worden sind, in Beziehung stehen. Leider ist uns keine der drei
Harmoniken vollständig erhalten, vielmehr von der einen dieser, von
der anderen jener Abschnitt.

### Aus der ersten Harmonik

besitzen wir das diese Disciplin definirende und zugleich das Inhalts-
verzeichniß mittheilende Prooimion. Die Harmonik soll in 18 Abschnitten behandelt werden. Die ersten zehn sind propädeutische,
nur in kurzem Umrisse darstellende Eingangsabschnitte; sie bilden
den ersten Haupttheil der Vorlesung, bezüglich dessen Aristoxenus
voraussetzt, daß die Zuhörer sich hier, dem Docenten entgegenkom-
mend, noch mit unvollständigen Definitionen der musikalischen Begriffe begnügen werden; es sei schwer in den Eingangsabschnitten
etwas derartig zu sagen, daß es nicht angegriffen werden könne und
schon eine vollständig ausreichende Erklärung enthalte. Erst weiterhin
werde alles seinen stricten logisch-mathematischen Beweis erhalten.

### Die zehn propädeutischen Eingangsabschnitte.

#### I. Die topische Bewegung der Stimme

ist eine zweifache: entweder eine solche, welche man „singen", oder
eine solche, welche man „sprechen" nennt. Also die Unterschiede des

Singens und Sagens. Die Singstimme (die Vocalstimme sowohl wie die Intrumentalstimme) steige in der Weise von der Tiefe in die Höhe hinauf oder umgekehrt von der Höhe in die Tiefe hinab, daß gewissermaßen meßbare Räume (die Intervalle) von ihr durchschritten werden. Das Fortschreiten der Stimme von der höheren zur tieferen und von der tieferen zur höheren Tonstufe ist ihre Bewegung, auf welche eine (wenn auch nicht lange) Ruhe erfolgt. Diese Ruhe der Stimme ist der Klang; die Zeit der Ruhe ist die rhythmische Zeitdauer des Klanges. Bewegungen (von der Tiefe in die Höhe und umgekehrt) und Klänge (die Momente der Ruhe) sind gewissermaßen die Bestandtheile des Singens: die Klänge meßbare Bestandtheile, die Bewegungen (der Stimme von einem Klange zum anderen) sind der Zeit nach unendlich kleine, nicht meßbare Bestandtheile (auch „Uebergänge" genannt). Das Singen ist eine „discontinuirliche Bewegung der Stimme", d. i. die Continuität der Bewegung wird durch die in den Klängen bestehenden Ruhepunkte unterbrochen. An einem anderen Orte, sagt Aristoxenus (er meint die Rhythmik), werde genauer darüber gehandelt. Die Bedeutung, in welcher hier Aristoxenus den Begriff „Bewegung" faßt, ist ein anderer als derjenige, welchen die Pythagoreer, wenn sie der Stimme eine Bewegung vindiciren, im Auge haben. Die Pythagoreer meinen die Schwingungsbewegung der Luft, deren Resultat der Klang ist. Um jedem Mißverständnisse vorzubeugen, nennt Aristoxenus die von ihm als Grundlage des Melos hingestellte Bewegung (d. i. Fortschreiten der Stimme) eine topische Bewegung der Stimme d. i. Bewegung der Stimme im Raume von tieferer zu höherer Tonstufe.

Wenn die Stimme diejenige Bewegung ausführt, welche wir Sprechen nennen („die continuirliche Bewegung der Stimme") so schreitet sie ebenfalls von tieferer zu höherer Tonstufe, da höherer Wortaccent mit höherer Tonstufe identisch ist. Das Sprechen führt also gleich dem Singen eine topische Bewegung der Stimme aus. Aber wenn beim Singen die Stimme von einer Tonstufe zur anderen fortgeschritten ist, dann erscheint als Moment der Ruhe ein zeitlich-meßbarer Klang. Beim Sprechen dagegen wird auf den verschiedenen Klangstufen eine nicht meßbare Zeit verweilt: die Zeit des Verweilens ist zwar keine unendlich kleine, wie die des Fortschrittes von einem Tone zum anderen, aber sie ist nicht anhaltend genug, um eine meßbare rhythmische. Größe zu sein. Die Tonstufen beim Singen oder überhaupt beim Melos können zeitlich gemessen werden, die Tonstufen beim Sprechen nicht, außer etwa, wenn Affecte des Sprechenden den gewöhnlichen Redefluß anhalten.

## II. Aufsteigen, Absteigen, Höhe, Tiefe, Tonstufe.

Diese fünf Begriffe müssen gehörig von einander gesondert werden, ohne daß der eine mit dem anderen confundirt werden darf.

Aufsteigen ist die topische Bewegung der Stimme von einer tieferen zu einer höheren Stufe.

Absteigen die topische Bewegung von einer höheren zu einer tieferen Stufe.

Höhe ist das Resultat des Aufsteigens.

Tiefe ist das Resultat des Absteigens.

Tonstufe ist der jedesmalige auf eine topische Bewegung der Stimme folgende Zustand der Ruhe.

Definition von einer Schärfe, wie etwa bei Schopenhauer!

## III. Ist die größte und kleinste Entfernung zwischen Hohem und Tiefem eine unbegrenzte oder eine begrenzte?

Ein Intervall, welches kleiner ist als die enharmonische Diesis, vermag weder die Stimme deutlich hervorzubringen, noch das Gehör in der Weise deutlich zu empfinden, daß man angeben könnte, der wievielte Theil der enharmonischen Diesis dasselbe sei. Der kleinste Abstand zwischen Hohem und Tiefem ist also bezüglich der Productionsfähigkeit der Stimme wie der Receptionsfähigkeit des Gehöres kein unendlich kleiner. Auch die größte Ausdehnung des Abstandes zwischen Hohem und Tiefem ist für Productionsfähigkeit der Stimme und Receptionsfähigkeit des Gehörs keine unendliche, vielmehr läßt sich über einen gewissen Punkt hinaus die größte Entfernung nicht mehr vergrößern, wenn auch die Fähigkeit des Gehörs hier um etwas größer als die der Stimme sein möchte. [Hier fehlt etwas in der handschriftlichen Ueberlieferung.]

Wenn wir aber nicht auf Beschaffenheit der Stimme und des Gehörs, sondern auf die Beschaffenheit des Melos an sich Rücksicht nehmen, so wird es der Fall sein, daß die Vergrößerung des Abstandes zwischen Hohem und Tiefem ins unendliche geht. [Auch hier ist in der Textes-Ueberlieferung eine Lücke.]

## IV. Definition von Klang, Intervall, System, vorläufige Eintheilung der Intervalle und Systeme.

Ein Klang ist vorhanden, wenn die Stimme auf eine einzige Tonstufe fällt.

Intervall ist, was von zwei nicht auf gleicher Tonstufe stehenden Klängen begrenzt wird.

Das System haben wir als das aus mehr als einem Intervalle Zusammengesetzte zu denken.

Die Intervalle werden eingetheilt: 1) nach ihrem verschiedenen Umfange. 2) In symphonische und diaphonische Intervalle. 3) In zusammengesetzte und unzusammengesetzte Intervalle. 4) Nach dem Tongeschlechte (diatonische, chromatische, enharmonische Intervalle). 5) Rationale und irrationale Intervalle. Die übrigen Arten der Intervalle will Aristoxenus für die vorliegende Darstellung der Harmonik als unwesentlich zur Seite lassen.

Die Systeme werden eingetheilt: gleich den Intervallen 1) nach der Verschiedenheit durch den Umfang. 2) Dadurch, daß die den Umfang bestimmenden Grenzklänge entweder symphonische oder diaphonische Intervalle bilden. 3) In diatonische, chromatische, enharmonische Systeme. 4) In Systeme, welche durch ein irrationales, und Systeme, welche durch ein rationales Intervall begrenzt werden.

Dazu kommen noch weitere Unterschiede hinzu, welche bei den Intervallen nicht statt haben, nämlich die Eintheilung 5) in die Systeme der Synaphe und die der Diazeuxis. 6) In continuirliche und hyperbatische Systeme. 7) In einfache, zweifache und dreifache Systeme. Die Definition der Unterschiede kann in den propädeutischen Eingangs-Abschnitten nicht gegeben werden.

### V. Das musikalische Melos im Allgemeinen.

Es ist von dem beim Sprechen zur Erscheinung kommenden Melos dadurch verschieden, daß die topische Bewegung der Stimme eine discontinuirliche ist. Von dem unharmonischen Melos scheidet es sich durch die bestimmte Beschaffenheit der Tonscala (d. i. die Aufeinanderfolge der unzusammengesetzten Intervalle). Aristoxenus macht an dieser Stelle seine Zuhörer im Voraus darauf aufmerksam, daß bezüglich der Zusammensetzung der Intervalle ein allgemeines Fundamentalgesetz besteht, auf welches eine jede musikalische Scala zurückgehe.

### VI. Classificirung des musikalischen Melos.

Es giebt drei Arten: 1) das diatonische Melos. 2) Das chromatische Melos. 3) Das enharmonische Melos.

### VII. Die symphonischen Intervalle.

Von den vorher angegebenen Intervall-Verschiedenheiten sollen die symphonischen zuerst besprochen werden. Die kleinste Symphonie ist die Quarte, die zweite die Quinte, die dritte die Octave. Setzt man zur Octave irgend ein symphonisches Intervall hinzu, so wird die Zusammensetzung stets ein symphonisches Intervall geben.

Für die menschliche Stimme und für unsere Instrumente ist das größte symphonische Intervall das aus der Doppeloctave und der Quinte zusammengesetzte. Durch die Verbindung von Stimmen verschiedener Alterstufen und verschiedener Mensuren der Instrumente erhalten wir auch Intervalle von drei und von vier Octaven und noch größere Symphonien.

Die einzelne menschliche Stimme kann nur acht symphonische Intervallen angeben: von der Quarte bis zur Combination der Doppeloctave mit der Quinte.

### VIII. Der Ganzton und seine Theile.

Ganzton ist die Differenz der beiden kleinsten Symphonien der Quarte und Quinte.

Von den Theilen des Ganztones verwenden wir in den Tonscalen

       1. den Halbton e f.

       2. den Drittelton e e͈,

       3. den Viertelton e e͘.

Alle Intervalle, welche kleiner als der Viertelton sind, kommen im Melos nicht zur Verwendung: sind Amelōdēta.

### IX. Die Unterschiede der Klanggeschlechter.

Von den vier Klängen des Quarten-Systemes sind die beiden äußeren unveränderlich (constant); die beiden mittleren Klänge sind veränderlich (variabel), entweder beide zugleich oder nur einer von beiden:

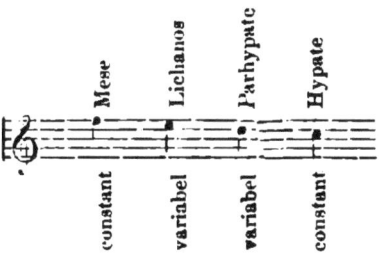

Durch die Verschiedenheit in der Tonstufe der variabelen Klänge Lichanos und Parhypate ergiebt sich die Verschiedenheit zwischen diatonischem, chromatischem und enharmonischem Melos.

Die Differenz der höchsten und tiefsten Tonstufe eines jeden der variabelen Klänge heißt dessen Bewegungsraum.

Der Bewegungsraum der Lichanos ist ein Ganzton-Intervall,. denn die höchste (diatonische) Lichanos hat den Klang g, die tiefste (enharmonische) Lichanos hat den Klang f. Die erstere ist von der Mese a einen Ganzton, die letztere eine große Terz entfernt. Aristoxenus bemerkt hierbei, daß die harmonische Lichanos f bei den Musikern seiner Zeit bereits außer Gebrauch gekommen ist, das alte enharmonische Tongeschlecht ist in seinem Erlöschen begriffen. Nur diejenigen Musiker, welche mit den alten Compositionsweisen der ersten und der zweiten Musikperiode (des Olympus und des Polymnastus und seiner Nachfolger) noch vertraut geblieben sind, bringen die enharmonische Lichanos noch immer zur Anwendung.

Der Bewegungsraum der Parhypate hat den Umfang des enharmonischen Vierteltones. Denn die höchste (diatonische) Parhypate hat den Klang f, die tiefste (enharmonische) Parhypate hat den Klang e.

Streng genommen ist die Zahl der Lichanoi eine unbegrenzte. Denn überall, wo in dem der Lichanos angewiesenen Bewegungsraume die Stimme anhält, da wird eine Lichanos sein; nichts in dem Lichanos-Raume ist leer und nichts derart, daß daselbst keine Lichanos angenommen werden könnte.

Analog auch die Parhypate.

Ist das Intervall zwischen Hypate und Lichanos kleiner als dasjenige zwischen Lichanos und Mese, so wird dasselbe Pyknon genannt.

Die Parhypatoi und Lichanoi der verschiedenen Tetrachord-Theilungen sind:

Im Enharmonion

|  | Parh. | Lich. |  |
|---|---|---|---|
| e | e | f | a |
| $\left(\dfrac{24}{V_2}\right)^0$ | $\left(\dfrac{24}{V_2}\right)^1$ | $\left(\dfrac{24}{V_2}\right)^2$ | $\left(\dfrac{24}{V_2}\right)^{10}$ |

Im Chroma malakon

| e | c | f | a |
|---|---|---|---|
| $\left(\dfrac{24}{V_2}\right)^0$ | $\left(\dfrac{24}{V_2}\right)^{1\frac{1}{3}}$ | $\left(\dfrac{24}{V_2}\right)^{2\frac{2}{3}}$ | $\left(\dfrac{24}{V_2}\right)^{10}$ |

Im Chroma hemiolion

$$e \qquad \overset{\bullet\bullet}{e} \qquad f \qquad \text{н}$$
$$\left(\tfrac{24}{V_2}\right)^{0} \qquad \left(\tfrac{24}{V_2}\right)^{1\frac{1}{2}} \qquad \left(\tfrac{24}{V_2}\right)^{3} \qquad \left(\tfrac{24}{V_2}\right)^{10}$$

Im Chroma toniaion

$$e \qquad f \qquad \text{fis} \qquad a$$
$$\left(\tfrac{24}{V_2}\right)^{0} \qquad \left(\tfrac{24}{V_2}\right)^{2} \qquad \left(\tfrac{24}{V_2}\right)^{4} \qquad \left(\tfrac{24}{V_2}\right)^{10}$$

Im Diatonon malakon

$$e \qquad f \cdot \qquad \overset{\bullet}{\text{fis}} \qquad a$$
$$\left(\tfrac{24}{V_2}\right)^{0} \qquad \left(\tfrac{24}{V_2}\right)^{2} \qquad \left(\tfrac{24}{V_2}\right)^{5} \qquad \left(\tfrac{24}{V_2}\right)^{10}$$

Im Diatonon toninion

$$e \qquad f \qquad \cdot\; g \qquad a$$
$$\left(\tfrac{24}{V_2}\right)^{0} \qquad \left(\tfrac{24}{V_2}\right)^{2} \qquad \left(\tfrac{24}{V_2}\right)^{6} \qquad \left(\tfrac{24}{V_2}\right)^{10}$$

Die beiden unteren Intervalle. In den bisher besprochenen enharmonischen und chromatischen Tetrachord-Eintheilungen sind die beiden tiefsten Intervalle von gleicher Größe. In den beiden diatonischen Tetrachord-Eintheilungen ist dagegen das tiefste Intervall kleiner als das mittlere.

Nicht minder ist das tiefste Intervall kleiner als das mittlere, wenn man die Parhypate des Chroma malakon oder hemiolion mit der Lichanos des Chroma toniaion verbindet.

$$e \qquad \overset{\bullet\bullet}{e} \qquad \text{fis} \qquad a$$
$$\left(\tfrac{24}{V_2}\right)^{0} \qquad \left(\tfrac{24}{V_2}\right)^{1\frac{1}{2}} \qquad \left(\tfrac{24}{V_2}\right)^{4} \qquad \left(\tfrac{24}{V_2}\right)^{10}$$

$$e \qquad \overset{\bullet}{c} \qquad \text{fis} \qquad a$$
$$\left(\tfrac{24}{V_2}\right)^{0} \qquad \left(\tfrac{24}{V_2}\right)^{1\frac{1}{2}} \qquad \left(\tfrac{24}{V_2}\right)^{4} \qquad \left(\tfrac{24}{V_2}\right)^{10}$$

Denn auch solche Tetrachord-Theilungen sind emmelisch.

Wenn man dagegen das unterste Intervall größer nehmen wollte als das mittlere, z. B. die Parhypate des Halbtones, die Lichanos des Chroma hemiolion

$$\begin{array}{cccc} e & f & \overset{..}{f} & u \\ \left(\overset{24}{V_2}\right)0 & \left(\overset{24}{V_3}\right)2 & \left(\overset{24}{V_3}\right)2\tfrac{2}{3} & \left(\overset{24}{V_2}\right)10 \end{array}$$

oder die Parhypate des Chroma hemiolion, die Lichanos des Chroma malakon

$$\begin{array}{cccc} e & \overset{\bullet\bullet}{e} & \overset{..}{f} & a \\ \left(\overset{24}{V_3}\right)0 & \left(\overset{24}{V_3}\right)1\tfrac{1}{4} & \left(\overset{24}{V_3}\right)2\tfrac{2}{3} & \left(\overset{24}{V_3}\right)10 \end{array},$$

so würde das eine ekmelische Theilung sein.

Die beiden oberen Intervalle. Im Diatonon toniaion sind sie von gleicher Größe. In allen übrigen Tetrachord-Theilungen ungleich; nämlich im Chroma toniaion und im Diatonon malakon ist das mittlere kleiner als das höchste. Auch wenn man eine chromatische Parhypate, welche tiefer als die hemitonische ist, mit der höchsten diatonischen Lichanos verbindet, ist dies der Fall:

$$\begin{array}{cccc} e & \overset{\bullet\bullet}{e} & g & a \\ \left(\overset{24}{V_3}\right)0 & \left(\overset{24}{V_3}\right)1\tfrac{1}{4} & \left(\overset{24}{V_2}\right)6 & \left(\overset{24}{V'_3}\right)10 \end{array}$$

$$\begin{array}{cccc} e & \overset{\bullet\bullet}{e} & g & a \\ \left(\overset{24}{V_3}\right)0 & \left(\overset{24}{V_2}\right)1\tfrac{1}{2} & \left(\overset{24}{V'_3}\right)6 & \left(\overset{24}{1_2}\right)10 \end{array}.$$

Denn auch auf diese Weise entsteht ein emmelisches Tetrachord.

### X. Die Intervallenfolge auf der Scala im Allgemeinen.

Im letzten der Eingangsabschnitte glaubt Aristoxenus nicht umhin zu können, auch von der Zusammensetzung der einfachen Intervalle zur Tonleiter im propädeutischen Sinne sprechen zu müssen. Er hält dies ja, wie er anticipirend schon im Abschnitte V. sagte, für einen der allerwichtigsten Punkte der gesammten Harmonik. An un-

serer Stelle giebt er nur kürzlich die Methode an, in welcher die
Intervallenfolge zu erörtern sei: Man dürfe sie nicht in der Weise
wie die Harmoniker behandeln, welche ohne die Wirklichkeit der
Thatsachen ins Auge zu fassen, eine Scala von 28 auf einander folgenden
enharmonischen Diesen aufgestellt hätten (oben S. 179), während doch
die Stimme thatsächlich nicht mehr als nur zwei enharmonische Diesen
an einander reihen könnte. Dann schließt Aristoxenus mit einer Ver-
weisung auf den zweiten Haupttheil, die Stoicheia, welche darzulegen
hätten, welches Intervall zu einem anderen hinzugesetzt wird oder
nicht gesetzt wird. Und damit endet der propädeutische Theil der
ersten Harmonik.

Der zweite Haupttheil, welcher die Stoicheia enthielt, ist uns von
der ersten Harmonik nicht mehr handschriftlich überliefert. Denn
was wir dort aus dieser zweiten Partie noch finden, ist weiter nichts
als ein bewußtes Verkürzen des Aristoxenischen Textes von Seiten
dessen, welcher den Stammcodex der auf uns gekommenen Handschriften angefertigt hat — ein höchst mageres Excerpt der Aristoxenischen Darstellung von der emmelischen Zusammensetzung der einfachen Intervalle.

## Aus der zweiten Harmonik

fehlt uns das Prooimion und die erste Hälfte der sich an dasselbe
anreihenden propädeutischen Eingangsabschnitte. In der zweiten Hälfte
liegen uns dieselben genau in der nämlichen Ordnung wie in der
ersten Harmonik vor:

    VI. Die drei Arten des musikalischen Melos.
    VII. Die symphonischen Intervalle.
    VIII. Der Ganzton und seine Theile.
    IX. Der Unterschied der Tongeschlechter.
    X. Die emmelische Intervallen-Folge auf der Scala im Allge-
       meinen.

Für diese fünf Abschnitte besitzen wir also eine doppelte Darstellung
des Aristoxenus: der materielle Inhalt ist in der zweiten Harmonik
für diese fünf Abschnitte nahezu derselbe wie in der ersten Harmonik;
der stylistische Ausdruck überall ein anderer.

Was den stofflichen Inhalt betrifft, so ist in der zweiten Harmonik der Abschn. VI (die drei Arten des musikalischen Melos) durch

den Zusatz erweitert, daß es außer dem diatonischen, chromatischen, enharmonischen Melos auch ein aus diesen Arten gemischtes und ein ihnen gemeinsames giebt. Der Abschn. VII (die symphonischen Intervalle) ist in der zweiten Harmonik handschriftlich nicht so vollständig, wie in der ersten überliefert. Anderes hat die zweite vor der ersten Harmonik als erweiternde und berichtigende Zusätze des Aristoxenus voraus. In Abschn. VIII der zweiten Harmonik finden wir eine kleine Polemik des Aristoxenus gegen diejenigen, welche seine Darstellung in der ersten Harmonik unrichtig verstanden haben. In Abschn. IX (Unterschied der Tongeschlechter) ist der materielle Inhalt der ersten Harmonik eher verkürzt als vervollständigt. Insofern aber hat die Darstellung hier eine Erweiterung erfahren, als Aristoxenus die Bedenken mittheilt, welche ihm von einem seiner Zuhörer bezüglich der von ihm gegebenen Erörterung gemacht worden sind. Was der Zuhörer einwirft, ist wenigstens vom modernen Standpunkte der Musiktheorie angesehen durchaus nicht ganz unbegründet. Auch Aristoxenus selber kann nicht umhin den Einwendungen des Schülers eine gewisse Wichtigkeit beizulegen. Aus diesem Grunde hält er es für nöthig, die dem interpellirenden Zuhörer gegebene Erwiderung ausführlich hinzuzufügen. Der Abschn. X (die emmelische Intervall-Folge auf der Scala im Allgemeinen) ist in der zweiten Harmonik wieder etwas kürzer, als in der ersten Harmonik ausgeführt, was wohl der mangelhaften handschriftlichen Ueberlieferung zuzuschreiben sein wird.

Die große Bedeutung der zweiten Aristoxenischen Harmonik für unsere Wissenschaft des griechischen Melos besteht darin, daß dort wenigstens ein Bruchstück des zweiten Haupttheiles, welcher

### Die harmonischen Stoicheia

umfaßt, uns handschriftlich erhalten ist.

Laut des der ersten Harmonik vorangestellten Prooimions läßt Aristoxenus auf den zehnten Abschnitt noch folgende acht Abschnitte nachfolgen:

XI. Unzusammengesetzte und zusammengesetzte Intervalle.

XII. Die emmelische Zusammensetzung der unzusammengesetzten Intervalle.

XIII. Die Systeme.

XIV. Die Mischung der Tongeschlechter.

XV. Die Klänge der Scala.

XVI. Die verschiedenen Stimmklassen.
XVII. Die Tonoi oder Transpositions-Scalen.
XVIII. Die Metabole.

Die in diesen auf die zehn propaedeutischen Eingangs-Abschnitte folgenden acht Abschnitten gegebene Darstellung nennt Aristoxenus selbst „harmonische Stoicheia." Den Namen Stoicheia entlehnt Aristoxenus den Mathematikern, welche schon lange vor Euklides den Terminus „Stoicheia" (d. i. Elemente) für ihre Darstellung der geometrischen Disciplin gebraucht. Schon das älteste Fragment griechischer Geometrie, des Pythagorikers Hippokrates aus Chios, welches 150 Jahre älter ist als die Stoicheia des Euklides, trägt bereits den durch letztere typisch fixirten Charakter. Nach dem Vorbilde eines der vor Euklides lebenden Geometer muß Aristoxenus die Darstellung seiner Harmonik in die Form der Stocheia gebracht haben. An dem zwölften Abschnitte, welcher uns in der handschriftlichen Ueberlieferung vollständig überkommen ist, läßt sich die Eigenthümlichkeit der logisch-mathematischen Methode der Aristoxenischen Stoicheia bis ins Einzelne erkennen. Vom elften Abschnitte besitzen wir nur aus dem Zusammenhange gerissene Bruchstücke, vom dreizehnten Abschnitte nur einen geringen Rest des Anfanges. Von da an hört die handschriftliche Ueberlieferung auf und alles was weiterhin folgte, kann nur dem allgemeinen Inhalte nach aus der mittelbar oder unmittelbar auf den Meister zurückgehenden Arbeiten späterer Aristoxeneer reconstruirt werden.

### XI. Unzusammengesetzte und zusammengesetzte Intervalle.

Ein unzusammengesetztes Intervall ist ein solches, welches von zwei in der betreffenden Scala unmittelbar aufeinander folgenden Klängen begrenzt wird. In der diatonischen Scala wird also der Halbton e f ein unzusammengesetzter Intervall sein, in der enharmonischen Scala aber nicht, weil hier zwischen den Klängen e und f noch der enharmonische Klang ċ in der Mitte liegt.

Die Maßeinheit, nach welcher jedes Intervall bestimmt wird ist die enharmonische Diesis oder Viertelton.

Gerades Intervall ist dasjenige, welches einer geraden Anzahl von enharmonischen Diesen gleich kommt:

1) das Hemitonion e f (2 Diesen umfassend),
2) der Tonos oder Ganzton (e fis, 4 Diesen umfassend).

3) das Trihemitonion oder kleine Terz (e g, 6 Diesen umfassend),
4) der Ditonos oder die große Terz (f a, 8 Diesen umfassend).

Ungerades Intervall ist dasjenige, welches einer ungeraden Anzahl von enharmonischen Diesen gleichkommt, dahin gehören:

1) die einzelne enharmonische Diesis,

2) das Intervall von 3 Diesen f fĭs, das mittlere Intervall im Tetrachorde des Diatonon malakon, beim Aufwärtssteigen Spondaiasmos, beim Abwärtssteigen Eklysis genannt,

3) das Intervall von 5 Diesen fĭs a, das höchste Intervall des nämlichen Tetrachordes (im Diatonon malakon), genannt Ekbole,

4) das Intervall von 7 Diesen, das höchste Intervall des Tetrachordes im Chroma hemiolion.

Gerade und ungerade Intervalle bilden die Kategorie der rationalen Intervalle, im Gegensatze zu den irrationalen.

Irrationale Intervalle sind nämlich solche, welche sich auf die Maßeinheit der enharmonischen Diesis nur vermittels einer Bruchzahl zurückführen lassen. Einfache irrationale Intervalle sind:

1) das Intervall von $1\frac{1}{3}$ Diesis, als kleinstes Intervall des Chroma malakon: e ė,

2) das Intervall von $1\frac{1}{2}$ Diesis, als kleinstes Intervall des Chroma hemiolion: e ė,

3) das Intervall von $7\frac{1}{3}$ Diesen, als größtes Intervall des Chroma malakon: ï a.

Alle bisher genannten Klassen von Intervallen, rationale gerade, rationale ungerade und irrationale Intervalle sind Melodumena oder Melódēta, d. i. sie kommen in der musikalischen Praxis als Bestandtheile des Melos vor.

Außer den Melodumena statuirt Aristoxenus auch noch Intervallgrößen, welche er Amelódēta nennt, d. h. solche, welche in der Praxis der Musik nicht vorkommen, sondern nur ideelle Intervallwerthe sind, welche der Theorie dazu dienen, die irrationalen Intervalle auf die geraden oder ungeraden irrationalen Intervalle als Summen oder Differenzen zurückzuführen. Solcher Amelodeta nimmt Aristoxenus in seiner ersten und zweiten Harmonik folgende an: 1) das Ogdoëmorion oder Achtel des Ganztones, 2) das Dodekatēmorion oder Zwölftel des Ganztones. Daher die Aristoxenische Definition (bei Pseudo-Euklid erhalten): „Irrationale Intervalle sind solche, welche um ein Amelodeton größer oder

kleiner als die rationalen sind". Dies muß der ursprüngliche Sinn der
Stelle gewesen sein, so lange sie in der handschriftlichen Ueberlieferung
noch unverdorben war. Jetzt freilich ist sie folgendermaßen ver-
dorben: „Irrationale Intervalle sind solche, welche um ein irrationales
größer oder kleiner als die rationalen sind."
Alle im griechischen Melos vorkommenden unzusammengesetzten Intervalle sind nach ihren drei Kategorien der rationalen
geraden, der rationalen ungeraden und der irrationalen Intervalle in
dem Vorstehenden aufgeführt.

Die zusammengesetzten Intervalle, das sind solche, welche in
ihrem Vorkommen auf der Scala nicht durch je zwei continuirlich
benachbarte Klänge begrenzt werden, zerfallen selbstverständlich in
die nämlichen drei Kategorien, wie die unzusammengesetzten, nämlich
1) zusammengesetzte gerade, 2) zusammengesetzte ungerade und 3) zusammengesetzte irrationale Intervalle.

Die zusammengesetzten und unzusammengesetzten geraden Intervalle unterscheiden sich, wie Aristoxenus lehrt, dadurch von den ungeraden und irrationalen, daß jene „durch Quarten- und Quinten-
Symphonien genommen werden können", ähnlich wie man heute
beim Clavierstimmen die Intervalle durch die Quinte zu bestimmen
pflegt, — die ungeraden und irrationalen aber nicht. Der darauf
bezügliche Abschnitt des Aristoxenus ist in einem abgerissenen Stücke
der zweiten Harmonik erhalten, einem aus seiner nächsten Nachbar-
schaft abgetrennten Blatte, welches als es in den Band, welchem
es ursprünglich angehörte, wieder hineingelegt wurde, in die Grenzscheide des zweiten und dritten Aristoxenischen Buches (nach Meibom's Zählung) hineingerieth.

### XII. Die enmelischen Zusammensetzungen der Intervalle.

Die Gesetzmäßigkeit in den Tonscalen beruht in der Verbindung
mehrerer gleichförmigen Quarten-Systeme, welche abwechselnd entweder unmittelbar oder durch Vermittelung eines eingeschalteten Ganzton-Intervalles („Diazeuxis") an einander gefügt sind.
Diesen Satz kennt bereits Plato, der denselben im Timäus zwar
nicht direct ausspricht, aber sichtlich seiner Construction der Welt-
seele zu Grunde legt. Die Quarte entwickelt Plato aus der stätigen
arithmetischen und harmonischen Proportion, für das Verhältniß des
Ganztones wird bei Plato eine Deduction vermißt.
Aristoxenus, welcher, der Weise seines Lehrers Aristoteles folgend,
dem Plato nicht die gebührende Anerkennung zollt und auf die im

Timäus zu Grunde gelegte Tonscala nicht eingeht, gestaltet jenen Satz
zu folgendem um:

> Die emmelische Scala ist eine Tonreihe, in welcher jeder
> vierte Klang mit dem vierten in der Quarte, jeder fünfte
> Klang mit dem fünften in der Quinte symphonirt.

In dieser Weise den Satz Platos umformend, entgeht Aristoxenus
der Nothwendigkeit, den Begriff des Ganztones neben den symphonischen Intervallen der Octave, Quarte und Quinte als ein neues logisches
Moment hinzuzufügen. Denn überall da, wo der fünfte Klang mit der
fünften in der Quinte symphonirt, ist die Stelle des diazeuktischen
Ganztones.

Aristoxenus stellt diesen Satz als unbeweisbares Axiom hin. Er
fügt demselben ein analoges zweites Axiom über das Verhältniß der
aufeinander folgenden Tetrachorde hinzu, in welcher Weise dieselben
unter einander symphoniren, und führt auf Grundlage dieser beiden
Axiome den Beweis für (die beiden Axiome als Probl. 1 und Probl. 2
mitgezählt) 28 Probleme, durch welche die gesammte Scala (nicht nur
das Diatonon, sondern auch das Chroma und Enharmonion) vollständig
sich entwickeln läßt. Diese ganze Beweisführung des Aristoxenus ist
ein Musterwerk von Schärfe im Sinne der Aristotelischen Logik.

Neue Thatsachen der griechischen Musik gewinnen wir erst aus
den beiden letzten Problemen dieses Abschnittes. Im Uebrigen beab-
sichtigt Aristoxenus weiter nichts, als die anderweitig uns wohlbekannten
Scalen der drei Tongeschlechter logisch zu rechtfertigen. Daher wird
an dieser Stelle eine Uebersicht über die von Aristoxenus reiflich
geplante Disposition der mit Hülfe der beiden Axiome bewiesenen
Probleme genügen:

A.  Zwei Probleme über Synaphe und Diazeuxis.

> 3. Probl. Die Tetrachorde sind entweder verbundene oder
> getrennte.

> 4. Probl. Bloß die Theile des Quarten-Tetrachordes sind
> veränderlich, das Diazeuxis-Intervall ist unveränderlich.

B.  Erstes Problemen-Paar über die einfachen Intervallgrößen.

> 5. Probl. Das unzusammengesetzte Intervall ist von zwei
> auf einander folgenden Klängen der Scala umschlossen.

> 6. Probl. In jedem Tongeschlechte giebt es höchstens so
> viel unzusammengesetzte Intervallgrößen, wie in dem
> Quinten-Pentachorde.

C. Sieben Probleme über die Aufeinanderfolge gleicher
Intervallgrößen.

   7. Probl. Auf ein Pyknon kann nicht wieder ein Pyknon
folgen.

   8. Probl. Der tiefere Grenzklang des Ditonos-Intervalles der
großen Terz ist identisch mit dem höchsten des Pyknon,
der höhere mit dem tiefsten Grenzklange des Pyknon.

   9. Probl. Der höhere Grenzklang eines Ganzton-Intervalles
ist der tiefste eines Pyknon.

  10. Probl. Auf einen Ditonos kann nicht wieder ein Ditonos
folgen.

  11. Probl. Im Enharmonion und Chroma können zwei
Ganztöne einander nicht benachbart sein.

  12. Probl. Im Diatonon können drei Ganztöne auf einander
folgen.

  13. Probl. Im Diatonon können nicht zwei Halbtöne neben
einander stehen.

D. Fünf Probleme über die Aufeinanderfolge ungleicher
Intervallgrößen.

  14. Probl. Neben einem Ditonos oben und unten kann
ein Pyknon stehen.

  15. Probl. Neben einem Ditonos ein Ganzton bloß oberhalb.

  16. Probl. Neben einem Pyknon ein Ganzton bloß unterhalb.

  17. Probl. Im Diatonon kommt ein Halbton nicht zugleich
oberhalb und unterhalb des Ganztones vor.

  18. Probl. Neben einem Halbtone ober- und unterhalb
können zwei oder drei Ganztöne stehen.

E. Vier Probleme über die Anzahl der unteren und
oberen Nachbar-Intervalle

  19. Probl. — des Halbtones,

  20. Probl. — des Ditonos,

  21. Probl. — des Pyknon,

  22. Probl. — des enharmonischen Ganztones.

F. Vier Probleme über die Theile des Pyknon.

  23. Probl. In der Synaphe gehört jeder enharmonische und
chromatische Klang dem Pyknon an.

24. Probl. Drei verschiedene Chroai für die Klänge des Pyknon.

25. Probl. Beim Barypyknos zwei Nachbarklänge, beim Mesopyknos und Oxypyknos nur ein Nachbarklang.

26. Probl. Zwei ungleichnamige Klänge des Pyknon haben nicht dieselbe Tonstufe.

G. Zweites Problemen-Paar über die unzusammengesetzten Intervallgrößen.

Schon oben ist bemerkt worden, daß die beiden letzten Probleme (27. 28) uns mit Thatsachen der griechischen Harmonik bekannt machen, welche uns anderweitig nicht zugänglich sind. Wir lernen nämlich durch sie das Vorhandensein von Scalen kennen, welche in der sonstigen Ueberlieferung der alten Musiker nicht vorkommen. Das letztere war der Grund, weshalb Marquard diese Stelle dem Aristoxenus absprechen zu müssen glaubte. Wir geben dieselben kürzlich an.

27. Probl. Das Diatonon hat entweder zwei oder drei oder vier verschiedene unzusammengesetzte Intervallgrößen.

a. Diatonon mit 2 verschiedenen Intervallgrößen:

Diatonon tonaion

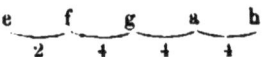

b. Diatonon mit 3 verschiedenen Intervallgrößen:

des Chroma malakon

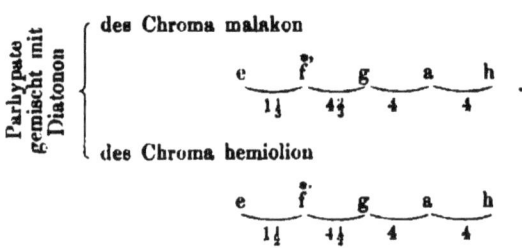

des Chroma hemiolion

c. Diatonon mit 4 verschiedenen Intervallgrößen

Diatonon malakon

28. Probl. Das Chroma und das Enharmonion hat entweder drei oder vier verschiedene unzusammengesetzte
Intervalle.

a. Enharmonion und Chroma mit 3 verschiedenen Intervallgrößen.

Enharmonion

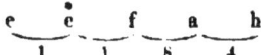

Chroma malakon

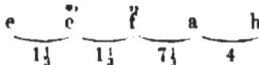

Chroma hemiolion

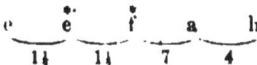

Chroma tonaion

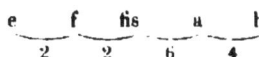

b. Enharmonion und Chroma mit 4 verschiedenen Intervallgrößen.

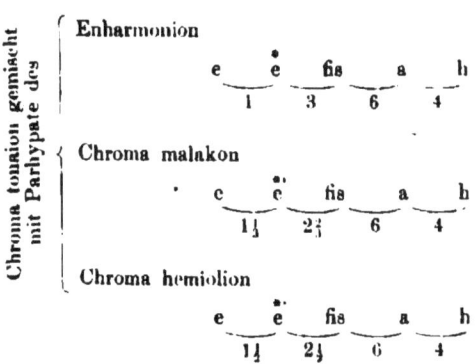

Auch bei dem Vortrage dieses Abschnittes ist Aristoxenus mehrfach von seinen Zuhörern interpellirt worden. Aristoxenus notirt das
gewissenhaft mit sammt den Antworten, welche er auf die Interpella-
tionen gegeben.

### XIII. Die Systeme.

#### 1. Schemata oder Eide der Systeme.

Der Unterschied der Systeme · nach ihrem Schema oder Eidos (beide Termini sind. wie Aristoxenus erklärt, identisch) findet statt, wenn bei dem nämlichen, aus den nämlichen unzusammengesetzten Intervallen bestehenden Megethos die Reihenfolge derselben sich ändert.

I. Das Quarten-System hat drei Eide oder Schemata in einem jeden der drei Klanggeschlechter:

    a. Im Enharmonion

        1. Eidos:    h  h̊  c  [d]  e

        2. Eidos:    h̊  c  'd'  e  e̊

        3. Eidos:       c  [d]  e  e̊  f

    b. Im Chroma dem Enharmonion durchaus analog.

    c. Im Diatonon

        1. Eidos:    h  c  d  e
        2. Eidos:    c  d  e  f
        3. Eidos:    d  e  f  g

II. Das Quinten-System hat vier Eide oder Schemata in jedem der drei Geschlechter:

    a. Im Enharmonion

        1. Eidos:    e  e̊  f  [g]  a  h

        2. Eidos:    e̊  f  [g]  a  h  h̊

        3. Eidos:    f  [g]  a  h  h̊  c

        4. Eidos:    a  h  h̊  c  [d]  e

    b. Im Chroma dem Enharmonion durchaus analog.

    c. Im Diatonon

        1. Eidos:    e  f  g  a  h
        2. Eidos:    f  g  a  h  c
        3. Eidos:    g  a  h  c  d
        4. Eidos:    a  h  c  d  e

III. Das Octaven-System hat sieben Eide oder Schemata, deren jedes nach einem der hellenischen Stämme oder Nachbarvölker benannt ist. Wir beginnen mit den sieben Octavengattungen des

### a. Diatonon

| | hypaton | | | meson | | | | | diezeug. | | | hyperbol. | | |
|---|---|---|---|---|---|---|---|---|---|---|---|---|---|---|
| | Hypate | Parhypate | Lichanos | Hypate | Parhypate | Lichanos | Mese | Paramese | Trite | Paranete | Nete | Trite | Paranete | Nete |
| 1. Mixolydisch | H | c | d | e | f | g | a | h | | | | | | |
| 2. Lydisch | | c | d | e | f | g | a | h | c | | | | | |
| 3. Phrygisch | | | d | e | f | g | a | h | c | d | | | | |
| 4. Dorisch | | | | e | f | g | a | h | c | d | e | | | |
| 5. Hypolydisch | | | | | f | g | a | h | c | d | e | f | | |
| 6. Hypophrygisch | | | | | | g | a | h | c | d | e | f | g | |
| 7. Hypodorisch | | | | | | | a | h | c | d | e | f | g | a |

Für das letzte und siebente Eidos kommt außer dem Namen des Hypodorischen auch der des Lokrischen oder des „gemeinsamen" Octaven-Eidos vor.

### b. Chroma

1. Mixolyd.   H   c   cis   [d]   e   f   fis   [g]   a   h
2. Lydisch    c   cis   [d]   e   f   fis   [g]   a   h   c
3. Phrygisch   cis   [d]   e   f   fis   [g]   a   h   c   cis
4. Dorisch    e   f   fis   [g]   a   h   c   cis   [d]   e
5. Hypolyd.   f   fis   [g]   a   h   e   cis   [d]   e   f
6. Hypophryg.   fis   [g]   a   h   c   cis   [d]   e   f   fis
7. Hypodor.   a   h   c   cis   [d]   e   f   fis   [g]   a

### c. Enharmonion

1. Mixolydisch   H   Ḣ   c   [d]   e   ė   f   [g]   a   h
2. Lydisch   Ḣ   c   [d]   e   ė   f   [g]   a   h   ḣ
3. Phrygisch   c   [d]   e   ė   f   [g]   a   h   ḣ   c
4. Dorisch   e   ė   f   [g]   a   h   ḣ   c   [d]   e
5. Hypolydisch   ė   f   [g]   a   h   ḣ   c   [d]   e   ė
6. Hypophrygisch   f   [g]   a   h   ḣ   c   [d]   e   ė   f
7. Hypodorisch   a   h   ḣ   c   [d]   e   ė   f   a

Von der Aristoxenischen Darstellung der Systemen-Eide besitzen wir nur den ersten Anfang in handschriftlicher Textesüberlieferung, von dem Weiteren nur die Excerpte bei späteren Aristoxeneern (dem Anonymus und dem Pseudo-Euklides). Es ist das nur ein dünnes Gerippe des Aristoxenischen Werkes, von dem wir die Art der Ausführung uns nicht mehr vorstellig machen können.

Daß die sieben Octavensysteme für das Diatonon (a) von den späteren Aristoxeneern vollständig richtig aus Aristoxenus excerpirt sind, leidet keinen Zweifel. Aber bezüglich des Chroma (b.) und des Enharmonion (c.) dürfen wir fest überzeugt sein, daß die genuine Darstellung des Aristoxenus ganz und gar verwischt ist. Denn für die Octavengattungen ist der jedesmalige Anfangston (mit dem Schlußtone in der Octave stimmend) eine wesentliche Hauptsache. Nur drei der sieben Octavengattungen beginnen nach der vorliegenden Darstellung sowohl im Diatonon, wie im Chroma, wie im Enharmonion mit dem nämlichen Klange: das Mixolydische in H, das Dorische in e, das Hypodorische in a. Bei den übrigen Octavengattungen außer diesen dreien besteht bezüglich der Tongeschlechter eine Differenz der Anfangstöne. Nr. 3 Phrygisch hat als Diatonon zum Anfangstone den Klang d, als Chroma den Klang cis, als Enharmonion den Klang c. Nr. 6 Hypophrygisch hat als Diatonon den Anfangsklang g, als Chroma den Anfangsklang fis, als Enharmonion den Anfangsklang f. Wir wissen nach Allem, was wir sonst über die Eigenartigkeit der drei Klanggeschlechter erfahren haben, daß der Unterschied derselben in der Einschaltung gewisser leiterfremder Klänge besteht, der enharmonischen Schaltklänge für das Enharmonion, der chromatischen Schaltklänge für das Chroma. Aber zufolge der Angaben Pseudo-Euklid's und seiner Genossen kommen die leiterfremden Schalttöne bei dem Unterschiede der diatonischen, chromatischen und enharmonischen Phrygisti kaum in Betracht; vielmehr ist jene dreifach verschiedene Phrygisti in einem jeden Klanggeschlechte etwas ganz und gar Anderes, bald eine Octavengattung in d, bald eine Octavengattung in cis, bald eine Octavengattung in c —: also drei verschiedene Octavengattungen, von denen absolut nicht zu verstehen ist, wie sie denselben Namen gemein haben. Für Nr. 2 Lydisti und Nr. 5 Hypolydisti ist zwar beim Diatonon und Chroma der Anfangsklang identisch, aber beim Enharmonion differirt derselbe: die diatonische und chromatische Lydisti beginnt in c, die enharmonische Lydisti in Ḣ; die diatonische und chromatische Lydisti in f. die enharmonische Hypolydisti in ċ.

Daß Pseudo-Euklides und seine Genossen nicht unmittelbar aus
Aristoxenus geschöpft haben, geht daraus hervor, daß die sieben Theile
der dritten Aristoxenischen Harmonik bei ihnen allen in einer anderen
Reihenfolge als bei Aristoxenus selber vorliegen und zwar einer
Reihenfolge, die bei ihnen allen[1] in gleicher Weise von Aristoxenus
abweicht. Aristoxenus muß zuerst von einem Aristoxeneer etwa
der früheren Kaiserzeit umgearbeitet worden sein, und aus dieser Um-
arbeitung sind die uns vorliegenden Aristoxenianischen Musiker der
Kaiserzeit geflossen, die wir schon deshalb als Aristoxenianische
Musiker bezeichnen dürfen, weil die Disposition ihrer Schriften die
Aristoxenische ist. Mit dem Aristoxenismus verträgt es sich ganz gut,
daß die Doctrin der meisten derselben auch solche Punkte enthält,
welche dem Aristoxenus fremd waren. Diese fremden Elemente muß
schon jener alte Aristoxeneer, aus welchem Pseudo-Euklides u. s. w.
schöpfen, seiner Darstellung der Aristoxenischen Lehre hinzugefügt
haben. Dahin gehören ohne Zweifel die zum Systeme der Aristoxenischen Tonoi gemachten Zusätze. Dahin scheinen auch die Systeme
des enharmonischen und chromatischen Tongeschlechtes zu gehören.

Von Aristoxenus selber wird uns gesagt, daß die meisten seiner
Zeitgenossen mit dem Enharmonion unbekannt geworden waren. Um
so weniger wird der den Aristoxenus umarbeitende Aristoxeneer die
enharmonischen Scalen aus der musikalischen Praxis seiner Zeit noch
gekannt haben. Und eben deshalb dürfen wir wohl voraussetzen, daß
bei ihm allerlei Mißverständnisse bezüglich der von Aristoxenus über
die enharmonischen Scalen gegebenen Doctrin sich eingeschlichen
haben. Von welcher Art dieselben gewesen sein möchten, ist bereits
S. 105 gelegentlich der bei Aristides zur Erklärung der Platonischen
Octavengattungen mitgetheilten Notentabellen angedeutet worden.
In jenen enharmonischen Scalen Plato's schließt die enharmonische
Octave mit demselben Klange, wie die betreffende diatonische. Dort
ist z. B. die enharmonische Phrygisti (in die Scala ohne Vorzeichen
transponirt):

$$d \quad e \; \overset{*}{e} \; f \quad [g] \quad a \quad h \; \overset{*}{h} \; c \quad d.$$

nicht wie Pseudo-Euklides:

$$c \quad [d] \quad e \; \overset{*}{e} \; f \quad [g] \quad a \quad h \; \overset{*}{h} \; c.$$

Pseudo-Euklides hat die enharmonische Doristi in Schablonen-
Manier nach dem Aristoxenischen Satze ausgeführt: „auf ein Pyknon

---

[1] Mit Ausnahme eines einzigen Falles s. Aristox.-Erläut. S. 445.

muß eine große Terz folgen", deshalb folgt über dem Pyknon h h̓ c
nicht die große Terz d, und auch die tiefere Octave dieses d ist ausgelassen. Derjenige Klang also, auf welchen es in der Phrygisti als
Anfangs- und Schlußton der Scala vorzugsweise ankommt, dieser Klang
d kommt in der enharmonischen Behandlung der Phrygischen Octave
nicht vor. Wie da noch von einer Phrygischen Octave die Rede sein
kann, das ist unerfindlich. Und doch war nach der Darstellung des
Aristoxenus (bei Plutarch de mus. 11) die Phrygische und Lydische
Octavengattung gerade diejenige, welche von allen zuerst enharmonisch (mit Einschaltung des enharmonischen Vierteltones) behandelt
worden ist. Läßt sich denken, daß die PHRYGISCHE Tonart, wenn sie
enharmonisch behandelt wurde, eine solche Behandlung erlitt, daß der
dem Phrygischen eigenthümliche Charakter durch die Auslassung des
Phrygischen Schlußklanges d vollständig verloren gegangen sei? Und
das wäre doch sicherlich der Fall gewesen, wenn man die enharmonische Phrygisti so ausgeführt hätte, wie Pseudo-Euklid angiebt.

Nun wollen wir annehmen, daß man die enharmonische Phrygisti
so ausgeführt habe, wie die bei Aristides (in der Erklärung der Platonischen Octavengattungen) mitgetheilte Phrygische Scala es erheischen würde. In dieser Phrygischen Scala ist die auf das Pyknon
e e̓ f folgende große Terz g ausgelassen, nicht aber die auf das Pyknon h h̓ c folgende große Terz d. Wir mußten oben in der Phrygischen Octavengattung ein die Melodie in der Quinte schließendes
g-Dur erblicken, und zwar ein g-Dur mit fehlender Septime fis (d. i.
eine Dur-Tonart, welche mit unserem Mixolydischen Kirchentone
genau übereinkommt). Die enharmonische Phrygisti läßt den Klang
g aus. Derselbe hat die Bedeutung der Tonica. Folgende kleine
Melodie würde nach Anleitung der Aristideischen Phrygisti gebildet sein:

Eine Phrygische Melodie können wir uns wohl ohne Tonica-, aber nicht ohne Dominanten-Klang denken, da dieser als Schlußton absolut wesentlich ist. Er gehört zum Begriffe der Octavengattung. Denn die Phrygisti ist die Quinten-Species des der Septime entbehrenden Dur. Der Klang f. welchen wir in dem vorliegenden Phrygisti hören, soll nicht die fehlende Septime fis vertreten, sondern ist die Quarte der im Quinten-Cirkel nächstverwandten Tonart, welche den Klang c zur Tonica hat.

Wie sich in dieser Melodie die eingeschalteten leiterfremden Klänge des enharmonischen Pyknon h ḣ c ausgenommen haben und wie sie namentlich als ornamentistische Elemente zur wirklichen Verschönerung beigetragen haben können, das läßt sich nicht mehr ermitteln. In der Form, in welcher sie vorliegt, ist sie eine durch Auslassung des Klanges g vereinfachte diatonische Melodie, in welcher nach der Compositionsweise des Olympus das Halbton-Intervall noch nicht die Zertheilung in Vierteltöne erfahren hatte. Wenn wir vorher nur von einem enharmonischen Pyknon h ḣ c gesprochen haben, nicht auch von dem enharmonischen Pyknon e ė f, so haben wir das nicht ohne Absicht gethan. Es steht nämlich zu vermuthen, daß in der enharmonischen Phrygisti das auf den Klang d folgende Halbton-Intervall e f nicht (durch Zertheilung in Vierteltöne) zum enharmonischen Pyknon e ė f geworden war: dem ungetheilten Halbtone e f kann der Klang d (mit e einen Ganzton bildend) unter allen Umständen vorausgehen, während dem getheilten Halbtone (dem Pyknon) nach Aristoxenus kein anderes als bloß der diazeuktische Ganzton vorausgehen kann. Hier müssen wir eingedenk sein, daß Aristoxenus (bei Plut. de mus. 11) in der lehrreichen Auseinandersetzung, welche er über die durch Olympus vereinfachte Scala als der historischen Grundlage des Enharmonions giebt, nur von der ausgelassenen Lichanos g, aber nicht von der ausgelassenen Paranete d redet.

Mithin würde Olympus unter Anwendung des Octachordes (mit dem Diezeugmenon-Tetrachorde) eine Scala mit Auslassung des diatonischen Klanges g gebildet haben:

d    e    f    ⌈g Lichanos⌉    a Mese    b    c    d, Paranete

eine Scala. aus welcher vom tiefen Klange d bis zum höheren c sich

nach der enharmonischen Zertheilung des höchsten Halbton-Intervalles
h c folgende Tonreihe ergeben mußte:

$$d \quad e \quad f \quad [g] \quad a \quad h \quad \overset{\bullet}{h} \quad c.$$

Unter Anwendung des alten **Heptachordes** (mit dem Synemmenon-Tetrachorde) hätte sich durch Auslassung der Lichanos folgende
Scala des Olympus ergeben:

|  | Hypate | Parhypate | Lichanos | Mese | Trite | Paranete | Nete |
|---|---|---|---|---|---|---|---|
|  | e | f | [g] | a | b | c | d, |

oder, aus der Vorzeichnung mit Einem b in die Scala ohne Vorzeichnung transponirt, die Tonreihe:

|  | h | c | [d] | e | f | g | a. |
|---|---|---|---|---|---|---|---|
|  | Mixolydisch | Lydisch | Phrygisch | Dorisch | Hypolydisch | Hypophryg. | Hypodorisch |

Unterhalb dieser Notenreihe des Synemmenon-Heptachordes ist
angegeben, welcher von den Klängen der jedesmalige Schlußton der
(Mixolydischen, Lydischen, Phrygischen, Dorischen, Hypolydischen,
Hypophrygischen, Hypodorischen) Octavenreihe ist. Eine Melodie im
Phrygischen Dur würde hier also des Klanges d (denn dieser Klang
d ist hier die Lichanos) entbehrt haben, wogegen der Klang g (die
dynamische Paranete) vorhanden gewesen wäre. Der Klang g ist die
Tonica der Phrygischen Dur-Tonart, es konnte auf der vorliegenden
Scala des Synemmenon-Heptachordes also von Melodien des Phrygischen
Dur die in der Prime g schließende Hypophrygische Melodie-Species,
aber nicht die in der Dominante d abschließende Melodie-Species,
nicht die Phrygisti im engeren Sinne ausgeführt werden.

Aristoxenus redet in der vorliegenden Stelle außer von der Phrygischen auch noch von der **LYDISCHEN** Tonart, in welcher Olympus
die Lichanos ausgelassen habe. Auch bezüglich der Lydischen Tonart
müssen wir die ausgelassene Lichanos einmal für das Octachord mit dem
Diezeugmenon-Tetrachorde, das andere Mal für das Heptachord mit dem
Synemmenon-Tetrachorde in Betracht ziehen. Die Lydische Dur-Tonart

ist ein f-Dur mit dem Klange h an Stelle der Quarte b. Olympus behandelte diese Lydischen Dur-Melodien in der Weise, daß er entweder die dynamische Lichanos des Octachordes, das ist den Klang g, oder die dynamische Lichanos des Heptachordes, das ist den Klang d, ausließ. Weder die Tonica f, noch die Dominante c, noch die Mediante a wurde von der Auslassung betroffen. Olympus konnte also in der bei Aristoxenus beschriebenen Auslassung der Lichanos e oder der Lichanos d sowohl die Lydische Dominanten-Species in c (die eigentliche Lydisti im engeren Sinne) ausführen, wie auch die Lydische Medianten-Species in a (die sogenannte Syntono-Lydisti, von der wir wissen, daß auch sie bei Olympus vorkam).

Auf dem Octachorde (dem Diezeugmenon-Systeme), wo die ausgelassene Lichanos in dem Klange g besteht, kommt für das Lydische Dur die Tonreihe von der Parhypate f an in Betracht:

e   f   [g]   a   h   c   d   e
7   1   [2]   III   4   V   6   7
              |       |
              Syntono-Lydisti   Lydisti

Der Klang f ist die Lydische Tonica: er war auf dem vereinfachten Systeme des Olympus vorhanden. Nicht vorhanden war dagegen der Klang g, die Secunde der Lydischen Dur-Octave. Die Terze a fehlte nicht: sie war der Schlußton der Syntonolydischen Melodien. Nicht minder war auch die Quinte e vorhanden, in welcher die Melodien der im engeren Sinne sogenannten Lydisti abschlossen. -- Unterhalb der von Olympus ausgelassenen Lydischen Secunde g liegt das Halbton-Intervall e f, durch die Untersecunde und die Prime begrenzt. Dies Halbton-Intervall e f also war es, in welchem, wie Aristoxenus sagt, in der auf Olympus folgenden Periode die Zertheilung durch die enharmonischen Vierteltöne eingetreten ist. So läßt der Bericht des Aristoxenus keinen Zweifel, daß die enharmonische Lydisti auf folgender Scala ausgeführt worden ist:

e ė f   [g]   a   h   c   d   e
|             |           |
Lyd.         Lyd.        Lyd.
Tonica       Terz        Quinte

Auf dem Heptachorde (dem Synemmenon-Systeme), wo die ausgelassene Lichanos in dem Klange d besteht, kommen für das Lydische Dur, wenn wir jenem Berichte des Aristoxenus nachgehen, die
folgenden Klänge in Betracht:

|   |   | Lichanos |   | Mese | Trite |   |   |
|---|---|----------|---|------|-------|---|---|
| e | f | [g]      | a | b    | c     | d, |  |

und bei einer Transposition in die Scala ohne Vorzeichnung:

| h | c | [d] | e | f | g | a |
|---|---|-----|---|---|---|---|
| 4 | 5 | [6] | 7 | 1 | 2 | 3 |
|   | Lydisti | | | Lydische Tonica | | Syntono-Lydisti. |

Auf dieser Scala hat ohne enharmonische Zertheilung des Halbton-Intervalles der alte Olympus seine Lydischen und Syntonolydischen
Melodien ausgeführt. „Das enharmonische Pyknon neben der Mese
[e e f (auf der Transpositions-Scala mit Einem b: a a b)], dessen man
sich jetzt bedient, rührt allem Anscheine nach nicht von Olympus
her. Es läßt sich das leichter einsehen, wenn man einen Auleten
nach archaischer Weise (in der Manier des Olympus) vortragen hört.
denn ein solcher verlangt, daß auch das in den Mesen stehende
Halbton-Intervall ein unzusammengesetztes sei [kein zusammen-
gesetztes a a b]. Solcher Art nun seien die Anfänge der enharmonischen Composition. Später aber sei das Halbton-Intervall zertheilt
worden, sowohl in den Lydischen wie in den Phrygischen Compositionen.“

Nach diesen Worten des Aristoxenus werden also die späteren
griechischen Componisten (zunächst Polymnastus, vgl. oben S. 130) die
Lydischen Melodien auf Grund der von Olympus nach ethischem
Principe[1] vorgenommenen Vereinfachung unter Anwendung folgender
Klänge ausgeführt haben:

in der Vorzeichnung mit Einem b

| e | f | [g] | a | a b | [c] | e, |
|---|---|-----|---|-----|-----|-----|
| 4 | 5 | 6   | 7 | 1   | 2   | 3  |

[1] „Wenn Jemand einen solchen Klang als Melodieton angewandt hätte, über
den würde man sich geschämt haben“, Aristoxenus oben S. 63.

in der Scala ohne Vorzeichen

| h | c | [d] | e | ė | f | [g] | a |
|---|---|-----|---|---|---|-----|---|
| 4 | 5 | 6   | 7 | 1 | 2 | 3   |   |

Wir haben auch hier die Lydische Secunde (c resp. g) als einen in der Melodie nicht vorkommenden Klang bezeichnet, denn hinter einem enharmonischen Pyknon (e ė f) verwirft Aristoxenus eine jede Intervallgröße außer der großen Terz. Auch auf der octachordischen Scala fehlte die Lydische Secunde. Außerdem aber ist auf dem Synemmenon-Systeme auch die Lydische Sexte (c) ausgelassen. So stellt sich nach den authentischen Worten des Aristoxenus (bei Plut. de mus. 11) das Phrygische und Lydische Enharmonion heraus; vor allen müssen die Schlußtöne dieselben sein, wie im Lydischen und Phrygischen Diatonon. Die Darstellung bei Pseudo-Euklides (S. 202) kann nicht für die authentische des Aristoxenus gelten. Wie Aristoxenus selber in seiner Harmonik die enharmonischen und chromatischen Octavensysteme behandelt hat, läßt sich nicht mehr ermitteln.[1] Ein Widerspruch mit seinem Symposion kann nicht stattgefunden haben.

Viel Gewicht scheint Aristoxenus im XIII. Abschnitte der zweiten Harmonik auf die Zusammensetzung der verschiedenen Octaven-Eide aus je einem Quarten- und einem Quinten-Eidos gelegt zu haben. Die von ihm statuirte Art der Zusammensetzung scheint folgende gewesen zu sein:

erste Octave aus dem ersten Quarten- und dem ersten Quinten-Eidos,
zweite Octave aus dem zweiten Quarten- und dem zweiten Quinten-Eidos,
dritte Octave aus dem dritten Quarten- und dem dritten Quinten-Eidos.
vierte Octave aus dem ersten Quinten- und dem ersten Quarten-Eidos,
fünfte Octave aus dem zweiten Quinten- und dem zweiten Quarten-Eidos,
sechste Octave aus dem dritten Quinten- und dem dritten Quarten-Eidos,
siebente Octave aus dem vierten Quinten- und dem ersten Quarten-Eidos.

Die drei ersten Octaven-Eide haben von den der Zahl nach gleichnamigen Quarten- und Quinten-Eiden als ihren Bestandtheilen das betreffende Quarten-Eidos zum tieferen, das Quinten-Eidos zum oberen Bestandtheil.

Für die vier letzten Octaven-Eide ist es umgekehrt: das betreffende Quinten-Eidos ist der untere, das Quarten-Eidos der obere Bestandtheil.

---

[1] Ergänzung zur Aristox.-Erläut. S. 351.

Ist das Octaven-Eidos nicht auf die genannte Weise zusammengesetzt, dann ist die Zusammensetzung ekmelisch.

Hiermit ist Aristoxenus bereits zu der

### 2. Synthesis der Systeme

übergegangen. Aristoxenus statuirt nämlich, so scheint es, primäre
und einfache Symphonien und secundäre oder zusammengesetzte Symphonien. Zu jenen gehören die Quarte und Quinte, zu diesen die
Octave und alle Combinationen der Octave mit der Quarte oder
Quinte. Die zusammengesetzten Systeme sind entweder „unvollkommene Systeme" oder „vollkommene Systeme".

I. Der unvollkommenen Systeme giebt es zwei, das heptachordische (von sieben Klängen) und das octachordische (von acht
Klängen); vgl. oben S. 60. 61.

1. Das heptachordische ist das unvollkommene Synemmenon-
System, in welchem zwei Quarten unmittelbar, oder (wie der Kunst-
ausdruck lautet) in der Synaphe mit einander verbunden sind. Es
giebt eine dreifache Synaphe:

a. eine tiefste Synaphe, aus dem Tetrachorde hypaton und
meson, welche durch die Hypate meson als gemeinsamen Klang verbunden sind, zusammengesetzt:

$$H\ e\ d\ ef\ g\ a$$
$$\underbrace{\phantom{H e d}}_{\text{hypaton}}\ \underbrace{\phantom{ef g a}}_{\text{meson}}$$

b. Ferner eine mittlere Synaphe, aus dem Tetrachorde meson
und Synemmenon vermittelst der Mese a als gemeinsamem Klange
verbunden:

$$ef\ g\ ab\ c\ d$$
$$\underbrace{\phantom{ef g}}_{\text{meson}}\ \underbrace{\phantom{ab c d}}_{\text{synem.}}$$

c. Endlich die höchste Synaphe, aus dem Tetrachorde diezeugmenon und hyperbolaion vermittelst der Nete diezeugmenon als gemeinsamem Klange zusammengesetzt:

$$b\ c\ d\ ef\ g\ a$$
$$\underbrace{\phantom{b c d}}_{\text{diezeug.}}\ \underbrace{\phantom{ef g a}}_{\text{hyperb.}}$$

2. Das octachordische System von acht Klängen ist das unvollkommene Diazeuxis-System. Ein System dieser Form giebt es
nur Eines, aus dem Tetrachorde meson und diezeugmenon mit Ein-

schaltung des trennenden (diazeuktischen) Ganztones zusammengesetzt:

$$\underbrace{e\ f\ g\ \ a}_{\text{meson}}\ \overbrace{\underbrace{h\ c\ d\ e}_{\text{diezeug.}}}^{\text{Ganzton}}$$

II. Der vollkommenen Systeme giebt es ebenfalls zwei, ein hendekachordisches (von elf Klängen) und ein pentekaidechordisches (von 15 Klängen), das erstere das „kleinere vollkommene" System, das andere das „größere vollkommene" System genannt.

1. Das kleinere vollkommene (Undecimen-) System ist aus drei Tetrachorden, nämlich hypaton, meson, synemmenon, zusammengesetzt, nebst einem in der Tiefe angenommenen diazeuktischen Ganzton-Intervalle. Es wird durch die aus der Octave und Quarte combinirte Symphonie (Undecime) begrenzt:

$$\overbrace{A\ H}^{\text{Ganzton}}\underbrace{\ c\ d\ e}_{\text{hypaton}}\underbrace{f\ g\ a}_{\text{meson}}\underbrace{b\ c\ d}_{\text{synem.}}$$

Dieses System ist nach der antiken Nomenclatur ein metabolisches System, weil man in der oberen Hälfte desselben eine andere Transpositions-Scala als in der unteren nehmen kann — „weil es eine Metabole des Tonos gestattet": vom Proslambanomenos bis zur Mese ist es ein A-Moll, von der Lichanos meson bis zur Nete diezeugmenon ein D-Moll:

$$\overbrace{A\ H\ c\ d}^{\text{A-Moll}}\ \underbrace{e\ f\ g\ a\ b\ c\ d}_{\text{D-Moll}}$$

2. Das größere vollkommene (Doppeloctaven-) System ist aus vier Tetrachorden, nämlich hypaton, meson, diezeugmenon, hyperbolaion, mit zwei diazeuktischen Ganztönen zusammengesetzt, die tiefere Diazeuxis unterhalb des hypaton-Tetrachordes, die obere Diazeuxis zwischen den Tetrachorden meson und diezeugmenon:

$$\overbrace{A\ H}^{\text{Ganzton}}\underbrace{c\ d\ e\ f\ g\ a}_{\text{hypaton\ meson}}\ \overbrace{b\ c}^{\text{Ganzton}}\underbrace{d\ e\ f\ g\ a}_{\text{diezeug.\ hyperb.}}$$

3. Es giebt nun auch noch ein erweitertes Doppeloctaven-System, ein oktokaidekachordisches d. i. 18 Klänge enthaltendes, welches für die elf unteren Klänge mit dem Undecimen-Systeme übereinkommt,

oberhalb des synemmenon Tetrachordes noch, durch einen diazeuktischen Ganzton getrennt, die Tetrachorde diezeugmenon und hyperbolaion hinzugefügt:

Ganzton

A  H e  d ef g  ab e d    h e d e f g  a

hypat.  meson synem.    diezeug.  hyp.

Nach Aristoxenus werden nun auch noch „einfache, zweifache und vielfache" Systeme unterschieden.

Der Aristoxeneer Pseudo-Euklid in seinem Auszuge specialisirt
dies folgendermaßen:

einfaches System mit einer Mese,
zweifaches System mit zwei Mesai,
dreifaches System mit drei Mesai,
vielfaches System mit einer vielfachen Zahl von Mesai.

So viel wir wissen hat in jedem Systeme immer nur Ein Klang
den Namen „Mese". Unter dem zweifachen Systeme mit zwei Mesai
muß daher wohl ein System wie das Undecimen-System oder das er-
weiterte Doppeloctaven-System von 18 Klängen verstanden werden,
auf welchen zwei verschiedene Tonoi oder Transpositions-Scalen genommen werden können: für die Transpositions-Scala A-Moll ist der
Klang a die Mese; für die Transpositions-Scala D-Moll hat der Klang
d, obwohl er den Namen Nete synemmenon führt, dieselbe Function,
welche für die A-Moll-Tonart die Mese a hat.

Die beiden zuletzt genannten Systeme würden hiernach die „zwei-
fachen Systeme" sein, alle übrigen („die ametabolischen") würden zu den
„einfachen Systemen" gehören.

Aber die dreifachen und die vielfachen Systeme, auf welchen es
„drei" oder gar „viele" Klänge mit der Function der Mese giebt?
Was wir unter solchen Systemen zu verstehen haben, auf welchen drei
und mehr als drei Transpositions-Scalen genommen werden können,
darüber geht uns in unseren Quellen nicht die geringste Notiz zu.
Hier ist in der historischen Ueberlieferung eine entschiedene Lücke,
die wir schwerlich auszufüllen im Stande sind.

### 3. Thesis der Systeme.

Wenn in dem Vorausgehenden bei den sieben Octaven-Eiden angegeben war, daß das erste oder Mixolydische Eidos von der Hypate

hypaton und der Paramesos begrenzt wird, das zweite oder Lydische
von der Parhypate hypaton und der Trite diezeugmenon u. s. w., so
soll damit nicht' gesagt sein, daß dies die einzige Nomenclatur der
die betreffenden Octaven abgrenzenden Klänge ist. Vielmehr sind
das die Benennungen, welche mit Rücksicht auf die Dynamis der
Klänge gebraucht werden (dynamische Benennung). Mit Rücksicht
auf die Thesis derselben (thetische Benennung) heißt von den beiden
Grenzklängen einer jeden der sieben Octaven — der höhere „Nete
diezeugmenon", der tiefere „Hypate meson", und die acht Klänge einer
jeden Octave heißen gleichmäßig vom höchsten bis zum tiefsten (unter
Weglassung des die verschiedenen Tetrachorde angebenden Zusatzes
„diezeugmenon" und „meson"):

> thetische Nete
> thetische Paranete
> thetische Trite
> thetische Paramesos
> thetische Mese
> thetische Lichanos
> thetische Parhypate
> thetische Hypate.

|  | Thet. Hypate | Thet. Parhypate | Thet. Lichanos | Thet. Mese | Thet. Paramesos | Thet. Trite | Thet. Paranete | Thet. Nete |
|---|---|---|---|---|---|---|---|---|
| 1. Mixolydisches Eidos | h | c | d | e | f | g | a | h |
| 2. Lydisches Eidos | c | d | e | f | g | a | h | c |
| 3. Phrygisches Eidos | d | e | f | g | a | h | c | d |
| 4. Dorisches Eidos | e | f | g | a | h | c | d | e |
| 5. Hypolydisches Eidos | f | g | a | h | c | d | e | f |
| 6. Hypophryg. Eidos | g | a | h | c | d | e | f | g |
| 7. Hypodorisches Eidos | a | h | c | d | e | f | g | a |

Dieselben Klangbenennungen finden sich auch auf dem zwei
Octaven umfassenden „Systema teleion ametabolon", und zwar
hier in einer Bedeutung, welche dieselbe ist, wie bei dem vierten oder
Dorischen Octaven-Eidos, dagegen abweichend von der Onomasie der
sechs übrigen Octaven-Eide. Diese Klangbenennungen des Systema ametabolon sind die der dynamischen Nomenclatur, — sind die dynamischen
Klangnamen. Es sind also die 15 Klänge des Doppeloctaven-Systemes
auf S. 212 benannt worden nach der Dynamis, d. i. nach der Geltung,
welche sie, als Klänge des vierten oder Dorischen Eidos gefaßt, haben

würden. Denn das Dorische Eidos muß der Theorie als das vornehmste gelten.

Die acht dynamischen Klänge des vierten oder Dorischen Octaven-Eidos von der Hypate (meson) bis zur Nete (diezeugmenon) sind im Doppeloctaven-Systeme nach der Tiefe zu um eine Quinte, nach oben zu um eine Quarte erweitert worden, indem man für den höchsten Klang die Benennung Nete hyperbolaion, für den tiefsten die Benennung Proslambanomenos einführte:

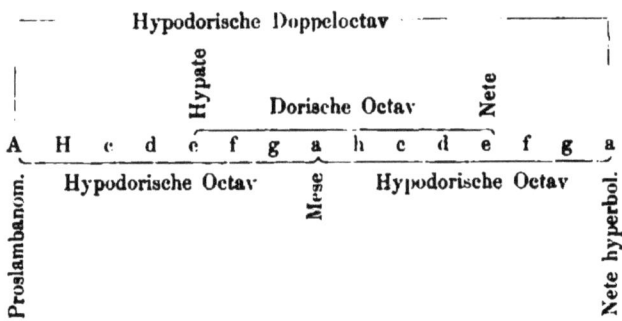

Proslambanomenos, Mese und Nete des oktokaidekachordischen Systemes sind also die Grenzklänge zweier in der Synaphe verbundener hypodorischer Octaven-Eide; Hypate meson und Nete diezeugmenon sind die beiden Grenzklänge des vierten oder Dorischen Octaven-Eidos.

Eine nach der Analogie des pentekaidekachordischen Systemes ausgeführte Erweiterung zur Doppeloctave hat man auch bei der thetischen Nomenclatur der sieben Octaven-Eide vorgenommen, indem man für ein jedes Octaven-Eidos unterhalb der Hypate eine Quinte und oberhalb der Nete eine Quarte hinzufügte; den tiefsten Klang der so gebildeten (thetischen) Doppeloctave nannte man den thetischen Proslambanomenos, den höchsten Klang nannte man thetische Nete hyperbolaion.

### Thetische Oktachorde

| | Thet. Proslamb. | Thet. Hyp. hyp. | Thet. Parh. hyp. | Thet. Lich. hyp. | Thet. Hyp. mes. | Thet. Parh. mes. | Thet. Lich. mes. | Thet. Mese | Thet. Param. | Thet. Trite diez. | Thet. Paran. diez | Thet. Nete diez. | Thet. Trite hyperb. | Thet. Paran. hyperb. | Thet. Nete hyperb. |
|---|---|---|---|---|---|---|---|---|---|---|---|---|---|---|---|
| Mixol. | E | F | G | A | H | c | d | e | f | g | a | h | c̄ | d̄ | ē |
| Lyd. | F | G | A | H | c | d | e | f | g | a | h | c̄ | d̄ | ē | f̄ |
| Phryg. | G | A | H | c | d | e | f | g | a | h | c̄ | d̄ | ē | f̄ | ḡ |
| Dor. | A | H | c | d | e | f | g | a | b | c̄ | d | ē | f̄ | ḡ | ā |
| H.-Lyd. | H | c | d | e | f | g | a | h | c̄ | d | ē | f̄ | ḡ | ā | h̄ |
| H.-Ph. | c | d | e | f | g | a | h | c̄ | d | ē | f | ḡ | ā | h̄ | c̄ |
| H.-Dor. | d | e | f | g | a | h | c̄ | d | ē | f | ḡ | ā | h̄ | c̄ | d̄ |

dyn. Hyp. mes.    dynam. Mese    dyn. Nete diez.    dyn. Nete hyp.

Die sieben horizontalen Zeilen der thetischen Doppeloctaven und die verticalen durchschneidenden 15 Zeilen, welche die thetische Nomenclatur der 15 Klänge angeben, werden von punktirten Linien schräg durchschnitten, welche die dynamische Nomenclatur der Klänge enthalten: die am meisten nach links zu angebrachten punktirten Linien, welche die Klänge A einschließen, zeigen die dynamischen Proslambanomenoi an; — die dann zunächst nach rechts folgenden, welche die Klänge e einschließen, geben die dynamischen Hypatai meson an, — und so sind auch die dynamischen Mesai, die dynamischen Netai diezeugmenon und die dynamischen Netai hyperbolaion durch punktirte Linien ausgezeichnet.

Man ersieht aus dieser Tabelle, daß im Pentekaidekachorde des vierten oder Dorischen Octaven-Eidos (wir haben dasselbe durch punktirte horizontale Parallelen ausgezeichnet) die thetische Onomasie der Klänge genau dieselbe ist, wie die dynamische Onomasie, daß aber in den Pentekaidekachorden der sechs übrigen Octaven-Eide die thetische Onomasie der Klänge stets von der dynamischen Onomasie differirt.

Tiefere Klänge, als die dynamischen Proslambanomenoi und höhere Klänge als die dynamischen Netai hyperbolaion kommen in der praktischen Musik der Griechen nicht vor. Daraus folgt, daß alle Klänge, welche links von den die dynamischen Proslambanomenoi anzeigenden punktirten Linien stehen und ebenso diejenigen, welche rechts von den die Netai hyperbolaion anzeigenden Linien stehen, keine reale, sondern nur eine ideale Existenz haben, gleich den Klängen, welche Plato in der Höhe und in der Tiefe für seine Systeme angenommen hat (vgl. oben S. 178). Nichtsdestoweniger werden auch diese idealen Klänge von der griechischen Theorie als thetische Klänge vorausgesetzt und ein jeder von ihnen mit demselben thetischen Namen benannt, wie der um eine Doppeloctav höhere oder tiefere Klang.

Diese Lehre von der thetischen Onomasie ist ausführlich bei Ptolemäus dargestellt, rührt aber schon von Aristoxenus her, wie ich in dessen Ausgabe S. 359 dargethan habe. Die Darstellung des Ptolemäus hat bereits in dem Commentar des Engländers John Wallis ihre unzweifelhaft richtige Erläuterung gefunden, mußte aber, da sie bei Böckh und Bellermann völlig in Vergessenheit gerathen war, von mir in meiner griechischen Harmonik 1863 von Neuem aus Ptolemäus wieder hervorgeholt werden, ohne daß von den Mitforschenden ein anderer als Gevaert[1] meine durchaus mit Wallis übereinstimmende Interpretation anerkannt hätte. Sie ist die nothwendige Grundlage für jeden über Böckh und Bellermann hinausgehenden Fortschritt in der Erkenntniß des griechischen Melos, namentlich basirt auf dem richtigen Verständniß der thetischen Onomasie unsere Einsicht in das Wesen der griechischen Tonarten und ihrer Mischungen.

#### 4. Rationale und irrationale Systeme.

Die Systeme — so hatte Aristoxenus in Abschn. IV der 18-theiligen Harmonik gesagt — sind viertens dadurch verschieden, daß die

---

[1] Herr Gevaert hat die Freundlichkeit, mir brieflich mitzutheilen: „A propos de l'onomasie kata Thesin, permettez moi de vous prier de lire dans le 1ier volume de mon ouvrage (p. 253 et suiv.) l'explication que j'en donne d'après vos principes, appuyés par des analogies que fournit la pratique de la musique moderne. Car enfin les syllabes guidoniennes, ut re mi fa etc., telles que les Italiens et les Français s'en servent dans le solfège, forment une véritable onomasie thetique."

einen durch ein rationales, die anderen durch ein irrationales Intervall
begrenzt werden.

Eine Ausführung dieses Unterschiedes, welche der dreizehnte Abschnitt ebenfalls gegeben haben wird, ist nicht erhalten. Doch lassen
sich aus dem über die Schemata oder Eide der Systeme Gesagten
Beispiele für die irrationalen Systeme entnehmen:

Irrationales Quarten-System (des zweiten Eidos):

$$\overset{\bullet\,\bullet}{\text{e}} \qquad \overset{\bullet}{\text{f}} \qquad \text{a} \qquad \overset{\bullet\,\bullet}{\text{a}}$$

Irrationales Quinten-System (des zweiten Eidos):

$$\overset{\bullet\,\bullet}{\text{e}} \qquad \overset{\bullet}{\text{f}} \qquad \text{a} \qquad \text{h} \qquad \overset{\bullet}{\text{h}}$$

### 5. Continuirliche und hyperbatische Systeme.

Die Systeme — heißt es an jener Stelle — sind ferner durch
diejenige Eintheilung verschieden, nach welcher sie in continuirliche
und hyperbatische zerfallen.

Was wir Tonleitern nennen, sind continuirliche Systeme, einerlei
von welchem Umfange. In den hyperbatischen Systemen werden bestimmte Klänge der Tonleiter übersprungen. In welcher Weise sich
Aristoxenus dies Ueberspringen denkt, das wissen wir nicht.

### XIV. Die gemischten und ungemischten Tongeschlechter.

In ihrem propädeutischen Eingangs-Abschnitte VI zählt die zweite
Harmonik fünf Arten des musikalischen Melos auf: 1) diatonisches Me-
los, 2) chromatisches Melos, 3) enharmonisches Melos, 4) ein aus diesen
Arten gemischtes, 5) ein ihnen gemeinsames Melos. Aus Pseudo-
Euklides läßt sich darüber folgendes wieder herstellen.

Ein den drei Tongeschlechtern gemeinsames Melos ist ein
solches, worin nur die constanten (allen drei Geschlechtern gemeinsamen) Klänge vorkommen.

Ein bezüglich der Tongeschlechter gemischtes Melos ist ein
solches, in welchem sich zwei oder drei charakteristische Eigenthümlichkeiten verschiedener Tongeschlechter zeigen, nämlich 1) des Diatonon und des Chroma, 2) des Diatonon und der Harmonie, 3) des
Chroma und der Harmonie, 4) oder auch des Diatonon, des Chroma
und der Harmonie.

Ein bezüglich der Tongeschlechter ungemischtes Melos würde demnach ein solches sein, in welchem sich die charakteristischen Eigenthümlichkeiten nur eines einzigen Klanggeschlechtes zeigen. Die im Eingangs-Abschnitte IX sowohl der ersten, wie der zweiten Harmonik an erster Stelle aufgeführten sechs Scalen (Tetrachordtheilungen) sind die sechs ungemischten, denn eine jede von ihnen enthält immer nur Klänge, welche einem und demselben Klanggeschlechte angehören.

Darauf folgen in dem nämlichen Abschnitte vier Scalen (Tetrachordtheilungen), in welchem theils mit der Lichanos des Chroma toniaion die Parhypate entweder des Chroma malakon oder des Chroma hemiolion sich verbindet, theils mit der Lichanos des Diatonon toniaion die Parhypate entweder des Chroma malakon oder des Chroma hemiolion vereint wird. Nach Aristoxenus ausdrücklichen Angaben sind auch diese vier Scalen emmelische Tetrachordtheilungen. Zufolge dieser letzten Angaben des Aristoxenus würde die bei Pseudo-Euklid vorkommende Definition dahin zu vervollständigen sein: „Ein bezüglich der Klanggeschlechter gemischtes Melos ist ein solches, in welchem sich zwei oder drei charakteristische Eigenthümlichkeiten verschiedener Klanggeschlechter oder verschiedener Färbungen (Chroai) desselben Klanggeschlechtes zeigen.

In den beiden letzten Problemen des Abschnittes XII hatte Aristoxenus noch einmal sowohl die einfachen, wie die gemischten Klanggeschlechter als Quinten-Systeme aufgeführt. Hier wird aber auch noch von einer Vereinigung der Lichanos des Chroma toniaion mit der Parhypate des Enharmonion geredet, indem er Probl. 27 sagte: „Die Quinte des Diatonon hat entweder zwei oder drei oder vier unzusammengesetzte Intervallgrößen"; Probl. 28: „das Chroma und das Enharmonion hat entweder drei oder vier verschiedene unzusammengesetzte Intervallgrößen." Die hier von Aristoxenus aufgeführte Vereinigung der enharmonischen Parhypate mit der Lichanos des Chroma toniaion ist dasselbe, was die von den gemischten Tongeschlechtern handelnde Stelle des Pseudo-Euklid als „Mischung der Chroma und der Harmonie" bezeichnet.

Auf diese Weise ergiebt sich auch, was wir unter der bei Pseudo-Euklid vorkommenden „Mischung des Diatonon und der Harmonie" zu verstehen haben, nämlich die Verbindung der enharmonischen Parhypate mit der Lichanos des Diatonon toniaion.

Hiermit sind durch Aristoxenus und Pseudo-Euklid im Ganzen sechs gemischte Scalen bezeugt. Denn als Mischungen sind zu fassen

Die Diatonata mit drei verschiedenen Intervallgrößen:

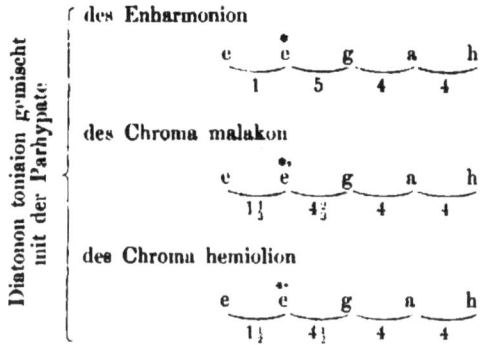

Das Enharmonion und die Chromata mit vier verschiedenen
Intervallgrößen:

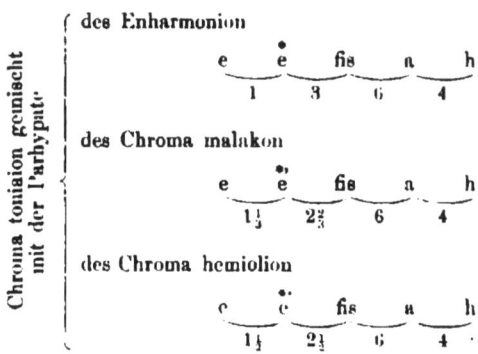

Die Mischung der Geschlechter besteht darin: die Parhypate des
einen wird mit der Lichanos eines anderen Geschlechtes oder mit
der Lichanos einer anderen Chroa desselben Geschlechtes verbunden.

Wohl zu beachten ist, daß von Aristoxenus die drei ersten Scalen
als Diatona bezeichnet sind, ungeachtet sie mit einem nicht diatonischen Klange gemischt sind: — also gemischte Diatona mit drei
verschiedenen Intervallen,

daß dagegen von den drei letzten Scalen die erste, in welcher die enharmonische Parhypate mit der Lichanos des
Chroma toniaion verbunden ist, die Bezeichnung Enharmonion
führt, wonach wir sie mit dem Terminus „gemischte enharmonische Scala mit drei verschiedenen Intervallen" richtig
bezeichnen werden,

und daß von den drei letzten Scalen die zweite und dritte,
in welchem die Parhypate der Chroma malakon oder hemiolion mit der Lichanos des Chroma toniaion vereinigt ist,
von Aristoxenus als „Chromatikon" bezeichnet wird: — also
gemischtes Chroma mit vier verschiedenen Intervallen.

Der Aristoxeneer Pseudo-Euklides giebt als vierte und letzte Art
des gemischten Melos dasjenige, in welchen zugleich die charakteristischen Eigenthümlichkeiten aller drei Klanggeschlechter vorhanden
sind. Innerhalb eines einzigen Tetrachordes kann eine solche Mischung
nicht vorkommen, denn zwei Klänge des Tetrachordes sind constante;
nur bei den zwei variabelen Tönen des Tetrachordes kann die
charakteristische Eigenthümlichkeit . verschiedener Klanggeschlechter
zur Erscheinung kommen. Natürlich wird das die charakteristische
Eigenthümlichkeit der Klänge ein und desselben Klanggeschlechtes
oder zweier verschiedenen Klanggeschlechter sein, unmöglich aber
dreier Klanggeschlechter, weil nur zwei variabele Klänge vorhanden sind.

Es läßt sich also die von Pseudo-Euklid aufgeführte Mischungs-
art, in welcher die charakteristischen Eigenthümlichkeiten aller drei
Klanggeschlechter zur Erscheinung kommen, nicht anders verstehen,
als daß in ein und demselben Melos das untere Tetrachord der Octave
einem anderen Klanggeschlechte als das obere Tetrachord der Octave
angehört, wobei in der Mitte des oberen und unteren Tetrachordes der
constante diazeuktische Ton steht.

Wir können nunmehr unterscheiden:

I. Das den verschiedenen Klanggeschlechtern gemeinsame
Melos, in welchem keine anderen, als die constanten Klänge der
Tetrachorde, aber nicht die variablen Klänge vorkommen.

II. Das Melos der ungemischten Klanggeschlechter: entweder das durchgängig enharmonische, oder das durchgängig chromatische, oder das durchgängig diatonische. Die Tetrachord-Eintheilungen
dieser Mele sind der Zahl nach sechs: eine ungemischte enharmonische, drei ungemischte chromatische, zwei ungemischte diatonische
(vgl. S. 189. 190).

III. Das Melos gemischter Klanggeschlechter in der Mischung
ersten Grades, d. i. derjenigen Mischung, wobei die Octave aus Tetrachorden verschiedener Mischungen besteht. Ueber die gemischte Mele
zweiten Grades geben die Trümmer der Aristoxenischen Harmonik
keine Andeutung; nach Pseudo-Euklides würde hierher dasjenige Melos
gehören, in welchem zugleich das Diatonon, das Chroma und die
Harmonie in ein und derselben Octave zur Erscheinung kommen.

Daß die griechische Musik in der Praxis mit solchen Octaven
wohl bekannt war, beweist der in der Alexandrinischen und Römischen
Musikperiode zu gebende Bericht des Ptolemäus über die Lyroden-
und Kitharoden-Musik seiner Zeit.

Bezüglich der vier vorstehenden Kategorien verhält sich der Bericht des Ptolemäus zu den Angaben des Aristoxenus im Allgemeinen
folgendermaßen:

I. Das bezüglich der Klanggeschlechter gemeinsame Melos (das
geschlechtslose Melos) im Sinne der Aristoxenischen Doctrin ist dem
Ptolemäus unbekannt.

II. Das ungemischte Melos im Sinne des Aristoxenus wird
von Ptolemäus als in der Praxis der Lyroden und Kitharoden
vorkommend niemals erwähnt, selbst das ungemischte diatonische
Melos nicht.

III. Das gemischte Melos in der Mischung ersten Grades
war bei den Lyroden und Kitharoden der Ptolemäischen Epoche ge-
bräuchlich, doch nur dasjenige gemischte Melos, welches bei Aristoxenus
„Diatonon mit vier verschiedenen Intervallgrößen" bezeichnet wird
(S. 199). Es ist dasselbe Diatonon, welches auch schon bei Archytas
als das einzige Diatonon aufgeführt wird und auch zu dessen Zeit
offenbar häufiger als das ungemischte Diatonon (nach Aristoxenus das
„Diatonon mit zwei verschiedenen Intervallgrößen") gewesen sein
muß. Wir haben früher ausgeführt, daß schon in der Periode des
Polymnastus jenes gemischte Diatonon das vornehmste gewesen sein
wird, da man es bei der Notation des Diatonon zu Grunde legte.

Bezüglich des Ptolemäus ist zu bemerken, daß von ihm dies
Diatonon als „ungemischtes Diatonon" angesehen wird.

IV. Das gemischte Melos in der Mischung zweiten Grades
war in der musikalischen Praxis des Ptolemäischen Zeitalters überaus
häufig. Denn sämmtliche Scalen, welche außer dem vorher genannten
gemischten Diatonon vorkamen, bestanden in Octaven aus zwei un-
gleichförmigen Tetrachorden, deren eines stets dem genannten gemischten Diatonon angehörte, während das zweite Tetrachord irgend
eine andere der von Ptolemäus näher bezeichneten Tetrachordstim-
mungen repräsentirte. Nur diese Scalen, in welchen eine Mischung
zweiten Grades stattfand, werden von Ptolemäus als gemischte Scalen
angesehen.

Aristoxenus schweigt über die Anwendung der verschiedenen
Melos-Arten im Einzelnen. Bloß über das ungemischte Enharmonion
giebt er in seinen gemischten Tischreden die Notiz, daß die Grund-

form desselben dem Olympus zu danken sei. Diese haben nämlich mit entschiedener Vorliebe eine Melopöie angewandt, in der eine Auslassung des Klanges g vorgekommen sei, also ein unvollständiges Tetrachord

c  f  [g]  a,

in welchem der auf den Halbton (e f) folgende Klang (g) für das Melos nicht zur Anwendung gekommen sei. Erst später habe man den für das Enharmonion charakteristischen Klang e zwischen die Grenzklänge des Halbton-Intervalles eingeschaltet. Auf solchen Einschaltungen leiterfremder Klänge scheinen nun auch die übrigen Tetrachord-Theilungen, welche in der auf Olympus folgenden Epoche aufkamen, beruht zu haben. Namentlich ist dies anzunehmen für das gemischte Diatonon (mit drei verschiedenen Intervallgrößen)

e  c  g  a

welches (dem Ptolemäus zufolge) noch in der römischen Kaiserzeit für den Gebrauch der Kitharodik so überaus häufig war und sich aus dem vereinfachten Diatonon des alten, Kitharoden Terpander's

c  g  a

durch Einfügung des leiterfremden Schaltklanges e genau in ähnlicher Weise herausgebildet zu haben scheint, wie aus der alten Vereinfachung des Diatonons durch Olympus die spätere enharmonische Scala.

Welche Wirkung man durch die Einfügung leiterfremder Schaltklänge, die uns ja so absolut fremd sind, hervorzubringen vermochte, welche Aesthetik in dieser Ornamentistik vereinfachter diatonischer Scalen lag, davon wissen wir natürlich gar nichts. Es ist nicht viel mehr als ein bloßer Wort-Schematismus, bei dem wir uns offen gestanden nichts denken können, wenn wir angesichts der überlieferten Thatsachen von einer Verzierung des Vereinfachten durch leiterfremde Schalttöne sprechen. Wir fassen das Resultat über die Scalen in folgenden Sätzen zusammen:

1. Der historische Ausgangspunkt aller griechischen Musik ist das ungemischte Diatonon mit zwei verschiedenen Intervallgrößen: die Tonleiter war hier dieselbe, wie in unserer modernen Musik.

2. Schon in der archaischen Musikperiode machte sich das Streben geltend, durch Beiseitelassung gewisser Klänge das

Melos zu vereinfachen, eine Vereinfachung, die wie Aristoxenus sagt sich innerhalb des „schönen Typus" hielt.

3. Gleichsam zum Ersatze für die ausgelassenen Klänge der
Tonleiter wurden im weiteren Verlaufe der Kunstentwickelung an jenen Stellen, wo die Auslassung diatonischer Klänge
stattgefunden hatte, die Einfügung leiterfremder Schaltklänge
vorgenommen. Auch diese Einschaltungen scheinen nach
der Ansicht des Aristoxenus den „schönen Styl" nicht beeinträchtigt zu haben.

Entweder werden in den durch Auslassung verringerten Pentachorde je ein leiterfremder Schaltton oder deren zwei eingefügt.

Wir haben nunmehr alle auf diese Weise entstandenen Scalen in
ihrer Zugehörigkeit zu den ursprünglichen Scalen aus denen sie hervorgegangen zu registriren. Die ursprünglichen diatonischen Klänge
sollen sich durch fettere Schrift auszeichnen.

1. Die vereinfachte Scala des Olympus, in welcher der auf das
Halbton-Intervall folgende diatonische Klang ausgelassen
war, ist durch Polymnastus zum Enharmonion geworden:

$$e \enspace \overset{*}{e} \enspace f \enspace [g] \enspace a \enspace h$$

2. Dieselbe vereinfachte Scala des Olympus ist durch Polymnastus zum Diatonon malakon (Diatonon „mit vier verschiedenen Intervallgrößen" S. 200) geworden:

$$e \enspace f \enspace \overset{*}{fis} \enspace [g] \enspace a \enspace h$$

3. Die vereinfachte Scala des Terpander, in welcher der obere
Grenzklang des Halbton-Intervalles ausgelassen war, ist zum
dreifach verschiedenen gemischten Diatonon („mit drei
ungleichen Intervallgrößen") geworden, welches bereits dem
Erfinder der Instrumentalnoten sehr geläufig war:

$$e \enspace \overset{*}{e} \enspace [f] \enspace g \enspace a \enspace h$$
$$e \enspace \overset{**}{e} \enspace [f] \enspace g \enspace a \enspace h$$
$$e \enspace \overset{**}{e} \enspace [f] \enspace g \enspace a \enspace h$$

4. Eine vereinfachte Scala, in welcher der untere Grenzklang
des Halbton-Intervalles ausgelassen war, wurde theils zum
ungemischten Chroma toniaion „mit drei verschiedenen
Intervallgrößen":

$$e \enspace f \enspace fis \enspace [gis] \enspace a \enspace h,$$

wobei fis als der leitereigene, ·f als der dem Diatonon leiterfremde chromatische Schaltklang anzusehen ist, theils zum
gemischten Enharmonion und gemischten Chroma
mit vier verschiedenen Intervallgrößen:

gemischtes Enharmonion   e  ė  fis  [gis]  a  h

gemischte Chromatika   { e  ċ  fis  ⌊gis⌋  a  h
                        { e  ė  fis  [gis]  a  h

5. Die Scala des den Tongeschlechtern „gemeinsamen" (ge-
schlechtslosen) Melos, welche ja nothwendig ebenfalls eine
künstlich vereinfachte Scala sein muß, wird durch Annahme
von zwei leiterfremden Schalttönen in dem Pentachorde
zum einfachen Chroma malakon und hemiolion „mit
drei verschiedenen Intervallgrößen" (s. S. 200):

Chroma malak.   e  c̈  [f]  f̈  [g]  a  h

Chroma hemiol.   e  ė  [f]  f̈  [g]  a  h

Einschließlich des Diatonon toniaion, welches wir dieser unserer
Darstellung als historischen Ausgangspunkt zu Grunde gelegt haben,
finden sich in den fünf vorstehenden Kategorien alle von Aristoxenus
aufgeführten Tonscalen vor: sechs ungemischte, sechs gemischte, im
Ganzen zwölf. Dazu kommt als dreizehnte noch die Scala des den drei
Tongeschlechtern gemeinsamen Melos, von welcher wir aus den Quellen
nichts anderes erfahren, als daß sie existirte (etwa eine Scala, wie in
Rousseau's Air à trois notes), von der wir aber schließen dürfen,
daß sich das einfache Chroma malakon und hemiolion aus ihr entwickelt habe.

Von den Mischungen des zweiten Grades, welche bei Ptolemäus so
sehr vorwalten, will sich bei Aristoxenus keine positive Angabe finden
lassen, wohl aber in den bei Aristides dem Plato vindicirten Scalen (vgl.
oben S. 103 ff.). Inwieweit die Scalen solcher Mischungen der von Aristoxenus im ersten Axiome des XII. Abschn. Probl. 1 aufgestellten Forderung Genüge leisten, daß in einer emmelischen Scala jeder vierte
Klang mit dem vierten in der Quarte, jeder fünfte mit der fünften
in der Quinte stimmen muß, braucht hier nicht untersucht zu werden:
die Akustiker kommen ja auch darin mit den Forderungen des Aristoxenus nicht überein, daß nach diesem das tiefste Tetrachord-Intervall
stets kleiner als das folgende sein muß.

## XV. Die Klänge der Scala.

„Da die Systeme (d. h. der Abschn. XIII) für die Unterscheidung
der Scala-Töne nicht ausreichen", so ist deren Besprechung von
Aristoxenus ein besonderer Abschnitt gewidmet worden. Die handschriftliche Textes-Ueberlieferung fehlt hier vollständig. Die späteren
Aristoxeneer geben in dem Abschnitte von den Scalenklängen ein
dürftiges Verzeichniß der dynamischen Klänge nach den drei Tongeschlechtern, zum Theil unter Hinzufügung der Noten. Möglicher
Weise kamen auch bei Aristoxenus diese Notentabellen vor, denn wie
Vitruvius Pollio in seinem Werke über die Architectur 5. 4 gesagt,
will auch er solche Tabellen in den Schriften des Aristoxenus gefunden und von dort für sein Werk entlehnt haben. Jedenfalls
scheint es als ob Aristoxenus, nachdem er vorher im Abschn. XIII
die thetische Nomenclatur der Klänge behandelt hat, jetzt auch die
dynamische Nomenclatur eingehend besprochen haben muß.

## XVI. Die verschiedenen Stimmklassen.

Für diesen Abschnitt giebt das Excerpt des Anonymus § 63. 64
einen leidlichen Auszug. Von der praktischen Kunst der griechischen
Musik waren Frauen-Stimmen so gut wie ausgeschlossen, nur Männer-
und etwa auch Knaben-Stimmen betheiligten sich an der künstlerischen
Ausführung der Vocalmusik. Aristoxenus hatte in diesem Abschnitte eine
Theorie vom Umfange der Stimmen gegeben. Mit Hülfe des Ptolemäus
ist es Friedrich Bellermann gelungen, jene Theorie im Wesentlichen
wieder herzustellen. Vom Jahre 1852 an war ich ein entschiedener
Anhänger der hierauf bezüglichen Bellermann'schen Entdeckungen und
wiederhole hier, was ich in der zweiten Auflage der griechischen
Harmonik S. 368 darüber ausgesprochen habe:

> „Die Octave von f bis f ist, wie Ptolemäus 2, 11 sagt, die Region
> der Töne, in welcher die Melodien von mittlerer Tonhöhe
> vorkommen, — in welcher die Stimme sich am liebsten be-
> wegt, — über deren Grenzen sie nicht gern hinausschreitet,
> — über die nach der Tiefe zu hinauszugehen beschwerlich
> und gezwungen ist. Bellermann, Anonym. p. 12 und Ton-
> leitern S. 54. Zunächst ist mit diesem Satze des Ptolemäus
> die Thatsache zusammenzustellen, daß von den uns erhalte-
> nen griechischen Melodien der Kaiserzeit die Dorische „auf

die Muse", genau den Umfang von f bis f̄ einhält; ebenso die
des Anonymus § 104, welche nicht einmal für den Gesang
berechnet ist; die Dorische „auf Helios" überschreitet diesen
Umfang nur um einen Halbton nach der Tiefe zu (bis e),
die Iastische „auf Nemesis" um einen Ganzton nach der Höhe
zu (bis g). Dies stimmt also trefflich mit Ptolemäus, und
wir können annehmen, daß wenn selbst die aus der Kaiserzeit erhaltenen Melodien diesen Umfang nur um einen Ton
nach oben oder unten überschreiten, daß dann um so mehr
die Melodien der früheren Zeit, die ja in Allem eine größere
Einfachheit festhielt als die spätere, sich innerhalb jenes Umfanges bewegt haben werden. Warum hielten die Griechen
diese Grenzen ein? Wenn sie unter Einhaltung dieses Ton-
umfanges Melodien componirten, so dachten sie (sagt Bellermann) nicht an eine besondere Stimme, etwa an eine Baß-
oder Tenorstimme, sondern sie componirten Melodien, die,
ohne daß eine Transposition nöthig war, von jeder Stimme
gesungen werden sollten. Vorzugsweise hatten sie dabei wohl
Männer- und Jünglingsstimmen im Auge, also Baß, Bariton und
Tenor, aber auch höhere Stimmen betheiligten sich nicht
selten, nämlich Knabenstimmen im Alt und Sopran."
Bellermann sagt (Tonleiter und Musiknoten, S. 55): „Setzen wir
den Umfang einer Melodie für die Männer von c bis es oder von cis
bis e, für die Knaben (und Frauen) von c bis es oder cis bis e, so
wird eine Ueberschreitung nach unten hin für solche Männer, welche
wahre Tenorstimmen haben, und für Knaben und Mädchen von wahren
Discantstimmen ganz unausführbar. Den meisten derartigen Stimmen
ist c schon ein unbequemer, bei vielen kaum vernehmbarer Ton,
während freilich die Bassisten, Altisten (und Altistinnen) auf diesem
c sich noch ganz heimisch fühlen. Diese werden dagegen, wenn die
Melodie nach der Höhe hin, den Klang überschreitet, entweder zu
einem gewaltsamen Schreien genöthigt, oder sie werden sich auf einem
dem Totaleindruck des Gesanges sehr nachtheilige Weise in die tiefere
Octave zurückziehen. Besonders unbequem ist diese Höhe den Alt-
stimmen der Knaben, aber auch vielen Bassisten. Daher haben unsere
sangbarsten Choräle, Volkslieder und andere gemeinschaftlicher Ausführung gewidmete Gesänge in der Regel nur den Umfang einer
einzigen Octave oder einen noch geringeren, und man wird, die aus
zu großer Höhe oder aus zu großer Tiefe entstehenden Uebelstände
gleichmäßig vermeidend, eine solche im Einklange singende Gesell-
schaft in der Octave cis bis c̄is oder d bis d̄ zu halten haben."

„Ich will den Umfang der Stimmen nach Marx Theorie der musikalischen Composition 3, S. 346 hersetzen.

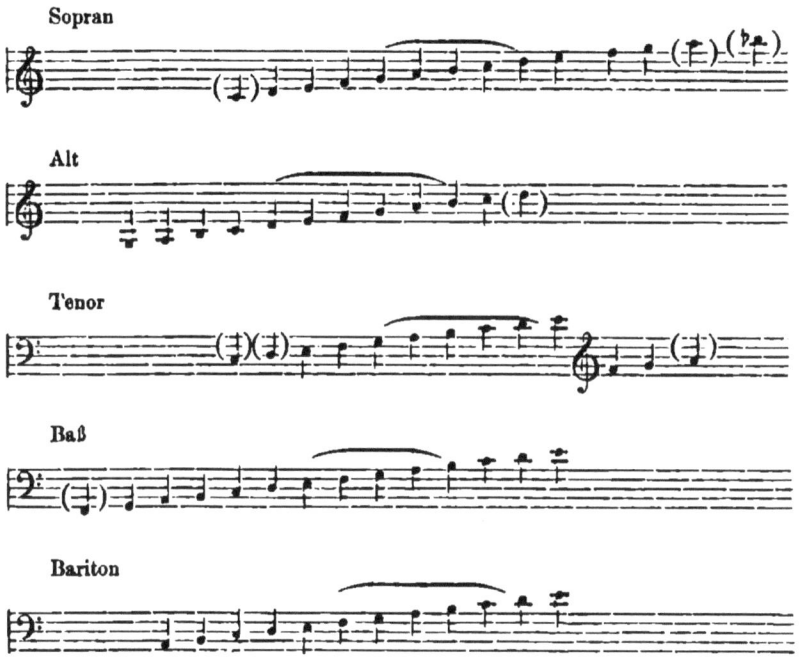

„Die mit einem Bogen überzogenen Noten — bemerkt Marx — umfassen die Mitte der Stimme; hier ist sie am bequemsten und ruhigsten (mittlere Stimmregion); nach der Tiefe zu wird sie schwächer und dumpfer bis zum Erlöschen (tiefe Stimmregion); nach der Höhe zu wird sie stärker, schärfer, heftiger, bis endlich auch hier die Grenze erscheint (hohe Stimmregion); die eingeklammerten tiefen Töne fehlen manchem sonst gutbegabten Sänger und sind bei den meisten schwächer und weniger hellklingend; die eingeklammerten hohen Töne stehen ebenfalls nicht allen Sängern zu Gebote und haben bei den meisten einen härteren, heftigeren, auch gellenden Klang."

Nach Marx würde es also schon unter die Ptolemäische Kategorie des „Beschwerlichen und Gezwungenen" fallen, wenn die Altisten den Ton d̄ zu singen haben. Schwerlich aber wird für die von Ptolemäus statuirte Octave eine andere als die von d nach d̄, für Alt und

Sopran in der höheren Octave die von d nach d übrig bleiben, wobei freilich, wenigstens wie bei uns die Stimmen organisirt sind, den Tenoristen das tiefere d, den Altisten das höhere d meistens etwas schwieriger wird, als die meisten übrigen Töne dieser Octave.

Der Ton also, den die Griechen durch die unserem f entsprechende Note bezeichnen, ist für Baß- und Tenor-Sänger der Ton d, für Alt- und Sopran-Sänger der Ton d. Mithin steht die griechische Stimmung der Noten um eine kleine Terz tiefer als die unsrige.

. Der aus Aristoxenus excerpirende Anonymus überliefert: „Es giebt vier Topoi der Stimmen:

1. Topos hypatoeidos von der Hypodorischen Hypate meson bis zur Dorischen Hypaton meson, d. i. die Töne, welche bei den Griechen mit B und f bezeichnet werden, aber der Klangstufe nach mit unserem G und d übereinkommen.
2. Topos mesoeides von der Phrygischen Hypate meson bis zur Lydischen Mese: der Schreibung nach vom Tone g bis d, der Klangstufe nach von e bis h.
3. Topos netoeides von der Lydischen Mese bis zur Lydischen Nete synemmenon: der Notenschreibung nach von d bis g, der Klangstufe nach von h bis e.
4. Topos hyperboloeides, welcher Alles begreift, was über den Tonos netoeides hinausliegt.

Aristides p. 28 statuirt nur die drei ersten dieser Topoi. Der vierte hatte keine praktische Bedeutung für die Kunst, wohl aber die drei ersten. Der erste führt auch den Namen „tragikos", der zweite auch „dithyrambikos", der dritte auch „nomikos". Der erste hat einen erregten Charakter (Ethos diastaltikon), der zweite einen ruhigen Charakter (Ethos hesychastikon), der dritte einen sentimentalen Charakter (Ethos systaltikon).

Wir besitzen aus Aristoxenus' eigener Darstellung nur die Bemerkung, daß die Tonleiter an und für sich durch die Verschiedenheit des Topos sich nicht ändert, daß aber das Melos je nach dem Topos, auf welchem es genommen wird, in nicht unbedeutender, sondern in recht auffälliger Weise modificirt wird.

## Der Topos hypatoeides

kann nur von Baßstimmen ausgeführt werden. Er wird auch der „tragische" genannt. Besonders gehörte er den Chorgesängen der

Tragödie an. Somit erfahren wir, daß die tragischen Chöre von
Baßsängern ausgeführt wurden. Das Ethos ist das erregte oder diastaltische. Hier zeigt sich nach Pseudo-Euklides p. 21: „Hoheit, Glanz
und Adel, männliche Erhebung der Seele, heldenmüthige Thatkraft
und ähnliche Affecte." Die tiefen Baßtöne scheinen nach der Anschauung der Griechen für die Erregung dieser Stimmung als ein
nicht unbedeutendes Moment gegolten zu haben. Auch nach Marx
a. a. O. S. 348 ist „der Baß von männlich reifer, kernig nachhaltiger
Kraft und bei seiner Würde und Ruhe auch gewaltsamer Ausbrüche
der Leidenschaft fähig". Ebenso scheinen die Griechen bei der Baßstimme empfunden zu haben, wenn sie in ihr das diastaltische Ethos
beilegen.

### Der Topos mesoeides

kann sowohl von Baß- und Baritonstimmen, wie von Tenorstimmen
gleich bequem ausgeführt werden. „Ihm werden angemessen sein
(heißt es bei Pseudo-Euklid) die Hymnen, Päane, Enkomien, Trostlieder und Aehnliches"; das sind die verschiedenen Gattungen der ruhigen
Chor-Lyrik. Auch der Dithyrambus gehört hierher, denn von diesem
führt der Topos mesoeides auch den Namen „dithyrambikos". Es sind
die Dithyramben des Lasos, Pindar, nicht die bewegteren Dithyramben
des Philoxenus und der Späteren gemeint. Der Charakter ist der
ruhige oder hesychastische; durch ihn wird bei dem Zuhörer „Seelenfrieden, ein freier und friedlicher Zustand des Gemüthes bewirkt."
Pseudo-Euklides a. a. O.

### Der Topos netoeides

enthält Töne, welche von Erwachsenen nur die Tenorstimmen zur Ausführung bringen können. Er heißt auch „Topos nomikos", woraus hervorgeht, daß der Sologesang des kitharodischen und aulodischen Nomos
von einer Tenorstimme ausgeführt wurde. Außer dem Nomos gehören
nach Pseudo-Euklid hierher auch erotische und threnodische Gesänge.
Sie alle gehörten also in das Stimmgebiet des Tenors; Aristoxenus
hatte demselben ein Ethos diastaltikon d. h. einen sentimentalen
Charakter zugeschrieben. „Durch den systaltischen Topos der Melopöie
wird das Gemüth in eine weichliche und weibische Stimmung ver-
setzt; er wird für erotische Affecte, für Klagen und Jammer und
Aehnliches geeignet sein." Ganz ähnlich sagt Marx a. a. O. S. 384:

„Der Tenor ist jünglinghaft, bald für schmelzende Innigkeit, bald für glühende Leidenschaft erregt."

### XVII. Die Tonoi oder Transpositions-Scalen.

Vor Aristoxenus bestanden in der Praxis der griechischen Musik sieben Tonoi, welche bezüglich der Einrichtung der Notenschrift genau derjenigen unserer Transpositions-Scalen, welche mit Einem bis sechs b bezeichnet sind, und dazu der Scala „ohne Vorzeichen" entsprechen. Schon die voraristoxenische Theorie[1] scheint jedem Tonos den Umfang eines Doppeloctaven-Systemes von Hypodorischem Eidos angewiesen zu haben, also genau wie die abwärts steigenden Moll-Scalen der heutigen Musik.

Hier ist der Punkt, wo Aristoxenus als ein entschiedener Neuerer in der griechischen Musik auftrat: denn einen jeden der Grenzklänge der in einer Octave vorhandenen 12 Halbton-Intervalle machte er zum Proslambanomenos eines Tonos, indem er auf jedem Grenzklange ein Doppeloctav-System entwarf.

So erhielt Aristoxenus zu den vor ihm vorhandenen sieben Transpositions-Scalen fünf neue hinzu, im Ganzen 13 Tonoi. Die von ihm neu hinzugefügten Tonarten waren die Kreuz-Tonarten. Die sieben älteren Tonoi waren die b-Tonarten nebst der Tonart ohne Vorzeichnung. Wie sie allmählich aufgekommen waren und dieselben Benennungen wie die sieben Octavengattungen erhalten hatten, ist schon früher S. 152 Nr. 7 gezeigt worden, muß aber hier noch eingehender ausgeführt werden.

Es kam darauf an, daß man jede Octavengattung in jeder Transpositions-Scala singen mußte. Das ließ sich nicht gut anders machen, als daß man das in der jedesmaligen Octavengattung genommene Melos in demjenigen Tonumfange ausführte, welcher nach Ptolemäus der sangbarste ist (vgl. oben S. 226), nämlich in der Stimmregion, welche f—f notirt wurde. Für jedes Octaven-Eidos wurde deshalb zum Zwecke bequemer Ausführbarkeit die thetische Hypate in dem jener Note f entsprechenden Klange, die thetische Nete in der höheren Octave. f angesetzt, und so hatte sich

---

[1] Denn das Tetrachord hyperbolaion wird nachweislich von den alten Harmonikern Athens, welche Plato's Octavengattungen interpretirten, benutzt, so daß das vollständige Doppeloctav-System mindestens der Athenischen Musik-Katastasis angehört. Vermuthlich ist es aber älter und schon auf Polymnastus zurückzuführen (vgl. oben S. 166. 167).

für die Hypolydische Octave die Transpositions-Scala ohne Vorzeichnung ergeben:

f g a h c d e f

für das Lydische Octaven-Eidos die Scala mit einem b:

f g a b c d e f

für das Hypophrygische Octaven-Eidos die Scala mit zwei b:

f g a b c d es f

für das Phrygische Octaven-Eidos die Scala mit drei b:

f g as b c d es f

für das Hypodorische Octaven-Eidos die Scala mit vier b:

f g as b c des es f

für das Dorische Octaven-Eidos die Scala mit fünf b:

f ges as b c des es f

für das Mixolydische Octaven-Eidos die Scala mit sechs b:

f ges as b ces des es f.

Diese Nomenclatur war eine historisch gegebene. Aristoxenus
mußte ohne Weiteres daran festhalten. Er hielt an ihr auch bezüglich der von ihm hinzugefügten fünf Kreuztonarten fest. Natürlich
nur so weit, als dies anging. Denn der Ton f kommt ja in den
Kreuztonarten nicht vor; um so viel wie möglich die betreffenden
Klangregionen inne zu halten, mußte Aristoxenus die thetische Hypate
meson der Kreuztonarten der thetischen Hypate der älteren Tonarten
so nahe wie möglich nehmen, entweder einen Halbton höher oder
einen Halbton tiefer, so daß die thetische Hypate der Kreuztonarten
entweder zu fis oder zu e wurde. Die alten Namen, welche sich für

die b-Tonarten historisch entwickelt hatten, behielt Aristoxenus auch
für die neuen Kreuztonarten bei und unterschied nunmehr ein tieferes
Mixolydisch mit der thetischen Hypate f,

f   ges   as   b   ces   des   es   f

und ein höheres Mixolydisch mit der thetischen Hypate fis auf
der Scala mit einem Kreuze:

fis   g   a   h   c   d   e   fis

Für die übrigen vier Kreuztonarten nahm Aristoxenus als thetische Hypate den Ton e an, einen Halbton tiefer als die thetische
Hypate der entsprechenden b-Tonarten: so kamen nun zu den vier
b-Tonarten d. i. „dem höheren Phrygisch, dem höheren Hypophrygisch,
dem höheren Lydisch, dem höheren Hypolydisch" noch die vier Kreuz-
tonarten „tieferes Phrygisch, tieferes Hypophrygisch, tieferes Lydisch,
tieferes Hypolydisch" hinzu:

Für das tiefere Phrygische Octaven-Eidos ergab sich die Scala
mit zwei Kreuzen:

e   fis   g   a   h   c   dis   e

für das tiefere Hypophrygische Octaven-Eidos die Scala mit drei
Kreuzen:

e   fis   gis   a   h   cis   d   e

für das tiefere Lydische Octaven-Eidos die Scala mit vier
Kreuzen:

e   fis   gis   a   h   cis   dis   e

für das tiefere Hypolydische Octaven-Eidos die Scala mit fünf
Kreuzen:

e   fis   gis   ais   h   cis   dis   e

Somit ergeben sich nun die 13 Tonoi des Aristoxenus in folgender
Uebersicht:

| | Hypodor. | tief-Hypophryg. | hoch-Hypophryg. | tief-Hypolyd. | hoch-Hypolyd. | Dorisch | tief-Phrygisch | hoch-Phrygisch | tief-Lydisch | hoch-Lydisch | tief-Mixolydisch | hoch-Mixolydisch | Hypermixolydisch |
|---|---|---|---|---|---|---|---|---|---|---|---|---|---|
| Proslamb. | F | Fis | G | Gis | A | B | H | c | cis | d | es | e | f |
| Hyp. hyp. | G | Ais | A | Ais | H | c | cis | d | dis | e | f | fis | des |
| Parh. hyp. | As | H | B | H | c | des | d | es | e | f | ges | g | as |
| Lich. hyp. | B | A | c | cis | d | es | e | f | fis | g | as | a | b |
| Hyp. mes. | c | cis | d | dis | e | f | fis | g | gis | a | b | h | c |
| Parh. mes. | des | d | es | e | f | ges | g | as | a | b | ces | c | des |
| Lich. mes. | es | e | f | fis | g | as | a | b | h | c | des | d | es |
| Mese | f | fis | g | gis | a | b | h | c | cis | d | es | e | f |
| Paramesos | g | gis | a | ais | h | c | cis | d | dis | e | f | fis | g |
| Trite diez. | as | a | b | h | c | des | d | es | e | f | ges | g | as |
| Paran. diez. | b | h | c | eis | d | es | e | f | fis | g | a | a | b |
| Nete diez. | c | eis | d | dis | e | f | fis | g | gis | a | b | h | c |
| Trite hyp. | des | d | es | e | f | ges | g | as | a | b | ces | c | des |
| Paran. hyp. | es | e | f | fis | g | as | a | b | h | c | des | d | es |
| Nete hyp. | f | fis | g | gis | a | b | h | c | cis | d | es | e | f |

Mit dieser seiner Neuerung bezüglich der Transpositions-Scalen traf Aristoxenus bei den übrigen Musikforschern seiner Zeit auf einen außerordentlich erbitterten Widerstand, wohl bei keinem mehr als bei Heraklides Ponticus, welcher gleich Aristoxenus aus der Schule des Aristoteles hervorgegangen war. Zufällig hat uns Athenäus 14, 625 die auf Aristoxenus' Neuerung bezüglichen Worte des Heraklides aufbewahrt: „Zu verachten sind diejenigen, welche unfähig sind die Unterschiede der Octaven-Eide einzusehen, und lediglich der Höhe und Tiefe der Klänge folgend über der Mixolydischen Harmonie ein höheres Mixolydisch und wiederum über diesem ein noch höheres Hypermixolydisch statuiren. Ich sehe, daß selbst nicht das höhere Hypophrygisch ein eigenes [vom gewöhnlichen Hypophrygisch verschiedenes] Ethos hat, obwohl es Leute giebt, welche behaupten, eine andere neue Hypophrygische Harmonie [das tiefere Hypophrygisch in Fis] erfunden zu haben." Den Zusammenhang der Transpositions-Scala mit dem gleichnamigen Octaven-Eidos nimmt auch Heraklides an, aber er spricht dem Aristoxenus die Berechtigung ab, neben der höheren b-Ton-Scala eine gleichnamige höhere Kreuzton-Scala zu statuiren u. s. w. Der von Heraklides gemachte Einwand ist freilich auffallend genug, denn Aristoxenus will ja vielmehr, daß in dem Scalen-Abschnitte von der thetischen Mese bis zur thetischen Hypate für das tiefere Hypophrygisch in Fis genau dieselbe Intervall-Zusammensetzung habe, wie für das höhere Hypophrygische in G.

Die durch Heraklides angeregte Opposition gegen das Aristoxenische System der Tonoi muß lange fortgedauert haben, denn auch Ptolemäus (vgl. unten) bekämpft die Kreuztonarten und will das System der Tonoi auf die sieben voraristoxenischen Scalen reducirt wissen.

Und doch hat der altgriechische Musiktheoretiker mit seiner Neuerung nichts anderes gethan, als fast zweitausend Jahre später der große Meister Joh. Seb. Bach, als dieser in seinem wohltemperirten Clavier je ein Präludium und eine Fuge in zwölf Dur- und zwölf Moll-Scalen, geordnet nach den sämmtlichen Halbtönen eines Octaven-Intervalles, componirte und hiermit der neueren Musik zum ersten Male ihr vollständiges System der Kreuz- und der b-Ton-Scalen gab, welches dieselbe ewig behalten wird. So hat die Aristoxenische Neuerung bezüglich der Transpositions-Scalen, welche von den kleineren Geistern des Alterthums aufs härteste angegriffen und als unnütz zur Seite gelassen wurde, in der modernen Welt zum zweiten Male gemacht werden müssen, durch keinen geringeren als den großen Bach. Nicht zu übersehen ist auch dies, daß Bach die betreffende Neuerung in dem „wohltemperirten Clavier" vorgenommen hat. Denn es war die gleichschwebend-temperirte Stimmung der Klänge, welche ebenfalls zuerst Aristoxenus in der Musiktheorie zur Grundlage gemacht hatte: nur auf dem Fundament seiner gleichschwebenden Temperatur hatte Aristoxenus das vollständige System der Transpositions-Scalen auferbauen können. Beiderlei Punkte seines Systemes des Melos, über welche Aristoxenus von seinen Zeitgenossen und Nachfolgern so sehr verketzert worden ist, die Temperatur und die Kreuztonarten, haben in ein und demselben Werke des größten Componisten moderner Musik ihre Rechtfertigung erhalten.

Obwohl Aristoxenus seine Transpositions-Scalen gerade wie dies auch der Autor des wohltemperirten Clavieres gethan, nach der Aufeinanderfolge der Halbtöne geordnet hat, so scheint er daneben auch noch eine andere Art der Anordnung gegeben zu haben, nämlich nach „parallelen Tonarten" (vgl. meine Aristoxenus-Erläuterungen S. 424). Zwei um ein Quarten-Intervall auseinanderliegende Transpositions-Scalen, von denen die eine von der anderen in der Nomenclatur durch Zusatz der Sylbe „Hypo" unterschieden werden, heißen „Parallel-Tonoi." So sind

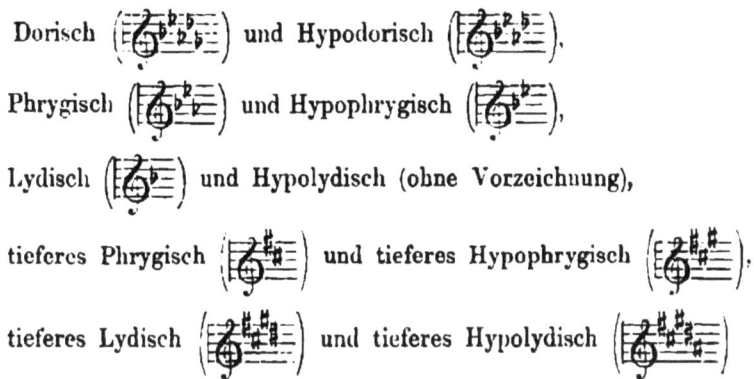

Dorisch (♪) und Hypodorisch (♪),

Phrygisch (♪) und Hypophrygisch (♪),

Lydisch (♪) und Hypolydisch (ohne Vorzeichnung),

tieferes Phrygisch (♪) und tieferes Hypophrygisch (♪),

tieferes Lydisch (♪) und tieferes Hypolydisch (♪)

je zwei „parallele Tonoi". Nur für die Mixolydische Tonart giebt es kein durch den Namen Hypo- bezeichnete Parallel-Tonart, denn

das tiefere Mixolydisch (♪) steht mit dem Dorischen (♪):

das höhere Mixolydisch (♪) mit dem höheren Hypolydisch (ohne

Vorzeichnung)

in dem angegebenen Verwandtschaftsverhältnisse. Die Griechen gebrauchen für dies Verwandtschaftsverhältniß der Transpositions-Scalen den Terminus technicus „Tetrachord-Gemeinschaft", denn je zwei Parallel-Tonoi haben zwei Tetrachorde mit einander gemeinsam. Die vier Klänge des Tetrachord hypaton des höheren Parallel-Tones fungirten nämlich auch als Tetrachord meson des tieferen, und das Tetrachord diezeugmenon des höheren Parallel-Tonos fungirt auch als Tetrachord hyperbolaion des tieferen, z. B.:

Hyperpolydisch und Lydisch

|   |   | meson |   |   |   |   | hyperbol. |   |   |   |   |
|---|---|---|---|---|---|---|---|---|---|---|---|
| A | H | c | d | e | f | g | a | h | c | d | e | f | g | a |
|   |   | d | e | f | g | a | h | c | d | e | f | g | a | b | c | d |
|   |   | hypaton |   |   |   |   | diezeug. |   |   |   |   |

Hypophrygisch und Phrygisch

|   |   | meson |   |   |   |   | hyperbol. |   |   |   |   |
|---|---|---|---|---|---|---|---|---|---|---|---|
| G | A | B | c | d | es | f | g | a | b | c | d | es | f | g |
|   |   | c | d | es | f | g | as | b | c | d | es | f | g | as | b | c |
|   |   | hypate |   |   |   |   | diezeug. |   |   |   |   |

Die Tetrachord-Gemeinschaft der antiken Theorie kommt wesentlich mit dem Quinten-Cirkel der modernen auf dasselbe hinaus, denn es macht keinen Unterschied, daß die griechische Methode vielmehr einem Qua rten-Cirkel entsprechen würde. Wir können uns wohl denken, daß die Tetrachord-Verwandtschaft in der griechischen Melopöie eine bedeutende Rolle spielen mußte, denn wo modulirt wurde, da mußte dies zunächst nach der „Tetrachord-Gemeinschaft" geschehen.

Aber noch nach einer anderen Seite hin war die Tetrachord-Verwandtschaft der Scalen für die griechiche Musik von praktischer Bedeutung. Für die classische Zeit gab es nämlich drei Zweige der Musik: Kithara-Musik, Aulos-Musik und orchestische Musik, zu welcher letzteren vorwiegend der Chorgesang gehörte. Im Anonymus § 63. 64 sind uns höchst wichtige Notizen über die Verwendung der Tonoi für die einzelnen Musikzweige überkommen, aus denen wir ersehen, daß in einem jeden der Musikzweige nur solche Transpositions-Scalen zur Anwendung kamen, welche in Tetrachord-Gemeinschaft mit einander standen.

1) In der Aulos-Musik kamen (von 13 Aristoxenischen Tonoi) fünf zur Anwendung: das höhere Mixolydisch, das höhere Hypolydisch (ohne Vorzeichnung), das höhere Lydisch, das höhere Hypophrygisch, das höhere Phrygisch: beiläufig gesagt, alle diejenigen Tonoi, welche Aristoxenus als die „höheren" Tonoi bezeichnet.

2) In der Kithara-Musik kamen vier Transpositions-Scalen zur Anwendung: das tiefere Phrygisch und dazu die drei ersten Transpositions-Scalen der Aulos-Musik.

3) In der orchestischen Musik (der Musik des Chorgesanges) kamen sieben Transpositions-Scalen zur Verwendung. Das waren die sieben alten Scalen, welche schon vor der Aristoxenischen Epoche bestanden: höheres Mixolydisch (ohne Vorzeichnung), höheres Lydisch, höheres Hypophrygisch, höheres Phrygisch, Hypodorisch, Dorisch, Mixolydisch.

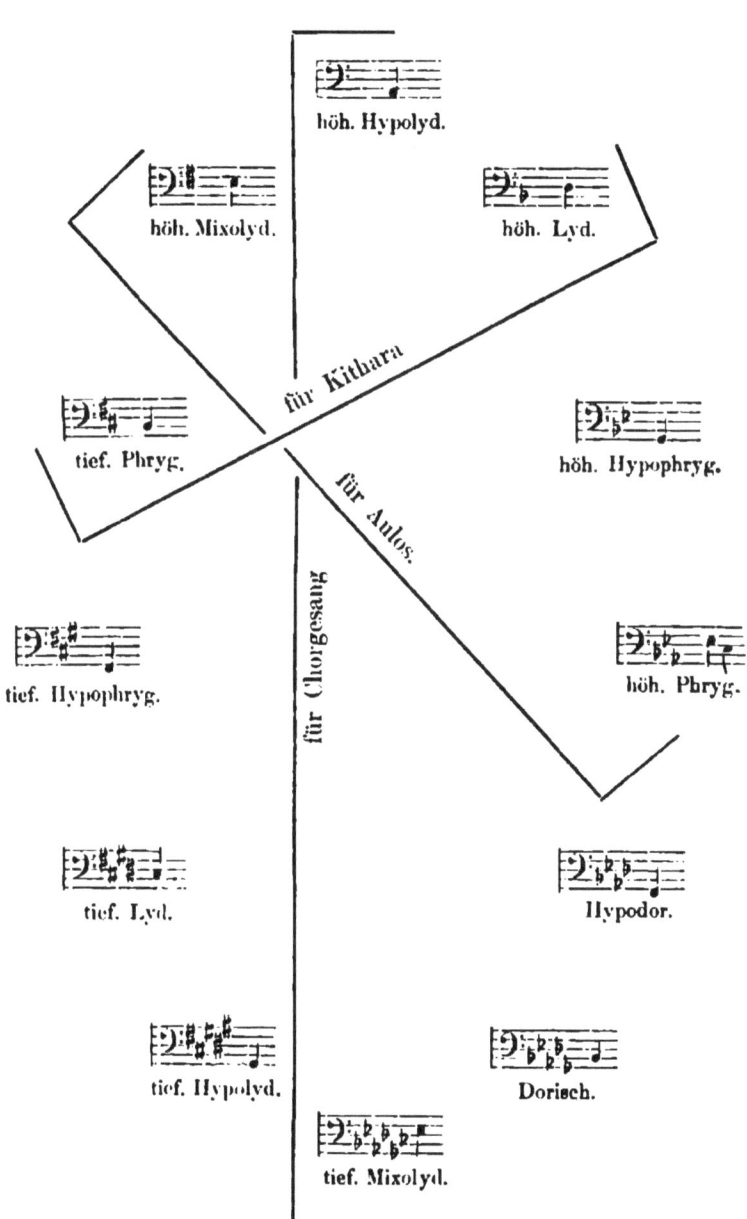

Die Musik des Chorgesanges war also bezüglich der Tonoi am conservativsten, während die Solomusik der Kithara und des Aulos der Neuerung der Kreuztonarten sich nicht verschloss; die einfachste derselben (mit Einem ♯) hatte die Kithara-Musik neben den beiden älteren Scalen (ohne Vorzeichen und mit Einem ♭) sich angeeignet, die Aulos-Musik aber war dem Fortschritte noch mehr zugethan, indem sie zu ihren älteren Scalen auch noch die zwei einfachsten Kreuz-Tonarten adoptirte.

In der Zeit nach Aristoxenus, wo man den von diesen statuirten Tonoi noch zwei höhere hinzugefügt hatte, wurde in der Aulos-Musik auch noch die Scala mit drei Kreuzen in der höheren Octave (vgl. unten S. 241) angewandt; von einer praktischen Verwendung der beiden Scalen mit vier und fünf Kreuzen redet kein Bericht der Alten. Pflegen doch auch die modernen Componisten lieber ein As-Moll mit sieben ♭ ⟨notenbeispiel⟩, als ein Gis-Moll mit fünf Kreuzen ⟨notenbeispiel⟩ vorzuzeichnen.

### Die Transpositions-Scala bei den späteren Aristoxeneern.

Es ist am bequemsten an dieser Stelle einzuschalten, was bezüglich der Transpositions-Scalen von den späteren Aristoxeneern geneuert ist.

Die Aristoxenischen Termini „tieferes Phrygisch, tieferes Hypophrygisch u. s. w." suchte man als zu weitschweifig durch eine einfachere zu ersetzen und reflectirte hierbei folgendermaßen:

Für die Transpositions-Scalen dienen im Allgemeinen dieselben Termini, welche auch für Octaven-Eide vorkommen. Aber die iastische und die aeolische Octavengattung war an der Nomenclatur der Transpositions-Scala unbetheiligt geblieben. Des Grundes, weshalb bestimmte Tonoi nach bestimmten Octavengattungen ihre Benennung empfangen hatten, scheint man damals sich nicht mehr lebendig bewußt gewesen zu sein. Nur so ist es zu erklären, weshalb man für den Namen des Aristoxenischen „tieferen Phrygisch" den Namen „Iastisch", für das „tiefere Lydisch" den Namen „Aeolisch" substituiren konnte, denn zwischen den betreffenden Transpositions-Scalen und der Iastischen und Aeolischen Octavengattung besteht absolut kein Zusammenhang. Es war das eine Verleihung von Namen, die mit der Sache durchaus nichts gemein hatten. Einen Denker wie Aristoxenus darf man für solche Willkürlichkeiten nicht verantwortlich machen, denn wenn derselbe dem dreizehnten und höchsten Tonos, von der Octavengattung abstrahirend, den Namen Hypermixolydisch gab, so hatte er dazu einen guten Grund: es war der Tonos, welcher über dem Mixolydischen Tonos lag —, und zwar unmittelbar über dem Mixolydischen Tonos. Aus dieser Aristoxenischen Verwendung der Vorsylbe „hyper" im Sinne von „unmittelbar über" dürfen wir schließen, daß die Nomenclatur Hyper-dorisch u. s. w. im Sinne von „eine Quarte über" nicht den Aristoxenus zum Urheber haben kann. Dem Aristoxeneer, welcher für die Nomenclatur „Tonos Iastios", „Tonos Aiolios" verantwortlich ist, dem ist auch zuzutrauen, daß von ihm die enharmonischen und chromatischen Octavensysteme, welche Pseudo-Euklides überliefert, herrühren.

Nachdem einmal die willkürlichen Termini Iastischer Tonos und Aeolischer Tonos eingeführt waren, ließ sich nun die Terminologie der Transpositions-Scala in bequemer Weise vereinfachen. Die Namen Dorisch, Phrygisch, Lydisch, Iastisch, Aeolisch ließen sich jetzt mit Zuhülfenahme der bereits üblichen zur Zusammensetzung dienenden Wörter „hypo" (d. i. unter) und „hyper" (d. i. über) zur Herstellung eines sehr conformen Nomenclatur-Systemes der Transpositions-Scalen verwenden. Ein Tonos, dessen Proslambanomenos um ein Quarten-Intervall tiefer als ein anderer lag, erhielt dessen Namen mit vorgesetzten „hypo". Analog erhielt ein Tonos, welcher um eine Quarte höher als ein anderer lag, seine Benennung auf dem Wege der Zusammensetzung mit dem Vorworte „hyper":

| | | | | | |
|---|---|---|---|---|---|
| F | Hypo-dorisch | B | Dorisch | es | Hyper-dorisch (Arist. „Mixolydisch") |
| Fis | Hypo-iastisch (Arist. „tief Hypophrygisch") | H | Iastisch (Arist. „tief Phrygisch") | e | Hyper-iastisch (Arist. „hoch Mixolydisch") |
| G | Hypo-phrygisch | c | Phrygisch | f | Hyper-phrygisch (Arist. „Hypermixolydisch") |
| Gis | Hypo-iastisch (Arist. „tief Hypolydisch") | cis | Aeolisch (Arist. „tief Lydisch") | fis | Hyper-äolisch (bei Arist. noch nicht vorkommend) |
| A | Hypo-lydisch | d | Lydisch | g | Hyper-lydisch (bei Arist. noch nicht vorkommend). |

Den 13 Tonoi des Aristoxenus wurden in diesem späteren Systeme in der Höhe noch zwei Tonoi hinzugefügt, für die man nun

ebenfalls eine bequeme Nomenclatur erhielt. Aus dem Anonymus erfahren wir, daß wenigstens der tiefere von den beiden oben hinzugefügten Tonoi in einem der drei älteren Kunstzweige der Musik thatsächlich verwandt wurde, denn das jetzt sogenannte Hyperäolische in fis (die höhere Octav des tieferen Hypophrygisch in Fis) gehörte zu den in der Aulos-Musik gebrauchten Tonarten.

Vielleicht entstammt demselben späteren Aristoxeneer, welcher das System der 13 Aristoxenischen Tonoi zu einem Systeme von 15 Tonoi mit zum Theil neuen Benennungen umgeformt hat, auch die Notiz über die Verwendung der Tonoi in einem vierten Zweige der Musik, nämlich der Hydrauletik, welche wir bei dem Anonymus finden. Wir verweisen auf die Uebersichts-Tabelle S. 147: sie ergiebt die Verwendung der sämmtlichen 15 Tonoi, zu denen die spätere Epoche die griechische Musik gelangt war.

### XVIII. Die melische Metabolē.

Die Aristoxenische Lehre von der Modulation läßt sich schwerlich ergänzen. Was wir darüber wissen, ist S. 236. 213 angegeben.

### Aus der dritten Harmonik des Aristoxenus.

In einer Stelle des Plutarchischen Dialoges de musica § 32, bezüglich deren kein Zweifel sein kann, daß sie den Aristoxenus zum Verfasser hat, heißt es: „Die Harmonik behandelt I. die Tongeschlechter, II. die Intervalle, III. die Systeme, IV. die Klänge, V. die Transpositions-Scalen, VI. die Uebergänge aus einem Systeme in das andere. Aber weiter erstreckt sich die Harmonik nicht."

Da wir nothwendig in Aristoxenus den Verfasser dieser Stelle erblicken müssen, so kann es nicht wohl anders sein, als daß er selber es ist, welcher eine Harmonik in den hier genannten sechs Theilen verfaßt hat.

Von einer sechstheiligen Harmonik des Aristoxenus findet sich in den Aristoxenischen Handschriften kein Ueberbleibsel, wohl aber ist dort das Prooimion einer siebentheiligen Harmonik des Aristoxenus erhalten, deren sechs erste Theile genau dieselben Gegenstände behandeln, wie diejenigen, welche Aristoxenus in der vorher herbeigezogenen Stelle des Plutarchischen Musik-Dialoges namhaft macht. Zu jenen sechs Abschnitten (I—VI) kommt dem Prooimion zufolge noch ein Abschnitt VII über die Melopöie hinzu. Außer dem sehr inhalt-

reichen Prooimion ist von dieser siebentheiligen Harmonik in den
Aristoxenus-Handschriften nichts erhalten.

Die meisten der späteren Musikschriftsteller Aristides, Pseudo-
Euklides u. s. w. legen dieselbe Disposition, wie Aristoxenus in seiner
siebentheiligen Harmonik zu Grunde. Daraus dürfen wir schließen.
daß ihnen wenigstens mittelbar die siebentheilige Harmonik des Aristoxenus vorgelegen hat. Freilich findet sich in ihren Mittheilungen
manches, was unmöglich den Aristoxenus zum Gewährsmann haben
kann. Doch ein jeder von ihnen gibt auch nicht Weniges, wofür
sicherlich Aristoxenus die Quelle war. Insbesondere, wenn einer dieser
Musiker den Aristoxenus für solche Thatsachen als Quelle anführt.
welche in der ersten und zweiten Harmonik nicht stehen und allem
Anscheine nach auch nicht gestanden haben können, da muß vorausgesetzt werden, daß diese Punkte in der siebentheiligen Harmonik des
Aristoxenus enthalten waren.

Dies ist der Fall für die eigenthümliche Auffassung in der Bestimmung der Tongeschlechter, wie dieselben bei Boetius de inst. mus. 5, 16
als die Aristoxenische uns vorgeführt wird. Sie ist von der in der ersten
und der zweiten Harmonik enthaltenen abweichend genug. Sie muß
nothwendig eine Partie der siebentheiligen Harmonik und zwar, wie
wir aus deren Prooimion wissen, den ersten Abschnitt dieses Werkes
gebildet haben. Auch Ptolemäus' Harmonik 1, 12 und der zu dem
Ptolemäischen Werke von Porphyrius verfaßte Commentar p. 177 beschreiben die Bestimmung der Tongeschlechter, welche Aristoxenus
gegeben haben soll, der Sache nach genau so wie sie Boetius nach
Aristoxenus darstellt.

In der ersten und zweiten Harmonik hatte Aristoxenus die Intervalle des Tetrachordes, durch welches sich die drei Tongeschlechter
von einander unterscheiden, auf enharmonische Diesen und deren
Bruchtheile zurückgeführt. In der siebentheiligen Harmonik, aus
welcher die späteren Schriftsteller die Aristoxenische Anschauung
über die Intervallbestimmung der Tongeschlechter excerpirt haben
müssen, ist Aristoxenus von der Messung nach Bruchtheilen der enharmonischen Diesis nicht mehr befriedigt. Er berechnet die Intervalle nach imaginären Vierundzwanzigsteln des Ganztones. Jetzt
werden die Intervallgrößen der verschiedenen ungemischten Scalen
nach den einzelnen Tongeschlechtern und Chroai folgendermaßen
durch ganze Zahlen bestimmt:

Diatonon syntonon:   e ——— f ——— g ——— a
                       12      24      24

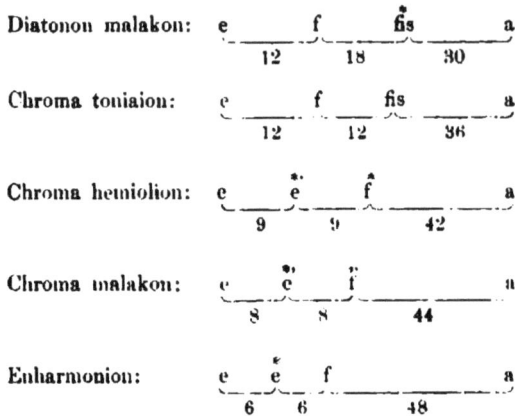

Alle hier vorkommenden Zahlen sind 24stel des Ganztones. In der ersten und zweiten Harmonik hatte Aristoxenus ebenfalls von imaginären Intervallgrößen, nämlich den Dodekatemoria, den Zwölfteln des Ganztones gesprochen, aber er hatte die Intervallgrößen nicht auf die Zahl der in ihnen enthaltenen Dodekatemoria zurückgeführt. In der dritten Harmonik hat er den Halbton in Dodekatemoria getheilt. Der Sache nach ist mit dieser neuen Bestimmungsmethode nichts gewonnen.

Auch in der Terminologie des Aristoxenus ist in seiner siebentheiligen Harmonik manches anders geworden. Hier fanden sich die Ausdrücke „Barypyknos, Mesopyknos, Oxypyknos", die in der ersten und zweiten Harmonik noch nicht vorkamen.

Von diesen Ausdrücken abgesehen, welche als wirkliche Verbesserung angesehen werden können, ist das System der Harmonik in dem siebentheiligen Werke dasselbe geblieben, welches Aristoxenus schon in den beiden ersten Werken dargestellt hat.

# Alexandrinische und Römische Zeit.

Bald nach Aristoxenus wurde an Stelle Athens das von dem macedonischen Eroberer gegründete Alexandrien die geistige Metropole des Griechenthumes. Aus persönlicher Neigung waren die ersten Ptolemäer die Pfleger der geistigen Bildung und der Wissenschaften.

Eine großartige königliche Bibliothek wurde der Mittelpunkt der griechischen Gelehrsamkeit. In dem mit ihr verbundenen Museum (dem ältesten Vorbilde der Petersburger Akademie) erhielten die von den Ptolemäern aus ganz Griechenland herbeigerufenen und reich besoldeten Gelehrten ihre Wohnung und hielten dort ihre öffentlichen Vorlesungen: Mathematiker, Astronomen, Philosophen, Philologen (Grammatiker). Von Vorlesungen über Musik wird uns zwar nichts Specielles berichtet, aber daß auch die Musik dort wohl beachtet wurde, zeigt die Arbeit des Apollodorus, welcher von den Oden Pindar's eine nach den Tonarten (Octaven-Eide) ihrer von dem Dichter componirten Melodien geordnet waren, eine mit musikalischen Semeia versehene Pindar-Ausgabe, welche ihrem Herausgeber den Beinamen des „Eido-Graphen" verschaffte. Wie eifrig man in Alexandrien sich mit Musik beschäftigte, erhellt aus der Nachricht des Athenäus 4 p. 176: „Kein anderes Volk war musikalischer, als die Alexandriner. Ich spreche nicht bloß von der Kitharodik, welche auch bei uns so zu Hause ist, selbst bei dem niederen Volke, daß selbst solche, welche die Buchstaben nicht gelernt haben, sofort im Stande sind, etwaige Fehler der Instrumentalbegleitung zu erkennen, sondern auch bezüglich der Auloi sind die Alexandriner musikalischer als die übrigen." Dann nennt Athenäus die verschiedenen Arten von Auloi, auf denen die Alexandriner vorzüglich zu Hause waren, und schließt: „Alle diese Instrumente wußten sie vom Standpunkte der Kunst aus zu behandeln."

Gelehrte wie Aristoxenus, denen die Theorie der Musik der Hauptgegenstand ihrer wissenschaftlichen Thätigkeit bildete, sind zwar an der Alexandrinischen Akademie nicht vertreten, wohl aber bildet die Musik einen Nebenzweig der Mathematik und Philosophie und ist als solcher in Alexandrien sehr zu Ehren gekommen.

## Euklides.

Der berühmte Mathematiker Euklides, nach Einigen ein geborener Alexandriner, nach Anderen ein Sikeliote aus Gela, war einer der ersten, welche die Ptolemäer an die Alexandrinische Akademie zogen. Vorher hatte er in Athen studirt. Er docirte Geometrie und andere mathematische Disciplinen. Seine geometrischen Stoicheia bildeten lange Zeit auch für die moderne Welt die Grundlage des geometrischen Unterrichtes. Auch eine kleine Schrift über Musik unter dem Titel „Katatomé Kanonos d. i. Theilung des Monochordes" ist von ihm erhalten. Ihr Gegenstand ist die musikalische Akustik. Sie muß als die früheste erhaltene musikalische Schrift der nacharistoxenischen Zeit angesehen werden, eine Schrift, die vom pythagoreischen Standpunkte aus gegen die von Aristoxenus auf Grundlage der gleichschwebenden Temperatur angenommenen Größenbestimmungen der Intervalle gerichtet ist. Die Methode der Darstellung in geometrisch bewiesenen „Theoremata" — im Ganzen 20 Theoremata — ist der Methode des Aristoxenus, welcher in seinem harmonischen Stoicheia nach „Problemata" deducirt, außerordentlich ähnlich. Es ist schon oben S. 194 bemerkt worden, daß Aristoxenus ganz in der Weise der vor Euklides lebenden Geometer seine Darstellung der Harmonik ausgeführt und deshalb für seine Harmonik auch den Namen „harmonische Stoicheia" den Geometern nachgebildet hat. Euklides ist der früheste, welcher die Aristoxenische Doctrin bezüglich der Intervall-Bestimmungen bekämpft, freilich ohne daß der Name des Aristoxenus genannt wird. Dieser hatte gelehrt: die Octave enthalte sechs Ganztöne, der Ganzton aber sei die Differenz der Quinte und Quarte. Im Theorema 8 und 9 der Euklidischen Schrift heißt es: „Die Differenz der Quinte und Quarte ist eine durch $\frac{9}{8}$ auszudrückende Intervallgröße, [$(\frac{9}{8})^2$ ist größer als $\frac{4}{3}$ d. i. als die Octave], folglich ist die Octave kleiner als 6 Ganztöne." Ebenso wird gezeigt, daß die Quarte kleiner ist als 2 Ganztöne + 1 Halbton, die Quinte kleiner als 3 Ganztöne + 1 Halbton, und daß der Ganzton nicht in zwei oder mehrere gleiche Intervalle zerfällt. Vom Standpunkte der natürlichen, auf die Akustik basirten Stimmung der Klänge ist dies vollständig richtig, Aristoxenus aber legt nicht diese „natürliche", sondern die gleichschwebend temperirte Stimmung zu Grunde, dieselbe, welche auch in unserer modernen Clavier- und Orgel-Musik seit Joh. Seb. Bach zu Recht besteht. Die Schrift des Euklides beschränkt sich auf die Intervall-Bestimmungen des von Aristoxenus sogenannten Diatonon syntonon, welches auch für Pythagoras das ausschließliche Gebiet der akustischen Untersuchungen bildete. Auf die übrigen Klanggeschlechter und Chroai wird von Euklides nicht eingegangen. Bezüglich des factischen Bestandes der griechischen Musik wird unsere Kenntniß der griechischen Musik durch den berühmten Geometer nicht erweitert.

## Eratosthenes.

Der große Polyhistor Eratosthenes, 275 zu Cyrene geboren, wurde durch Ptolemäus Euergetes (246—221) als Vorsteher der Bibliothek nach Alexandrien gerufen. Er war zugleich Grammatiker,

Philosoph, Dichter, Mathematiker, Geograph, Chronologe und Astronom. Seine Geographie ist die berühmteste unter seinen Arbeiten. Zur Erläuterung der mathematischen und musikalischen Partien in den Werken Plato's schrieb er den „Platonikós". Die Harmonik des Ptolemäus berücksichtigt mehrfach die von Eratosthenes aufgestellten Musik-Scalen. Die diatonische Scala hatte Eratosthenes genau wie Pythagoras angesetzt. Die enharmonische und chromatische Scala des Eratosthenes ist bereits oben S. 125 aufgeführt. Sie zeigen, daß Eratosthenes auch noch die natürliche kleine Terz als 5 : 6 und damit zugleich den kleinen Ganzton 9 : 10 gefunden hatte. Seine Tetrachord-Eintheilung war folgende (im Enharmonion und im Chromatikon):

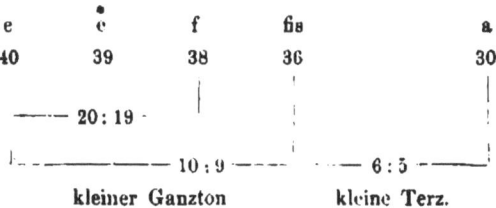

Das war der nächste Fortschritt, welcher in der Akustik über Plato's jüngeren Zeitgenossen, den Tarentiner Archytas, hinaus gemacht wurde, welcher die große Terz 4 : 5 und den Halbton 15 : 16 gefunden hatte:

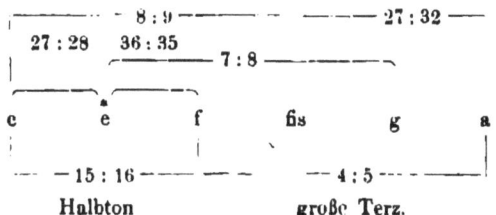

## Thrasyllus.

Nach der Vereinigung des Ptolemäer-Reiches mit dem Römischen blieb Alexandrien durch seine Bibliothek und seine Sternwarte noch immer ein Mittelpunkt für gelehrte Bildung, aber die Alexandrinischen Gelehrten wandten sich zum Theil nach Rom, dem Kaisersitze der antiken Welt. So wurde der Platoniker Thrasyllus, derselbe, welcher Plato's Schriften nach Tetralogien eintheilte, zugleich Mathematiker und Astronom, der Hofastrologe und Vertraute des Kaisers Tiberius. Auch für Akustik ist Thrasyllus nicht ohne Interesse, wie wir aus Porphyrius' Commentare zu Ptolemäus p. 270 ersehen. Indem die Akustik sich im Kampfe gegen die gleichschwebende Temperatur des Aristoxenus durchaus auf den Standpunkt des Pythagoras stellt, heißt es bei Thrasyllus: „Nimmt man vom Ganzton-Intervalle (8 : 9) das Halbton-Intervall (243 : 256) weg, so bleibt ein Intervall übrig, welches kleiner als der Halbton und kein wirkliches Intervall, sondern eine „Hyperoché" ist. Zusammen mit dem Halbtone (bei den Pythagoreern „Leimma" genannt) bildet diese Hyperoché unter der besonderen Bezeichnung „Apotomé" den Umfang eines Ganzton-Intervalles. Nimmt man die Apotomé von dem Halbtone hinweg, so ergiebt sich das „Komma":

Ganzton = Leimma + Apotome
Halbton = Apotome + Komma
Ganzton = (Apotome + Komma) + Apotome.

Nach Boetius 3, 81 redet schon Philolaus von der Apotome.

In den b-Tonarten ist von f nach ges ein Leimma, in den Kreuz-Tonarten von fis nach g ein Leimma. Vereinigt man beide, so ergiebt sich das Intervall von f bis fis und von ges bis g als eine Apotome; der Abstand von fis bis ges ist ein Komma. In der griechischen Musik liegt also bei nicht gleichschwebender Temperatur der Klang fis tiefer als ges. (Griech. Rhythmik und Harmonik 1867 S. 78, mit der berichtigenden Bemerkung Carl von Jan's in der Recension dieses Buches im Philologus. Vgl. auch Oscar Paul Boetius und die griech. Harmonik S. 69 ff.)

## Didymus.

Der Streit zwischen der gleichschwebenden Temperatur des Aristoxenus und der natürlichen Klangstimmung der Akustiker gewann in der ersten Zeit des römischen Kaiserthumes immer mehr an Umfang. Die Anhänger der musikalischen Akustik nannten ihre Wissenschaft „Kanoniké" (von ihrem Instrumente „dem Monochorde oder Kanon") oder auch „Harmoniké" —, sich selber nannten sie Kanoniker oder Harmoniker oder auch Pythagoreer — nicht Musiker, wie die Aristoxeneer, die Anhänger der von Aristoxenus vertretenen gleichschwebenden Temperatur. Der unter Kaiser Nero lebende Claudius Didymus schrieb: „Ueber den Unterschied der Aristoxeneer und

Pythagoreer", Porphyr. p. 191. Ptolemäus beruft sich mehrfach auf ihn, bespricht 2, 13 die Verbesserung, welche durch ihn dem Kanon (Monochorde) zu Theil geworden sei, und theilt die von ihm aufgefundene akustische Bestimmung der enharmonischen, chromatischen und diatonischen Tetrachorde mit (vgl. oben S. 125). Die akustischen Verhältnißzahlen der Klänge hatte er folgendermaßen angegeben:

$$
\begin{array}{ccccccc}
 & & \overbrace{\qquad\qquad 5:4 \qquad\qquad} & \\
16:15 & & 10:9 & & 9:8 & \\
\overbrace{\quad} & & \overbrace{\qquad} & & \overbrace{\quad} & \\
32 & 31 & 30 & 28,8 & 27 & 24 \\
e & \overset{+}{e} & f & fis & g & a \\
 & & \underbrace{\qquad\qquad 5:6 \qquad\qquad} &
\end{array}
$$

## Theo Smyrnäus.

Unter Hadrian lebte Theo Smyrnäus, Mathematiker, Astronom und Platonischer Philosoph, von welchem Ptolemäus in seinem astronomischen Werke Beobachtungen aus dem 12. bis 16. Regierungsjahre Hadrian's mittheilt. Erhalten ist uns von ihm eine Schrift über die für die Lektüre Plato's nothwendigen Kenntnisse in der Arithmetik, Musik und Astronomie. Von älteren Schriftstellern ist am meisten Adrast, der Gegner des Aristoxenus, und Eratosthenes, aber auch Aristoxenus selber, Archytas und Philolaus citirt.

## Dionysius von Halikarnaß der jüngere.

In die Regierungszeit des Hadrian fällt auch das Leben des jüngeren Dionysius von Halikarnaß, eines Nachkommen des unter Augustus lebenden gleichnamigen Archäologen und Rhetoren. Der jüngere Dionysius führte nach Suidas den Beinamen „Sophist und Musiker". In ihm haben wir einen der „Aristoxeneer" zu erkennen. Seine schriftstellerische Thätigkeit auf dem Gebiete der Musik muß außerordentlich groß gewesen sein. Suidas nennt an erster Stelle seine 24 Bücher umfassenden rhythmischen Commentare. Ferner eine in 36 Büchern geschriebene „Musik-Geschichte", in welcher alle Kitharoden, Auleten und Dichter-Componisten behandelt waren. Ferner eine „musikē Paideia" in 24 Büchern, auch „Diatribaí" genannt. Hier scheint Dionysius dem Titel zufolge von der ethischen Bedeutung der Musik und ihrer Einwirkung auf den Charakter gehandelt zu haben,

in ähnlicher Weise wie einer der von Aristides der Musik gewidmeten
Abschnitte als „paideutikón" bezeichnet ist, und wie im zweiten Buche
des Aristideischen Werkes vom Einflusse der Musik auf die Bildung
der Seele die Rede ist. Ein weiteres Werk des Dionysius handelte
in fünf Büchern „über die musikalischen Partien in Plato's Republik".
Ein beträchtliches Fragment eines anderen Dionysianischen Werkes
ist uns durch Porphyrius ad Ptol. p. 219 zugekommen. Porphyrius
citirt das Werk unter dem Titel „über die Analogien". Das Fragment
handelt in der That über die Analogien, welche zwischen den die Intervalle ausdrückenden Verhältnißzahlen und den in den Rhythmen-
geschlechtern sich manifestirenden Verhältnissen bestehen. Offenbar
hat hier der Musiker Dionysius eine noch theilweise uns überkommene
Stelle der Aristoxenischen Rhythmik vor Augen gehabt, welche wir
durch das Fragment des Dionysius zu ergänzen vermögen.

Ich habe in meinen Erläuterungen zu Aristoxenus S. 68 ff. den
Nachweis geführt, daß zwischen diesem Fragmente des Dionysius und
der in der Musik des Aristides enthaltenen Stelle über die Rhythmengeschlechter ein unverkennbarer Zusammenhang besteht. Der Rhythmik des Aristides liegt zwar die Doctrin des Aristoxenus zu Grunde.
aber Aristides selber unterscheidet für seine rhythmische Darstellung
zwei verschiedene Quellen: einerseits diejenigen, welche die rhythmische Theorie ohne Rücksicht auf die Metrik behandeln, andererseits
diejenigen, welche Beides mit einander verbinden. Die erstere von
beiden Quellen ist unstreitig die Doctrin des Aristoxenus. Die zweite
Quelle ist (abweichend von einer früher von mir ausgesprochenen
Annahme) wohl dieselbe, welche Aristides in seinem zweiten Buche
für die ethische Bedeutung der Rhythmen zu Grunde legt. Jene un-
abweisbare Beziehung, welche zwischen der Stelle des Aristides über
die Rhythmengeschlechter und dem aus Porphyrius angeführten Fragmente vorhanden ist, läßt sich nicht so erklären, daß Dionysius aus
Aristides geschöpft habe, schon deshalb nicht, weil Aristides' Arbeit
eine entschieden compilatorische ist. Wie C. Julius Cäsar in seiner
Ausgabe des Aristides, glaubte ich früher, für Aristides als Zeitalter das dritte nachchristliche Jahrhundert annehmen zu müssen.
Nach dem neuesten Herausgeber des Aristides, Albert Jahn, ist
Aristides seiner ganzen Darstellungsweise zufolge eher ein Zeitgenosse des Plutarch oder Longin, ein Schriftsteller aus den besseren
Zeiten des nachklassischen Griechenthumes, als daß er ein Ange-
höriger der mit der späteren römischen Kaiserzeit bereits ein-
gebrochenen Halbbarbarei sein könne: Albert Jahn stellt die inge-
niöse Ansicht auf, daß Aristides nicht den Beinamen „Kointilianós",

sondern „Kointilianū" führe und sich hierdurch als einen Freigelas-
senen des unter Domitian († 96) lebenden Rhetors Fabius Quintilianus
bezeichne. Ich denke nicht, daß man diese Ansicht Albert Jahn's wird
abweisen können. [1]

[1] Zu meiner großen Freude ist es mir vergönnt, für die von Albert Jahn
gegebene Zeitbestimmung des Aristides Quintilian ein äußeres Zeugniß beibringen
zu können. Dies Zeugniß ist in der Harmonik des Ptolemäus enthalten. Man hat
angenommen, daß Aristides deshalb vor Ptolemäus gelebt haben müsse, weil
Ptolemäus niemals von Aristides citirt werde. Mit Rücksicht auf Ptolemäus II, 8 ist es verstattet die Behauptung aufzustellen, daß umgekehrt Ptolemäus, wenn auch nicht den Aristides selber, so doch sicherlich die
Quelle, woraus Aristides geschöpft, gekannt hat. Es ist leicht, dies über
allen Zweifel sicher zu stellen. Nämlich in seinem Abschnitte von den Tonoi (Transpositions-Scalen) nennt Aristides p. 23. 24 zunächst die dreizehn von Aristoxenus
aufgestellten Tonoi. Darauf sagt er weiter: „Diesen werden von den Neueren noch
hinzugefügt der Tonos Hyperaiolios und der Tonos Hyperlydios." Die beiden
dem Aristoxenus noch unbekannten Tonoi sind es, gegen welche Ptolemäus II, 8
polemisirt, wenn er nachweist, es sei verkehrt, einen Tonos anzunehmen, welcher
von dem tiefsten (dem Tonos Hypodorios) um mehr als ein Octavenintervall absteht. Kein Interpret der Ptolemäischen Harmonik, wenn er nicht etwa mit
II. Bellermann das Verfahren Ziegler's gutheißt, eine den Handschriften zufolge
von Ptolemäus überlieferte Thatsache kurzweg als angeblichen Druckfehler der
Wallisischen Editio princeps auszumerzen, wird die angeführte Stelle anders als
Oscar Paul im Boetius S. 300 zu erklären im Stande sein: „Ptolemäus stellt auf,
daß Diejenigen Unrecht haben, welche bei Tonartenbildungen über das Diapason
hinausgehen; denn wenn sie einmal bis zum Diapason gekommen sind, also von
den einzelnen Klängen aus, die sich zwischen dem Hypodorischen und dem Hyper-
mixolydischen Proslambanomenos befinden, Transpositions-Scalen gebildet haben,
so müssen diejenigen Transpositions-Scalen, welche von Klängen anfangen, die
über jenes Diapason hinausliegen, nur die Wiederholungen früherer sein; und in
der That sind auch die Hyperäolische und Hyperlydische Scala nur die
Wiederholung der Hypoiastischen und Hypophrygischen." Ptolemäus hat zwar
weder die Hyperäolische noch die Hyperlydische Scala ausdrücklich genannt,
aber seine Auseinandersetzung zeigt deutlich, daß er beide gekannt habe und
daß er sie nicht minder verwirft, als die fünf Aristoxenischen Kreuz-Tonarten.
Daß Ptolemäus die beiden in Rede stehenden Tonoi erst aus Aristides hat kennen lernen müssen, ist nicht damit gesagt. Er citirt den Aristides niemals. Ptolemäus wird die beiden Tonarten aus der Quelle haben, der sie auch Aristides
mit den Worten entlehnt hat: „Diesen werden von den Neueren noch hinzugefügt der Hyperäolische und der Hyperlydische Tonos." Die Annahme der
„Neueren" wird von Ptolemäus als eine verkehrte bestritten, sie muß also in der
Epoche des Kaisers Marcus Aurelius (161—180) bereits aufgestellt gewesen sein.
Wenn Aristides, der diese Ansicht der „Neueren" in seinem Werke über die
Musik zu der seinigen gemacht hat, unter dem Kaiser Dominitianus (81—96) von
dem Rhetor Fabius Quintilianus freigelassen wurde, so passen diese chronologischen
Verhältnisse des Aristides mit der Zeit des unter Marcus Aurelius lebenden Pto-
lemäus vortrefflich zu einander.

## Aristides.

Die Frage nach der Quelle des Aristides und seiner späteren Genossen tritt mit der Annahme von Albert Jahn's Vermuthung in ein neues Licht. Es dürfte wohl früher schon festgestellt sein, daß Aristides aus der Arbeit eines Aristoxeneers schöpfte, in welcher mit Aristoxenischer Doctrin auch heterogene Elemente vereinigt waren. Ich mußte früher diese Arbeit als die „eines anonymen Aristoxeneers der Kaiserzeit" bezeichnen. Wenn nun Aristides unter Domitian von Fabius Quintilianus freigelassen wurde, und wenn eine Stelle desselben sich mit einem Fragmente des jüngeren Dionysius von Halikarnaß unzweifelhaft berührt, so wird irgend eine Arbeit dieses Dionysius wohl darauf Ansprüche zu machen haben, daß sie jenes Werk eines Aristoxeneers war, aus welchem Aristides und die späteren Musiker der Kaiserzeit, welche den Stoff wie Aristides disponiren (vgl. meine Aristoxenus-Erläuterungen S. 444), geschöpft haben. Daß Aristides unter Domitian freigelassen wird, der jüngere Dionysius von Halikarnaß unter Hadrian (117—138) seine Schriften schreibt, steht meiner Combination nicht im Wege. Denn nur die zweijährige Regierungszeit des Nerva und die zwanzigjährige Regierungszeit des Trajan, zusammen 22 Jahre, liegen zwischen Domitian und Hadrian in der Mitte. Wird doch Aristides nicht schon vor seiner Freilassung und auch nicht gleich unmittelbar nach seiner Freilassung seine umfangreiche Arbeit über die Musik abgefaßt haben, sondern erst unter Hadrian oder gar noch später. Recht wohl konnte ihm damals schon die betreffende Darstellung des jüngeren Dionysius von Halikarnaß vorliegen, um ihm für die drei Bücher über Musik den Stoff zu liefern. Warum könnte der Freigelassene des Quintilian nicht von Domitian bis Hadrian, der Blüthezeit des jüngeren Dionysius von Halikarnaß, gelebt haben, dessen Namensvetter Dionysius von Alexandrien, der Lehrer des Grammatikers Parthenius, seine Blüthezeit gar von Nero bis Trajan hatte?

Ist Aristides der Freigelassene des Fabius Quintilianus, dann muß der Aristoxeneer, aus welchem er schöpft, nothwendig entweder Dionysius von Halikarnaß aus der Zeit Hadrian's oder irgend einer der älteren Aristoxeneer sein, welche der unter Nero lebende Claudius Didymus in seiner Schrift „über den Unterschied der Aristoxeneer und Pythagoreer" im Auge hat. Alles, was wir über den Musiker Dionysius von Halikarnaß wissen, steht zu dem Werke des Aristides in unverkennbarem Zusammenhange. So die Stelle über die Tonarten der Platonischen Republik, über die auch Dionysius fünf Bücher geschrieben. Dionysius

hat, wie Aristides auch, der musischen Paideia eine überaus große Aufmerksamkeit gewidmet. Er ist zudem der einzige Schriftsteller der älteren
Zeit, welcher außer Aristoxenus die Rhythmik zum Gegenstande umfassender Studien gemacht hat. Auch dies ist nicht zu übersehen, daß
Aristides über die Musik nicht als eigentlich musikalischer Fachmann,
sondern als Sophist in der damaligen Bedeutung dieses Wortes schreibt.
(Vgl. Albert Jahn's Ausgabe p. XXII.) Und nach Suidas wurde der
jüngere Dionysius nicht bloß als „Musikos", sondern auch als „Sophi-
stes" bezeichnet. Nicht unberechtigt dürfen wir unter der Voraussetzung der Richtigkeit der Jahn'schen Annahme, daß Aristides der
Freigelassene des Quintilian ist, die weitere Conjectur aufstellen, daß
der jüngere Dionysius von Halikarnaß derjenige Aristoxeneer war, aus
dessen Darstellung Aristides in seiner Schrift über die Musik geschöft
hat. Wir würden also unter dieser Voraussetzung in Dionysius denjenigen Aristoxeneer vor uns haben, welcher zu den 13 Tonoi des
Aristoxenus noch den 14. und 15. hinzugefügt und der sich durch die
Erfindung der Nomenclatur Iastischer und Aeolischer Tonos um die
musikalische Terminologie ein sehr zweideutiges Verdienst erworben
hat. (Vgl. oben S. 239.) Derselbe jüngere Dionysius von Halikarnaß
würde auch die Ungehörigkeiten verschuldet haben, welche wir in der
Darstellung derjenigen, welche aus ihm schöpften, bezüglich der enharmonischen und chromatischen Systeme vorfinden. (Vgl. oben S. 202.)[1]
    Für das Dionysianische Werk, aus welchem Aristides geschöpft
haben würde, findet sich freilich in dem Verzeichnisse des Suidas
kein Titel. Aber daß dies Verzeichniß nicht vollständig ist, ersehen
wir ja aus Porphyrius. Dionysius mußte darin zugleich die Harmonik
und die Rhythmik des Aristoxenus in seiner Weise, das heißt unter
Hinzufügung heterogener, aus anderen älteren Schriftstellern ge-
schöpfter Sätze, umgearbeitet haben. Auch die Arbeit eines Pythagoreers oder „Kanonikers" mußte dabei benutzt sein, wie denn auch
in dem bei Porphyrius erhaltenen Dionysianischen Fragmente neben
den Musikern, d. i. den Anhängern des Aristoxenus, zugleich die „Kanoniker" herbeigezogen sind. Für die Harmonik hatte sich Dionysius
der siebentheiligen Harmonik des Aristoxenus als hauptsächlicher
Quelle bedient und die dort eingehaltene Disposition ohne Weiteres
adoptirt. Es scheint, daß für die in der siebentheiligen Harmonik
fehlenden Eingangs-Abschnitte über die topische Bewegung der
Stimme u. s. w. auch eines der beiden achtzehntheiligen Aristoxeni-

---

[1] Vielleicht rührt von ihm auch die unter Ptolemäus zu behandelnde Neuerung bezüglich der thetischen Mesen.

schen Werke über Harmonik herbeigezogen war. Vielleicht auch die einleitende Schrift des Aristoxenus „Ueber die Meinungen der Harmoniker". Denn aus einem solchen Abschnitte des Dionysius wird herzuleiten sein, was Aristides über die Scalen der Harmoniker excerpirt. Ueber das Verhältniß des Aristides zu den späteren auf dieselbe Quelle zurückgehenden Musikschriftsteller der Kaiserzeit kann hier nicht eingegangen werden. Sichtlich ist Aristides in den meisten Punkten ein viel ausführlicherer Excerptor als die übrigen und daher für unsere Kenntniß der alten Musik im Ganzen von größerer Wichtigkeit als diese. Wo er von den ethischen und pädagogischen Beziehungen der Musik spricht, da können wir ihm eine gewisse Freiheit und Selbständigkeit in der Durchdringung des Stoffes nicht absprechen. Aber sowie er auf diejenigen Punkte kommt, welche die Sache des eigentlichen Fachmusikers sind, sowohl in der Harmonik wie in der Rhythmik und Metrik, da hört er auf, den Stoff auch nur einigermaßen mit Selbständigkeit zu behandeln, da ist er ein flüchtiger, mitunter gar sehr gedankenloser Excerptor. Dahin gehört, was er p. 24 von dem tiefsten Tone sagt, welchen die Stimme hervorbringen könne. Der tiefste Ton, den man hervorzubringen im Stande sei, müsse der Dorische Proslambanomenos sein. Wenn Aristides selber eine bis zum G hinabgehende Baßstimme hatte, wird er da auch bei allen Uebrigen eine gleiche Beschaffenheit der Stimme voraussetzen können? Was Aristides in der Rhythmik p. 39 von dem Prosodiakos lehrt, was er in der Metrik p. 56 unter der Zusammensetzung der Asynarteten überliefert, wird von ihm zu häufig wiederholt, als daß man die hier vorkommenden groben Fehler auf Rechnung von Versehen der handschriftlichen Ueberlieferung setzen könnte. Aristides zeigt hier unverkennbar, daß er weder Harmoniker, noch Rhythmiker, noch Metriker von Fach, sondern in diesen Dingen nichts weiter als Dilettant ist, der mit philosophischer Bildung ausgerüstet an allen Theilen der Musik ein solches Interesse hat, daß er sich in dieselben hineinzuarbeiten sucht, doch bei mangelnder musikalischer Vorbildung Irrthümer über Irrthümer begeht. Die Quelle, nach welcher er sich über die Musik instruirte, anscheinend die Darstellung des Dionysius, war zweifelsohne von Irrthümern dieser Art frei, wenngleich sie die harmonischen und chromatischen Systeme, wie oben bemerkt, fehlerhaft angab.

Porphyrius führt in seinem Commentare zu Ptolemäus p. 191 eine Eintheilung der gesammten Musikwissenschaft an, welcher der Disposition des Aristideischen Werkes außerordentlich nahe verwandt ist. Den Aristides citirt Porphyrius niemals, wohl aber den jüngeren Dionysius von Halikarnaß. Daraus möchten wir den Schluß ziehen,

daß die Eintheilung der Musikwissenschaft bei Porphyrius nicht aus
Aristides, sondern aus Dionysius entlehnt ist.   Aristides' Eintheilung ist:

### A. Theoretikón: a. Physikón.

1. Arithmetikón: die den Tönen zu Grunde liegenden akustischen Zahlenverhältnisse.
2. Physikón: im engeren Sinne die mystische Bezeichnung
   dieser Zahlen zum Kosmos.

### A. Theoretikón: b. Technikón.

1. Harmonikón: Töne und Tonleitern.
2. Rhythmikón: Takte und Taktarten.
3. Metrikón: Versfüße und Verse.

### B. Praktikón: a. Chrestikón.

1. Melopöia: Composition der Töne zum Melos.
2. Rhythmopöia: Composition der Takte zum Rhythmus.
3. Poíēsis: Composition der Verse zur Strophe u. s. w. .

### B. Praktikón: b. Exangeltikón.

1. Organikón: von den Instrumenten.
2. Odikón: vom Gesange.
3. Hypokritikón: von der Action des dramatischen Vortrages.

Die Eintheilung bei Porphyrius A.: 1. Harmonik, 2. Rhythmik,
3. Metrik; B.: 1. Organik, 2. Hypokritik.

Das Physikon behandelt Aristides im dritten und letzten Buche.
Das dreifache Technikon, je mit dem Chrestikon verbunden,
bildet den Inhalt des ersten Buches. Die Darstellung des Exangeltikon
sollte man im zweiten Buche erwarten. Aber dieser Theil der Musikwissenschaft bleibt bei Aristides unerledigt. In einer Stelle des ersten
Buches p. 43 wird das zweite Buch als „Paideutikon" citirt. In der
That behandelt es die ethische Wirkung der Musik auf die Bildung
des Charakters — die erziehende Macht der Musik.

Daß Aristides die zu Anfang seines Werkes gegebene Disposition
der Theile nicht durchführt, dies verräth, daß sie ihm nicht eigen,
sondern von Außen her überkommen war. Wir dürfen also mit
Rücksicht auf die ähnliche Disposition der Musikwissenschaft bei Porphyrius zu der Annahme geneigt sein, daß diese Disposition des Porphyrius entweder von Dionysius oder einem der Aristoxeneer des
Didymus (S. 247) herrührt.

Der Musiker Dionysius von Halikarnaß scheint nun auch als Componist eine besondere Bedeutung für uns zu haben, denn von den drei Hymnen „auf die Muse", „auf Helios" und „auf Nemesis", welche in den Handschriften mit den die Melodie überliefernden Notenzeichen auf uns gekommen sind, ist dem Hymnus an die Muse der Verfassername Dionysius beigefügt. „Einem Dichter dieses Namens schrieb man früher alle drei Gedichte zu; so in dem zweiten Oxforder Abdrucke, was natürlich keine Autorität hat. Burette machte zuerst darauf aufmerksam, daß Synesius von Cyrene, Bischof von Ptolemais aus dem Anfange des fünften Jahrhunderts aus dem Gedichte auf Nemesis drei Verse citirt mit dem Zusatze, daß man sie zur Lyra singe. Zugleich theilt Burette mit, daß in einem auf der Pariser Bibliothek befindlichen Fragmente des Geschichtsschreibers Johannes von Philadelphia zwei Verse des Hymnus auf die Nemesis einem Dichter Mesodmes vindicirt wird. Da nun der Name Mesodmes sonst nirgends vorkommt, so vermuthet Burette, es sei Mesomedes dafür zu lesen, und hierauf gründet sich die seitdem allgemein angenommene Meinung, daß

## Mesomedes

der Dichter ist." So Bellermann die Hymnen des Dionysius und Mesomedes S. 54. 55. Bei Suidas heißt es von Mesomedes: er sei ein Lyriker aus Kreta, der zur Zeit Hadrian's gelebt habe . . . und daß Antoninus dem Mesomedes, dem Dichter-Componisten der Kitharodischen Nomoi, ein Cenotaph habe errichten lassen. Wie wir aus Julius Capitolinus erfahren, ist der Kaiser Antonius Pius, der Nachfolger Hadrian's, gemeint, welcher vorher die dem Mesomedes gewährte öffentliche Besoldung aus Sparsamkeit verweigert hatte. Mesomedes war ein Freigelassener des Hadrian, bei dem er in großer Gunst stand, weil er dessen Liebling Antinous durch ein Gedicht gefeiert hatte. Theodor Bergk schreibt die drei Hymnen Einem Verfasser zu.

## Ptolemäus.

Von allen griechischen Musikschriftstellern außer Aristoxenus ist der Alexandriner Claudius Ptolemäus aus der Zeit Marc Aurel's der bei Weitem bedeutendste. Am bekanntesten ist er als Astronom durch seine dieser Wissenschaft gewidmeten 13 Bücher, welche nur in einer arabischen Uebersetzung unter dem Titel „tabrīr almagestī" auf uns gekommen sind, sowie durch die 8 Bücher seiner mathematischen Chorographie, geographikḗ Hyphḗgēsis genannt. Wie sein

früherer Vorgänger, der Mathematiker Euklid, wandte auch Ptolemäus
der Musik seine Studien zu, indem er in ganz ähnlicher Weise wie jener
die Klänge der Musik auf mathematische Verhältnisse mit Hülfe des
Kanon (Monochord) zurückzuführen suchte. Aber so wenig Euklides für
unsere Kenntniß der griechischen Musik ergiebig ist, so außerordentlich reichhaltig ist die Schrift des Ptolemäus, welche den Titel „Har-
monika" oder genauer „über die Kriterien in der Harmonik" führt.
Die drei Bücher dieses Werkes haben zum Inhalte dasjenige, was bei
Aristides als „Arithmetikon" und „Physikon" bezeichnet wird. Das Arithmetikon behandelt Ptolemäus im ersten und zweiten Buche und den
beiden Anfangs-Capiteln des dritten Buches. In den übrigen Capiteln
des dritten Buches ist das „Physikon" dargestellt d. i. die Bedeutung
der akustischen Intervall-Zahlen für den Kosmos und die ethischen
und physischen Verhältnisse des menschlichen Geschlechtes, in der
Art des Platonischen Timäus. Für die alte Musik giebt dieser Theil
keine Aufschlüsse; F. Bellermann spricht ihn dem Ptolemäus ab.

Den Stoff des „Arithmetikon" hat Ptolemäus nach einem Prooimion
in fünf Abschnitte disponirt, welche zwar nicht ausdrücklich von
Ptolemäus aufgeführt sind, aber schon aus seinen Capitel-Ueber-
schriften sich klar erkennen lassen. Sichtlich liegt dieser Anordnung
die der dritten Aristoxenischen Harmonik zu Grunde. Die Melopöie
und was sonst mit der Akustik in keinem Zusammenhange steht,
mußte Ptolemäus aus seinem Werke fortlassen.

### Prooimion.

I, 1.　Kriterien der Harmonik.

I, 2.　Aufgabe des Harmonikers.

### Erster Abschnitt: die Klänge.

I, 3.　Wie die Höhe und Tiefe der Klänge festgestellt wird.

I, 4.　Unterschiede der Klänge.

### Zweiter Abschnitt: die Intervalle.

I, 5.　Annahme der Pythagoreer bezüglich der symphonischen Intervalle.

I, 6.　Irrthümer der Pythagoreer bezüglich der symphonischen Verhältnißzahlen.

I, 7.　Richtige Bestimmung der symphonischen Verhältnißzahlen.

I, 8.　Vermittelst des monochordischen Kanons lassen sich die symphonischen Verhältnisse unzweifelhaft feststellen.

I, 9.　Die Aristoxeneer bemessen mit Unrecht die Symphonien nach Klängen, nicht nach Intervallen.

I, 10. Mit Unrecht setzen sie die Quarte auf $2\frac{1}{2}$ Ganztöne an.

I, 11. Vermittelst des oktachordischen Kanons überzeugt man sich, daß das Octaven-Intervall kleiner als sechs Ganztöne ist.

### Dritter Abschnitt: die Klanggeschlechter.

I, 12. Die Aristoxenische Tetrachord-Eintheilung der Klanggeschlechter.

I, 13. Die von Archytas aufgestellte Tetrachord-Eintheilung der Klanggeschlechter.

I, 14. Weder bei Aristoxenus noch bei Archytas sind die Tetrachord-Theilungen wirklich emmelische.

I, 15. Tetrachord-Theilungen nach richtigen und wirklichen Verhältnissen.

I, 16. Die dem Ohre geläufigen Klanggeschlechter.

II, 1. Wie vermittelst der sinnlichen Wahrnehmung die Verhältnißzahlen der uns geläufigen Klanggeschlechter sich bestimmen.

II, 2. Anwendung des Kanons in der Form des sogenannten Helikon.

### Vierter Abschnitt: die Systeme.

II, 3. Die Eide der „ersten Symphonien".

II, 4. Es giebt nur eine Art des „Systema teleion", nämlich die Doppel-Octave.

II, 5. Die Termilogien der Klänge nach der Thesis und nach der Dynamis.

Daß die thetische und dynamische Onomasie schon bei Aristoxenus vorkam, ist in den Aristoxenus-Erläuterungen S. 359 nachgewiesen. Wenn aber Aristoxenus, wie doch anzunehmen, die thetische Mese in derselben Weise wie Aristoteles gefaßt hat (ebendaselbst S. 492), woran doch kaum gezweifelt werden kann, so kann Aristoxenus nur der Dorischen, Phrygischen, Lydischen und Lokrischen Octavengattung eine eigene thetische Mese vindicirt haben, nicht aber auch der Hypodorischen, Hypophrygischen, Hypolydischen, Mixolydischen. Dies letztere ist aber bei Ptolemäus der Fall. Die eigene thetische Mese des Hypodorischen bei Ptolemäus läßt sich erklären, sofern darunter die lokrische Octave supponirt wird (vgl. oben S. 91). Aber eine thetische Mese des Hypophrygischen, Hypolydischen, Mixolydischen kann bei Aristoteles (und Aristoxenus) noch nicht vorgekommen sein; woher die bei Ptolemäus vorkommende Verallgemeinerung, wissen wir nicht.

II, 6. Wie das aus der Octave und der Quarte bestehende System zu dem Namen eines Systema teleion gekommen ist.

### Fünfter Abschnitt: die Tonoi.

II, 7. Die nach den sogenannten Tonoi stattfindenden Unterschiede.

II, 8. Die Anzahl der Tonoi vom tiefsten bis zum höchsten muß innerhalb eines Octaven-Intervalles enthalten sein.

Es sei verkehrt, nur drei oder vier oder fünf oder sechs Tonoi zu statuiren, wie dies vor Aristoxenus geschehen. — Es sei verkehrt, einen Tonos anzunehmen, welcher von dem tiefsten um mehr als ein Octaven-Intervall absteht, wie dies in der Zeit nach Aristoxenus durch Statuirung des Tonos Hyperaiolios und des Tonos Hyperlydios geschehen ist.

> II, 9. Man darf nur sieben Tonoi annehmen: so viele Tonoi wie Octaven-Eide.

Es sei verkehrt, daß Aristoxenus einen vom Tonos Hypodorios um eine Octave abstehenden Tonos Hypermixolydios statuirt.

> II. 10. Wie demnach die Abstände der Tonoi von einander auf richtige Weise genommen werden müssen.
>
> II, 11. Man darf nicht, wie wiederum Aristoxenus gethan hat, die Tonoi um einen Halbton von einander abstehen lassen.
>
> II, 12. Eine Unbequemlichkeit im Gebrauche des monochordischen Kanons.
>
> II, 13. Was der Musiker Didymus dem Kanon hinzugefügt hat.
>
> II, 14. Die enharmonischen, chromatischen und diatonischen Scalen des Archytas, Aristoxenus, Eratosthenes, Didymus, Ptolemäus für den Umfang der Octave des ametabolischen Tonos auf Zahlen zur Bezeichnung der Katatome Kanonos zurückgeführt.

(Vgl. oben S. 121. 124.) Die hier stets von Ptolemäus gewahrte Reihenfolge der fünf Musiker beweist, daß auch nach der Ansicht des Ptolemäus Archytas älter als Aristoxenus ist.

> II, 15. Das Ptolemäische Diatonon toniaion a. sowohl ungemischt, wie b. in seiner Mischung mit dem Chroma syntonon, c. mit dem Diatonon malakon, d. mit dem Diatonon toniaion und e. mit dem Diatonon syntonon für den Umfang 1. der Mixolydischen, 2. der Lydischen, 3. der Phrygischen, 4. der Dorischen, 5. der Hypolydischen, 6. der Hypophrygischen, 7. der Hypodorischen Octave in akustischen Zahlen ausgedrückt. In den sieben ersten Tabellen bezeichnen die Zahlen eines jeden Tonos die acht Klänge von der thetischen Nete diezeugmenon abwärts bis zur Hypate meson; in den darauf folgenden sieben Tabellen von der thetischen Mese eines jeden Tonos abwärts bis zum Proslambanomenos.

Siehe diese Tabellen in der griech. Rhythmik und Harmonik 1867 S. 437. 444—447. O. Paul Boetius S. 358—371.

Es stellt sich die eigenthümliche Thatsache heraus, daß unter den hier von Ptolemäus mitgetheilten Scalen der verschiedenen Octavengattungen — das folgende Capitel belehrt uns, daß dies die Scalen der praktischen Musik der Lyroden und Kitharoden sind — durchaus keine enharmonische Scala vorkommt, ferner auch keine für

den Umfang einer ganzen Octave festgehaltene chromatische Scala;
ja nicht einmal das ungemischte Diatonon wird für den Umfang einer
Octave festgehalten. Ptolemäus hat zwar II, 1 mit Rücksicht auf die
diatonische Tetrachord-Theilung des Pythagoras sich folgendermaßen
ausgesprochen: „Wenn wir die strenge Art, die nicht zu einem
Wechsel hinneigt, festhalten wollen, dann machen wir das in Rede
stehende Tetrachord (der Hypophrygischen Octave) folgendermaßen:

| Lichanos | Mese | Paramese | Trite, |
|----------|------|----------|--------|
| h | c | d | e |
| 10 : 15 | 8 : 9 | 9 : 10 | |

so daß das syntonon Diatonon gebildet wird." Aber diese „strenge
Art" kommt in den von Ptolemäus aufgeführten Scalen der Lyroden
und Kitharoden niemals für eine ganze Octave vor, sondern wo sie
angewandt wird, ist sie stets mit einem im Diatonon tonaion gehaltenen Tetrachorde (dem gemischten Diatonon des Aristoxenus und
Archytas, vgl. oben S. 224) combinirt — die Musik neigt hier stets
„zu einem Wechsel". Das einzige Tetrachord, welches continuirlich
und ohne mit einem heterogenen Tetrachorde abzuwechseln angewandt werden kann, ist eben das Diatonon toniaion. Also eine ungemischte Scala im Sinne des Aristoxenus kommt in der Musikepoche
des Ptolemäus (wenigstens bei den Lyroden und Kitharoden) nicht
mehr vor: Ptolemäus nimmt nur auf „gemischte Scalen ersten und
zweiten Grades" (vgl. oben S. 221) Rücksicht. Wir dürfen die Richtigkeit im Berichte des Ptolemäus über die Musik seiner Zeit nicht
anzweifeln, wenn es uns auch unmöglich erscheinen will, hiermit die
Thatsache zu vereinen, daß die zur Zeit des Hadrian componirten
Hymnen des Dionysius und Mesomedes augenscheinlich in dem ungemischten Diatonon gehalten sind. Oder sollten wir annehmen dürfen, daß die überlieferten Noten dieser Hymnen nicht richtig inter-
pretirt sind, daß sie nicht als Noten des Diatonon syntonon, sondern
des bei Ptolemäus sogenannten Diatonon toniaion gefaßt werden
müssen? Ich kann diese Annahme nicht zurückdrängen.

> II, 16. Die in den Melodumena der Lyroden und Kitharoden (in der Zeit
> Marc Aurel's) zur Anwendung kommenden diatonischen und chro-
> matischen Scalen, unter Beziehung auf die in II, 15 aufgestellten
> Tabellen.

Kitharodische Musik ist diejenige, in welcher der Sänger in eigener
Person die Kithara-Begleitung seines Gesanges ausführt. In der
lyrodischen Musik dagegen sind Sänger und Instrumental-Begleiter
des Gesanges verschiedene Personen.

17*

## Die lyrodische Musik

kennt nach Ptolomäus nur zwei Arten von Melodumena, die Stereá
(d. i. die harten Compositionen) und die Malaká (d. i. die weichen Compositionen). Dem Wortlaute nach sind die beiden Compositionsweisen
dasselbe wie unser „Dur" und „Moll"; in der Bedeutung aber haben
die griechischen mit den modernen nichts gemein.

1. Die als Stereá bezeichneten Melodumena der Lyrodik werden
auf der gemischten diatonischen Scala genommen (dem Diatonon toniaion des Ptolemäus = dem Diatonon des Archytas, von Aristoxenus
„Diatonon mit vier verschiedenen Intervallgrössen" genannt) z. B.:

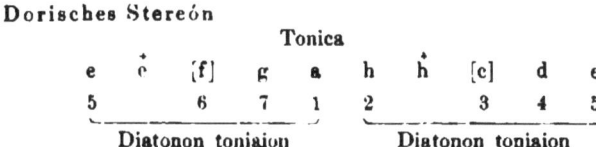

Hier wird die diatonische Terz und Sexte der den Gesang in der
Quinte schliessenden Molltonart unberührt gelassen, wie dies bereits
in der ersten Spartanischen Katastasis (bei Terpander) in analoger
Weise üblich war. In diese vereinfachte Diatonik Terpander's waren
innerhalb einer Octave (seit Polymnastus!) zwei leiterfremde Klänge
eingeschaltet. Hierin also ist die Musik der Ptolemäischen Epoche
so conservativ wie nur immer möglich.

2. Die als Malaká bezeichneten Melodumena der Lyrodik werden
auf solchen Scalen genommen, welche eine Combinirung des für die
Sterea gebrauchten Diatonon toniaion mit dem Chroma syntonon enthalten. In einer anderen Anwendung als dieser Mischung war das
Chroma in der Zeit des Ptolemäus nicht mehr üblich.

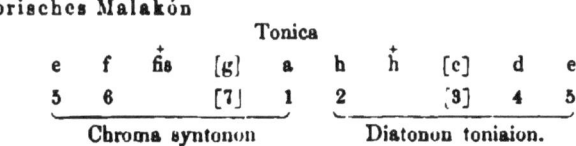

Es fehlt die Moll-Septime und die Moll-Terz. Der zwischen f und g
vorkommende chromatische Klang fis liegt merklich höher als das fis
der gleichschwebenden Temperatur.

Da das Chroma, wie Aristoxenus sagt, den Eindruck des „Süß-
lichen" macht, das Diatonon den „des Kräftigen": so werden wir den

Ausdruck „Sterea" (hart) auf den Character der diatonischen Scala, den Ausdruck „Malaka" (weich) auf den der chromatischen Scala zu beziehen haben. Sterea steht für diatonisch, Malaka für chromatisch.

## Die kitharodische Musik.

Hier unterscheidet Ptolemäus die Melodumena mit Benennungen, welche zum Theil von den Klängen entlehnt sind, z. B. „Tritai" d. i. Terzen, „Parhypatai" d. i. Secunden, theils von den Tonarten wie Iastiaioliaia und Lydia; für andere kommt der Name Trŏpoi und Hypértrŏpa vor. Wir verzichten darauf, diese Nomenclaturen zu erklären.

1. Die Tritai werden genommen im Diatonon toniaion der Hypodorischen (Aeolischen) Octave von der thetischen Nete bis zur Mese:

| Tonica | | | | | Tonica | | |
|---|---|---|---|---|---|---|---|
| a | h h̍ [c] | d | e c̍ [f] | g | a |
| 1 | 2 [3] | 4 | 5 [6] | 7 | 1 |

Dieselbe Klangbestimmung, wie in den Sterea der kitharodischen Musik: mit ausgelassener Moll-Terz und Moll-Sexte.

2. Die Hypertropa werden genommen in der nach dem Diatonon toniaion gestimmten Phrygischen Octave:

|  | Tonica | | | | | |
|---|---|---|---|---|---|---|
| d | e e̍ [f] | g | a | h h̍ [c] | d |
| 5 | 6 [7] | 1 | 2 | 3 [4] | 5 |

Unbenutzt bleibt die Septime und die Quarte der diatonischen Dur-Scala; statt ihrer sind die betreffenden leiterfremden Klänge eingeschaltet.

3. Die Parhypatai werden genommen in einer Dorischen Octave, in welcher das Diatonon toniaion mit dem Diatonon malakon gemischt ist:

|  |  | Tonica | |  |  |  |  |
|---|---|---|---|---|---|---|---|
| e | f | fis [g] | a | h | h̍ [c] | d | c |
| 5 | 6 | [7] | 1 | 2 | [3] | 4 | 5 |

Diatonon malakon        Diatonon toniaion

Es fehlt die Moll-Septime und die Moll-Terz.

4. Die Tropoi werden genommen in einer Hypodorischen (Aeolischen) Octave, in welcher das Diatonon toniaion mit dem Chroma syntonon combinirt ist:

| Tonica | | | | | | | | Tonica | |
|---|---|---|---|---|---|---|---|---|---|
| a | b | h̍ | [c] | d | e | f | fis | [g] | a |
| 1 | 2 | | [3] | 4 | 5 | 6 | | [7] | 1 |

Diatonon toniaion     Chroma syntonon.

Ist ganz analog dem Malakon der Lyrodik gebildet: es fehlt die Moll-Terz und die Moll-Septime.

5. Die bei den Kitharoden sogenannten Iastiaioliaia werden genommen in der Hypophrygischen (Iastischen) Octave, in welcher das Diatonon toniaion mit dem Diatonon ditoniaion (des Pythagoras) combinirt ist:

| Tonica | | | | | | | | Tonica | |
|---|---|---|---|---|---|---|---|---|---|
| g | a | h | h̍ | [c] | d | e | e̍ | [f] | g |
| 1 | 2 | 3 | | [4] | 5 | 6 | | [7] | 8 |

Diatonon toniaion     Diatonon toniaion.

Dies ist die Iastische Octave mit ausgelassener Quarte und Septime. Von der bei den Kitharoden üblichen Bezeichnung „Iasti-aioliaia" verstehen wir zwar das erste Glied der Composition, denn die Octave ist ja eine Iastische. Aber weshalb mit dem zweiten Theile des Compositums eine Hindeutung auf das Aeolische gegeben wird, ist uns unerfindlich.

6. Die Lydia. Diese Art der kitharodischen Melodumena sollen nach dem überlieferten Texte des Ptolemäus im Diatonon toniaion der Dorischen Octave genommen werden. Hier vermuthe ich eine Schädigung des Textes, denn wie passen die „Lydia" zu der „Dorischen" Octave? Zudem heisst es bei Ptolemäus I, 16, wo er die verschiedenen Tetrachord-Stimmungen zu Grunde legt und dann für jede derselben angiebt, in welchem Melodumenon der Lyroden und Kitharoden sie angewandt wird: „Die Combination des Diatonon syntonon und toniaion erscheint in den Compositionen, welche die Kitharoden Lydia und Iastia nennen." Wir abstrahiren davon, die Differenz der beiden Ptolemäischen Stellen in Einklang zu bringen.

---

Noch folgende Capitel des dritten Buches gehören zum Arithmetikon:

III, 1. Allgemeiner Gebrauch und Untersuchung der Zahlenverhältnisse mittelst des pentekaidechordischen Kanons.

III, 2. Untersuchungen bezüglich der Katatome des einfachen Octachordes bis zur Doppeloctav.

# II.

# Der Rhythmus der griechischen Musik.

# Vorbemerkung.

Während in unserer Kenntniß des griechischen Melos Lücken über Lücken sind, überschauen wir den Rhythmus der griechischen Musik in voller Klarheit und Durchsichtigkeit. Das griechische Melos weicht ja in so außerordentlich vielen Stücken vom Melos der modernen Musik ab, so daß uns Vieles von dem, was die alten Quellen darüber sagen, schon deshalb unklar bleiben muß, weil es uns an dem für das Verständniß so durchaus nothwendigen Parallelen fehlt. Dagegen lassen die antiken Berichte über den Rhythmus der griechischen Musik alsbald erkennen, daß hier die griechische Kunst trotz mancher Besonderheiten im Einzelnen genau auf demselben Standpunkte, wie die musikalische Rhythmik der christlich-modernen Kunst steht. Die Analogien zwischen griechischer und moderner Rhythmik sind wahrhaft überraschend; es ist als ob Aristoxenus, welcher auf Grundlage der musikalischen Kunstwerke aus der Zeit der Perserkriege und des Peloponesischen Krieges die rhythmischen Grundsätze der alten Componisten und das praktische Verfahren der alten Musikdirigenten darstellt, nicht den Rhythmus des alten Griechenthumes, sondern der Rhythmus christlich-moderner Kunst seit dem achtzehnten Jahrhundert und das Verfahren des heutigen Dirigirens vor Augen hätte. Wie diese für den Uneingeweihten geradezu unglaubliche Thatsache der Uebereinstimmung zwischen alter und neuer Kunst zu erklären ist, habe ich in dem Nachworte zur Theorie des musikalischen Rhythmus seit Bach anzugeben einen Versuch gemacht. Auf directer Ueberlieferung aus dem Alterthume beruht die Uebereinstimmung nicht. Die heutige Musiktheorie bedient sich zwar einiger aus der griechischen Rhythmik herstammender Termini technici, wie Thesis, Arsis, Periode, Vers, Versfuß, Strophe. Die Wörter Arsis und Thesis gebrauchen zwar die modernen Musiker genau in derselben Bedeutung, wie die griechischen Theoretiker, die meisten der modernen Philologen (es ist wunderlich genug!) in einem entgegengesetzten Sinne. Aber den Termini, Periode, Strophe, Vers ist von den modernen Musikern eine Bedeutung beigelegt worden, welche vielfach eine andere als die

antike ist, so daß es eben nur die Namen sind, welche man aus dem
Alterthume herübergenommen hat. Ein wirklicher Zusammenhang
der modernen mit der antiken Theorie des Rhythmus besteht nicht.
Schon in der Zeit des römischen Kaiserthums scheinen alle zur Rhythmik des Aristoxenus führenden Fäden abgerissen zu sein. Es ist unerläßlich sie wieder anzuknüpfen. Unseren Componisten wird zwar
durch das Griechenthum keine größere Fülle rhythmischer Formen geboten werden können, als schon bei Joh. Seb. Bach zu finden ist,
wohl aber mehr als bei Mozart und Beethoven, bei denen ja der den
Griechen so geläufige und auch bei Bach mit einer gewissen Vorliebe angewandte dreifüßige Takt als gleich großes rhythmisches
Glied nur als große Seltenheit vorkommt. Sehr viel aber hätten
aus der rhythmischen Theorie des Griechenthumes unsere Musik-
theoriker zu schöpfen, deren Aufmerksamkeit viel zu sehr durch das
weite Gebiet der Harmonik in Anspruch genommen war, als daß
ihnen für eine eingehende wissenschaftliche Durchforschung des Rhythmus unserer Componisten Muße und Neigung hätte verbleiben können.
Die moderne Theorie des Rhythmus hat über einen schablonenhaften
Formalismus nicht hinaus gekonnt. Bei den Griechen dagegen ist die
Rhythmik, um mit Dr. Felix Vogt zu reden, der Gegenstand einer
durch Consequenz und feine Durchbildung bewunderungswürdigen
Theorie geworden. Kein Verständiger werde es bestreiten, sagt Heinrich Bellermann, daß die von Aristoxenus über den Rhythmus aufgestellten Gesetze in der Natur des Rhythmus selbst begründet sind,
und hierdurch für ewige Zeiten ihre Geltung behalten werden.

Ich muß hier dankbar in Erwähnung bringen, daß mir das richtige Verständniß der von Aristoxenus dargestellten Haupt- und Nebenbewegungen des Taktirens nur durch die Arbeiten H. Weil's (1855)
und des verstorbenen Dr. B. Baumgart zu Breslau (1865) möglich geworden ist.

# Rhythmische Zeitmaße.

Die von den Griechen geschaffene und durch Aristoxenus zur
höchsten Vollendung ausgebildete Theorie des musikalischen Rhythmus legt die Vocalmusik (die gesungene Poesie) zu Grunde: sie macht
also die rhythmischen Formen der gesungenen Poesie, die mit denen
der recitirten Poesie bei den Griechen durchaus dieselben sind, zum

Ausgangspunkt der gesammten Rhythmik. Auf dieser Grundlage
statuirt sie als kleinste rhythmische Gruppe den musikalischen Versfuß mit seinen beiden Abschnitten, der Thesis und der Arsis, und faßt
denselben als einfachen Takt. Der modernen rhythmischen Theorie
fehlt der Begriff des musikalischen Versfußes, höchstens im Chorale
weiß sie ihn anzuerkennen. Aber er ist nothwendig, auch für die
moderne Theorie des musikalischen Rhythmus den Begriff des melischen
oder musikalischen Versfußes aufzunehmen, wenn diese anders eine
wissenschaftliche Grundlage haben soll.

Die rhythmischen Vorgänger des Aristoxenus, von denen wir durch
diesen das eine und das andere erfahren, obwohl sie selbst uns sogar
dem Namen nach unbekannt bleiben, statuirten die kurze Sylbe des
musikalischen Versfußes als kleinste rhythmische Maßeinheit. Ihm
gegenüber weist Aristoxenus darauf hin, daß in der griechischen
Vocalmusik die kurze Sylbe zwar die halbe Zeitdauer der langen
Sylbe habe, daß aber nichts destoweniger die kurze Sylbe nicht überall denselben Zeitumfang wie die kurze Sylbe, — die lange Sylbe nicht
überall denselben Zeitumfang wie die lange Sylbe habe. Er hält es
deshalb für nothwendig, ein von der Sylbendauer unabhängiges kleinstes
rhythmisches Zeitmaß aufzustellen, welches niemals in zwei kürzere
rhythmische Zeiteinheiten, seien es Sylben oder seien es Töne der Instrumentalmusik, zerlegt werden könne. Dies oft nur imaginäre,
d. h. nicht in jedem einzelnen Falle durch eine besondere einzelne
Sylbe oder einen einzelnen Ton dargestellte kleinste rhythmische
Zeitmaß nennt Aristoxenus Chronos protos, was wir am besten durch
„Primärzeit" übersetzen können. Auf Primärzeiten führt Aristoxenus
alle übrige rhythmischen Größen als ein Vielfaches des Chronos protos
zurück und nennt sie: 2-zeitige, 3-zeitige, 4-zeitige...rhythmische Größen,
je nach der Anzahl der auf ihre Ausdehnung kommenden Primärzeiten.
Die Versfüße oder einfachen Takte enthalten entweder drei oder
vier oder fünf oder sechs Primärzeiten, — sie sind entweder eine
3-zeitige oder eine 4-zeitige oder eine 5-zeitige oder eine 6-zeitige
rhythmische Größe.

### Primärzeit und zusammengesetzte rhythmische Zeit.

Was Aristoxenus unter Primärzeit und dem als Vielfaches der
Primärzeit gefaßte Größen versteht, läßt sich aus einer Analogie unserer
modernen Rhythmik leicht klar machen. Wir unterscheiden gerade
und ungerade Taktart, in jeder derselben einfache und zusammengesetzte Takte. Alle Takte der ungeraden Taktart bezeichnen wir

durch Bruchzahlen: $\frac{3}{8}$, $\frac{3}{4}$; $\frac{5}{16}$, $\frac{5}{8}$, $\frac{5}{4}$; $\frac{7}{16}$, $\frac{7}{8}$; $\frac{13}{16}$, $\frac{9}{4}$. Von diesen Taktvor-
zeichen der ungeraden Takte zeigt der Zähler die Anzahl der in einem
jeden Takte enthaltenen Chronoi protoi oder Primärzeiten an; der Nenner
der Bruchzahl giebt an, wie in einem jeden der Takte die Primärzeit
durch unsere Noten ausgedrückt ist, ob durch das Sechszehntel, oder
durch die Achtel- oder durch die Viertel-Note. Die griechische Musik
hat für den Chronos protos, er mag einer schnelleren oder einer
langsameren Bewegung angehören, immer nur Einen Ausdruck, —
nicht wie die moderne bald die Sechszehntel-, bald die Achtel-, bald
die Viertel-Note — sondern stets das Eine und identische Zeichen
der kurzen Sylbe:

◡

Das Zeichen der 2-zeitigen Sylbe oder der 2-zeitigen Notenlänge ist:

—

Das Zeichen der 3-zeitigen Sylbe oder Notenlänge ist:

L

Das Zeichen der 4-zeitigen:

⊔

Das Zeichen der 5-zeitigen:

Ш

Pausenzeichen.

Diese Zeichen der Zeitdauer werden über den die Tonhöhe bezeichnenden Noten-Buchstaben gesetzt, eventuell wird das rhythmische Zeichen der Zeitdauer über den Buchstaben

∧

d. i. eine Abkürzung des Wortes „Leimma" (d. i. Pause) gesetzt. Für
die 1-zeitige Pause genügt das Leimma-Zeichen ∧ ohne Zusatz des
Zeichens der 1-zeitigen Kürze; für die 2-zeitige, 3-zeitige und 4-zeitige
Pause dienen die Combinationen

∧̄     ∧̄     ∧̄

Rhythmische Accentzeichen.

Der rhythmische Ictus (rhythmische Accente) wird durch einen
über die betreffende Note gesetzten Punkt ·, ein stärkerer Ictus

durch den Doppelpunkt ·· angemerkt. Der von Bellermann herausgegebene Anonymus § 1. 3 (= § 83. 85), der allein uns die rhythmischen Zeichen überliefert, sagt zwar: „Was in der Vocal- und Instrumentalmusik ohne Ictus-Punkt, ohne Längen- und Pausen-Zeichen
notirt wird, sind bloß die rhythmuslosen Musikstücke: in der Vocalmusik „Synkechymena", in der Instrumentalmusik „Diapselaphemata"
genannt. Aber thatsächlich scheint die Vocalmusik kaum anders als
in den Hymnen des Mesomedes, nämlich ohne rhythmische Zeichen, —
bloß durch die über den Text gesetzten Notenbuchstaben der Tonstufen notirt worden zu sein. Denn die Zeitdauer der Sylben ergiebt
sich unmittelbar aus den Textesworten, nicht bloß für die 1-zeitigen
und 2-zeitigen Sylben, sondern auch für die 3- und mehrzeitigen.
Wollte man aber in der Vocalmusik der größeren Deutlichkeit wegen
eine mehr als 2-zeitige Länge noch durch ein besonderes Zeichen
bemerklich machen, dann fügte man zu dem über der langen Sylbe
stehenden Notenbuchstaben noch das Zeichen ∧ hinzu, wie dies in
den Hymnen des Mesomedes mehrfach geschehen ist.

### Gemischte rhythmische Zeitgröße.

Werden auf ein und derselben Sylbe zwei Töne gesungen, so
heißt dies nach Aristoxenus eine „gemischte" Zeit oder Zeitgröße.
Dergleichen kommt in den Hymnen des Mesomedes außerordentlich
häufig vor. Es ist nach der früher angegebenen Eigenthümlichkeit
der Untheilbarkeit des Chronos protos selbstverständlich, daß niemals
die 1-zeitige, sondern nur die lange 2- und mehrzeitige Sylbe als
gemischte Zeit erscheinen kann. Aristoxenus redet auch von einer
solchen gemischten Zeit, auf welche mehrere Sylben, aber nur Ein
Ton kommt. Offenbar ist dies so zu verstehen, daß auf mehreren auf
einander folgenden Sylben ein und derselbe Ton gesungen wird.

# Die vier rhythmischen Systeme.

Nach der Definition des Aristoxenus ist der Rhythmus die von einem
musischen Kunstwerke ausgefüllte Zeit, insofern dieselbe durch die Bestandtheile des Rhythmizomenons d. i. des Melos oder des sprach-
lichen Textes, für das Gefühl des Zuhörers bemerkbar, in bestimmte

gesetzmäßige Abschnitte zerfällt. Diese Zeitabschnitte nennt Aristo-
xenus rhythmische Zeiten oder genauer noch „rhythmische Systeme".
Das Wort System schließt den Begriff einer Zusammensetzung aus
Theilen in sich ein. Ein rhythmisches System würde demnach so viel
bedeuten, wie eine bestimmte gegliederte, aus kleinsten rhythmischen
Zeiteinheiten oder Primärzeiten bestehende Gruppe.

Im Ganzen giebt es vier Arten rhythmischer Systeme, — nicht
coordinirt, sondern in der Weise subordinirt, daß das größere System
stets die kleineren Systeme als Theile in sich einschließt. In dem
Bruchstücke der Aristoxenischen Rhythmik sind bloß die beiden
kleinsten Arten der rhythmischen Systeme abgehandelt. Zur Ergänzung
der Systeme dritten und vierten Grades müssen uns die Schriften der
alten Metriker dienen, besonders des Hephaestion aus der Zeit des
Kaisers Verus und des Marius Victorinus aus dem 4. nachchristlichen
Jahrhunderte.

Vom kleineren zum größeren aufsteigend heißen die vier rhythmischen Systeme bei den Alten:

1) Versfuß oder einfacher Takt.

2) rhythmisches Glied oder Kolon, membrum, auch 1-gliedriger
(unzusammengesetzter) Vers genannt; von Aristoxenus als zusammengesetzter Takt aufgefaßt.

3) Periode, auch 2- und mehrgliedriger zusammengesetzter Vers
genannt.

4) System im engeren Sinne, auch Strophe oder Antistrophe
genannt.

Die moderne Theorie des musikalischen Rhythmus unterscheidet
die nämlichen vier Gruppen rhythmischer Abschnitte wie die antike;
sie bedient sich auch der antiken Termini technici, hat aber bisher
die antiken Benennungen vielfach in einer anderen Bedeutung als das
klassische Alterthum angewandt. Nach dem Vorgange von Antoine
Reicha ist besonders durch die deutschen Musiktheoretiker Marx und
Lobe ein arger Mißbrauch bezüglich des Terminus „Periode" und
„Glied" fast allgemein geworden. Für die Kürze und Klarheit unserer
modernen rhythmischen Terminologie würde es äußerst wünschens-
werth sein, zu dem in Unkenntniß der Alten verlassenen Sprachgebrauche des klassischen Griechenthums zurückzukehren. Es ist am
bequemsten, denselben an einem Texte unserer Vocalmusik oder
einem Beispiele der Recitations-Poesie darzustellen.

Strophe aus vier Perioden:

| | | |
|---|---|---|
| dreigliedrige Periode | Kolon<br>Kolon<br>Kolon | Seht ihr dort die altersgrauen<br>Schlösser sich entgegen schauen,<br>leuchtend in der Sonne Gold, |
| dreigliedrige Periode | Kolon<br>Kolon<br>Kolon | wo der Hellespont die Wellen<br>brausend durch der Dardanellen<br>hohe Felsenpforten rollt? |
| zweigliedrige Periode | Kolon<br>Kolon | Hört ihr jene Brandung stürmen,<br>die sich an den Felsen bricht? |
| zweigliedrige Periode | Kolon<br>Kolon | Asien riß sie von Europen,<br>doch die Liebe schreckt sie nicht. |

Einfacher, aber ebenso instruktiv ist folgende

Strophe aus drei Perioden:

| | | |
|---|---|---|
| zweigliedrige Periode | Kolon<br>Kolon | Allein Gott in der Höh' sei Ehr<br>und Dank sei seiner Gnade, |
| zweigliedrige Periode | Kolon<br>Kolon | Darum daß nun und nimmermehr<br>uns rühren kann ein Schade. |
| dreigliegrige Periode | Kolon<br>Kolon<br>Kolon | Mit Wohlgefallen Gott uns schaut,<br>in Frieden seine Kirche baut,<br>all' Fehd' hat nun ein Ende. |

### Antike und moderne Cäsuren.

Nach den Gesetzen der christlich-modernen Versification liebt das Kolon in der lyrischen Poesie auf ein Reimwort auszugehen, — nicht minder ist es für eine fließende Form der Poesie fast unerläßlich, die aufeinander folgenden Kola durch Satz-Einschnitte, die aufeinander folgenden Perioden aber durch Satz-Abschnitte auch logisch von einander zu sondern. Solche mit dem Kolon- und Perioden-Ende in Zusammenhang stehende Satz-Ein- und -Abschnitte bezeichnen wir als „rhythmische Cäsuren". Es gehört zu den Eigenthümlichkeiten der griechischen Versification, daß man auf die rhythmischen Cäsuren bei weitem nicht die Rücksicht nahm, wie dies in der modernen Poesie geschieht. Die lyrischen Verse Pindars und der Dramatiker nehmen nicht den geringsten Anstoß daran, im Inlaute einer Periode zwei Kola ohne Wortende aneinander zu reihen, was

bei uns nur etwa in komischen Poesien untergeordneter Art vorkommt, z. B.

> So wußte sich auch in seinem größten
> Ungelücke Hieronymus zu trösten,
> und war froh, daß er mit hei-
> ler Haut den Bauern entgangen sei.

Dergleichen Wortbrechungen zwischen zwei Kola im Inlaute einer
Periode verstatten sich die lyrischen Dichter der Griechen gerade in
der Zeit der vollendetsten Versifications-Entwickelung.   In der älteren
Zeit und in allen auf die ältere Zeit zurückgehenden Metren beweisen
die Griechen bezüglich der Cäsuren wenigstens insoweit größere Sorgfalt, als zwischen zwei aufeinander folgenden Kola derselben Periode
mindestens ein Wortende stattfinden muß, z. B. zwischen den beiden
tripodischen Kola des heroischen Hexameters und des elegischen
Verses, ferner in den vielgliedrigen anapästischen Perioden des Dramas, wo nicht bloß zwischen den aufeinander folgenden tetrapodischen
Kola eine durch Wortende angezeigte Cäsur, sondern außerdem auch
noch eine Binnen-Cäsur in der Mitte der anapästischen Tetrapodie
normal ist.

In der Grenzscheide zweier Perioden, wo der moderne Dichter
ein volles Satzende, einen logischen Hauptabschnitt selten vernachlässigt, genügt dem antiken Dichter schon ein vollständiges Wortende.
Nicht Satzeinschnitt und Satzabschnitt, sondern bloßes Wortende hat
bei den griechischen Dichtern die Bedeutung unserer Cäsur.   Bei den
Cäsuren, durch welche im Inlaute der Periode die Grenzen der sich
aneinander reihenden rhythmischen Glieder markirt werden sollen,
kann das schließende Wort auch ein apostrophirtes sein, bei den
Cäsuren, welche zwei Perioden von einander trennen, muß das
auslautende Wort ein vollständig schließendes, kein apostrophirtes sein.
Auch ist in der Grenze der Perioden der in deren Inlaute der allgemeinen Norm nach ausgeschlossene Hiatus gestattet, d. h. in der
Periodengrenze darf sich in jedem Falle ein vocalisch auslautendes
und ein vocalisch anlautendes Wort an einander anreihen, was im
Inlaute der Periode nur in ganz besonderen Fällen vorkommen kann.
Endlich gilt für die auslautende Wortsylbe der Periode das Gesetz
der Ancipität d. h. einerlei, ob der strenge Rhythmus an jener Stelle
eine lange oder kurze Sylbe verlangt, kann die Schlußsylbe der Periode
ebenso gut eine Länge wie eine Kürze sein.

Auf diese drei Gesetze (1. Wortcäsur, 2. Gestattung des Hiatus
und 3. Ancipität) beschränkt sich die Bildung des Periodenendes in
der Poesie.

Erst beim Ende der aus mehreren Perioden bestehenden Strophe tritt ein wirklicher Satzabschnitt oder wenigstens Satzeinschnitt ein. Dies ist wenigstens der vorwaltende Gebrauch in den lyrischen Gesängen des Dramas. Bei der Strophencomposition Pindar's und der meisten übrigen Lyriker genügt für das Strophenende in sehr vielen Fällen schon der — auch für die einzelne Periode unerläßliche — Ausgang auf ein volles Wort.

In allen diesen Fällen (Ausgang des rhythmischen Gliedes, Ausgang der Periode und Ausgang der Strophe) will uns das Verfahren der modernen Dichter, die hier überall, soweit ihre Poesie eine nationale und keine Nachbildung der antiken Formen ist, einen logischen Einschnitt oder Abschnitt des Satzes verlangen, viel natürlicher erscheinen als das der Griechen, bei denen schon ein bloßes Wortende die Bedeutung unserer Cäsur hat, aber selbst das Wortende als Grenze der inlautenden Kola einer Periode häufig genug unterbleibt. Eine Erklärung dieser Licenz in den Musiktexten der Alten können wir nicht ausfindig machen. Denn in allen übrigen Stücken behandeln die antiken Dichter den Worttext mit einer viel größeren Sorgfalt als dies bei den modernen der Fall ist.

Bezüglich der vier rhythmischen Systeme ist für das Verhältniß der antiken zu den modernen Dichtern zu bemerken, daß das Kolon oder rhythmische Glied in der modernen Poesie gewöhnlich „Vers" genannt wird. Die modernen Dichter weisen gewöhnlich einem jeden einzelnen Kolon eine besondere Zeile an. Es kommt aber auch vor, daß zwei Kola in Einer Zeile enthalten sind, z. B. der achtfüßige Vers Platen's

Muthig stand an Persiens Grenzen | Roms erprobtes Heer im Feld,

ferner Uhland's Nachbildung des Nibelungen-Verses

Es stand vor alten Zeiten | ein Schloß so hoch und hehr,

ferner auch die deutsche Nachbildung des französischen Alexandriner's

Sie liegt in seinem Arm. | Mon Dieu, die Welt geht unter!

Ferner auch die Nachbildung des griechischen Hexameters

Pfingsten, das liebliche Fest, | war gekommen, schon grünten die Wälder.

In diesen vier Beispielen sind je zwei durch die Cäsur abgetrennte Kola zu einem zusammengesetzten zweigliedrigen Verse vereint. Hier

sind es ganze Perioden, welche je in eine einzige Zeile geschrieben
sind: zweigliedrige Perioden aus einem Anfangsgliede und einem
Schlußgliede. Es war Brauch bei den Griechen, daß wenn ein ganzes
Gedicht oder ein längerer Theil desselben aus den nämlichen zwei-
gliedrigen Perioden bestand, daß diese dann stets je als eine einzige
Zeile, als ein einziger zusammengesetzter Vers von dem Dichter ge-
schrieben wurde. Die modernen Dichter schreiben auch in diesem
Falle je ein rhythmisches Glied in eine einzelne Zeile, z. B. Schiller

> An der Quelle saß der Knabe,
> Blumen wand er sich zum Kranz,
> und er sah sie fortgerissen
> fliehen in der Wellen Tanz.

Der antike Dichter hätte hier zwei Zeilen geschrieben:

> An der Quelle saß der Knabe, | Blumen wand er sich zum Kranz,
> und er sah sie fortgerissen | fliehen in der Wellen Tanz.

Der moderne Dichter schreibt nach einfachen, eingliedrigen Versen,
der antike nach zweigliedrigen, zusammengesetzten Versen.

# Die einfachen Takte.

Die Nomenclatur „einfache Takte“, welche sich bis heute in der musikalischen Kunstsprache gehalten hat, ist — wie es scheint — zuerst von
Aristoxenus aufgebracht. Wir Modernen haben mehrfach eine andere
Bedeutung damit verbunden, thäten aber wohl daran, genau zu der Aristoxenischen Auffassung zurückzukehren. Unsere Seelsorger sagen, das
Bibelwort müsse sich ewig halten, weil es eine unmittelbare Eingebung
des göttlichen Geistes sei. Freilich ist eine ewige Logik der Sittlichkeit
darin ausgesprochen. Aus dem nämlichen Grunde hat die Aristoxenische Doctrin der Rhythmik, in welcher die ewige Logik des Rhythmus niedergelegt ist, ewige Geltung für die musikalische Theorie zu
beanspruchen.

Einfacher Takt ist nach Aristoxenus der einzelne musikalische
Versfuß, welcher aus drei, oder vier, oder fünf, oder sechs Primärzeiten besteht.

### Einfacher 4-zeitiger oder daktylischer Takt.

1. Der einfache 4-zeitige Takt, auf dessen schweren Takttheil zwei Primärzeiten und ebenso viele auf den schwachen Takttheil kommen, ist ein gerader Takt.

Sowohl a. der starke, wie auch b. der schwache Takttheil kann den Anfang des Taktes bilden.

a. ⌣⌣⌣⌣, ⌣⌣⌣⌣, ⌣⌣⌣⌣, ⌣⌣⌣⌣ aufgelöster Daktylus (absteigender Proceleusmaticus)

  ⌐⌣⌣, ⌐⌣⌣, ⌐⌣⌣, ⌐⌣⌣ Daktylus

  ⌐ —, ⌐ —, ⌐ —, ⌐ — zusammengezogener Daktylus (Spondeus)

b. ⌣⌣⌣⌣, ⌣⌣⌣⌣, ⌣⌣⌣⌣, ⌣⌣⌣⌣ aufgelöster Anapäst (ansteigender Proceleusmaticus)

  ⌣⌣ ⌐, ⌣⌣ ⌐, ⌣⌣ ⌐, ⌣⌣ ⌐ ansteigender Anapäst

  — ⌐, — ⌐, — ⌐, — ⌐ zusammengezogener Anapäst

  — ⌣⌣, — ⌣⌣, — ⌣⌣, — ⌣⌣ Anapäst, zugleich aufgelöst und zusammengezogen.

Die Formen a. und b. werden zusammen Takte des daktylischen Rhythmengeschlechtes genannt. Wollen wir diese griechischen Taktformen durch unsere modernen Noten ausdrücken, dann setzen wir die Primärzeit (⌣) entweder als 𝅘𝅥𝅯, oder als 𝅘𝅥𝅮, oder als 𝅘𝅥 an und dem entsprechend die 2-zeitige Sylbe (—) entweder als 𝅘𝅥𝅮, oder als 𝅘𝅥, oder als 𝅗𝅥 an, wodurch sich der 4-zeitige oder daktylische Takt entweder als 𝅘𝅥𝅯𝅘𝅥𝅯𝅘𝅥𝅯𝅘𝅥𝅯 — oder als 𝅘𝅥𝅮𝅘𝅥𝅮𝅘𝅥𝅮𝅘𝅥𝅮 oder als 𝅘𝅥𝅘𝅥𝅘𝅥𝅘𝅥 darstellt. Indem wir in den Formen b den vorausgehenden leichten Takttheil stets durch den Taktstrich von dem folgenden schweren Takttheile absondern, lassen sich, unter Ansetzung des Chronos protos als eines Achtels, die Takte folgendermaßen durch unsere Noten darstellen:

b. 𝅘𝅥𝅮𝅘𝅥𝅮 | 𝅘𝅥𝅮𝅘𝅥𝅮 𝅘𝅥𝅮𝅘𝅥𝅮 | 𝅘𝅥𝅮𝅘𝅥𝅮 𝅘𝅥𝅮𝅘𝅥𝅮 | 𝅘𝅥𝅮𝅘𝅥𝅮 𝅘𝅥𝅮𝅘𝅥𝅮 | 𝅘𝅥𝅮𝅘𝅥𝅮

𝅘𝅥𝅮𝅘𝅥𝅮 | 𝅘𝅥 𝅘𝅥𝅮𝅘𝅥𝅮 | 𝅘𝅥 𝅘𝅥𝅮𝅘𝅥𝅮 | 𝅘𝅥 𝅘𝅥𝅮𝅘𝅥𝅮 | 𝅘𝅥

𝅘𝅥 | 𝅘𝅥 𝅘𝅥 | 𝅘𝅥 𝅘𝅥 | 𝅘𝅥 𝅘𝅥 | 𝅘𝅥 𝅘𝅥 | 𝅘𝅥

𝅘𝅥 | 𝅘𝅥𝅮𝅘𝅥𝅮 𝅘𝅥 | 𝅘𝅥𝅮𝅘𝅥𝅮 𝅘𝅥 | 𝅘𝅥𝅮𝅘𝅥𝅮 𝅘𝅥 | 𝅘𝅥𝅮𝅘𝅥𝅮

Wir Modernen lassen den Takt stets und überall mit dem schweren Takttheile beginnen. Von jedem Taktstriche an zählen wir einen neuen Takt. Die Griechen haben in diesem Punkte eine andere theoretische Auffassung. Unseren Taktstrich kennen sie nicht. Den

„Anfang des Taktes" kann bei ihnen ebensogut ein schwacher, wie ein starker Takttheil bilden. Mehr hierüber s. unten S. 294. Gleichwohl empfinden sie den Gegensatz der beiden Formen a und b viel lebendiger als wir. Sie fühlen darin den Gegensatz größerer Ruhe (Form a) und größerer Erregtheit (Form b). Außerdem empfinden sie es lebhaft als Steigerung der Ruhe, wenn der 2-zeitige Takttheil ein zusammengezogener ist, als Steigerung der Bewegung, wenn er ein aufgelöster ist. Die Taktform des Daktylus ($- \cup \cup$) ist ihnen daher eine Mittelform zwischen Ruhe und Erregtheit. So berichtet die auf Aristoxenus fußende Rhythmik des Aristides S. 97. Ebendaselbst lesen wir, daß wenn die rhythmische Zeitgröße über den Umfang des 2-zeitigen Takttheiles hinaus zu einem ganzen 4-zeitigen Takte ausgedehnt ist (so daß also an Stelle des Daktylus eine einzige 4-zeitige lange Sylbe $\_$ steht), daß alsdann der Eindruck besonderer zur Andacht sich steigernder Erhebung der Seele hervorgebracht wird,

$$ \mathrel{\rlap{\;\;\vert}\rlap{\;\;\vert}\rlap{\;\;\vert}} \quad $$

weshalb diese Form des Rhythmus, in welcher zwei 4-zeitige Längen ($\_\;\_$ genannt Doppelspondeus oder großer Spondeus) auf einander folgen, in den heiligen Hymnen angewandt werde.

### Einfacher 3-zeitiger oder trochäischer Takt.

2. Der einfache 3-zeitige Takt, auf dessen schweren Takttheil zwei Primärzeiten kommen, während der leichte Takttheil nur eine einzige Primärzeit enthält, und wo also die beiden Takttheile ihrer Zeitdauer im Verhältnisse 2 : 1, dem Verhältnisse des Doppelten stehen. Also ein einfacher ungerader Takt! Auch hier kann sowohl a. der schwere. wie b. der leichte Takttheil den Anfang des Taktes bilden.

    a. $\cup \cup \cup$, $\cup \cup \cup$, $\cup \cup \cup$, $\cup \cup \cup$ aufgelöster Trochäus, absteigender Tribrachys

    $\_ \cup$, $\_ \cup$, $\_ \cup$, $\_ \cup$ Trochäus

    $\cup \_$, $\cup \_$, $\cup \_$, $\cup \_$ Trochäus mit Zusammenziehung (vgl. S. 277)

    b. $\cup \cup \cup$, $\cup \cup \cup$, $\cup \cup \cup$, $\cup \cup \cup$ aufgelöster Iambus. ansteigender Tribrachys

    $\cup \_$, $\cup \_$, $\cup \_$, $\cup \_$ Iambus.

Die Form a und b werden zusammen auch Takte des iambischen Rhythmengeschlechtes genannt. Wir könnten statt dessen mit demselben Rechte auch Takte des trochäischen Rhythmengeschlechtes sagen, aber die Alten legen für die allgemeine Nomenclatur die Form b als die häufiger vorkommende zu Grunde. Durch moderne Noten ausgedrückt würden die 3-zeitigen Takte der Griechen $\frac{3}{16}$-, oder $\frac{3}{8}$-, oder $\frac{3}{4}$-Takte je nach der verschiedenen Ansetzung der Primärzeit zu nennen sein.

Von den entsprechenden griechischen Formen ist der dritte Takt der Form a der seltenste, welcher dem Sylben-Schema nach genau mit dem Iambus übereinkommt, aber sich von diesem durch eine umgekehrte Accentuation . unterscheidet. Von dem aufgelösten Trochäus oder Tribrachys ist nämlich die zweite Primärzeit des starken Takttheils mit der dritten Primärzeit des ganzen Taktes zu einer 2-zeitigen Sylbe zusammengezogen. Wir bezeichnen daher die betreffende Taktform ‿ _ als den „Trochäus mit Zusammenziehung". Quellenmäßig überliefert ist uns diese Taktform nur in den Resten der Instrumentalmusik (Anonymus § 104, dem Herausgeber Bellermann war sie entgangen: es kann nicht wohl ein Zweifel sein, daß hier in der Handschrift auf dem Anfang des aus einer kurzen und einer langen Note zusammengesetzten Versfußes das rhythmische Zeichen des Ictus gesetzt ist). Aber auch für die Vocalmusik scheint sie unabweisbar zu sein. Doch soll es keineswegs unsere Ansicht sein, daß wie man wohl aus dem vorstehenden Schemata schließen könnte, eine solche Taktform continuirlich hinter einander für ein ganzes rhythmisches Glied wiederholt werde. Vielmehr scheint dieselbe auf dasjenige, was Böckh mit Gottfried Hermann eine iambische Basis nannte, beschränkt gewesen zu sein.

Die trochäischen Takte müssen in der griechischen Musik im Allgemeinen ein rascheres Tempo als die daktylischen gehabt haben. Aristoteles bezeichnet die Trochäen als ein besonders für rasche Orchestik angemessenes Maß. Aus diesem Grunde wird auch eine zweite Benennung, welche der Trochäus führte, zu erklären sein. Man nannte ihn nämlich auch Choreios d. i. Tanztakt. Auch unsere modernen Walzer und Mazurkas gehören dem 3-zeitigen Takte an.

### Einfacher 6-zeitiger oder ionischer Takt.

3. Der einfache 6-zeitige Takt. Wohl zu unterscheiden von dem ebenfalls 6-zeitigen zusammengesetzten Takte, welcher seinerseits in der Combination zweier 3-zeitiger einfacher Takte (zweier Trochäen) besteht. Für den gleich großen einfachen Takt giebt es in der griechischen Poesie (nicht in der modernen) ein eigenes Metrum, das sogenannte ionische, in welchem der Versfuß aus drei langen (2-zeitigen) Sylben besteht, deren jede in zwei Kürzen aufgelöst werden kann: die

sechs Primärzeiten des Taktes erhalten also eine solche rhythmische
Gliederung, daß je zwei zu einer rhythmischen Einheit zusammen-
gefaßt werden. Auch hier bestehen zwei Formen, a. und b.:

a.  $\bot - -$ ,  $\bot - -$   absteigender Molossus
   $\bot - \cup\cup$ ,  $\bot - \cup\cup$   absteigender Ionicus
   $\cup\cup - -$ ,  $\cup\cup - -$

b.  $\cup\cup\bot -$ ,  $\cup\cup\bot -$   ansteigender Ionicus
   $- \bot -$ ,  $- \bot -$   ansteigender Molossus.

Das einfachste Sylben-Schema des 6-zeitigen Versfußes, aber in
der Anwendung das seltenste ist der Molossus, in welchem zwei Längen
dem starken Takttheile, die dritte dem schwachen Takttheile zugewiesen wird.

Das häufigste Sylben-Schema ist dasjenige, in welchem die als
schwacher Takttheil stehende lange Sylbe in zwei kurze aufgelöst
ist. Bildet der aufgelöste schwache Takttheil den Ausgang des Versfußes, dann heißt dieser Ionicus a majore; haben die zwei Kürzen
die Funktion des Auftaktes, dann wird der Versfuß Ionicus a minore
genannt. Nicht selten kommt es vor, daß zwei Längen des Molosus
aufgelöst sind, sehr selten dagegen ist die Auflösung aller drei
Längen. Eine Aufführung dieser Sylben-Schemata unterlassen wir.

Dieser Versfuß ist der größte einfache Takt des dreitheilig-un-
geraden Rythmengeschlechtes.

Aus Inhalt und Stimmung der dem ionischen Takte folgenden
Worttexte ergiebt sich, daß das Tempo dieses Rhythmus ein langsameres als beim 3-zeitigen Takte war.

Wollen wir den ionischen Takt der Griechen in unsere Noten
umschreiben, dann setzen wir die Primärzeit entweder als $\flat$ oder $\flat$
oder als $\flat$ an und bezeichnen hiernach den ganzen Versfuß entweder als

$$\frac{8}{8} \quad \text{♫♫♫}$$

oder als

$$\frac{3}{4} \quad \text{♩♩♩♩♩♩}$$

oder

$$\frac{3}{2} \quad \text{♩♩♩♩♩♩}$$

### Einfacher 5-zeitiger oder päonischer Takt.

4. Der einfache 5-zeitige Takt ist unserer modernen Musik fremd. Bei den Griechen war er häufig genug. Er heißt hier päonischer Takt und kann als fünftheilig-ungerader bezeichnet werden. Auf den einen Takttheil kommen drei, auf den anderen zwei Primärzeiten, das päonische Taktverhältniß ist somit 3 : 2. Am gewöhnlichsten wird das Sylben-Schema dieses Taktes durch die Verbindung eines Trochäus mit einer langen Sylbe gebildet, wobei entweder der Trochäus oder die lange Schlußsylbe den Hauptaccent hat:

a. ⌣ — absteigender Päon
⌣⌣⌣⌣ } aufgelöster Päon
⌣⌣⌣

b. — ⌣ ansteigender Päon
⌣⌣⌣⌣ } aufgelöster Päon
⌣⌣⌣

Es giebt nun noch zwei andere Formationen des 5-zeitigen Taktes, bestehend aus einer 2-zeitigen Länge und einem 3-zeitigen Trochäus die eine, — aus einem 3-zeitigen Iambus und einer 2-zeitigen Länge die andere.

a. ⌣ — ⌣ absteigender Bacchius
b. ⌣ ⌣ — ansteigender Bacchius.

Die eine dieser Zusammensetzungen wird Bacchius, die andere Palimbacchius oder Antibacchius genannt, doch ist die Uebertragung dieser beiden Namen auf die eine oder die andere der beiden Zusammensetzungen im Verlaufe der römischen Kaiserzeit eine schwankende. Früher scheint man auch diese beiden Schemata des 5-zeitigen Versfußes unter dem Namen Päon inbegriffen zu haben.

Käme auch in der modernen Musik ein einfacher 5-zeitiger Takt vor, dann würde er als $\frac{5}{16}$- oder $\frac{5}{8}$- oder $\frac{5}{4}$-Takt vorgezeichnet sein. Freilich giebt es auch bei uns 5-theilige Takte. Welchen Takten der griechischen Musik sie entsprechen, wird weiterhin S. 285 zu sagen sein.

### Primäre und secundäre einfache Takte.

Die primären und die secundären unter den einfachen Takten oder Versfüßen. Zwar nicht bei Aristoxenus, wohl aber bei den Theoretikern der antiken Metrik, welche ihrerseits im Principe

der rhythmischen Doctrin des Aristoxenus niemals widersprechen, ist
uns eine Eintheilung der vier Versfüße in zwei Kategorien überliefert,
mit der Benennung „Takte der ersten Antipathie" und „Takte der zweiten
Antipathie". Auf den Grund dieser Benennung brauchen wir hier nicht
einzugehen. Wenn wir dafür „primäre Versfüße" und „secundäre
Versfüße" sagen, so wird damit das eigenthümliche Wesen dieser
Classification hinlänglich ausgedrückt sein. Primäre Versfüße sind der
4-zeitige und der 3-zeitige. Secundäre Versfüße der 6-zeitige und der
5-zeitige. Zerlegt man einen secundären Versfuß in seine zwei Theile,
so wird der eine dieser Theile mit einem der beiden primären Versfüße identisch sein, der zweite Theil des secundären Versfußes in einer
entweder 1-zeitigen (kurzen) oder einer 2-zeitigen (langen) Sylbe bestehen. Von den beiden Theilen eines primären Versfußes wird keiner
mit irgend einem ganzen Versfuße übereinkommen.

Wir haben hierbei darauf aufmerksam zu machen, daß jeder einfache Versfuß als ein monopodischer d. i. einfüßiger Takt anzusehen
ist, jeder aus zwei einfachen Takten zusammengesetzter Takt als ein
dipodischer oder zweifüßiger Takt. Die Classification in primäre und
secundäre Versfüße will nun besagen, daß ein Versfuß der zweiten
Kategorie als eine rhythmische Verkürzung von dipodischen Combinationen der Versfüße erster Kategorie anzusehen ist. Der 5-zeitige
oder päonische Versfuß ist aus einer trochäischen Dipodie, der
6-zeitige oder ionische Versfuß aus einer daktylischen Dipodie rhyth-
misch verkürzt. An einem anderen Orte ist nachzuweisen, daß das
Wesen des 5-zeitigen und 6-zeitigen Versfußes in Wirklichkeit so
aufzufassen ist.

## Die zusammengesetzten Takte.

Die Combination einfacher Takte oder Versfüße zu einem Kolon
oder rhythmischen Gliede (einfachem Verse) wird von Aristoxenus als
ein „zusammengesetzter Takt" aufgefaßt. Es bedeutet dies, daß in einer
solchen Combination einfacher Takte zu einem rhythmischen Systeme
zweiten Grades zwar ein jeder einzelne Versfuß seinen starken und
seinen schwachen Takttheil hat, daß aber der starke Takttheil eines
dieser Einzeltakte den rhythmischen Hauptaccent erhält, welcher gewissermaßen dies ganze rhythmische System beherrscht und dem gegen-

über die starken Takttheile der übrigen Einzeltakte des rhythmischen Gliedes durch verschiedenartige Accent-Abstufung zu rhythmischen Nebenaccenten herabsinken.

### Wie viele Versfüße zu einem rhythmischen Gliede vereint werden können.

Zuerst ist anzugeben, wie viele Einzeltakte zu einem rhythmischen Gliede oder zusammengesetzten Takte vereinigt werden können. Dies ist abhängig von der Ausdehnung der Zahl der Primärzeiten des betreffenden einfachen Taktes. Aristoxenus meint: In dieser oder jener Taktart würden wir eine Combination von so und so viel Primärzeiten nicht mehr als einen einheitlichen zusammengesetzten Takt mit nur einem rhythmischen Hauptaccente überschauen und als zusammengehöriges Ganze empfinden können. Dies sei der Grund, weshalb es bestimmte Grenzen für die Ausdehnung der zusammengesetzten Takte gebe. Es ist ersichtlich, daß Aristoxenus in den Angaben dieser Grenzen genau den Thatsachen der praktischen Musik aus der Kunstblüthe der alten classischen Periode folgt.

Hält man die (freilich bei Aristoxenus nicht vorkommenden) Kategorien der primären und secundären Versfüße fest, so kann man sich die Aristoxenischen Angaben über die Ausdehnung der zusammengesetzten Takte oder rhythmischen Glieder leicht zu eigen machen. Für die des Griechischen weniger Kundigen stehe vorher noch die Notiz, daß

„Dipodie" eine Combination von zwei Versfüßen bedeutet,

„Tripodie" von drei Versfüßen,

„Tetrapodie" von vier Versfüßen,

„Pentapodie" von fünf Versfüßen,

„Hexapodie" von sechs Versfüßen.

Diese griechische Terminologie ist ungleich einfacher und darum verständlicher, als wenn wir jedesmal mit vielen Worten umschreiben wollten, z. B. „daktylische Tetrapodie" durch: zusammengesetzter vierfüßiger Takt aus vier 4-zeitigen Versfüßen.[1]

---

[1] Es wäre wohl sehr schön, wenn man an Stelle antiker Termini für rhythmische Begriffe moderne Termini bilden könnte, aber es ist dies so wenig möglich, als wenn man für die lateinischen oder griechischen Termini auf dem Gebiete der Mathematik, wie Parabel, Hyperbel, Tangente, ebenso kurz bezeichnende moderne Ausdrücke bilden wollte. An Raum und Zeit, mithin auch an Klarheit, würde in der Rhythmik durch moderne Umschreibungen nichts gewonnen werden.

Versfüße der primären Klasse lassen sich von der
Dipodie bis zur Hexapodie zusammensetzen, mit der einzigen
Ausnahme, daß von daktylischen Versfüßen höchstens nur
eine Pentapodie, nicht aber eine Hexapodie gebildet wird.

Von Versfüßen der secundären Klasse lassen sich
nur dipodische und tripodische Glieder, niemals aber tetrapodische und umfangreichere Glieder bilden.

Die einzige Ausnahme machen unter den secundären die päonischen Versfüße, insofern von diesen auch ein pentapodisches Kolon
gebildet werden kann.

Alle Dipodien und Tetrapodien sind nach Aristoxenus zusammengesetzte gerade Takte.

Alle Tripodien und Hexapodien sind nach Aristoxenus zusammengesetzte 3-theilig-ungerade Takte.

Alle Pentapodien sind zusammengesetzte 5-theilig-ungerade Takte.

### Im daktylischen Rhythmengeschlechte

kommen vor:

1. als einfacher Takt die 4-zeitige daktylische Monopodie:

$$-\,\smile\,\smile$$

2. als zusammengesetzter gerader Takt die 8-zeitige daktylische
Dipodie:

$$-\,\smile\,\smile\,-\,\smile\,\smile$$

3. als zusammengesetzter 3-theilig-ungerader Takt die 12-zeitige
daktylische Tetrapodie:

$$-\,\smile\,\smile\,-\,\smile\,\smile\,-\,\smile\,\smile$$

4. als zusammengesetzter gerader Takt die 16-zeitige daktylische
Tetrapodie:

$$-\,\smile\,\smile\,-\,\smile\,\smile\,-\,\smile\,\smile\,-\,\smile\,\smile$$

5. als zusammengesetzter fünftheilig ungerader Takt die 20-zeitige
daktylische Pentapodie:

$$-\,\smile\,\smile\,-\,\smile\,\smile\,-\,\smile\,\smile\,-\,\smile\,\smile\,-\,\smile\,\smile$$

Ausgedehntere rhythmische Glieder kann es nach Aristoxenus'
Darstellung im daktylischen Rhythmengeschlechte nicht geben. Augenscheinlich stimmen damit die Worttexte der griechischen Dichter.

Wo eine Verbindung von sechs daktylischen Versfüßen sich zeigt, da ist dieselbe (wie im heroischen Hexametron) in mehrere rhythmische Glieder aufzulösen.

Im trochäischen Rhythmengeschlechte

kommen vor:

1. als einfacher Takt die 3-zeitige trochäische Monopodie:

— ◡

2. als zusammengesetzter gerader Takt die 6-zeitige trochäische Dipodie:

— ◡ — ◡

3. als zusammengesetzter dreitheilig-ungerader Takt die 9-zeitige trochäische Tripodie:

— ◡ — ◡ — ◡

4. als zusammengesetzter gerader Takt die 12-zeitige trochäische Tetrapodie:

— ◡ — ◡ — ◡ — ◡

5. als zusammengesetzter fünftheilig-ungerader Takt die 15-zeitige trochäische Pentepodie:

— ◡ — ◡ — ◡ — ◡ — ◡

6. als unzusammengesetzter dreitheilig-ungerader Takt die 18-zeitige trochäische Hexapodie:

— ◡ — ◡ — ◡ — ◡ — ◡ — ◡

Im ionischen Rhythmengeschlechte

kommen vor:

1. als einfacher dreitheilig-ungerader Takt die 6-zeitige ionische Monopodie:

— — ◡ ◡

2. als zusammengesetzter zweitheilig-gerader Takt die 12-zeitige ionische Dipodie:

3. als zusammengesetzter dreitheilig-ungerader Takt die 18-zeitige ionische Tripodie:

$$- - \cup \cup - - \cup \cup - - \cup \cup$$

## Im päonischen Rhythmengeschlechte
kommen vor:

1. als einfacher fünftheilig-ungerader Takt die 5-zeitige päonische Monopodie:

$$- \cup -$$

2. als zusammengesetzter zweitheilig-gerader Takt die 10-zeitige päonische Dipodie:

$$- \cup - - \cup -$$

3. als zusammengesetzter dreitheilig-ungerader Takt die 15-zeitige päonische Tripodie:

$$- \cup - - \cup - - \cup -$$

Eine päonische Tetrapodie kann nach Aristoxenus nicht vorkommen.

Dagegen geht aus seiner Darstellung hervor, daß die päonische Pentapodie von 25-zeitigem Umfange ein legitimer Takt ist. Derselbe wird ausdrücklich als der größte zusammengesetzte fünftheilig-ungerade Takt aufgeführt:

$$- \cup - - \cup - - \cup - - \cup - - \cup -$$

Daß sich Aristoxenus auch hier mit den Thatsachen der griechischen Vocalmusik durchaus in Uebereinstimmung befindet, hat schon die griechische Rhythmik vom Jahre 1854 aus Aristophanes Acharnern klar zu stellen versucht.

### Paeon epibatus

ist ein auch von Aristoxenus anerkannter Takt, welcher bei Aristides p. 39. 98 näher beschrieben wird. Ein 10-zeitiger aus fünf langen Sylben bestehender Takt der fünftheilig-ungeraden Taktart; die erste Länge ist nach Aristides eine Arsis, die zweite eine Thesis, die dritte und vierte zusammen eine Thesis, die fünfte eine Arsis:

$$- - - - -$$

Der ganze 10-zeitige Takt ergiebt sich hiernach als eine Combination des 4-zeitigen Daktylus mit dem 6-zeitigen Ionicus.

Dieser fünftheilige Takt kommt auch in unserer modernen Musik vor. Boieldieu in der weißen Dame Cavatine 13 bezeichnet ihn als eine Combination des ⅜-Taktes mit dem ⅜-Takte. Der bekannteste Paeon epibatus der modernen Musik ist in dem Volksliede

**Prinz Eugenius der edle Ritter**

vertreten.

## Takte der continuirlichen Rhythmopöie und die isolirt vorkommenden Takte.

Von der Scala der vorliegenden einfachen und zusammengesetzten Takte sagt Aristoxenus: dies seien die Takte, welche auch eine continuirlichen Rhythmopöie gestatten. Die Methode, wie Aristoxenus jene Takte entwickelt, kann zwar äußerlich erscheinen: sie ist aber eine im höchsten Grade interessante Deduction auf arithmetischem Wege ausgeführt. Die Voraussetzung ist: ein jeder Takt muß nach dem Verhältnisse der drei Taktarten „1:1, 1:2, 2:3" gegliedert sein; dann wird für alle Zahlen von 2 bis 25 untersucht, ob sie einer dieser drei Taktarten angehören oder nicht. Einen Takt z. B. von 7, 14 Primärzeiten kann es nicht geben, weil derselbe der vorausgesetzten Forderung nicht entspricht. Nur die Takte der oben angeführten Scala entsprechen jener Voraussetzung, nur sie können auch in einer continuirlichen Rhythmopöie gebraucht werden, d. h. sie lassen sich continuirlich oder wenigstens mehrmals hinter einander wiederholen.

**Katalektische Glieder werden zu akatalektischen gedehnt.**

Die nach Aristoxenus als Takte der continuirlichen Rythmopöie gestatteten Kola sind sämmtlich derartige, welche in der Kunstsprache der griechischen Metriker als vollständige oder akatalektische Kola bezeichnet werden. Ihnen stehen die akatalektischen oder unvollständigen Kola gegenüber, denen am Ende ein Theil eines Versfußes fehlt:

— ᴗ — ᴗ — ᴗ — ᴗ

ist eine akatalektische aus vier vollständigen Trochäen bestehende Tetrapodie; dagegen

— ᴗ — ᴗ — ᴗ —

ist eine katalektische Tetrapodie, in welcher dem vierten Trochäus eine Sylbe fehlt.

In der Praxis der griechischen Vocalmusik kommt es vor, daß mehrere katalektische Tetrapodien des trochäischen Rhythmus continuir-

lich aufeinander folgen. Dem Worttexte nach hat die katalektisch-tro-
chäische Tetrapodie nur 11 Primärzeiten. Von einer 11-zeitigen rhythmischen Größe sagt aber Aristoxenus, daß sie nicht zu denen gehöre,
welche Takte der continuirlichen Rhythmopöie sind. Da nun die katalektischen Tetrapodien thatsächlich continuirlich auf einander folgen
können, so ist ersichtlich, daß ein solches katalektisches Kolon einen
anderen als den 11-zeitigen Umfang haben muß. Durch Aristides
p. 97 werden wir belehrt, daß ein katalektisches Kolon zur Ausfüllung des Rhythmus eine Pause annimmt. Der 11-zeitige Umfang,
welcher von den sieben Sylben der katalektischen trochäischen Tetrapodie eingenommen wird, wird durch eine 1-zeitige Pause zu demselben 12-zeitigen Umfange, wie die akatalektische Tetrapodie ergänzt
und somit die von Aristoxenus für die continuirliche Rhythmopöie
verlangte Taktgröße completirt.

So ist es nun auch bei allen übrigen katalektischen Formen der
Kola. Stets muß das katalektische Kolon denselben rhythmischen
Zeitumfang wie das entsprechende akatalektische haben.

Daß es außer dem von Aristides angegebenen Zusatz einer er-
gänzenden Pause für die katalektischen Kola auch noch ein zweites
Mittel giebt, durch welches der volle rhythmische Werth erreicht
wird, nämlich die Dehnung der in der Katalexis stehenden langen
Sylbe über den 2-zeitigen Umfang hinaus zu einer 3-zeitigen, beziehungsweise 4-zeitigen Sylbe, das geht aus den Melodien der Dionysischen und Mesomedischen Hymnen hervor.

Geben wir hierfür ein Beispiel.

Die aus iambischen Versfüßen bestehende akatalektische Tetrapodie

$$\cup - \cup - \cup - \cup -$$

ist ein 12-zeitiges Kolon. Die entsprechende katalektische Form ist

$$\cup - \cup - \cup - \cup$$

oder

$$\cup - \cup - \cup - -.$$

Analog bei anapästischen Versfüßen die akatalektische Tetrapodie

$$\cup \cup - \cup \cup - \cup \cup - \cup \cup -,$$

die akatalektische Tetrapodie

$$\cup \cup - \cup \cup - \cup \cup - -$$

oder

Sowohl für Iamben wie für Anapästen ist die katalektische Tetrapodie in den Melodien der Hymnen so mit Notenzeichen versehen, daß
die vorletzte Sylbe in beiden Kola eine gedehnte ist.

Unmöglich kann dort für die katalektischen Tetrapodien eine
andere Sylbendauer gemeint sein als

$$\smile\;\bar{\phantom{i}}\;\smile\;\bar{\phantom{i}}\;\smile\;\bar{\phantom{i}}\;\bar{\phantom{i}}$$

und

$$\smile\;\smile\;\bar{\phantom{i}}\;\smile\;\smile\;\bar{\phantom{i}}\;\smile\;\smile\;\bar{\phantom{i}}\;\bar{\phantom{i}},$$

obwohl diese katalektischen Anapästen auch in folgender Weise mit
Notenzeichen versehen sind:

$$\smile\;\smile\;\bar{\phantom{i}}\;\smile\;\smile\;\bar{\phantom{i}}\;\smile\;\smile\;\bar{\phantom{i}}\;\wedge\;\bar{\phantom{i}},$$

denn das Pausenzeichen im Inlaute eines schließenden Wortes kann
nicht anders als Zeichen für die Sylben-Verlängerung gefaßt werden
(vgl. Aristoxenus-Erläuterung S. 18. 19).

So wird im iambischen Metrum die katalektische Tetrapodie
durch Sylben-Dehnung zum 12-zeitigen, im anapästischen zum 16-zei-
tigen Kolon, beide zu gleichen rhythmischen Größen wie die entsprechenden akatalektischen Formen.

Diese katalektischen Kola sind trotz der dem Worttexte mangeln-
den Sylben, sobald die Texte nicht gesprochen, sondern gesungen
werden, vollständige akatalektische Kola von der für die continuirliche Rhythmopöie legitimen rhythmischen Zeitgröße.

### Zulassung von Größenwerthen der „nicht continuirlichen Rhythmopöie".

Doch können auch Fälle vorkommen, wo durch die Verbindung
der Kola untereinander rhythmische Größen entstehen, welche in der
Aristoxenischen Scala der legitimen (für continuirliche Rhythmopöie
verwendbaren) Takte ausgeschlossen sind. Dies findet z. B. da statt, wo
eine Periode mit einem iambischen Kolon beginnt, an welches sich
unmittelbar ein trochäisches Kolon anschließt. Was das eine Kolon
an rhythmischer Größe zu viel hat, hat das folgende Kolon an rhythmischer Größe zu wenig. Auf diese Weise wird die legitime Größen-
zahl ausgeglichen, z. B.:

$$\underbrace{\smile\;\bar{\phantom{i}}\;\smile\;\bar{\phantom{i}}\;\smile\;\bar{\phantom{i}}\;\bar{\phantom{i}}}_{\text{13-zeitig}}\;\Big|\;\underbrace{\bar{\phantom{i}}\;\smile\;\bar{\phantom{i}}\;\smile\;\bar{\phantom{i}}\;\smile}_{\text{11-zeitig}}$$

$$\underbrace{\bar{\phantom{i}}\;\smile\;\bar{\phantom{i}}\;\bar{\phantom{i}}}_{\text{7-zeitig}}\;\Big|\;\underbrace{\bar{\phantom{i}}\;\smile\;\bar{\phantom{i}}\;\smile\;\bar{\phantom{i}}\;\smile}_{\text{11-zeitig}}$$

Ebenso bei Verbindungen anapästischer mit daktylischen Kola:

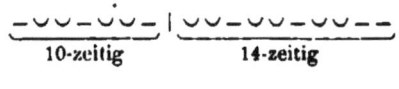

Das sind 13-zeitige, 11-zeitige, 7-zeitige, 10-zeitige, 14-zeitige Kola, welche in der continuirlichen Rhythmopöie nicht vorkommen können, sondern nur durch die Größenausgleichung infolge der Verbindung zweier Kola, von denen das eine das legitime Maß überschreitet, das andere hinter dem legitimen Maße zurückbleibt, für die ganze Periode das legitime Maß herstellen.

So besteht auch der daktylische Hexametron aus zwei Kola:

oder

d. i. einem daktylischen und einem anapästischen Kolon, eine Auffassung, die schon bei Aristoteles vorkommt. Für die continuirliche Rythmopöie eignen sich die beiden Kola dadurch, daß der legitime Gesammtumfang der 24-zeitigen Periode trotz der Katalexis des ersten der beiden Kola nicht verletzt wird.

# Takttheile.

### Die Diaresis (Zerfällung) der Takte in Takttheile.

Die Aristoxenische Scala der auch für continuirliche Rhythmopöie anwendbaren Takte ergiebt als errhythmisch 13 Taktgrößen. nämlich:

> drei rhythmische Größen für einfache Takte, das 3-zeitige, 4-zeitige, 5-zeitige;
>
> eine rhythmische Größe als gemeinsam für einen einfachen und einen zusammengesetzten Takt, nämlich die 10-zeitige;
>
> neun rhythmische Größen für zusammengesetzte Takte und zwar: fünf Größen für je einen Takt, nämlich das 8-zeitige, 9-, 16-, 20-, 25-zeitige;

vier rhythmische Größen als gemeinsam für mehrere zusammengesetzte Takte.

Die mehreren Takten gemeinsamen Größen, einerlei ob für einfache oder zusammengesetzte Takte, unterscheiden sich von einander durch verschiedene Diairisis d. i. Theilung in Takttheile. Aristoxenus definirt dieselben so: durch Diairisis unterscheiden sie sich von einander, wenn die nämliche Zeitgröße in ungleiche Theile zerfällt wird, entweder ungleich

A. sowohl nach der Anzahl wie nach der Größe der Takttheile oder ungleich

B. bloß nach der Größe der Takttheile.

Aristoxenus hat hier folgende Fälle im Auge:

A. Die nämliche Zeitgröße zerfällt in ungleiche Takttheile, ungleich sowohl nach dem Umfange wie nach der Anzahl der Takttheile. Nämlich

1. die 10-zeitige Taktgröße

a. als 10-zeitige päonische Dipodie in zwei Takttheile

$$-\cup-\;|\;-\cup-,$$

b. als 10-zeitiger Päon epibatus in vier Takttheile (vgl. oben S. 284)

$$-\;|\;-\;|\;-\;-\;|\;-;$$

2. die 12-zeitige Taktgröße

a. als ionische Dipodie in zwei Takttheile

$$-\;-\;\cup\;\cup\;|\;-\;-\;\cup\;\cup,$$

b. als trochäische Tetrapodie in vier Takttheile

$$-\cup\;|\;-\cup\;|\;-\cup\;|\;-\cup,$$

c. als daktylische Tripodie in drei Takttheile

$$-\cup\cup\;|\;-\cup\cup\;|\;-\cup\cup;$$

3. die 15-zeitige Taktgröße

a. als päonische Tripodie in drei Takttheile

$$-\cup-\;|\;-\cup-\;|\;-\cup-,$$

b. als trochäische Pentapodie in fünf Takttheile

4. die 18-zeitige Taktgröße

    a. als ionische Tripodie in drei Takttheile

               — — ◡ ◡ | — — ◡ ◡ | — — ◡ ◡,

    b. als trochäische Hexapodie in sechs Takttheile

               — ◡ | — ◡ | — ◡ | — ◡ | — ◡ | — ◡.

B. **Die nämliche Zeitgröße zerfällt in ungleiche Takt-theile, ungleich bloß nach ihrer Größe.** Dahin gehört

5. die 10-zeitige Taktgröße

    a. als ionische Monopodie

               — — | ◡ ◡,

    b. als trochäische Dipodie

               — ◡   — ◡.

### Takte der Praxis und theoretische Takte.

Zufolge der in der vorstehenden Lehre von der Takt-Diairisis sich aussprechenden Theorie hat ein jeder zusammengesetzte Takt so viele Takttheile als er Versfüße hat: die Dipodie zwei, die Tripodie drei, die Tetrapodie vier, die Pentapodie fünf, die Hexapodie sechs Takttheile. In der Praxis des Dirigirens aber hielten es die griechischen Musiker nicht anders als die modernen: niemals vindicirten sie einem Takte mehr als vier Takttheile. Nur bei den dipodischen, tripodischen und tetrapodischen Takten kam auf jeden der in ihm enthaltenen Versfüße ein Taktschlag, entweder ein Niederschlag oder Aufschlag, je nachdem der monopodische Takttheil als schwerer oder leichter Takttheil accentuirt werden sollte. Weshalb dem pentapodischen Takte keine fünf, dem hexapodischen Takte keine sechs Taktschläge gegeben werden, davon verspricht Aristoxenus den Grund im weiteren Fortgange seiner Rhythmik anzugeben. Die betreffende Stelle des Aristoxenischen Werkes ist nicht mehr erhalten. Der Grund jenes Verfahrens beim Taktiren kann aber schwerlich ein anderer als folgender gewesen sein. Schon das Angeben von vier Taktschlägen beim tetrapodischen Takte ist eine ziemlich complicirtes. Auch unsere heutigen Dirigenten geben einem Takte vier Hauptbewegungen, durch welche zwei schwere und zwei leichte Takttheile markirt werden sollen, nur bei einem langsamen Tempo: bei raschem Tempo vermeiden sie es, dem Takte vier Haupt-Taktschläge zu geben. Sollte man nun einen pentapodischen oder hexapodischen Takt mit fünf oder sechs Hauptbewegungen markiren, — dies scheint Aristoxenus' Meinung —, so würden diese Taktschläge so complicirt werden, daß es den ausführenden Musikern allzu schwer sein möchte, den Zeichen des Dirigenten zu folgen: sie würden durch sie leichter in Verwirrung gebracht werden können, als daß sie durch sie im richtigen Takte gehalten würden, und das Taktiren von Seiten des Dirigenten würde so seinen Zweck verfehlen.

Der Theorie nach ist auch eine Pentapodie, ist auch eine Hexapodie ein einheitlicher Takt, in welchem ganz ähnlich wie in der Tetrapodie und Tripodie die den einzelnen Versfüßen zukommenden rhythmischen Accente nicht unter sich von gleicher Stärke sind, sondern vielmehr in einem entweder zunehmenden oder abnehmenden Verhältnisse der Schwere stehen. Aber der Dirigent unterläßt es aus Nützlichkeits-Rücksichten beim pentapodischen und hexapodischen Takte, nach Analogie des tetrapodischen und tripodischen Taktes die Pentapodie und die Hexapodie als Takteinheit zu bezeichnen: beim pentapodischen Takt markirt er jeden der fünf Versfüße desselben als monopodischen Takt, — bei einer Hexapodie markirt er eine jede ihrer drei Dipodien als dipodischen Takt.

## Die rhythmischen Hauptbewegungen des Taktschlagens

### beim monopodischen, dipodischen, tripodischen, tetrapodischen Takte.

In welchen Fällen die griechischen Musikstücke als Rhythmen von einfachen monopodischen oder von zusammengesetzten dipodischen, tripodischen, tetrapodischen Takten aufgefaßt wurden, wissen wir nicht. Bestimmte Normen für die eine oder andere Auffassung mag es bei den Griechen wohl ebensowenig wie in der modernen Musik gegeben haben, wo mehr ein gewisses Herkommen, welches seinerseits veränderlich genug ist, als feste rationelle Grundsätze die Taktschreibung bestimmen.

Die uns zugekommenen griechischen Musikreste tragen Ueberschriften des Taktes, z. B. 4-zeitiger Takt, 6-zeitiger Takt, 10-, 12-zeitiger Takt (s. Anhang). Und so mochte es wohl mehr oder weniger allgemeiner Gebrauch sein.

Im Allgemeinen kann man eine Tetrapodie auf dreierlei Weise schreiben:

entweder so, daß man einen jeden der vier Versfüße als einen
selbständigen einfachen Takt faßt,

oder so, daß man zwei benachbarte Versfüße der Tetrapodie zu
einem dipodischen Takte vereinigt,

oder endlich so, daß man die ganze Tetrapodie einen einzigen
zusammengesetzten Versfuß bilden läßt.

In analoger Weise kann man auch das tripodische Kolon entweder
als drei monopodische Takte oder als einen einzigen tripodischen Takt
darstellen.  Ich behaupte, daß der rhythmische Ausdruck des betreffenden Kolons bei der einen oder bei der anderen Taktschreibung
genau der nämliche ist und wiederhole: Es beruht mehr auf dem
veränderlichen Herkommen als auf rationellen Grundsätzen, ob man
die eine oder die andere Taktschreibung wählt.

Nicht viel anders als bei uns mochte es in dieser Beziehung bei
den Griechen gehalten werden: Die aus iambischen Tetrapodien und
daktylischen Tripodien des Dionysischen Hymnus „auf die Muse“ sind
in der rhythmischen Zuschrift als 12-zeitige (tetrapodische und tripodische) Takte bezeichnet.  Die ebenfalls tetrapodischen Kola des syntonolydischen Instrumentalstückes beim Anonymus § 104 sind dagegen
in dipodischen (6-zeitigen) Takten notirt.  Das kleine Mixolydische
Instrumentalstück, welches § 97 als trochäisches, sodann § 100 mit
Beibehaltung desselben Melos als daktylischer Rhythmus geformt
ist, steht als trochäischer Rhythmus im dipodischen 6-zeitigen, als
daktylischer Rhythmus im monopodischen 4-zeitigen Takte.  Die im
Rhythmus einer daktylischen Tripodie gehaltene hypodorische Scala
umfaßt zwei 12-zeitige Takte § 99, die vier trochäischen Tetrapodien
in hypodorischer Tonart § 98 sind als vier 12-zeitige Takte (unrichtige Leseart „11-zeitige Takte“) geschrieben.  Die vier päonischen Dipodien §. 101 bilden vier 10-zeitige (verkehrte Schreibart „8-zeitige“)
Takte.

Die Hauptbewegungen des Taktirens heißen mit gemeinsamem
Namen bei Aristoxenus Semeia, d. i. Zeichen (Taktirzeichen) oder
auch Takttheile oder Taktzeiten (Chronoi podikoi).  Ein jeder Takt
muß mindestens zwei solcher Takttheile haben, einen schweren und
einen leichten Takttheil.  Der schwere heißt bei Aristoxenus Basis,
d. h. Niedertreten mit dem Fuße; der leichte Takttheil Arsis,
d. i. Aufheben des Fußes (oder der Hand).  Der Terminus Basis für
schweren Takttheil verschwindet bei den Späteren, bei welchen dafür
der Terminus Thesis (d. i. Niedersetzen des Fußes) zur Geltung gekommen ist.  Thesis und Arsis hat sich in der nämlichen Bedeutung
auch für schweren und für leichten Takttheil in der modernen Kunst-

sprache geltend gemacht. Gleichbedeutend mit Basis und Arsis gebraucht Aristoxenus für die beiden Takttheile zwei Ausdrücke, welche wir durch „Niederschlag" („kátō Chronos") und „Aufschlag" („ánō Chronos") übersetzen können.

Da nach Aristoxenus jeder Takt mindestens zwei Takttheile haben muß, so hat nach seiner Ansicht auch der einfache Takt (Versfuß) einen schweren und einen leichten Takttheil, einen Niederschlag und einen Aufschlag, eine Thesis (oder vielmehr nach Aristoxenischer Nomenclatur eine Basis) und eine Arsis. Dies war also das Verfahren des Taktirens, wenn man in einem Musikstücke die einzelnen Versfüße als selbstständige Takte auffaßte.

Durchgängig geschah dies, wenn die Composition aus pentapodischen Kola bestand, aber sicherlich kam noch in manchen anderen Fällen dies Verfahren, jeden Versfuß als selbstständigen Takt aufzufassen, zur Anwendung, obwohl sich darüber keine allgemeinen Bestimmungen geben lassen. In unserer Musik werden jetzt alle Tänze nach monopischen Takten oder nach Versfüßen taktirt, ebenso auch jedes Scherzo, während man früher Musikstücke von ganz analogem Rhythmus auch in zusammengesetzten Takten, in dipodischen oder wohl gar in tetrapodischen Takten schrieb.

Den einfachen geraden oder 4-zeitigen Takt taktirte man in der griechischen Musik gerade wie in der unserigen durch zwei Haupttaktschläge. Doch kam es, wie wir weiter unten ersehen werden, auch vor, daß die Griechen dem einfachen geraden Takte zugleich mit den zwei Hauptbewegungen auch vier Nebenbewegungen, auf die einzelne Primärzeit einen Schlag, ertheilten. Der nächste von den Nebenbewegungen des Taktschlagens handelnde Abschnitt wird dies ausführlicher erörtern.

Die einfachen 3-zeitigen Takte, wo sie als selbständige Takte markirt werden, haben ebenfalls zwei Hauptschläge: den schweren doppelt so lang als den leichten.

Die Taktirtheile des 4-zeitigen und 3-zeitigen Taktes sind ausdrücklich von Aristoxenus angegeben: dort ein 2-zeitiger Niederschlag, ein ebenso großer Aufschlag; hier ein 2-zeitiger Niederschlag, ein halb so großer Aufschlag.

Für den 5-zeitigen und den 6-zeitigen Takt fehlt uns die Bestätigung des Aristoxenus. Ein Zeugnis dafür giebt die Ueberlieferung der Metriker: dort ein 3-zeitiger, hier ein 4-zeitiger Niederschlag, jedesmal mit einem 2-zeitigen Aufschlag verbunden.

### Das Fehlen des Taktstriches bei den Alten.

Daß der rhythmischen Theorie der Griechen das Verfahren der Modernen unbekannt war, einen anlautenden leichten Takttheil durch den Taktstrich von dem folgenden schweren abzusondern, darauf ist schon früher hingewiesen. Man pflegt hierin einen Mangel der griechischen Rhythmik zu erblicken. Doch können wir das nicht unbedingt zugeben. Das moderne Verfahren leitet vielmehr zu der Annahme, als ob der Auftakt nur im allerersten Beginne in der Composition vorkomme. In der Vocalmusik können wir niemals in Zweifel sein, wo im weiteren Verlaufe des Stückes ein Auftakt eintritt, da hier der Worttext unser sicherer Leiter ist. Z. B. in der Arie:

> In | diesen heilgen  Hallen
> kennt  man die Rache | nicht.

Hier weiß man genau, daß nicht bloß zu Anfang des Ganzen ein Auftakt steht, sondern daß auch die Endnote eines jeden zweiten ¾-Taktes ein Auftakt ist. Aber für unsere Instrumentalmusik, in welcher wir der Führung des Worttextes entbehren müssen, verkennen wir häufig die inlautenden Auftakte und sehen für eine Schlußnote des Taktes an, was in Wahrheit Anfangsnote eines zweiten Kolons ist. Nur selten hat der Componist durch Legato-Bogen angemerkt, wie er selber den Rhythmus aufgefaßt haben will.

In einem Chorale wird jedweder Musiker eines jeden zu einem und demselben Verse gehörenden rhythmischen Werthes, auch des inlautenden Auftaktes, als eines integrirenden und untrennbaren Bestandtheiles des Verses sich bewußt

C

1. Be | fiehl du deine | Wege
2. und  was das Herze | kränkt
3. der  allertreusten  Pflege
4. des  der den Weltkreis | lenkt.

In einer Vocalmusik, welche kein Choral ist, wird der Musiker an eine andere Auffassung gewohnt sein. z. B. in der Arie des Messias

1. Er | weidet seine Heerde
2. ein | guter Hirte
3. und  sammelt seine Lämmer
4. in  seinen Arm.

Hier werden alle Musiker beim ersten Verse des Gesanges einen Auftakt zu statuiren geneigt sein, aber für die folgenden Verse wird das Bewußtsein des Auftaktes ein weniger allgemeines sein.

Die Theorie der griechischen Rhythmik hätte diese Verse als iambische bezeichnet: wie der erste Vers würde auch der zweite und die folgenden ein iambischer gewesen sein. Das ist nun nach moderner Theorie zwar nicht anders. Aber die moderne Praxis rechnet die aufeinanderfolgenden Takte (in unserem Falle die tetrapodischen $\frac{12}{8}$-Takte) von einem Taktstriche bis zum anderen: ob hier der Rhythmus ein iambischer oder ein trochäischer sei, wird im weiteren Verlaufe des Musikstückes nicht mehr empfunden.

Ebenso verschwindet das Gefühl des anlautenden Auftaktes bei Compositionen aus dipodischen Takten

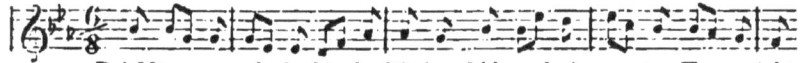

Bei Männern, wel-che Lie-be füh-len, fehlt auch ein gu - tes Herze nicht.

Hier bedarf es erst einer gewissen Reflexion, um zu dem Bewußtsein zu gelangen, daß es sich um folgende mit dem Auftakte anlautende Verse handelt:

> Bei Männern, welche Liebe fühlen,
>
> fehlt auch ein gutes Herze nicht.

Ebenso in den dipodischen Takten

In die - sen heil-gen Hal - len kennt man die Ra - che nicht.

Aber in unserer Instrumentalmusik, wo kein Wortlaut unserer Auffassung zu Hülfe kommt, sind wir oft ganz ohne Fingerzeig von Seiten des Componisten, wie es mit dem inlautenden Auftakte zu halten ist. Im Allgemeinen müssen wir annehmen, daß alle Arten von Cäsuren, welche bei der Vocalmusik vorkommen, auch in der Instrumentalmusik möglich sind, daß also auch eine Instrumental-Composition, nicht mit dem Auftakte, sondern sofort mit dem schweren Takttheile beginnend, erst im weiteren Fortgange einen Auftakt darbieten kann. Dies ist ja auch in der Vocalmusik gar nicht so selten. Zwar in einem Chorale werden mit wenigen Ausnahmen alle Verse entweder mit dem schweren Takttheile, oder mit dem Auftakte beginnen, ohne daß hier ein Wechsel eintritt. Aber in der übrigen Vocalmusik kommt häufig genug auch das Gegentheil vor, ebenso wie auch in den griechischen Gesängen solche Wechsel bezüglich des

Anlautes in der Aufeinanderfolge der rhythmischen Glieder häufig
genug war. Hätte uns der Componist durch irgend ein Zeichen die
Gliederung der Kola angegeben, so wüßten wir z. B. bestimmt, wie
Beethoven im Anfangstheile der Clavier-Sonate op. 7. den Takt 93 ff.
vorgetragen wissen will, ob in jener Weise, welche bisher die allgemein übliche ist

oder so

wie nach meinem Vorschlage in der allgemeinen Theorie der Musik-
Rhythmik seit Bach S. 162. 167 von einer kleinen Zahl von Musikern
angenommen wird, die weder zu den kenntniß- und erfahrungslosen,
noch zu den geschmacklosen gehören. In beiden Fällen enthalten
die drei dipodischen Takte eine aus sechs 3-zeitigen Füßen bestehende Hexapodie, im ersten Falle eine trochäische Hexapodie in
tribrachischer Form des Versfußes

$$\cup\cup\cup\;\dot{\cup}\;\cup\cup\;\dot{\cup}\;\cup\cup\;\dot{\cup}\;\cup\cup\;\dot{\cup}\;\cup\cup\;\dot{\cup}\;\cup\cup,$$

im zweiten Falle eine iambische Hexapodie bei ebenfalls tribrachischer
Form des Versfußes

$$\cup\;\cup\dot{\cup}\;\cup\;\dot{\cup}\;\cup\cup\dot{\cup}\;\cup\cup\dot{\cup}\;\cup\cup\dot{\cup}\;\cup\cup\dot{\cup}.$$

Meine Erörterung an der genannten Stelle der allgemeinen Theorie
des Rhythmus seit Bach läßt theoretisch keinen Zweifel, daß wir die
Beethoven'sche Composition ihrer Notenschrift nach eben so gut in
der zweiten, wie in der ersten Weise auffassen können. Die erste
Auffassung wird durch weiter nichts als durch die Meinung gestützt,
daß innerhalb der Instrumentalmusik durch die Taktstriche nicht nur
die rhythmische Accentuirung durch den Componisten bestimmt sein
solle, sondern daß die Taktstriche auch als die Merkzeichen für die
Grenzen der einzelnen rhythmischen Glieder angesehen werden müßten.
In der Vocalmusik freilich sind die Taktstriche vom Componisten
lediglich als Zeichen der rhythmischen Accentuation gesetzt: die
Grenzen der Kola fallen dort ebenso häufig in den Anfang und in die
Mitte, als an das Ende des Taktes.

Und dergleichen Möglichkeiten für verschiedene rhythmische Auffassungen läßt die Instrumentalmusik der modernen Künstler in un-
zähligen Fällen zu.

Bei den Griechen, welche sich niemals des Taktstriches bedienten und den Noten höchstens die rhythmischen Accentzeichen zufügten, waren dergleichen Freiheiten der Interpretation durchaus nicht möglich. Sie wiesen einem jeden einfachen Verse oder höchstens einem Doppelverse eine besondere Zeile an und würden jene um eine Octave tiefer zu denkende Beethoven'sche Zeile entweder, wenn sie mit dem schwachen Takttheile beginnen sollte, notirt haben:

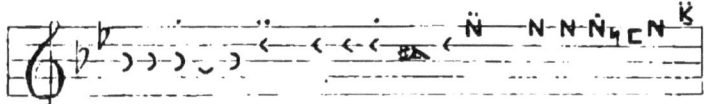

oder falls sie mit dem starken Takttheile hätte anfangen sollen, folgendermaßen:

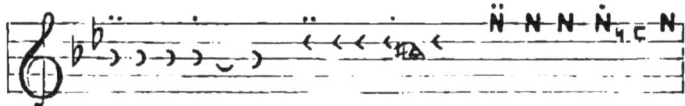

oder man hätte wohl auch in beiden Fällen die Taktangabe durch die Zuschrift „Kolon oktokaidekasemon" d. i. 18-zeitiges Kolon angezeigt, oder auch je nachdem man die erste oder aber die zweite Auffassung im Sinne gehabt hätte, noch den ferneren Zusatz „iambikon" oder „trochaikon" der allgemeineren Taktbezeichnung beigeschrieben. In Beziehung auf den rhythmischen Vortrag hätte trotz des fehlenden Taktstriches oder vielmehr, weil man den Taktstrich nicht anwandte, eine Zweideutigkeit nicht entstehen können.

Selbstverständlich wird durch die moderne Anwendung des Taktstriches die genaue Bezeichnung vieler gleichzeitig ausgeführter Stimmen ermöglicht. Wir werden dadurch gemahnt, daß die Musik der Griechen mehr auf rhythmische Bestimmtheit, die moderne Musik dagegen mehr auf harmonische Fülle angelegt ist, und daß hiernach auch in der Notirungsmethode der beiderseitigen Musik eine principielle Verschiedenheit besteht.

**Zusammengesetzte Takte bezüglich der Ordnung der Takttheile.**

Vorausgehen des schweren Takttheiles macht den Eindruck größerer Ruhe, Vorausgehen des leichten Takttheiles oder Auftaktes bringt den Eindruck größerer Erregtheit hervor. Dieser Satz der antiken Theorie gilt zwar zunächst von den Takttheilen des einfachen Taktes, aber da auch ein ganzer Versfuß die Stelle eines Takttheiles einnehmen kann, so hat er auch eben so sehr auf diesen Bezug.

Die Alten unterscheiden drei Arten der Rhythmopoeie je nach
der Art und Weise, wie das Gemüth des Zuhörers durch den Rhythmus afficirt wird. Es giebt einen hesychastischen, d. i. ruhigen,
einen diastaltischen, d. i. erregten, einen systaltischen, d. i.
gedrückten Charakter der Rhythmopöie.

Durch die Musik des hesychastischen Charakters — sagen die
Griechen — werde Seelenfrieden, ein freier und friedlicher Zustand
des Gemüths bewirkt. Er zeige sich in der Musik der Hymnen und
Trostlieder.

In der Musik des diastaltischen oder erregten Charakters zeige
sich Hoheit, Glanz und Adel, männliche Erhebung der Seele, heldenmüthige Thatkraft. Besonders gehöre der Chorgesang der Tragödie
hierher.

Die Musik des systaltischen (d. i. des gedrückten, beengten)
Charakters bringe das Gemüth in eine weichliche und weibische
Stimmung; sie stelle sowohl die Stimmung Verliebter, wie Jammer
und Klagen dar.

Diese dritte Art ist diejenige, welche wir die sentimentale nennen
können und der das Schwanken zwischen Erregung und Ruhe oder
auch, wie wir hier sagen müssen, zwischen Erregung und Erschlaffung
eigen ist. In jedem einzelnen Falle wird der sentimentale Charakter
sich entweder als hesychastisch oder als diastaltisch zeigen.

Die beiden Hauptarten oder Hauptcharaktere der Rhythmopoeie
sind also der hesychastische oder ruhige und diastaltische oder erregte Charakter. Ein in einem zusammengesetzten Takte gehaltenes
Musikstück kann, je nachdem in dem Takte die einfüßige Thesis oder
die einfüßige Arsis vorausgeht, entweder dem ruhigen oder dem erregten Charakter angehören.

## Dipodische Takte.

Entweder steht der schwere oder der leichte Takttheil des dipodischen Taktes voran: im ersten Falle ist die Dipodie eine hesychastische, im zweiten Falle eine diastaltische Dipodie

| A. Hesychastisch (ruhig): | B. Diastaltisch (erregt): |
|---|---|
| Daktylisch  _́ ◡ ◡ _́ ◡ ◡ | Daktylisch  _́ ◡ ◡ _́ ◡ ◡ |
| ◡ ◡ _́ ◡ ◡ _́ | ◡ ◡ _́ ◡ ◡ _́ |
| Trochäisch  _́ ◡ _́ ◡ | Trochäisch  _́ ◡ _́ ◡ |
| ◡ _́ ◡ _́ | ◡ _́ ◡ _́ |
| Ionisch  _́ − ◡ ◡ _́ − ◡ ◡ | Ionisch  _́ ◡ ◡ − _́ ◡ ◡ − |
| Paeonisch  _́ ◡ − _́ ◡ _́ | Paeonisch  _́ ◡ − _́ ◡ − |

Die moderne Musik setzt vor denjenigen Takttheil des dipodischen Taktes, welcher das größte Gewicht haben soll, den Taktstrich, z. B.

| | | Hesychastisch (ruhig) | Diastaltisch (erregt) |
|---|---|---|---|
| Daktylisch | ℂ | ♩ ♫ ♩ ♫ | ℂ ♩ ♫ ♩ ♫ |
| | 2/4 | ♫ ♫ ♫ ♫ | 2/4 ♫ ♫ ♫ |
| Trochaeisch | 6/8 | ♫ ♫ ♫ ♫ | 6/8 ♫ ♫ ♫ ♫ |
| | 6/16 | ♫ ♫ ♫ ♫ | 6/16 ♫ ♫ ♫ ♫ |

Es gewährt diese Schreibart den Anschein, als ob in der Form B. der erste Versfuß außerhalb des Taktes stände. Und doch ist dies entschieden nicht der Fall. Die Griechen, welche nicht durch den äußeren Schein eines Taktstriches gestört wurden, sahen hier schärfer oder wenigstens drückten sich schärfer und dem Wesen des Rhythmus nach richtiger aus, wenn nach ihrer Auffassung ein und derselbe 8-zeitige resp. 6-zeitige dipodische Takt den Hauptictus sowohl auf seinem ersten, wie auf seinem zweiten Versfuß haben kann. Wollten wir Modernen genau in der wissenschaftlichen rhythmischen Sprache reden, dann müßten wir in der obigen Form B die sämmtlichen Noten einer jeden Zeile als einen einzigen Takt auffassen, welcher seinen Taktstrich in der Mitte hat. Wozu man die Bemerkung auf S. 294 vergleiche. Der moderne Componist als Rhythmopoios fühlt übrigens genau so wie der antike. Die Form A des ℂ-Taktes wendet er regelmäßig für den Choral an, der doch vorzugsweise als Typus der Compositionen ruhigen Charakters anzusehen ist, z. B.

Herz-lieb-ster Je - su, was hast du ver - bro - chen

Die erregte Arie des Leporello dagegen wendet denselben Takt in der Form B an:

Kei - ne Ruh' bei Tag und Nacht, Nichts was mir Ver-gnü-gen macht.

Von den beiden auf einander folgenden Nummern der Zauberflöte Nr. 16 und 17, welche beide im dipodischen Takte des trochäischen Rhythmus geschrieben sind, steht die eine in der ruhigen, die andere in der erregten Form des $\frac{6}{8}$-Taktes, genau wie es ein griechischer Melopoios gemacht haben würde:

**Nr. 16. Allegretto.**

Seid uns zum zweiten Mal willkommen,

ihr Männer in Sa - ra - stros Reich.

**Nr. 17. Andante.**

Ach, ich fühl's, es ist verschwunden

e - wig hin mein gan-zes Glück.

## Tripodische Takte.

Die aus drei Versfüßen zusammengesetzten Takte werden bezüglich ihrer rhythmischen Dynamik von Aristoxenus folgendermaßen bestimmt: „Von den drei Takttheilen haben

a. entweder **zwei** die Function von leichten Takttheilen, **einer** die des schweren;

b. oder es steht **einer** als leichter, **zwei** dagegen als schwere Takttheile.“

Für die daktylische Tripodie ergeben sich hiernach die beiden rhythmischen Schemata

oder

a. $\underset{\smile\smile}{\prime}\;\underset{\smile\smile}{\prime}\;\underset{\smile\smile}{\prime\prime}$

b. $\underset{\smile\smile}{\prime}\;\underset{\smile\smile}{\prime\prime}\;\underset{\smile\smile}{\prime\prime}$

Aus der Stelle des Aristides über den Rhythmus orthius und den Trochaios semantos p. 37 werden wir auch noch mit folgender Accentuation der 12-zeitigen Tripodie bekannt gemacht (an Stelle des Daktylus ist hier jeder Versfuß durch die 4-zeitige Länge ⌣ dargestellt)

| Orthios | ⸲ | ⸴ | ⸴ |
| Trochäus semantus | ⸴ | ⸴ | ⸲ |

Von diesen durch Aristides überlieferten Accentuationen fällt die des Orthios mit der von Aristoxenus für den tripodischen Takt angegebene Accentuationsform b zusammen, so daß im Ganzen also drei verschiedene Formen des tripodischen Taktes überliefert sind. Wir werden dieselben auf folgende Weise durch den tripodischen ⅜-Takt darstellen können:

In der modernen Musik sind tripodische Takte heut zu Tage fast gänzlich erloschen. In der Bach'schen Instrumentalmusik sind sie noch häufig genug, besonders in den Clavier-Fugen. Hier ist die gewöhnliche Accentuationsform diejenige, welche mit dem Aristoxenischen Schema a zusammenfällt, z. B. in der ersten B-Dur-Fuge des wohltemperirten Clavieres.

Tripodische Takte der Vocalmusik werden sich bei den Modernen kaum nachweisen lassen. Als Beispiel der griechischen Musik sind die 12-zeitigen Takte aus dem Hymnus „an die Muse" gesichert, denen wir wohl die antike Accentuationsform c. anzuweisen haben: denn nur die Taktvorzeichnung „12-zeitig", aber nicht die rhythmischen Accente sind angemerkt.

### Tetrapodische Takte.

Der aus vier Versfüßen zusammengesetzte Takt hat nach der Aussage des Aristoxenus entweder zwei schwere und zwei leichte Takttheile oder zwei leichte und zwei schwere Takttheile.

Wie wir das zu verstehen haben, ersehen wir z. B. aus den betreffenden tetrapodischen Takten der Bach'schen Cantate: „Ich hatte viel Bekümmerniß." Dort sind in Nr. 2 (Chor) die Anfangsverse des Tenors folgendermaßen accentuirt:

Hier haben die vier Versfüße des tetrapodischen Taktes als Takttheile gefaßt folgende Geltung:

| 1 | 2 | 3 | 4 |
|---|---|---|---|
| schwerer | leichter | schwerer | leichter |
| Takttheil: | Takttheil: | Takttheil: | Takttheil: |
| Thesis | Arsis | Thesis | Arsis. |

Der unmittelbar auf den Taktstrich folgende Versfuß soll aber (denn dies ist die Bedeutung des Taktstriches) das schwerste Gewicht von allen in dem Takte enthaltenen Versfüßen haben, auch ein schwereres

Gewicht als der Versfuß 3, welcher ebenfalls die Geltung eines schweren Takttheiles hat. Obwohl also der tetrapodische Takt zwei monopodische Thesen und zwei monopodische Arsen hat, so sind die Thesen und ebenso auch die Arsen doch nicht von gleichem Gewichte: wir haben eine schwerere Thesis (unmittelbar nach dem Taktstriche) und eine weniger schwere Thesis (als dritten Versfuß), also eine Hauptthesis und eine Nebenthesis. Also stellt sich das Schema folgendermaßen heraus:

| 1 | 2 | 3 | 4 |
|---|---|---|---|
| Haupt-Thesis | Arsis | Neben-Thesis | Arsis |

Analog ist es auch mit der in der Tetrapodie vorkommenden zwei-fachen Arsis, von denen die eine durch Versfuß 2, die andere durch Versfuß 4 gebildet wird. Ungeachtet des Namens „Arsis", „leichter Takttheil", entbehren diese Versfüße doch keineswegs ganz und gar des rhythmischen Accentes, vielmehr wird derjenige Theil des Versfußes, welcher dann, wenn dieser einen selbständigen einfachen Takt bildete, die Bedeutung der Thesis hätte, auch hier, wo vier Versfüße zu einem tetrapodischen Takte zusammengesetzt sind, eine größere Accentstärke haben als derjenige Bestandtheil des einfachen Versfußes, welcher beim einfachen Takte die Function der Arsis haben muß. So können wir sagen: die beiden Hauptaccente des Taktes befinden sich auf dem ersten und dem dritten Versfuße: der unmittelbar auf den Taktstrich folgende Versfuß hat den stärksten Hauptaccent, die zweite in der Mitte des tetrapodischen Taktes stehende Thesis hat den weniger starken, den leichteren Hauptaccent. Die beiden als Arsis stehenden Versfüße dagegen haben einen Nebenaccent, und auch das Gewicht der beiden Nebenaccente wird wohl in demselben Grade ein abnehmendes sein, wie das Gewicht der beiden Hauptaccente; die Sylbe „viel" ist ein stärkerer Nebenaccent als die Sylbe „nis":

Ich | hätte viel Bekümmerniß.

Die Sylben, auf welchen die Hauptaccente ruhen, sind durch Doppelaccente bezeichnet, die Nebenaccente durch einfache Accentzeichen; von den beiden Hauptaccenten ist wiederum der stärkste Hauptaccent vor dem weniger starken durch einen fetten Buchstaben ausgezeichnet.

Die verschiedene Reihenfolge der schweren und leichten Takttheile wird für den tetrapodischen Takt eine Verschiedenheit der Taktordnung bedingen. So können wir denn den vorstehenden tetrapodischen Takt der Bach'schen Cantate, in welchem der schwerste Hauptaccent an erster Stelle steht, eine 16-zeitige Tetrapodie erster Taktordnung nennen. Jedenfalls gehört der Takt unter die Kategorie der Takte mit hesychastischer oder ruhiger Accentuation.

Es wird nun aber vorkommen können, daß bei derselben Reihenfolge der dynamisch verschiedenen Takttheile

Thesis    Arsis    Thesis    Arsis

der stärkste Hauptaccent nicht auf dem ersten Versfuße, sondern auf dem dritten ruht, in welchem Falle die erste Thesis den weniger starken Hauptaccent hat.

Ein Beispiel dieser Accentuation bietet die Sopranstimme unseres Chores der Cantate „Ich hatte viel Bekümmerniß":

Th.    Ar.    Th.    Ar.    Th.    Ar.    Th.    Ar.

Ich   hat-te viel Be - kümmer - niss, ich   hat-te viel Be - kümmer - niss.
1     2     3     4     1     2     3     4

Die Reihenfolge der vier Accente in einem jeden der tetrapodischen Takte ist hier in Gemäßheit des Taktstriches

| 1 | 2 | 3 | 4 |
|---|---|---|---|
| leichterer | leichterer | schwererer | leichterer |
| Hauptaccent | Nebenaccent | Hauptaccent | Nebenaccent |

Das wird eine 16-zeitige Tetrapodie dritter Taktordnung sein, da der stärkere Hauptaccent auf dem dritten Versfuße ruht. Auch diese Taktordnung ist in die Kategorie der hesychastischen oder ruhigen Accentuation zu zählen, denn ein als Thesis stehender Versfuß bildet den Anfang der Tetrapodie.

In Nr. 5 (Arie) derselben Cantate erscheint derselbe 16-zeitige tetrapodische Takt in einer anderen Gliederung der dynamisch verschiedenen Takttheile: der erste Versfuß fungirt als Arsis, der zweite als Thesis, der dritte als Arsis, der vierte als zweite Thesis. Also

| 1 | 2 | 3 | 4 |
|---|---|---|---|
| stärkerer | schwächerer | schwächerer | stärkerer |
| Nebenaccent | Hauptaccent | Nebenaccent | Hauptaccent |

ist die Reihenfolge der vier Accente.

Ar.    Th.    Ar.    Th.    Ar.    Th.    Ar.    Th.

Und dies trübsamvol-le   Meer   will mir Geist und Leben schwächen
1     2     3     4     1     2     3     4

Die Arsis geht der Thesis voraus, also haben wir eine 16-zeitige Tetrapodie der diastaltischen oder erregten Accentuation vor uns; der stärkste Hauptaccent des zusammengesetzten Taktes ruht auf dem vierten Versfuße, also haben wir eine diastaltische Tetrapodie **vierter Taktordnung** vor uns.

Genau dieselbe Taktordnung der 16-zeitigen Tetrapodie erscheint auch in Nr. 8 (Duett) derselben Cantate:

| Ar. | Th. | Ar. | **Th.** | Ar. | Th. | Ar. | **Th.** |
|-----|-----|-----|---------|-----|-----|-----|---------|
| Komm mein Jesu und er|**quicke.** | | | \| Ja ich komme und er|**quicke.**\| | | | |
| 1 | 2 | 3 | 4 | 1 | 2 | 3 | 4 |

Im ersten Takte des Duettes gehen dem ersten Versfuße des Gesanges zwei Achtel der Instrumentalbegleitung vom Umfange eines ganzen Versfußes voraus:

Es ist nicht unnöthig zu bemerken, daß man den Anfangstakt der Begleitung wohl geneigt sein könnte als einen hesychastischen Takt erster Ordnung gleich jenem ersten Takte im Anfange der Tenorstimme in Nr. 1 aufzufassen. Aber der Versfuß der Begleitung, welcher hier dem ersten Versfuße des Gesanges vorausgeht, wird wohl eine ähnliche Erklärung erheischen, wie der in den Bach'schen Recitativen so außerordentlich häufig angewandte instrumentale Vorton, welcher die rhythmische Geltung eines einzelnen Versfußes hat.

Noch ein ferneres Beispiel einer diastaltischen Tetrapodie vierter Taktordnung wird hier am Platze sein. Nämlich der trochäisch-tetrapodische $\frac{12}{8}$-Takt in Nr. 3 (Arie) derselben Bach'schen Cantate:

Seufzer, Thränen, Kummer, Noth,    Seufzer, Thränen, Kummer, Noth

| 1 | 2 | 3 | 4 | 1 | 2 | 3 | 4 |
|---|---|---|---|---|---|---|---|

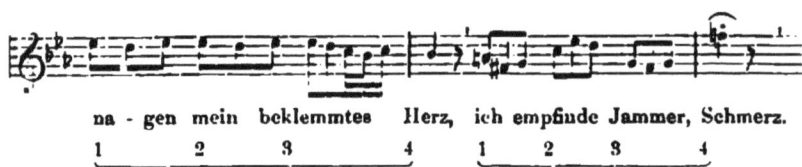

na - gen mein beklemmtes Herz, ich empfinde Jammer, Schmerz.

1          2          3          4          1          2          3          4

Wir stellen diesen Bach'schen 12-zeitigen Tetrapodien diastaltischer Accentuation ein Händel'sches Beispiel desselben ¾-Taktes in hesychastischer Accentuation (erster Taktordnung) gegenüber:

Es      wei - det sei - ne Heer - de

ein  gu - ter  Hir - te.

Man wird sich an diesen zwei Beispielen den Unterschied der beiden Accentuationsarten eines und desselben Taktes in seinem genauen Zusammenhange mit dem Charakter der beiderseitigen Musik und Textesworte klar machen. Die christlich-moderne Musik folgt genau den bei den Griechen zuerst zum Bewußtsein gekommenen Unterschiede der Rythmopöie.

### Die rhythmischen Nebenbewegungen des Taktschlagens.

Nachdem Aristoxenus die Angabe gemacht, daß ein Takt entweder aus zwei oder aus drei oder aus vier, aber nicht aus mehr als vier Takttheilen bestehe, fügt er hinzu:

„Bei dem oben Gesagten darf man sich aber nicht zu der irrigen Meinung verleiten lassen, als ob ein Takt nicht in eine größere Anzahl von Theilen als vier zerfalle. Viel-

mehr zerfallen einige Takte in das Doppelte der genannten
Zahl, ja in ihr Vielfaches. Aber nicht an sich zerfällt der
Takt in solche größere Menge, als wir im Obigen angaben,
sondern er wird von der Rythmopöie in derartige Abschnitte
zerlegt. Die Vorstellung hat nämlich aus einander zu
halten:

　　„einerseits: die das Wesen des Taktes wahrenden
　　　　Semeia,
　　„andererseits: die durch die Rythmopöie bewirkten
　　　　Zertheilungen.

　　„Und dem Gesagten ist hinzuzufügen, daß die Semeia
eines jeden Taktes überall, wo er vorkommt, dieselben
bleiben, sowohl der Zahl als auch dem Megethos nach, daß
dagegen die aus der Rythmopöie hervorgehenden Zerlegungen
eine reiche Mannigfaltigkeit gestatten. Auch dies wird aus
dem weiterhin Folgenden einleuchten.“

Im § 58a der Rhythmik gebraucht Aristoxenus für die hier an
erster Stelle genannten „das Wesen des Taktes wahrenden Semeia“
den Terminus technicus „Chronoi podikoi“, für die an zweiter
Stelle genannten „durch die Rhythmopöie bewirkten Zertheilungen“
den Terminus technicus „Chronoi Rhythmopoiias idioi“, d. i. die
der Rhythmopöie eigenen Zeiten oder Zeitabschnitte.

Im § 57 lehrt Aristoxenus: „Jeder Takt, welcher zerfällt wird,
wird in eine größere und in eine kleinere Anzahl von Theilen zerfällt“.
Die kleinere Anzahl von Takttheilen sind die Chronoi podikoi, deren
ein Takt entweder nur zwei oder drei oder vier, aber niemals mehr
als vier hat. Die Anzahl der Chronoi Rhythmopoiias idioi kann dagegen das Zweifache und Vielfache (mindestens also auch das Dreifache) von der Anzahl seiner Chronoi podikoi betragen.

Der aus einer 2-Zahl von Chronoi podikoi bestehende dipodische Takt würde demnach bei einer Verdoppelung dieser Zahl
aus vier Chronoi Rhythmopoiias, bei der Verdreifachung aus sechs,
bei der Vervierfachung aus acht, bei der Verfünffachung aus zehn,
bei der Versechsfachung aus zwölf Chronoi Rhythmopoiias idioi bestehen.

Der aus einer 3-Zahl von Chronoi podikoi bestehende tripodische Takt würde bei der Verdoppelung dieser Zahl aus sechs
Chronoi Rhythmopoiias, bei der Verdreifachung aus neun, bei der Vervierfachung aus zwölf, bei der Verfünffachung aus 15, bei der Versechsfachung aus 18 Chronoi Rhythmopoiias idioi bestehen.

Der aus einer 4-Zahl von Chronoi podikoi bestehende tetrapodische Takt würde bei der Verdoppelung dieser Zahl aus acht
Chronoi Rhythmopoiias, bei der Verdreifachung aus zwölf, bei der
Vervierfachung aus 16, bei der Verfünffachung aus 20, bei der Versechsfachung aus 24 Chronoi Rhythmopoiias idioi bestehen.

Bedenken wir aber wohl, daß Aristoxenus nur die beiden Ausdrücke Verdoppeln und Vervielfachen gebraucht! Das Vervielfachen
ist nicht bloß von einem Verdreifachen, sondern auch von einem Ver-
vierfachen zu verstehen. Aber was das Verfünffachen und das Ver-
sechsfachen betrifft, so ist es freilich nicht unmöglich, daß auch dies
unter dem Vervielfachen verstanden sein kann, aber etwas, was für
die Wahrscheinlichkeit spräche, haben wir nicht.

Ueber den rhythmischen Umfang des einzelnen Chronos Rhythmopoiias läßt sich mit Bestimmtheit im Allgemeinen dieses sagen, daß
er kleiner als ein Chronos podikos (ein ganzer Versfuß), aber nicht
kleiner als der untheilbare Chronos protos sein kann, da dieser ja
von allen rhythmischen Größen die kleinste ist. Ein 3-zeitiger Chronos
Rhythmopoiias würde schon die Größe eines Chronos podikos haben,
daher werden wir wohl schließen müssen, daß der Umfang eines
Chronos Rhythmopoiias entweder eine 1-zeitige oder eine 2-zeitige
rhythmische Größe beträgt.

A. Beginnen wir damit, den Chronos Rhythmopoiias als 2-zei-
tige Größe anzusetzen, die wir uns am bequemsten als eine 2-zeitige
Länge denken. Dann wird die 8-zeitige daktylische Dipodie vier
2-zeitige Chronoi Rhythmopoiias haben: jede 2-zeitige Thesis und jede
2-zeitige Arsis des einzelnen 4-zeitigen Versfußes wird ein Chronos
Rhythmopoiias sein:

daktylische Dipodie     ‒ ◡ ◡ ‒ ◡ ◡
                        1  2  3  4

anapästische Dipodie    ◡ ◡ ‒ ◡ ◡ ‒
                        1  2  3  4

Der dipodische 4-zeitige Takt wird also aus vier Chronoi Rhythmopoiias bestehen, von denen jeder eine Thesis oder eine Arsis des
einfachen Versfußes ausmacht.

Die 16-zeitige Tetrapodie wird acht 2-zeitige Chronoi Rhythmopoiias haben:

                        1  2  3  4  5  6  7  8
daktylische Tetrapodie  ‒ ◡ ◡ ‒ ◡ ◡ ‒ ◡ ◡ ‒ ◡ ◡

                        1  2  3  4  5  6  7  8
anapästische Tetrapodie ◡ ◡ ‒ ◡ ◡ ‒ ◡ ◡ ‒ ◡ ◡ ‒

Die 12-zeitige Tripodie wird sechs 2-zeitige Chronoi Rhyth-mopoias haben:

1 2 3 4 5 6

daktylische Tripodie    — ᴗ ᴗ — ᴗ ᴗ — ᴗ ᴗ

1 2 3 4 5 6

anapästische Tripodie    ᴗ ᴗ — ᴗ ᴗ — ᴗ ᴗ —

Die 12-zeitige (ionische) Dipodie hat sechs 2-zeitige Chronoi Rhythmopoiias:

1 2 3 4 5 6

absteigend-ionische Dipodie    — — ᴗ ᴗ — — ᴗ ᴗ

1 2 3 4 5 6

ansteigend-ionische Dipodie    ᴗ ᴗ — — ᴗ ᴗ — —

Die 18-zeitige (ionische) Tripodie würde, wenn sie (was sehr wahrscheinlich ist nach S. 290) in der Praxis als ein zu-sammengesetzter Takt vorkommt, neun 2-zeitige Chronoi Rhythmo-poiias enthalten:

1 2 3 4 5 6 7 8 9

ᴗ ᴗ — — ᴗ ᴗ — — ᴗ ᴗ — —

Erläutern wir diese antike Taktirweise an Beispielen der moder-nen Musik.

Anapästische 16-zeitige Tetrapodie (Bach wohlt. Cl. I, 2 C-Moll-Fuge:

Arsis    Thesis    Arsis    Thesis    Chronoi podikoi,
I.    II.    III.    IV.    Hauptbewegungen.

ᴗ ᴗ   ⌐   ⌐   ᴗ ᴗ   ⌐ —   ⌐    Chronoi Rhythmopoiias,
1   2 3   4   5   6 7   8    Nebenbewegungen.

Würde man nach griechischer Weise taktiren, so kämen auf diese anapästische Tetrapodie vier Hauptbewegungen des Dirigirens (Chronoi podikoi), und zwar Nr. I. als Arsis mit dem Nebenaccente, Nr. II. als Thesis mit schwachem Hauptaccente, Nr. III. als zweite Arsis, Nr. IV. als zweite Thesis mit dem stärksten Hauptaccente. Mit jedem Schlage des ganzen Armes, welcher die Hauptbewegungen des Tak-tirens andeutet, verbinden sich zwei Nebenbewegungen des Taktirens, auszuführen mit dem Handgelenke oder dem Unterarme, welche die beiden Takttheile des einzelnen anapästischen Versfußes markiren sollen. In der modernen Musik werden bei zusammengesetzten Takten

die Nebenbewegungen des Dirigirens nur bei einem besonders langsamen Tempo angegeben. Nach der wiederholten Angabe des Aristoxenus sind neben den Hauptbewegungen (den Chronoi podikoi) stets
auch die Nebenbewegungen (Chronoi Rhythmopoiias) unerläßlich. Die
griechische Musik muß wohl durchgängig ein langsameres Tempo als
die moderne Musik gehabt haben.

Wie bei den Griechen die Hauptbewegungen von den Nebenbewegungen für das Auge der ausführenden Sänger und Instrumentalisten kenntlich gemacht wurden, dergestalt, daß keine Verwechse-
lungen vorkommen konnten, darüber ist uns die betreffende Stelle des
Aristoxenus nicht erhalten.

Für die 12-zeitige (ionische) Dipodie giebt Gluck's Taurische
Iphigenie Nr. 19 (Arie) ein Beispiel, nur daß Gluck die ganze Partie
nach einfachen ¾-Takten notirt. Hätte ein griechischer Künstler diese
Arie geschrieben, dann würde er nach zusammengesetzten Takten geschrieben haben. Die 2-zeitigen Chronoi Rhythmopoiias würden folgende gewesen sein:

An die drei Dipodien mit je sechs Chronoi Rhythmopoiias reiht
sich eine ionische Tripodie mit deren neun an. Die griechischen Ionici

werden, wie dies auch bei den modernen Ionici meist der Fall ist,
einem sehr langsamen Tempo angehört haben und deshalb regelmäßig
nach Chronoi Rhythmopoiias taktirt worden sein.

B. Unter der Voraussetzung, daß jeder der Chronoi Rhythmopoiias eine 1-zeitige Größe ist, kommen auf jeden Takt beziehungsweise
Versfuß so viele Nebenbewegungen des Taktirens wie Chronoi podikoi
auf den einzelnen Trochäus drei, auf den Dactylus vier, auf den Päon
fünf, auf den Ionicus sechs Nebenbewegungen des Taktirens und in
demselben Verhältnisse auch auf die zusammengesetzten Takte. In
dem Mixolydisch-daktylischen Instrumentalstücke des Anonymus (4-zei-
tiger Takt) ist jede Primärzeit der 2-zeitigen Thesis mit dem rhythmischen Ictus bezeichnet. Im unmittelbar Folgenden (S. 315) wird sich
ein sicheres Beispiel für die Taktirung nach Primärzeiten ergeben.

# Mischung heterogener Versfüße.

In unserer modernen Vocalmusik ist es außerordentlich häufig,
daß Versfüße verschiedener Art in derselben Periode und in demselben rhythmischen Gliede aufeinander folgen. Unsere Componisten
halten hier gewöhnlich das Verfahren ein, daß sie allen Versfüßen
des Gedichtes in der Composition desselben den gleichen rhythmischen
Umfang und zugleich die nämliche rhythmische Gliederung geben,
z. B. daß alle auf einander folgenden Versfüße entweder 4-zeitige gerade oder 3-zeitige ungerade Versfüße werden. Denn so wie der
Componist einen tetrapodischen Vers, z. B.:

Fühle, was dies Herz empfindet

zu einem melischen Verse umzubilden hat, kann derselbe ganz nach
seinem künstlerischen Ermessen jeden Versfuß entweder zum 4-zei-
tigen machen

Fühle    was dies    Herz em-    pfindet<br>
⌣ —    ⌣ —    ⌣ —    ⌣ —

oder zu einem 3-zeitigen

Fühle    was dies    Herz em-    pfindet<br>
— ⌣    ⌣ ⌣    ⌣ ⌣    ⌣ ⌣

Ebenso bei dreisylbigen Versfüßen, z. B.

Windet zum ┆ Kränze die ┆ goldenen ┆ Aehren

*⌣ ⌣   *⌣ ⌣   *⌣ ⌣ ┆ *–

oder

Windet zum ┆ Kränze die ┆ goldenen   Aehren

⌣ ⌣ ⌣ ┆ ⌣ ⌣ ⌣ ┆⌣ ⌣ ⌣   *⌣

Der Vers des modernen Dichters als recitirter Vers hat keine
Versfüße von bestimmter Zeitmessung: er erhält dieselbe erst als
melischer Vers durch die Composition des Tonkünstlers.

In der griechischen Vocalmusik war dies durchaus anders. Wenn
die Griechen ihre Verse recitirten, so brachten sie von der Versification nur die rhythmischen Accente zu Gehör; aber was die Zeitdauer der einzelnen Sylben anbetraf, so verweilte auf keiner derselben
die Stimme des Vortragenden lange genug, daß der Zuhörende sich
des Verhältnisses zwischen der verschiedenen Dauer der Sylben bewußt werden konnte; die Sprechstimme macht, wie Aristoxenus sagt,
den Eindruck des Continuirlichen im Gegensatze zur Singstimme,
welche auf den einzelnen Sylben in einer meßbaren Zeitdauer verweilte.

Während also die Griechen ihre Verse ebenso wie wir die unserigen recitirten, war das Zeitmaß der gesungenen Sylben d. i. der
Töne der Vocalmusik in strengster Weise von der Sylbenbeschaffen-
heit des recitirten Gedichtes abhängig. Es war ein im Allgemeinen
unverletzliches Gesetz:

> „daß der langen Sylbe genau der doppelte Zeitumfang der
> kurzen Sylbe zukommen mußte.

So überliefert Aristoxenus Rhythmik § 60.

Nur zwei Ausnahmen kommen von diesem Gesetze vor. Denn
erstens statuirt Aristoxenus eine irrationale Sylbe, welche, trotzdem
sie eine lange ist, nicht das 2-zeitige, sondern das anderthalb-zeitige
Maß hat (vgl. S. 317). Und zweitens müssen zufolge den notirten
Hymnen des Dionysius und Mesomedes die mehr als 2-zeitigen Längen
der Katalexis ausgenommen werden, welche die Dauer eines ganzen
Versfußes vertreten können.

Von diesen zwei Ausnahmen abgesehen, muß das oben namhaft
gemachte Gesetz des Aristoxenus über die Zeitdauer der Sylben überall
in der Vocalmusik zur Geltung gekommen sein.

In welcher Weise die Anwendung desselben zu ermöglichen war, das anzugeben würden wir wohl außer Stande sein, wenn nicht der große Meister Johann Sebastian Bach das fünfte Präludium im zweiten Theile seines wohltemperirten Claviers in einer Weise rhythmisirt hätte, welche genau mit jenem von Aristoxenus ausgesprochenen Grundsatze übereinkommt.

Ein jeder Takt des Bach'schen Präludiums ist nämlich zugleich eine Tetrapodie aus vier 4-zeitigen Daktylen und aus vier 3-zeitigen Trochäen. Bach giebt die Vorzeichnung an durch eine Verbindung der beiden Taktzeichen:

$$\mathbf{C}\ {}^{12}_{8}.$$

Eine solche Vorzeichnung scheint zwar in unserer Musik nicht wieder vorzukommen, aber dennoch ist ein jeder Musiker im Stande, dieses Unicum von Taktvorzeichnung sofort zu verstehen und das Musikstück zur genauen Ausführung zu bringen. Es kommt darauf an, daß er die auf einen tetrapodischen Takt kommende Zeit das eine Mal unter vier 3-zeitige Versfüße, das andere Mal unter vier 4-zeitige Versfüße richtig eintheilt.

Genau so war es bei den Griechen, wenn in einem Melos neben 3-zeitigen Trochäen 4-zeitige Daktylen vorkamen, z. B. in dem zweigliederigen sogenannten asynartetischen Verse:

⏑⏑⏑⏑⏑⏑⏑⏑⏑⏑⏑⏑   ⏑⏑⏑⏑⏑⏑

daktylische Tetrapodie    trochäische
Tetrapodie

oder

⏑⏑⏑⏑⏑⏑⏑ | ⏑⏑⏑⏑⏑⏑⏑⏑⏑⏑

trochäische    daktylische Tetrapodie
Tetrapodie.

Die aus vier Daktylen bestehende 16-zeitige Tetrapodie nahm genau dieselbe Zeitdauer ein, wie die aus vier Trochäen bestehende 12-zeitige, mithin war der einzelne 3-zeitige Trochäus genau so groß wie der einzelne 4-zeitige Daktylus. Es wird nicht etwa der Trochäus in einen Daktylus umgewandelt, nicht der Daktylus in einen Trochäus, sondern ein jeder Versfuß behält das Rhythmengeschlecht, welchem er auch in einem ungemischten Metrum angehören würde. Aber so wie diese zwei verschiedenen Versfüße in ein und derselben Periode oder in ein und demselben Kolon neben einander vorkommen, — so wie sie unter einander zusammengesetzt oder gemischt sind —, wird dem 3-zeitigen Versfuße genau dieselbe Zeitdauer wie dem 4-zeitigen

Versfuße angewiesen. Jede der vier Zeitgrößen des 4-zeitigen, jede der drei Zeitgrößen des 3-zeitigen Versfußes wird als Chronos protos aufgefaßt, aber der Chronos protos erhält im 3-zeitigen Versfuße eine etwas längere Zeitdauer als im 4-zeitigen Versfuße.

Aristoxenus drückt dies so aus:

„Constant bleibt das Verhältniß, nach welchem die Taktarten verschieden sind" [das Verhältniß, welches dem geraden Takte, — das Verhältniß, welches dem ungeraden Takte zu Grunde liegt].

„Variabel sind die Taktgrößen in Folge der Agoge (d. i. des Tempo)."

Die ersten Kola des Bach'schen Präludiums lauten:

Um sie für den Zweck der griechischen Rhythmopöie so lehrreich wie möglich zu machen, dürfen wir uns folgende Aenderung erlauben:

Dies ergiebt die nach griechischer Weise schematisirte Periode:

⏑⏑ ‒ ⏑ ‒ ⏑ ‒ ⏑ ‒ ‒ ‒ ⏑⏑ ‒ ⏑⏑ ‒

Oder noch einfacher:

Wir setzen zunächst den Chronos protos (die Kürze) des Trochäus als Einheit = 1:

Sodann setzen wir den Chronos protos (die Kürze) des Daktylus als Einheit = 1:

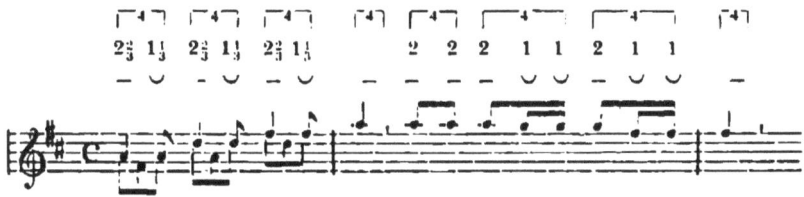

Im griechischen Alterthume, wo die meisten Rhythmen der Vocalmusik (Tragiker, Pindar) dieselbe Eigenartigkeit wie die Rhythmopöie des Bach'schen Präludiums hatten — denn auf andere Weise konnte das Aristoxenische Sylbengesetz keine praktische Realität haben — wäre die vorstehende Periode vom Dirigenten folgendermaßen markirt worden:

Der Dirigent zählte die Chronoi protoi und machte sie als Chronoi Rhythmopoiias durch die Hand oder durch den Fuß bemerklich: in der daktylischen Tetrapodie markirte er 16 rhythmische Nebenbewegungen, in der trochäischen Tetrapodie deren 12. Je vier Nebenbewegungen der daktylischen Tetrapodie machte er in derselben Zeit, in welcher er drei Nebenbewegungen der trochäischen Tetrapodie markirte. Es lag in der Uebung des Dirigenten, daß er die gleiche Dauer für die mit vier oder mit drei Schlägen Zeitabschnitte auch ohne ein äußerliches Hülfsmittel leicht und ohne Mühe abmessen konnte. Auch der moderne Musiker, obwohl dieser nur äußerst selten in jene Lage wie der antike Chordirigent kommt, wird beim Vortrage des Bach'schen Präludiums ohne Schwierigkeit den richtigen Rhythmus, welchen Bach verlangt, einhalten können.

Wenn im Alterthume die vier auf den 4-zeitigen Fuß kommenden Schläge schneller als die drei auf den 3-zeitigen Fuß kommenden Schläge ausgeführt wurden, so nannte man dies, wie aus Aristoxenus hervorgeht, eine „Metabole der Agoge", d. i. einen Wechsel des Tempos.

Außer den die Chronoi protoi den Ausführenden markirenden Nebenbewegungen mußte der Dirigent (das geht aus Aristoxenus Rhythmik § 57—59 hervor) durch rhythmische Hauptbewegungen gleichzeitig auch noch den verschiedenen Accentuationsgrad der zu einem zusammengesetzten Takte combinirten Versfüße kenntlich machen:

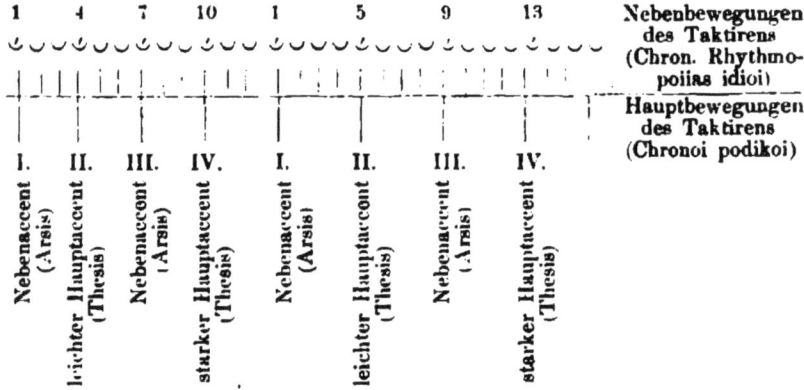

|  |  |  |  |  |  |  |  | Nebenbewegungen des Taktirens (Chron. Rhythmopoiias idioi) |
| 1 | 4 | 7 | 10 | 1 | 5 | 9 | 13 |  |

Hauptbewegungen des Taktirens (Chronoi podikoi)

|  |  |  |  |  |  |  |  |
| I. | II. | III. | IV. | I. | II. | III. | IV. |
| Nebenaccent (Arsis) | leichter Hauptaccent (Thesis) | Nebenaccent (Arsis) | starker Hauptaccent (Thesis) | Nebenaccent (Arsis) | leichter Hauptaccent (Thesis) | Nebenaccent (Arsis) | starker Hauptaccent (Thesis) |

Auf welche Weise bei den Griechen die Nebenbewegungen und die Hauptbewegungen des Taktirens von den Dirigenten ausgeführt wurden, das ist uns in der Schrift des Aristoxenus nicht mehr überkommen. Daß man sich außer dem Auf- und Niederschlagen mit der Hand auch des Auftretens mit dem Fuße bediente und auch wohl unter den Fuß noch ein die Hörbarkeit des Taktirens verstärkendes Werkzeug band, das ist uns ohne Angabe des specielleren Gebrauches mehrfach überliefert.

Pindar wendet zwei Arten von Rhythmopöie an, von denen G. Herrmann die eine „Strophen der Dorischen Tonart", die andere „Strophen der Aeolischen Tonart" nennt. Statt dessen gebrauchen die alten Techniker für die erste Klasse den Namen „Metra episyntheta", für die andere „Metra mikta". Die ersteren beruhen auf derselben Norm der Zusammensetzung verschiedener Versfüße, wie in der angeführten Periode des Bach'schen Präludiums: innerhalb ein und desselben Kolons befinden sich gleichartige, entweder daktylische oder trochäische Versfüße. In der zweiten Klasse, den Metra mikta, befinden sich auch innerhalb ein und desselben Kolons beiderlei Versfüße. Hier sind die Uebergänge von einem Versfuße in den 3-zeitigen häufiger und gleichsam unvorhergesehener, der Dirigent muß häufiger zwischen dem Taktiren des 4-zeitigen und des 3-zeitigen abwechseln.

Aber die Uebung mußte auch diese etwas schwierigere Art des Taktirens zur leichten Handfertigkeit bringen, denn bei Weitem die größte Zahl der griechischen Gesänge gehört dem Rhythmus der Metra mikta an.

# Irrationale Takte.

Was Aristoxenus unter den irrationalen Takten versteht und in welcher Weise die rhythmische Irrationalität in der Praxis der griechischen Musik zur Anwendung kam, ist mir lange ein Räthsel geblieben. Erst im Jahre 1880 in der „Allgemeinen Theorie der musikalischen Rhythmik seit J. S. Bach" ist es mir gelungen, den richtigen Sachverhalt darzustellen.

Der uns erhaltene Theil der Aristoxenischen Rhythmik giebt nur ein einziges Beispiel eines irrationalen Versfußes, nämlich den irrationalen Choreus oder Trochäus, welcher den 3-zeitigen Umfang des rationalen Trochäus und den Betrag eines halben Chronos protos überschreite. Der schwere Takttheil des irrationalen Trochäus habe die legitime 2-zeitige Dauer, der leichte Takttheil dagegen sei irrational, sei 1½-zeitig. In dieser Weise sei auch bei den übrigen irrationalen Versfüßen das Verhältniß der beiden Takttheile aufzufassen. Also:

| | |
|---|---|
| rationaler Trochäus | 3-zeitig, |
| irrationaler Troch. | 3¼-zeitig, |
| rationaler Daktylus | 4-zeitig, |
| irrationaler Dakt. | 4¼-zeitig, |
| rationaler Päon | 5-zeitig, |
| irrationaler Päon | 5¼-zeitig, |
| rationaler Ionicus | 6-zeitig. |

Von diesem Maße würden die Versfüße sein, wenn — wie beim Trochäus — einem jeden rationalen Versfuße ein irrationaler zur Seite stände. Ob dies letztere in der Praxis der Fall ist, wissen wir nicht. Als allgemeine Bestimmung finden wir bei Aristoxenus nichts als den Satz: „Bestimmt wird ein jeder der Takte entweder durch ein rationales rhythmisches Verhältniß [der Trochäus durch 2:1, der Daktylus durch 2:2, der Päon durch 3:2] oder durch ein solches irrationales (d. i. durch eine Bruchzahl auszudrückendes) Verhältniß, welches zwischen zwei unserem rhythmischem Gefühle immanenten rationalen

Taktverhältnissen in der Mitte steht." Genau nach dieser Angabe ist das vorstehende Verzeichniß der rationalen und der je in der Mitte zwischen zwei rationalen stehenden irrationalen Taktverhältnisse ausgeführt.

Wir können überzeugt sein, daß außer dem von Aristoxenus zu dieser seiner allgemeinen Bestimmung vorläufig als Beispiel angeführten irrationalen Trochäus (als mittlere Größe zwischen dem 3-zeitigen rationalen Trochäus und dem 4-zeitigen rationalen Daktylus) mindestens auch noch ein zwischen dem rationalen 4-zeitigen Daktylus und dem 5-zeitigen Päon in der Mitte stehender 4½-zeitiger irrationaler Daktylus in der Praxis vorgekommen sein wird, denn sonst wäre jener allgemeine Satz des Aristoxenus — ganz gegen die sonstige Darstellungsweise des Aristoxenus! — ohne Bedeutung.

Unzweifelhaft ist Böckh's Annahme, daß der irrationale Trochäus die metrische Form des Spondeus hat. Der den Trochäus vertretende Spondeus, d. i. also der irrationale Trochäus, hat seine legitime Stelle erstens: im Auslaute eines jeden trochäischen Kolons, z. B. statt

$$- \smile - \smile - \smile$$

kann auch

$$- \smile - \smile - -$$

stehen.

Zweitens: im Inlaute eines trochäischen Kolons kann an Stelle einer jeden trochäischen Dipodie

$$- \smile - \smile - \smile,$$

auch mit legitimer Vertauschung die aus einem Trochäus und einem Spondeus zusammengesetzte Dipodie stehen, z. B.

$$- \smile - - - \smile - -.$$

In diesen beiden Fällen kann also der 3-zeitige rationale Trochäus mit einem 3½-zeitigen irrationalen Trochäus vertauscht werden.

Der irrationale Daktylus würde da zu suchen sein, wo an Stelle von

$$- \smile \smile$$

etwa am Ende eines Kolons die Form

$$- \smile -$$

erscheint, was freilich selten genug vorkommt.

Der Anschaulichkeit wegen haben wir nunmehr sowohl die trochäische Dipodie so durch moderne Notenzeichen auszudrücken, daß

der Chronos protos a. durch das Sechszehntel, b. durch das Achtel
dargestellt wird (nach S. 268):

### Trochäische Dipodien.

rational              irrational

### Daktylische Dipodien.

Giebt es auch in unserer modernen Musik irrationale Dipodien
des trochäischen oder des daktylischen Rhythmus? Der Notenschrift
nach kommen sie niemals vor. Vielmehr würde man eine Notirung
wie die des vorstehenden irrationalen $\frac{6}{16}$-, $\frac{6}{8}$-, $\frac{2}{4}$-, C-Taktes für etwas
durchaus Unvernünftiges und Unmusikalisches erklären. Die Bedeu-
tung der Irrationalität bei den Alten kann nur die sein, daß die
Schlußnote des Taktes um den Betrag eines halben Chronos protos
gedehnt werden soll. Würden sie um einen ganzen Chronos protos
gedehnt sein, so wäre damit der 3-zeitige Trochäus zu einem 4-zei-
tigen Daktylus geworden, der 4-zeitige Daktylus zu einem 5-zeitigen
Päon. Eine solche Dehnung aber um einen ganzen Chronos protos
liegt nicht in der Absicht der Griechen; um nicht mehr als nur einen
halben Chronos protos soll gedehnt werden, augenscheinlich damit
kein Uebergang in ein anderes Rhythmengeschlecht stattfinde. Und
diese geringe, aber immerhin merkliche Verzögerung wird in der
griechischen Musik angewandt, einmal im Ausgange des rhythmischen
Gliedes, sodann aber auch im Inlaute desselben, wenn dieses aus
Dipodien zusammengesetzt ist. Nicht in jeder trochäischen und daktylischen Composition soll die irrationale Verlängerung angewandt
werden, im trochäischen Rhythmus nur da, wo im Metrum des Worttextes der trochäische Versfuß mit einem Spondeus vertauscht ist.
Es giebt manche trochäische Compositionen, z. B. die trochäischen
Chorlieder des Aeschylus, welche die irrationale Verlängerung durchaus von sich fern halten. Ueber die Anwendung der irrationalen
Verlängerung der daktylischen Compositionen ist uns kein Urtheil
verstattet.

Stellen wir nunmehr die Frage so: „Wo kommt es in der modernen Musik vor, daß am Ende der auslautenden rhythmischen Reihe
oder im Inlaute derselben am Ende einer Dipodie eine den strengen
Rhythmus unterbrechende Verlängerung vor?" Hier kann die Antwort nur folgende sein: „In unserem Chorale." So kommen in folgender Choralstrophe (Bach-Cantate: „Ach, wie flüchtig, ach, wie
nichtig") dem strengeren Rhythmus zuwider sechs Verlängerungen vor:

>Ach, wie flüchtig, ach, wie nichtig
>
>sind des Menschen Sachen!
>
>Alles, Alles, was wir sehen,
>
>das muß fallen und vergehen;
>
>wer Gott fürcht', bleibt ewig stehen.

Wie es die über den Textesworten stehenden Fermatenzeichen
angeben, soll — nach Bach's Willen — in dem ersten rhythmischen
Gliede eine zweimalige den Rhythmus unterbrechende Dehnung statt-
finden, die erste am Ende der ersten, die zweite am Ende der zweiten
Dipodie, — in allen übrigen rhythmischen Gliedern am Ende des
Verses.

Heutzutage werden die Choräle beim protestantischen Gottesdienste
in der Weise ausgeführt, daß die Fermaten ungemessen in die Länge
gezogen werden, dergestalt, daß die Zusammengehörigkeit der rhythmischen Glieder völlig aufhört. Schon Manchem ist durch diese un-
rhythmische Musik der Kirchenbesuch verleidet worden. Aus diesem
Grunde hat man angefangen, die Choralstrophe ohne Fermate singen
zu lassen, genau im strengsten Rhythmus. Die so ausgeführten Choräle hat man als „rhythmische Choräle" bezeichnet. Der den Choral-
gesang dirigirende Organist oder Cantor wird sich freilich dieser
Neuerung, an Stelle des Fermaten-Chorales den sogenannten rhythmischen Choral singen zu lassen, fügen müssen, auch wenn die streng
rhythmische Ausführung bei der Gemeinde auf Schwierigkeiten aller
Art stößt. Aber niemals wird es der Dirigent einer Bach'schen Cantate oder Passions-Musik über sich gewinnen können, in den dort
vorkommenden Chorälen über die von Bach gesetzten Fermatenzeichen
hinweg singen zu lassen. Bach wird den alten Fermaten-Choral nicht
untergehen lassen.

Freilich werden durch die übermäßigen Fermaten-Verzögerungen
die rhythmischen Glieder des Chorales vollständig auseinander gerissen. Aber die Fermate an sich hat ihren guten rhythmischen Grund,

sie verdankt demselben rhythmischem Triebe ihr Dasein, aus welchem
in der modernen Rhythmik der das Ende des Verses bildende Reim
hervorgegangen ist. Das rhythmische Glied verlangt seiner Natur
nach einen erkennbaren und fühlbaren Abschluß. Daher im Worttexte
der Reim, im Gesange eine die Grenze zwischen zwei Gliedern fühlbar machende Verzögerung. Daß die heutige Unsitte der Verzögerung
eine solche Zeitdauer giebt, daß das Gefühl der Zusammengehörigkeit
benachbarter rhythmischer Glieder geradezu verloren geht, und daß
man nichts als einzelne isolirte Verse zu hören bekommt, — diese
Unsitte wird sofort aufhören, wenn die Fermate nicht mehr eine
maßlose ist, sondern wenn man ihr das von Aristoxenus überlieferte
Maß der rationalen Verlängerung anweist:

Ach wie flüchtig, ach wie nichtig

sind der Menschen Sa - chen.

Al - les, Al - les, was wir se-hen.

das muss fal-len und ver - ge-hen,

Wer Gott fürcht't bleibt e-wig stehen.

Das ist eine Choralstrophe mit ihren Fermaten, jedoch nicht
Fermaten in der heute üblichen maßlosen Dauer, sondern in der
maßhaltigen Weise der griechischen Kunst, welche ebenfalls die auf
einander folgenden Glieder fühlbar von einander zu sondern liebt,
aber nicht so, daß durch die irrationale Verzögerung die von Anfang
eingehaltenen Versfüße keine Aenderung ihres Rhythmengeschlechtes
erleiden und noch viel weniger die Kola auseinander gerissen werden.

### Irrationalität und Cäsur.

Es sind bloß die Trochäen und Iamben, innerhalb deren wir von
dem Vorkommen der irrationalen an Stelle der rationalen Versfüße

eine Anschauung haben; denn nur dort sind beide Arten von Versfüßen aus der metrischen Beschaffenheit des Worttextes zu erkennen.
Für die übrigen Rhythmen ist dies unmöglich.

In der modernen Choralmusik findet sich die Fermate stets nur
vor einer Cäsur. Die der Fermate wenigstens dem Wesen nach entsprechende irrationale Verlängerung in den griechischen Trochäen
und Iamben ist vielfach angewandt, ohne daß nach der irrationalen
Verlängerung eine Cäsur eintritt, sowohl im Auslaute des rhythmischen
Gliedes, wie auch im Inlaute desselben in der Grenzscheide zweier Dipodien. Dasjenige, wodurch die irrationale Verlängerung bedingt wird,
ist nach unserer obigen Annahme eben die Cäsur d. i. die Grenze zweier
rhythmischer Glieder oder zweier deutlich hervortretender Elemente
desselben rhythmischen Gliedes. Wenn nun bei den Griechen häufig
genug die Wirkung (irrationale Sylbe) ohne die Ursache (Cäsur) erscheint,
so kann dies kaum anders erklärt werden, als daß die irrationale Verlängerung eine Stellvertreterin der thatsächlich unterblei-
benden Cäsur ist. Eben in der irrationalen Verlängerung liegt der
Ersatz für die bei den Griechen so häufig unterlassenen Cäsur (vgl.
oben S. 273). Wir dürfen annehmen, daß da, wo bei Pindar und den
Dramatikern (in einer unserem rhythmischen Gefühle gar nicht zu-
sagenden Weise) die Cäsur in der Grenze zweier Kola vernachlässigt
ist, daß an solchen Stellen regelmäßig eine irrationale Verlängerung
der das vorausgehende Kolon schließenden Sylbe stattfindet.

# Anhang.

# Die Hymnen des Dionysius und Mesomedes.

„Unter den in der griechischen Anthologie gesammelten Gedichten befinden sich (Brunck Analekten II p, 253. 292 = Jacob's Anthologie II p. 230; III p. 6) drei Hymnen an Kalliope, an Apollo, an die Nemesis, deren Textworte fast in allen Handschriften zum Theil mit altgriechischen Musiknoten versehen sind. . . . Die Hymnen wurden zuerst bekannt gemacht im „Dialogo di Vincentio Galilei della musica antica e della moderna Fiorenza 1581“ . . . mit den alten Noten. . . . Die zweite Ausgabe findet sich am Schlusse des in Oxford ohne Angabe des Herausgebers (Johann Fell) gedruckten „Aratus . . . Acceserunt annotationes in Eratosthenem et hymnos Dionysii Oxonii 1672.“ . . . „Die letzte selbständige Ausgabe veranstaltete Jean Pierre Burette in seiner Dissertation „Sur la melopée de l'ancienne musique“ in den Memoires de la litterature zum fünften Bande der Histoire de l'académie des inscriptions et belles lettres p. 169 ff. Er benutzte dazu eine Handschrift der Pariser Bibliotheken, damals Nr. 3221, später Nr. 2532.“

So Fr. Bellermann auf S. 1—8 der von ihm selber 1840 veranstalteten Ausgabe der „Hymnen des Dionysius und Mesomedes. Text und Melodien nach (sechs) Handschriften und den alten Ausgaben bearbeitet.“ Die von mir gegebene Interpretation der drei Hymnen weicht von der Bellermann'schen namentlich in folgenden Punkten ab:

1. Der Rhythmus ist nach den Angaben des Aristoxenus hergestellt.

2. Während man bisher annahm, die Hymnen seien in der gewöhnlichen diatonischen Scala gehalten, sind die überlieferten Noten von mir auf die von Ptolemäus für die Musik der Kitharoden aufgestellten Scalen zurückgeführt (vgl. oben S. 251). Für den Klang $\overset{\bullet}{a}$ giebt Bellermann den diatonischen Klang b, für $\overset{\bullet}{e}$ den diatonischen Klang f.

Der Verfasser des alphabetischen Registers, ein bewährter Musiktheoretiker, giebt auf meine Anfrage, ob sich die Melodien des Dionysius und Mesomedes nicht in einer befriedigenderen Weise als die der Bellermann'schen harmonisiren ließen, die Antwort: „Sie bewegen sich in Tönen,

welche dem modernen F-Dur (D-Moll) oder der um eine Quinte ver-
tieften mittelalterlichen Kirchenton-Scala entsprechen würden. Die Töne
dieses Systemes lassen sich in der mannigfaltigsten Weise combiniren
und verwenden, und es giebt da wohl nur eine Beschränkung, an
welche sich aber auch die praktische Musik, so weit man sie eben
kennt, stets gehalten hat, von den ältesten Zeiten bis auf diesen Tag:

> Die Töne b und e (der Tritonos) können nicht
> wesentliche Bestandtheile eines und desselben me-
> lodischen Abschnittes sein, am wenigsten die Gren-
> zen eines solchen.

Die vorliegenden griechischen Melodien bewegen sich nun aber fast
stets so, daß dieser Uebelstand zu Tage tritt.“

Wenn wir die überlieferten Noten nach der Angabe des Ptolemäus
als die des von diesem sogenannten Diatonon toniaion, nicht des Diatonon syntonon, interpretiren, so offendirt kein Tritonos b e. Es ergiebt sich an Stelle von etwas melodisch Verkehrtem etwas melodisch
Unverständliches (a̤ e̤). Lieber für das vom Standpunkte unserer diatonischen Scala Unverständliche die Frage offen lassen, als mit
Bellermann dem griechischen Melos, und wenn es auch nur das Melos
der Kaiserzeit ist, etwas absolut Verkehrtes aufbürden!

Mein Gewährsmann schreibt weiter: „Dem Uebelstande des Tritonos
gegenüber sind die übrigen Ungehörigkeiten, welche die Melodien des
Dionysius und Mesomedes darbieten, kaum noch von Bedeutung. Dahin gehören z. B. der melodiöse Schritt e̅ g in dem Hymnus an die
Muse; dann aber namentlich auch die melodische Monotonie, Trocken-
heit und Bedeutungslosigkeit sämmtlicher Gesänge, welche in dem an
die Nemesis so weit gehen, daß man diese noch am ehesten für eine
unverständliche Bratschen-Füllstimme halten möchte.“ Wir haben die
nachclassische Musik aus der Zeit Hadrian's und Marc
Aurel's vor uns, nach welcher wir die des classischen Griechenthumes
ebenso wenig bemessen mögen, wie wir den Tragödien Seneca's aus
der Neronischen Epoche zugestehen können, daß sie von der tragischen Kunst des Aeschylus und Sophokles ein Bild zu liefern im
Stande seien. Aus der Blüthezeit des griechischen Melos, welche
Plato, Aristoteles und Aristoxenus in ihren Berichten vor Augen
haben, ist jedes Denkmal unwiderbringlich verloren. Athanasius Kircher's Fragment der ersten Pythischen Ode, welches von Böckh und
früher auch von mir für echt gehalten wurde, ist eine Fälschung, zu
welcher christliche Melodien wie „Mater amata, intemerata“ beige-
steuert zu haben scheinen.

## Kitharodischer Hymnus an die Muse
## von Dionysius von Halikarnaß dem jüngeren.

„12-zeitiger Rhythmus".

| | | | | | | | |
|---|---|---|---|---|---|---|---|
| *Neapol.* ₂ | C | ᵹ | | φ | ϕ | ϕ | |
| *Parisin.* ₂ | C | ᵹ | ᵹ | φ | φ | ᵹ | C C |
| *Parisin.* ₁ | C | ᵹ | ᵹ | φ | φ | φ | C C |
| *Monacen.* | C | ᵹ | ᵹ | ϕ | ϕ | ϕ | C C |
| *Florent.* | ᵹ | Z | Z | φ | φ | | ᵹ ᵹ |
| *Neapol.* ₁ | C | Z | Z | ϕ | ϕ | | C C |

O sing, ge - lieb - te Mu - se, sing,

| | | | | | |
|---|---|---|---|---|---|
| *N.* ₂ | | | φ | μ | μ |
| *P.* ₂ | | | φ | μ | μ |
| *P.* ₁ | | | φ | μ | μ |
| *M.* | | | φ | μ | μ |
| *Fl.* | | ï | φ | M | M |
| *N.* ₁ | | I | φ | μ | μ |

und füh - re du den Rei - gen,

| | | | | | | | | |
|---|---|---|---|---|---|---|---|---|
| *N.* ₂ | ᵹ | ᵹ | ᵹ | | ᵹ H H | | I | I |
| *P.* ₂ | ᵹ | ᵹ | | ᵹ | ᵹ H H | | I | I |
| *P.* ₁ | ᵹ | ᵹ | | ᵹ | ᵹ H H | | I | I |
| *M.* | Z I | ᵹ | ᵹ | | ᵹ H H | | I | I |
| *Fl.* | Z | Z | Z | E | Z | Z | ï | ï |
| *N.* ₁ | Z ~ Z | | Z | E | Z N N | | I | I |

der Hauch aus dei - nem heil' - gen Hain

| | | | | | | | | | |
|---|---|---|---|---|---|---|---|---|---|
| *N.*₂ | μ | ⌇ | H | φ | C | ρ | | μ | φ | C |
| *P.*₂ | μ | ⌇ | H | φ | C | ρ | μ | φ | C |
| *P.*₁ | μ | ′ | H | φ | C | ρ | μ | φ | **C** |
| *M.* | μ | ⌇ | N | φ | C | ρ | μ | φ | C |
| *Fl.* | M | Z | N | ι ϛ | ϛ | ρ | M | φ | ϛ |
| *N.*₁ | μ | Z | N | Ι | φ C | ρ | μ | φ | C |

durch - be - be     mei - ne   See - le.

| | | | | | | | | |
|---|---|---|---|---|---|---|---|---|
| *N.*₂ | C | ρ | μ | ρ | | C | φ | C | φ H |
| *P.*₂ | C | ρ | μ | ρ | | | ϛ̈ | C | φ η |
| *P.*₁ | | ρ | μ | | | | ϛ̈ | C | ϛ H |
| *M.* | C | ρ | μ | ρ | | | φ | C | φ N |
| *Fl.* | ϛ | ρ | M | ρ | ϛ | φ | ρ | | ϛ̈ N |
| *N.*₁ | C | ρ | μ | ρ | C | φ | C | | φ N |

Wei - se Ka - li - o - pe, du An-

| | | | | | | | | |
|---|---|---|---|---|---|---|---|---|
| *N.*₂ | | C | C | C | C | | C | ˥ ρ | φ |
| *P.*₂ | C | | C | C | C | C | Γ | R | ϟ |
| *P.*₁ | C | | C | C | C | C | T | R | φ |
| *M.* | C | | C | C | C | C | T | R | φ |
| *Fl.* | ϛ | | ϛ | ϛ ϛ | Z | | | R | φ |
| *N.*₁ | C | | C | C | C | | ˥ | A | φ |

füh - re - rin   lieb - licher   Mu - sen,

| | | | | | | | |
|---|---|---|---|---|---|---|---|
| *N.*₂ | R | φ | | C | | μ | ι | μ | μ |
| *P.*₂ | R | ϛ̈ | **C** | | | μ | ι | μ | μ |
| *P.*₁ | R | φ | C | μ | ι | μ | | μ |
| *M.* | R | . φ | C | | μ | ι | μ | μ |
| *Fl.* | ρ | φ | ϛ | ρ | M | ï | M | M |
| *N.*₁ | ρ | φ | C | ρ | μ | ι | μ | μ |

du   auch, o   Ge - ber der   Weihn, Sohn

| $N._2$ | I | E | Z | Γ | μ | | ρ | C | | μ |
| $P._2$ | ι | E | Z | Γ | μ | ρ | ς | | | μ |
| $P._1$ | ι | E | | Z | Γ μ | | ρ | C | | μ |
| $M.$ | ι | E | Z | Γ | μ | ρ | | C | | μ |
| $Fl.$ | ϊ | E | Z | Γ | | M | ρ | | ς M | ϊ |
| $N._1$ | ι | E | ΄ | Γ | | μ | ρ | C | μ | ι |

La - to's, o De - li-scher Pae - an,

| $N.$ | | | | | | | | |
| $P._2$ | μ | | | Z | μ | φ | C | C |
| $P._1$ | μ | Z | | .μ | φ | C | | C |
| $M.$ | μ | Z | μ | | φ | | C | C |
| $Fl.$ | M | ϊ | Z | M | φ | ς | | ς |
| $N._1$ | μ | I | ΄ | | μ Ι φ C | | C | |

seid mit güt - gem Sinn mir nah!

## Hymnus auf Helios.

| $N._2$ | C | C | C | C | ι | C | ρ | C | | φ | C | |
| $P._2$ | C | C | C | C | ι | C | | C | | φ | C | ι |
| $P._1$ | C C | C | C | ι ι | C ρ | | C φ | C | | | |
| $M.$ | C | C | C | C | ι | C | ρ | C | | φ | C | |
| $Fl.$ | C | C | C | C | ϊ | C | ρ | ς | | φ | C | |
| $N._1$ | | C | C | C | C ι | C | ρ | C | | φ | C | |

Der die E - os mit schneeigen Wim - pern

| | | | | | | | | | | |
|---|---|---|---|---|---|---|---|---|---|---|
| *N.*₂ | φ | μ | | μ μ μ | | C | φ | μ λ | μ |
| *P.*₂ | φ | μ | | μ μ μ | C | φ | μ | ι λ | μ |
| *P.*₁ | φ | μ | | μ μ μ | ι C φ | μ | | ι λ | μ |
| *M.* | φ | μ | | μ μ μ | | C | φ | μ ι λ | μ |
| *Fl.* | φ | M | | M M M | C | φ | M | ꓶ | M |
| *N.*₁ | φ | μ | | μ μ μ | C | φ | μ | λ | μ |

du er-zeugt und den ro-si-gen Wa - gen

| | | | | | | | | | |
|---|---|---|---|---|---|---|---|---|
| *N.*₂ | μ | ι μ ι ι | p | μ | ι | Z λ | Z |
| *P.*₂ | μ | ι | | | | | |
| *P.*₁ | μ | ι μ ι ι | p | μ | ι | Z λ | Z |
| *M.* | μ | ι μ ι ι | p | μ | ι | Z λ | Z |
| *Fl.* | M | ï M | p | | M | Z ꓶ | Z |
| *N.*₁ | μ | ι μ p | | | μ˙ | Z λ | Z |

auf Pfa-den ge - flü-gel-ter Ros - se

| | | | | | | | | | |
|---|---|---|---|---|---|---|---|---|
| *N.*₂ | μ Z | μ | Z | ι | μ ι | μ | Z ι |
| *P.*₂ | μ Z | μ | | ι | μ | Z | ι |
| *P.*₁ | μ Z | μ | | ι | μ | Z | ι |
| *M.* | μ Z | μ | | ι | μ | Z | ι |
| *Fl.* | M Z M Z | ï | M | ï | M | Z | ï |
| *N.*₁ | μ Z | μ | Z | ι μ | ι | μ | Z ι |

hin - ja-gest im Schmucke des gold - nen Haars,

| | | | | | | | | | | |
|---|---|---|---|---|---|---|---|---|---|---|
| *N.*₂ | μ | ι | Z ι | | μ ι | p | φ | C p p | C |
| *P.*₂ | μ | ι | ι | | ι | p | φ | C p p | C |
| *P.*₁ | μ | V | Z ι | | μ ι ι | p | φ | C p p | C |
| *M.* | μ | V | Z ι | | μ ι | p | φ | C p p | C |
| *Fl.* | M | ï | Z ï Z | M ï | p | φ | C | p p | C |
| *N.*₁ | μ | | ι Z ι | | μ | ι | p | φ C p | p C |

um des Himmels un-end-li-che Wöl-bung rings

```
N.₃                    μ  μ  μ  μ   μ      μ
P.₂  C  ρ  μ      μ  μ     μ  μ         μ
P.₁  C  ρ  μ        μ  μ  μ  μ          μ
M.   C  ρ  μ      μ  μ  μ  μ   μ   ι  μ
Fl.  C  ρ  M      M  M M M   M   ï  M
N.₁  C  ρ  μ      μ  μ  μ  μ  μ     I  μ
```

aus-span-nend den   e-wig be - weg - ten   Strahl

```
N.₂  ι     μ
P.₂  ι     μ
P.₁
M.   ι     μ
Fl.  ι   M  ρ    M  ι  Z  M . ρ    C
N.₁  I   μ  ρ    μ  I  Z  I  μ ρ   ρ C
```

den   Al - les durch-drin-gen-den   Licht - quell

```
Fl.  ς  ρ    M  M  M     C  R  ç    M    M
N.₁  C  ρ    μ  μ  μ     C  R  φ    μ    μ
```

um die   Län-der der   Er - de be - we - gend,

```
Fl.  M  ι    Z  Z  Z    Z  Z  E   ï  E   Z
N.₁  μ  ι    Z  Z       Z  Z  E   I  E   Z
```

daß aus   dei-nes un - end-li-chen Feu - ers Strom

```
Fl.  ρ    M  ι    Z  Z    I   M   ρ   C
N.₁  ρ    μ  ι    Z  Z    I       μ   ρ   C
```

ge - bo-ren wird lieb-li-ches Ta - ges-licht.

Dir    tan-zet der heit-ren Ge - stir - ne   Chor

um den   Kö - nig O   lym-pos den   Rei - gen,

dich be - grüßend mit früh - e -ren   Wei - sen,

voll   Ju - bel zum Phöbischen   Sai - ten - spiel.

Vor - strah-let dem Zu - ge Se . le  -   ne

*Fl.* ι M ϊ M M ρ M ϊ Z Z
*N.*₁ Ι μ Ι μ μ ρ μ Ι ζ ζ

und re - gie-ret den Wechsel der Zei - ten

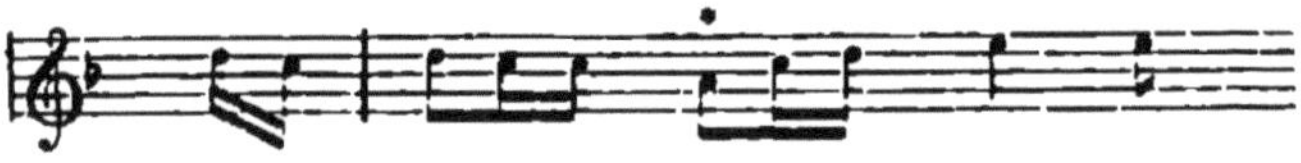

*Fl.* M ι Z ι M ι φ C ρ M ρ C
*N.*₁ μ Ι ζ Ι μ Ι Φ C ρ μ ρ C

von blen-den-den Stie-ren ge - zo - gen,

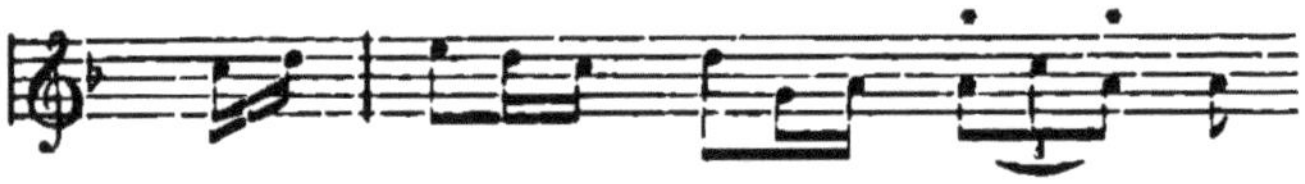

*Fl.* C C C C C C ρ C ρ φ ρ M
*N.*₁ C C C C C C ρ C ρ Φ ρ μ

und es glän-zet ihr freund-li-ches Aug' in Lust,

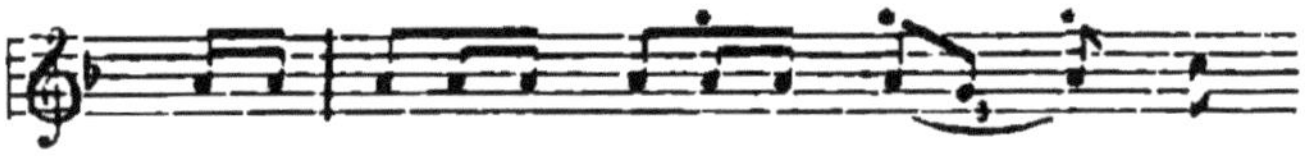

*Fl.* M ϊ Z ϊ M ι φ C ρ M ρ C
*N.*₁ μ Ι ζ Ι C Ι Φ C ρ μ ρ C

wie den funkelnden Rei-gen sie füh - ret.

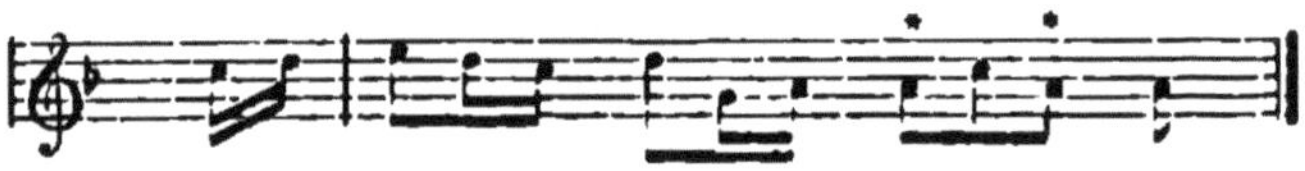

## Hymnus auf Nemesis von Mesomedes.

*Fl.* ι M M M M ϊ M M ⁏ ρ M
*N.*₁ Ι μ μ μ μ Ι μ μ Ι ρ μ

Ne-me - sis, du des Lebens Ent - schei - de - rin,

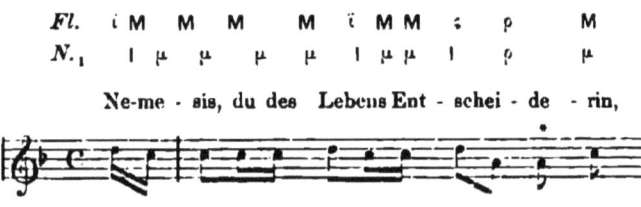

$N._1$ ζ E υ ζ | | μ ζ μ

wird ge - stür-zet das la-chen-de Men-schen-glück,

$N._1$ μ μ μ μ μ μ ρ μ C C φ

ver - bor-gen den Wandrer be - glei - tend,

$N._1$ R φ ρ ρ μ | ρ μ λ μ

beugst du ihm den tro-tzi-gen Rü - cken

$N._1$ R φ ρ C φ ρ ρ C ρ μ |

und be - mes-send das Le-ben nach gra-dem Maß,

$N._1$ υ μ | ζ E | μ μ μ φ μ

die Brau-en zum Bu-sen hin - ab - ge - senkt,

$N._1$ φ μ μ ρ C μ | λ |

das Joch in der Hand, das uns bän - digt.

$N._1$ E E E E ζ ζ | μ | ρ

Er - bar-me dich hei - li - ge Rich - te - rin

Ne-me - sis, du des Le-bens Ent-schei - de - rin.

Ne-me - sis, der Un - sterb-li-chen, gilt mein Sang.

un - trüg - li-che Sie - ge-rin, kühn im Flug.

auch Di - ke, die rich-tend dir zu - ge - stellt.

dich, die du ergrimmst ob der Men-schen Trotz

und hin - un-ter ihn bannst in den Tar - ta - rus.

# Die Instrumental-Beispiele des Anonymus.

Die in Instrumentalnoten geschriebenen Musikbeispiele des Anonymus gehen auf ein früheres Werk zurück, vielleicht auf eine Schrift des Hymnen-Componisten Dionysius von Halikarnaß. Aber auch dieser scheint Musikbeispiele älterer Zeit aufgenommen zu haben. Ohne Bedenken dürfen wir, wie es auch Bellermann gethan, für die Interpretation die gewöhnliche diatonische Scala (Diatonon syntonon) festhalten.

### Syntonolydisches Trochaikon.

Anonym. § 104 „6-zeitiges Kolon".

Notenzeichen der sieben Handschriften.[1]

lib.
| | | |
|---|---|---|
| *M.* | LOKΓ | ... |
| *N.* | LO | ... |
| *p.* | LO | ... |
| *π.* | LO | ... |
| *B.* | LO | ... |
| *P.* | LO | ... |
| *S.* | LO | ... |

---

[1] lib. N(eapolitanus 259, III. c. 1), p(arisinus 2460), π(arisinus 2532), B(arberinus), P(arisinus 2458), S(caligeranus Leid), M(utinensis).

# Mixolydisches

### Iambikon.

Anonym. § 97 „6-zeitiger".

### Anapaistikon.

Anonym. § 100 „4-zeitiger".

Notenzeichen der sieben Handschriften.

Anonym. § 97.

| 1. | | 2. | 3. |
|---|---|---|---|
| *M.* | ⊢⌐LF⊢LⲒF | ⊢F⌐L⊢ⲒFL | ⊢LFⲒ⊢FLⲒ |
| *N.* | ⊢⌐LF⊢LⲒF | ⊢F⌐L⊢ⲒFL | ⊢LFⲒ⊢FLⲒ |
| *p.* | ⊢⌐LF⊢LⲒⲖ | ⊢F⌐L⊢ⲒFL | ⊢LFⲒ⊢FLⲒ |
| *π.* | ⊢⌐LF⊢LⲒⲖ | ⊢F⌐L⊢ⲒFL | ⊢LFⲒ⊢FLⲒ |
| *B.* | ⊢⌐LF⊢LⲒⲖ | ⊢F⌐L⊢ⲒFL | ⊢LFⲒ⊢FLⲒ |
| *P.* | ⊢⌐LF⊢LⲒF | ⊢F⌐L⊢ⲒFL | ⊢LFⲒ⊢FLⲒ |
| *S.* | ⊢⌐LF⊢LⲒⲖ | ⊢E⌐L⊢ⲒFL | ⊢LFⲒ⊢FLⲒ |

Anonym. § 100.

| 1. | | 2. | 3. |
|---|---|---|---|
| *M.* | ⊢⌐LF ⊢LⲒF | ⊢F⌐L ⊢ⲒFL | ⊢LFⲒ ⊢FLⲒ |
| *N.* | ⊢⌐LⲖ ⊢LⲒF | ⊢F⌐L ⊢ⲒFⲒ | ⊢LFⲒ ⊢FLⲒ |
| *p.* | ⊢⌐LF ⊢LⲒF | ⊢F⌐L ⊢ⲒFⲒ | ⊢LFⲒ ⊢FLⲒ |
| *π.* | ⊢⌐LF ⊢LⲒF | ⊢F⌐L ⊢ⲒFⲒ | ⊢LFⲒ ⊢FLⲒ |
| *B.* | ⊢⌐LF ⊢LⲒF | ⊢F⌐L ⊢ⲒFⲒ | ⊢LFⲒ ⊢FLⲒ |
| *P.* | ⊢⌐LF ⊢LⲒF | ⊢F⌐L ⊢ⲒFⲒ | ⊢LFⲒ ⊢FLⲒ |
| *S.* | ⊢⌐LF ⋎LⲒF | ⊢F⌐L ⊢FL | ⊢LFⲒ ⊢FLⲒ |

## Aeolisches Trochaïkon.

Anonym. § 98 „12-zeitiger" (falsche Lesart 11-zeitiger).

Notenzeichen der sieben Handschriften.

| 1. | *M.* | ⊢ Λ F ⊢ Ϲ Ϲ Λ Ϲ L ⊢ Λ | 2. | Ϲ Λ F F L L ⌐ Λ ⌐ F L Λ |
|---|---|---|---|---|
| | *N.* | ⊢ Λ F ⊢ F Ϲ Λ Ϲ L ⊢ Λ | | Ϲ Λ F F L L ⌐ Λ ⌐ F L Λ |
| | *p.* | ⊢ Λ F ⊢ F Ϲ Λ Ϲ L ⊢ Λ | | Ϲ Λ F L L ⌐ Λ ⌐ F L Λ |
| | *π.* | Ϲ Λ F ⊢ F Ϲ Λ Ϲ L ⊢ Λ | | Ϲ Λ F L L ⌐ Λ ⌐ F L Λ |
| | *B.* | Ϲ Λ F ⊢ F Ϲ Λ Ϲ L ⊢ Λ | | Ϲ Λ F L L ⌐ Λ ⌐ F L Λ |
| | *P.* | Ϲ Λ F ⊢ F Ϲ Λ Ϲ L ⊢ Λ | | Ϲ Λ F F L L ⌐ Λ ⌐ F L Λ |
| | *S.* | Ϲ Λ F ⊢ F Ϲ Λ Ϲ L ⊢ Λ | | Ϲ Λ F F L L ⌐ Λ ⌐ F L Λ |

| 3. | *M.* | ⊢ ⌐ Ż Ż F Λ Ϲ L F Λ | 4. | Ϲ F Ϲ F L F Λ Ϲ L ⊢ Λ |
|---|---|---|---|---|
| | *N.* | ⊢ ⌐ L ⌐ L F Λ Ϲ L F Λ | | Ϲ F Ϲ F L F Λ Ϲ L ⊢ Λ |
| | *p.* | ⊢ ⌐ L ⌐ L F Λ Ϲ L F Λ | | Ϲ F Ϲ F L F Λ Ϲ L ⊢ Λ |
| | *π.* | ⊢ ⌐ L ⌐ L F Λ Ϲ L F Λ | | Ϲ F Ϲ F L F Λ Ϲ L ⊢ Λ |
| | *B.* | ⊢ ⌐ L ⌐ L F Λ Ϲ L F Λ | | Ϲ F Ϲ F L F Λ Ϲ L ⊢ Λ |
| | *P.* | ⊢ ⌐ L ⌐ L F Λ Ϲ L F Λ | | Ϲ F Ϲ F L F Λ Ϲ L ⊢ Λ |
| | *S.* | ⊢ ⌐ Ч ⌐ L F Λ Ϲ L F Λ | | Ϲ F Ϲ F L F Λ Ϲ L ⊢ Λ |

22*

# Aeolisches Paionikon.

Anonym. § 101 „10-zeitiger" (falsche Lesart 8-zeitiger).

Notenzeichen der sieben Handschriften.

| | | | | |
|---|---|---|---|---|
| 1. | *M.* | ⊢ ΑͰ L F C F C | 2. | ⊢ Α Ͱ L F C F L |
| | *N.* | ⊢ Α Ͱ L F C F C | | ⊢ Α Ͱ L F C F C F L̄ |
| | *p.* | ⊢ Α Ͱ L F C F C | | ⊢ Α Ͱ L F C F L |
| | *π.* | ⊢ Α Ͱ L F C F C̈ | | ⊢ Α Ͱ L F C F L̄ |
| | *B.* | ⊢ Α Ͱ L F C F C | | ⊢ Α Ͱ L F C F L |
| | *P.* | ⊢ Α Ͱ L F C F C̄ | | ⊢ Α Ͱ L F C F L̄ |
| | *S.* | ⊢ Α Ͱ L F C F C | | ⊢ Α Ͱ L F C F L |

| | | | | |
|---|---|---|---|---|
| 3. | *M.* | ⊢ Α L Ͱ Ͱ L Ͱ L | 4. | C F F F F Ͱ F L Ͱ̄ |
| | *N.* | ⊢ X L Ͱ Ͱ L Ͱ L̄ | | C F F F F Ͱ F L Ͱ̄ |
| | *p.* | ⊢ Α L̄ Ͱ Ͱ L Ͱ L | | C F F F F Ͱ F L Ͱ̄ |
| | *π.* | ⊢ Α L Ͱ Ͱ L Ͱ L̄ | | C F F F F Ͱ F L Ͱ̄ |
| | *B.* | ⊢ Α L Ͱ L Ͱ L | | C F F F F Ͱ F L Ͱ̄ |
| | *P.* | ⊢ Α L Ͱ Ͱ L Ͱ L | | C F F F F Ͱ F L Ͱ̄ |
| | *S.* | ⊢ Α L Ͱ Ͱ L Ͱ L̄ | | C F F F F Ͱ F L Ͱ̄ |

## Aeolisches Anapaistikon.

Anonym. § 99 „12-zeitiger" ungerader.

**Notenzeichen der sieben Handschriften.**

| 1. | *M.* | ⊢ Γ ΛΖLFĊOͲΛ⊢ | 2. | Ζ Ͳ Λ ÖFĊFL̇ < Λ̇ ⊢ |
| | *N.* | ⊢ Ϊ̈ Λ L̇ FĊOͲΛ⊢ | | Ζ Ͳ Λ O C FL̇ < Λ ⊢ |
| | *p.* | ⊢ Ϊ̈ Λ L̇ FĊOͲΛⱱ | | Ζ Ͳ Λ O C FL̇ < Λ Ẏ |
| | *π.* | ⊢ Γ̈ Λ L F̈ĊOͲΛⱱ | | Ζ Ͳ Λ O C FL̇ < Λ Ẏ |
| | *B.* | ⊢ Γ Λ L̇ FĊOͲΛⱱ | | Ζ Ͳ Λ O C FL̇ < Λ Ẏ |
| | *P.* | ⊢ Γ̇ Λ̇ L̇ FĊOͲΛ̇ⱱ | | Ζ Ͳ Λ̇ Ö Ċ FL̇ < Λ Y |
| | *S.* | ⊢ Γ Λ L̇ F̈ĊOͲΛⱱ | | Ζ Ͳ Λ O C FL̇ < Λ V |

---

# Uebersicht der griechischen Notenzeichen.

**Instrumentalnoten.** Von den vier nebeneinander stehenden Zeichen stellt das erste, das unmodificirte „orthon", den Barypyknos dar.

Das zweite, das Anestrammenon, den enharmonischen und chromatischen Mesopyknos, im Diatonon syntonon den vom Orthon um einen Halbton erhöhten Klang.

Das dritte Zeichen, genannt Apestrammenon, stellt den enharmonischen Oxypyknos dar.

Das vierte Zeichen, ein Apestrammenon mit diakritischem Strich, gehört lediglich dem Chroma an, dessen Oxypyknos es darstellt. Bei Alypius u. s. w. ist der diakritische Strich mit dem Notenbuchstaben vereint. Für die vorstehende Tabelle lohnte es sich kaum, daß die

## Instrumentalnoten,

eingeführt in der zweiten Spartanischen Musik-Katastasis, anfänglich auch als Vocalnoten.

[Jedes Notenzeichen von h bis g, genannt ἐπ'ὀξύτητα (S. 167), hat mit dem um eine Octave tieferen die gleiche Buchstabenform; ein diakritischer Strich bezeichnet die höhere Octave.]

Violin-Schlüssel.

Baß-Schlüssel.

## Vocalnoten,

eingeführt gegen Ende des Peloponnesischen Krieges (S. 179).

[Jedes Notenzeichen von h bis g, genannt ep'oxγtéta, hat mit dem um eine Octave tieferen die gleiche Buchstabenform; ein diakritischer Strich bezeichnet die höhere Octave.]

Violin-Schlüssel.

Bass-Schlüssel.

Typographie eigene chromatische Oxypyknoi gießen ließ: wir haben uns mit einem hinter dem Notenbuchstaben stehenden Accente genügen lassen. Bei den Notenbuchstaben ep'Oxýtēta, welche sämmtlich durch einen Accent von denen der tieferen Octave unterschieden werden, mußte daher der chromatische Oxypyknos zwei Accente erhalten.

Von den Vocalnoten erhält derjenige Buchstabe, welcher den chromatischen Oxypyknos bezeichnen soll, gleich der entsprechenden Instrumentalnote einen diakritischen Strich.

Für die Töne G und F erscheinen die Vocalnoten als die früheren. Nach Analogie dieser Vocalnoten hat man die Zeichen für die betreffenden Instrumentalnoten gebildet.

# Schlußwort.

Der Leser wird geneigtest entschuldigen, daß ich mehrfach nicht umhin gekonnt, ihm ein und dieselbe Quellenstelle bei verschiedenen Gelegenheiten in eingehender Interpretation vorzuführen, wenn ihr Inhalt zur Feststellung verschiedener Thatsachen verwandt werden mußte. Lieber wollte ich mich einer anscheinenden Weitschweifigkeit schuldig machen, als daß ich es, wie in meinen früheren Bearbeitungen der griechischen Harmonik, stets bei bloßen Verweisungen auf früher angeführte Stellen bewenden ließ, eine Sparsamkeit, welche zu den Ursachen gehörte, daß den dort von mir vorgetragenen Ergebnissen meiner Studien so lange die Anerkennung fehlte, bis daß Herr Gevaert der gelehrten Welt den Nachweis lieferte, daß sie nothwendig die Grundlage einer jeden weiteren wissenschaftlichen Forschung über das griechische Melos bilden müßten. Der Forscher über antike Musik hat Gegenstände zu behandeln, die der modernen Anschauung zum großen Theile durchaus nicht geläufig und, je mehr sie sich von dem bisher Bekannten entfernen, um so geeigneter sind, bei solchen Lesern, welche dem Verfasser nicht eingehend in die Ueberlieferung der Quellen folgen mögen, Mißtrauen und Widerstreben statt Anerkennung hervorzurufen.

# Namen- und Sachregister.

# Berichtigungen.

S. 12, Z. 15 v. o.: „Musikschriftstellern" statt „Naturschriftstellern".

S. 13, Z. 19 v. o.: „folgender" statt „olgender".

S. 20 letzte Zeile: „uns bei" statt „bei uns".

S. 27, Z. 20 v. o.: „Aeschylus" statt „Aeschilus".

S. 45, Z. 4 v. o.: „Mesopyknos" statt „Oxypyknos".

S. 49, Z. 13 v. u.: „der Oxypyknos".

S. 52, Z. 30 v. o.: „nach oben, — mit dem Ausrufe".

S. 56, Z. 7 v. o.: „wonach statt des Schlosses das Siegeln zum Abschließen diente."

S. 64, Z. 17 v. u.: „Probleme" statt „Problemen".

S. 67, Z. 20 v. o.: „die des Terpanderschen Heptachordes".

S. 70, Z. 3 v. u.: „Von den" statt „Von denen".

S. 71, Z. 19 v. o.: Hierher die drei Anfangszeilen von S. 72 „Hier würde ... Hypate meson".

S. 75, Z. 3 v. u.: „Syntagmata".

S. 81, Z. 12 v. u.: „Sätze" statt „Skizze".

S. 82, Z. 1 v. o.: „Dorisches ..., Phrygisches ..., Lydisches" ..., statt Dorisches u. s. w.

S. 94, Z. 10 v. o.: „thetischer Proslamb."

S. 94, Z. 2 v. u.: „Hypophrygisch" statt „Hypodoristi".

S. 95, Z. 21 v. o.: „des Klanges h" statt „a".

S. 95, Z. 27 und S. 96, Z. 4: „kleine Septime" statt „verminderte".

S. 111, Z. 7 v. u.: „die tonischen Dreiklänge".

S. 119, Z. 8 v. o.: die Hälfte „desselben" statt „derselben".

S. 125, Z. 4 v. o.: c e f a h.

S. 129, Z. 15 v. o.: „daß sie dieselbe" statt „dieselben".

S. 134, Z. 8 v. o.: „Diatonon" statt „Enharmonion".

S. 135, Z. 9 v. u.: „ihn" statt „ihm".

S. 141, Z. 17 v. o.: „Hinzufügung zwei leiterfremder".

S. 144, Z. 5 v. o.: „Hypolydisti".

S. 169, Z. 13 v. u.: „Chores".

S. 179, Z. 6 v. u.: „mögen Pythokleides".

S. 186, Z. 12 v. o.: „Definitionen".

S. 195, Z. 7 v. o.: „Spondeiasmos".

S. 205, Z. 2 v. o.: „das Ganztonintervall d e" statt „die große Terz d".

S. 209, Z. 12 v. o.: „hypatoeides".

S. 236, Z. 10 v. u.: „Hypolydisch".

S. 257, Z. 11 v. u.: („vgl. oben S. 91. 142. 143").

S. 257, Z. 15 v. o.: „Ptolemäus neuert nur in akustischen Auffassungen, in der eigentlichen musikalischen Theorie ist er der conservativste Forscher, den man sich denken kann. Will er doch bezüglich der Tonoi nicht einmal die Neuerungen des Aristoxenus gelten lassen, ebenso wenig die zu den 13 Tonoi des Aristoxenus von einem der späteren Aristoxeneer hinzugefügten. Was diese dagegen bezüglich der Verallgemeinerung der thetischen Onomasie geneuert haben, hat sich Ptolemäus zu eigen gemacht. Es war eine Neuerung der Nomenclatur, die auch in die musikalische Praxis der Lyroden und Kitharoden eingedrungen sein mußte.“

S. 265, Z. 15 v. u.: „sondern den Rhythmus“.